청/교/도/시/리/즈

The Worship of
the American Puritans
1629-1730

미국 청교도 예배

Horton Davies

|홀톤 데이비스 지음|
|김상구 옮김|

기독교문서선교회

기독교문서선교회(Christian Literature Crusade: 약칭 CLC)는 1941년 영국 콜체스터에서 켄 아담스에 의해 시작되었으며 국제 본부는 영국의 쉐필드에 있습니다.

국제 CLC는 59개 나라에서 180개의 본부를 두고, 약 650여 명의 선교사들이 이동도서차량 40대를 이용하여 문서 보급에 힘쓰고 있으며 이메일 주문을 통해 130여 국으로 책을 공급하고 있습니다.

한국 CLC는 청교도적 복음주의 신학과 신앙서적을 출판하는 문서선교기관으로서, 한 영혼이라도 구원되길 소망하면서 주님이 오시는 그날까지 최선을 다할 것입니다.

The Worship of
The American Puritans
1629-1730

written by
Horton Davies

translated by
Sang-Koo Kim

Korean Edition
Copyright © 2014 by Christian Literature Crusade
Seoul, Korea

추천사

이승진 박사
합동신학대학원대학교 설교학 교수

　최근 침체하는 한국 교회의 돌파구를 마련하기 위하여 예배 개혁이나 갱신을 모색하려는 시도들이 활발하게 진행되고 있다. 그렇다면 오늘날 한국 교회 예배를 어떤 신학적인 기초에 근거하여 어떤 방향으로 개혁을 해야 할까? 과거의 기독교 유산과 전통을 지키면서도 오늘날 포스트모던 문화에 부합하는 방향으로 예배를 개혁하는 것은 어찌 보면 각기 반대 방향으로 달려가는 두 마리의 토끼를 잡는 것처럼 모순된 일처럼 보인다.

　"미국 청교도 예배"의 전통과 특징을 다루고 있는 본서는 과거의 전통과 현대의 문화 사이에서 예배 갱신을 시도하는 목회자들과 신학생들에게 예배 갱신에 관한 중요한 신학적인 토대를 제공한다.

　먼저 앞부분의 2장에서는 미국 청교도 예배를 지탱하는 예배 신학을 소개한다. 미국 청교도 예배 신학은 성경이 계시하는 삼위일체 하나님과 그 백성들 간의 영원한 언약에 관한 신학적인 토대 위에 세워져 있다. 청교도 예배의 중요한 관심사는 하나님과 자기 백성들 간의 영원한 언약을 말씀과 성례에 근거하여 계속 새롭게 갱신하는 것이다. 그리고 예배를 통한 언약 갱신의 방법은, 세대 간 생각과 문화적인 취향에 따라 예배 방법을 바꾸는 것이 아니라, 하나님의 말씀의 계시인 성경을 절대적으로 하나님의 권위 있는 말씀으로 신뢰하고 그 성경이 제시한 예배 방법으로서의 말씀과 성례를 따라서 삼위 하나님을 경배하는 것이다. 그래서 청교도 예배 신학의 기초는 결국 하나님의 말씀으로서의 성경에 대한 절대적인 권위에 달렸다고 해도 과언이 아니다. 이런 이유로 홀톤 데이비스는 미국 청교도 예배에 대하여 소개하면서 먼저 예배 신학의 기초로서 "성경의 유일한 권위"에 대하여 설명하고 있다.

이어서 저자는 예배를 구성하는 세부적인 요소들로서 "달력"(3장), "설교"(4장), "찬송"(5장), "기도"(6장), "성례"(7장)를 순차적으로 다룬다. 뿐만 아니라 미국 청교도 예배를 이해할 수 있는 몇 가지 창문으로서 실제 목회 현장에서 목회 사역과 예배를 인도하는 목회자들을 염두에 두고서, "결혼식과 장례식"(8장), "임직식"(9장), "건축 양식"(10장)에 대해서도 예배와 관련된 매우 실제적이고 목회적인 실상들을 제시하고 있다.

이렇게 본서는 미국 청교도 예배를 포괄적으로 이해할 수 있도록 하는 예배 신학의 기초와 그 기초 위에서 형성된 미국 청교도 예배의 실제적인 요소들을 전체적으로 다룸으로써, 목회 현장에서 예배 개혁과 갱신을 시도하는 목회자들과 신학생들, 그리고 평신도들에게 예배와 관련하여 매우 유익한 안내를 제시하고 있다.

한국 교회와 한국 신학계에서 개혁주의 예배학에 관하여 심도 있는 연구를 진행하고 있는 김상구 교수님을 통해서 본서가 새롭게 번역 출간된 것에 대해 감사한다. 그리고 예배 개혁에 관한 관심과 열망이 고조되고 있는 목회 상황 속에서 청교도 예배에 대한 이해의 폭이 더욱 깊어짐으로 신학적으로나 성경적으로 올바른 예배 개혁이 이뤄질 수 있기를 기대한다.

감사의 말

나는 행복하게도 본서를 프린스턴신학연구소(the Center of Theological Inquiry at Princeton)에 몸 담고 있는 동안 준비했다. 그곳에서 맺어진 우정에 대해 감사하며 특히 그 기관의 설립자이며 최근까지 소장으로 재직했던 고 제임스 맥코드(James I. McCord) 박사의 격려에 감사한다. 또한 두 명의 행정 보조자, 케이트 르 반과 패트리샤 그리어의 도움에 대해 감사한다. 또한 피터랭출판사(Peter Lang Publishing)의 도서편집장 마이클 플라미니(Michael Flamini)에게도 감사한다. 그리고 훌륭한 교회 건물 사진들은 나의 아들 필립의 작품이다. 이 사진들을 제공해준 필립에게 감사한다. 세 명의 친구, 사우스대학교(the University of the South)의 존 부티(John Booty) 교수, 프린스턴대학교(Princeton University)의 존 플레밍(John Fleming) 교수, 그리고 앨리슨파크(Allison Park)의 헌신적인 출판인 디크란 하디디언(Dikran Hadidian) 씨에게도 감사하다. 마지막으로 나는 학문적인 생활과 개인 생활 모두에 있어 아내 헬렌에게 애정과 판단의 빚을 계속 지고 있음을 고백하지 않을 수 없다.

역자서문

오늘날 한국 교회는 침체라는 커다란 문제에 봉착하고 있다. 이 시점에서 우리 교회의 뿌리가 되는 사상과 삶을 되새겨 보고 현장에 맞게 적용해보는 일이 반드시 필요하다. 한국 교회는 교단을 초월해서 청교도적 전통에 의해 설립되었다고 말한다. 또한 최근에 청교도에 관한 글들이 번역되거나 저술되어 나오고 있다. 이것은 우리 교회의 전통을 재조명하려는 차원에서뿐 아니라, 교회 침체 원인을 해결하여 영적 부흥을 회복하고자 하는 측면에서도 매우 다행한 일이라 할 수 있다.

우리에게 소개된 청교도 저술들은 대개 청교도의 삶과 설교에 집중되어 있으나 그 근원에 해당되는 예배에 관해 집중적으로 다룬 책들이 거의 없었다. 그러던 중 본서의 초판이 15년 전에 출판되어 조금이나마 청교도 예배 분야에서 소중한 역할을 감당해왔다. 본서의 저자 홀톤 데이비스(Horton Davies)는 영국과 미국의 예배 및 청교도에 관한 책을 몇 권 썼는데, 그중 본서는 칼빈주의에 입각하여 세워진 초기 미국 청교도 예배에 관한 글이다. 미국 청교도들은 영국 청교도 사상을 신대륙에 도입하면서 약간 수정하거나 보완하여 실천했다. 이 청교도들에게서 직

간접적으로 영향을 받은 것이 초기 한국 교회 개척자들이었다. 그래서 오늘날 본서가 우리에게 던져주고 있는 시사점이 매우 크다.

물론 한국 교회는 청교도 사상뿐만 아니라 더 근원적으로는 종교개혁자들의 사상에 근거하여 세워졌으므로 오늘날 예배 신학과 실제라는 관점에서 여러 사상들을 다양하게 고려해야 한다. 그중 하나의 작업으로 청교도 예배가 본서에서 다루어지고 있는 것이다.

본서는 이전에 김석한 교수님이 번역하여 내어 놓은 것을 새롭게 개정하여 출간한 것이다. 본인은 본서를 개정하여 출간할 수 있도록 추진해주신 CLC 박영호 사장님과 번역에 도움을 준 김태규 박사님, 그리고 추천사를 써주신 이승진 박사님께 감사의 말씀을 전하고 싶다. 끝으로 본서가 한국 교회 예배에 관한 여러 지침서 중 또 하나의 좋은 자료가 되기를 바라며 차제에 청교도 예배에 관한 책들이 계속 출간되기를 기대한다.

2014. 01.
김 상 구 識

목차

추천사	5
감사의 말	8
역자 서문	9
서론	15
제1장 시작들	29
제2장 예배 신학	45
1. 성경의 유일한 권위	46
2. 믿음에 의한 칭의와 예정	49
3. 특별 섭리와 언약	51
4. 교회론	55
5. 구원의 믿음에 대한 진술	59
6. 청교도 신학의 역설들	69
7. 성례 참여 허용의 타당성	72
8. 예배에 있어서의 신학의 영향	74
9. 청교도의 달력	77
10. 음악	80

제3장 달력	**83**
1. 안식일	85
2. 금식일 또는 굴종의 날	95
3. 감사의 날들(Thanksgiving Days)	103
4. 시민 신앙의 날(Days of Civil Religion)	109
제4장 설교	**115**
1. 평이한 표현법	118
2. 구조	123
3. 예화와 비유적 표현	131
4. 성경에 충실한 설교	141
5. 해석의 원리들	144
6. 설교의 길이, 어투, 동작	155
제5장 찬송	**165**
1. 운문적 시편으로 한정된 예배	168
2. 『베이 시편서』의 발달 과정과 특성	173
3. "한 소절씩 따라 부르기"	183
4. 가정에서의 음악	187

제6장 기도   191
    1. 고정된 형태의 기도에 대한 비판   198
    2. 기도의 여러 부분들   203
    3. 기도의 형태   212
    4. 기도의 자세   220
    5. 평가   221

제7장 성례   225
    1. 세례   226
    2. 성찬에 대한 기록들   235
    3. 성찬 신학   243
    4. 성찬을 위한 준비   248
    5. 성례의 문예부흥?   252

제8장 결혼식과 장례식   267
    1. 결혼식   268
    2. 장례식   281

제9장 임직식	299
1. 교회의 설립	300
2. 교회 임직자들의 임직식	306
3. 목회자가 중심이 된 임직식(안수식)	314
제10장 건축 양식	325
1. 예배당의 기원	327
2. 예배당의 발전	328
3. 위치와 내부 설비	338
4. 건축 양식의 신학적 함축성들	347
제11장 결론-세 가지 분석적 시각	353
1. 정규적인 주일 예배의 변화들	354
2. 성례 집행의 변화들	357
3. 특별 의식들에 있어서의 변화들	364
4. 변화의 몇 가지 원인들	368
5. 옛 잉글랜드와 뉴잉글랜드에서의 청교도 예배의 비교	374
6. 분석적 결론과 요약적 평가	381
사진	387

서론

미국 청교도 예배의 제1세기 역사를 왜 쓰는가? 이러한 주제를 선택하게 된 이유는 네 가지인데, 세 가지는 전문적인 이유이고 한 가지는 완전히 개인적인 이유이다.

첫째, 미국 청교도의 신앙에 대한 연구는 많이 있는 반면에 그들의 예배에 대한 본격적이며 정밀한 설명은 아직 나온 바가 없기 때문이다. 그래서 이 주제의 특정한 면들은 철저하게 탐구하였고 그 탐구들은 나에게 매우 중요했다.

바벳트 메이 리바이(Babette May Levy)의 『뉴잉글랜드 신학 제1세기의 설교』(Preaching in the First Century of New Englands Theology, 1945)는 그들의 설교의 구조와 문체에 대해서뿐만 아니라 그들의 예배에 있어 설교의 환경적인 중요성에 대해서도 특별한 주의를 기울였다.

한편 해리 스타우트(Harry S. Stout)의 『뉴잉글랜드 정신: 식민지 뉴잉글랜드의 설교와 신앙 문화』(The New England Soul:Preaching and Religious Culture in Colonial New England, 1986)는 정기적인 안식일 설교들이 뉴잉글랜드에 "문화적 가치관과 의의 그리고 공동적인 목적 의식을 형성하는 데" 탁월한 영향을 끼쳤다고 감동적으로 주장했다.

　브룩스 홀리필드(E. Brooks Holifield)의 귀중한 저서, 『봉인된 언약: 17세기 뉴잉글랜드: 1570-1720년의 청교도 성례신학의 발전』(*The Covenant Sealed: The Develoment of Puritan Sacramental Theology in Seventeenth Century New England, 1570-1720*, 1974)은 철저하게, 그리고 바람직한 신학적 통찰력을 가지고 그 주제를 영국과 뉴잉글랜드 모두에 적용하면서 상술한다.

　찰스 햄브릭 스토이(Charles Hambrick-Stowe)의 『경건의 실천: 17세기 뉴잉글랜드에서의 청교도의 신앙 훈련』(*The Practice of Piety: Puritan Devo-tional Discipline in Seventeenth Century New England*, 1982)은 미국 청교도의 가족과 개인의 신앙 훈련을 충실하고 예민하게 묘사했으나 공적 예배에는 단 한 장밖에 할애하지 않았다.

　윈튼 솔버그(Winton U. Solberg)의 『시간을 속량하라: 초기 아메리카의 청교도 안식일』(*Redeem the Time: The Puritan Sabbath in Early Ameriea*, 1977)은 청교도 달력의 붉은 글씨로 표시된 주간의 중요한 날에 대한 뛰어나고 철저한 설명이며, 윌리엄 드로스 러브(William DeLoss Love)의 『뉴잉글랜드의 금식일과 감사일』(*Fast and Thanksgiving Days of New England*, 1895)은 이 특별한 날들을 분명하게 밝혀준다.

　졸턴 하랏치(Zoltan Haraszti)의 『베이 시편서』(*The Bay Psalm Book*, 1956) 편집판의 서론도 역시 초기 미국 청교도 찬송에 대한 개관이다.

　청교도주의의 신앙과 생활 방식들을 설명하면서 공적 예배를 부수적으로 언급하는 많은 책들이 저술되었다. 사무엘 엘리오트 모리슨(Samuel Eliot Morison), 페리 밀러(Perry Miller), 에드문드 모건(Edmund Morgan)의 고전적 작품들이 그런 것들이다. 미국 청교도주의의 어떤 사실에 대해 기술할 때 우리는 필연적으로 그들 모두에게 신세를 져야 한다.

또한 데이비드 홀(David Hall)의 『충성된 목자: 17세기 뉴잉글랜드 목회사』(*The Faithful Shepherd: A History of the New England Ministry in the Seventeenth Century*, 1972)와 로버트 미들카우프(Robert Middlekauff)의 『매더가의 사람들: 3대에 걸친 청교도 지식인들』(*The Mathers: Three Generations of Puritan Intellectuals*, 1971)과 같은 뛰어난 개인적인 작품들도 매우 귀중하다. 그러나 이들 중 어느 것도 깊고 자세하게 미국 청교도들의 공적 예배를 다루지는 않는다. 본서가 채우고자 하는 것이 바로 이런 공백이다.

둘째, 이 계획을 착수하게 된 이유는 청교도주의의 비전(vision)이 주일날 그들의 예배당에서의 청교도 가족 모임에서 한 세대에서 다른 세대로 자연스럽게 전달되었다는 확신 때문이다. 그곳에서 그들은 자녀들의 세례와 주님의 만찬 성례들을 하나님이 그들과 영원히 맺은 언약의 인치심으로 받아들이면서 복음의 약속들을 들었고, 믿음의 순종을 배웠으며 선민의 모든 감사로 응답했다. 특히 목회자가 성령의 도우심을 받으며 성경의 신령한 계시를 전달할 때 그들이 하나님의 말씀을 가장 위엄있게 듣는 곳이 바로 공적 예배 모임들이었던 것이다. 이 공적 예배는 오만한 자들을 낮추셨고 비천한 자들을 높였고, 하나님의 백성에게 그들의 영적 식량과 미래의 진격 명령을 제공했다.

더욱이 엄격하게 성경적인 기초 그리고 즉석에서 드리는 기도와 하나님과 서로에 대한 언약적 결합과 모든 신자의 제사장직에 대한 표현과 평신도에 대한 격려를 가지고 잉글랜드(영국)와 뉴잉글랜드에서 청교도들이 발전시킨 선구적인 예배 형식은 경건이 은둔적이 아니라 드러나는 것임을 나타냈다. 한편 역사적 관심도 역시 상당한 관련성을 갖고 있다. 영어권 세계에서 왕성하게 성장해온 침례교회, 회중교회, 그리스도의 제자교회, 감리교회, 오순절교회, 장로교회, 개혁교회, 또한 유니테리언 교파들에게 지배적인 형식이 된 것이 바로 이 예배에 있어서의 독립교회 전통이다. 더욱이 로마가톨릭과 잉글랜드국교회 성찬식의 역사적인 기도문들에 즉석기도를 보충하여 사용하는 현재의 성령 운동으로 인해 이 전통의 영향은 전혀 쇠퇴하지 않았다.

셋째, 이 연구는 또한 미국 청교도주의의 창시자들이 성경의 지시 없이는 인간의 전통들을 포함시키지 않은 순수한 예배에 부여된 중요성 때문이다. 그들이 뉴잉글랜드를 향해 영국을 떠난 주요 이유가 바로 이것이었다. 즉 그들은 윌리엄 로드(William Laud, 잉글랜드국교회 캔터베리의 대주교[1573-1645]. 찰스 1세 때 활동. 청교도들을 핍박하고 잉글랜드국교회를 로마가톨릭화하려고 하였음-역주) 시대의 영국의 경우와 달리 교회와 세상의 이중 처벌이 없는 뉴잉글랜드 광야에서 하나님이 바라시는 방식으로 하나님을 예배하기 위해 영국을 떠난 것이었다. 이 경건한 동기를 제임스 트루슬로우 아담스(James Truslow Adams)는 그의 저서 『뉴잉글랜드의 창건』(The Founding of New England, 1921)에서 무시한다. 그는 최초의 뉴잉글랜드인들이 구했던 것이 하나님이 아니라 생선 대구(cod)였다고 주장한다. 심지어 그렇다고 인정할지라도 청교도 지도자들의 동기는 분명히 순수한 예배를 실천하는 영국에 있는 그들의 친구들에게 미래의 예배를 보여주고자 하는 열망이었다.

또한 이것이 뉴잉글랜드 제1의 신학자 존 카튼(John Cotton)의 중요한 동기였음이 분명하다. 1646년에 런던에서 출판되었고 1668년에 보스턴에서 재발행된 그의 교리문답(Catechism: 이 용어를 전통적으로 "교리문답" 또는 "요리문답"으로 번역하나 본래의 뜻은 "신앙교육서", "신앙학습서"이다-역주), 『양 잉글랜드(잉글랜드와 뉴잉글랜드)의 아기들을 위한 신령한 젖』(Spiritual Milk for Babes in either England)에서 제2계명의 의미를 묻는 질문에 대한 그의 답변은 "우리는 인간에 의한 예배가 아니라 하나님이 정하신 참된 예배로 참되신 하나님을 예배해야 한다"[1]는 것이었다. 이 동기는 그의 중요한 저서 『뉴잉글랜드에 있는 그리스도의 교회들의 길』(*The Way of the Churches of Christ in New England*, 1645)에서 확대되었다. 이 작품에서 그는 매 주일 예배를 위한 집회에서 "우리의 첫째 관심과 열망은 어떤 인간적인 고안들로 치장되거나 채색되지 않은 모든 것, 곧 그리스도의 모든 규례들(주님이 우리에게 밝혀주신 대로)과 그 본래 순수하고 단순한 모든 것, 그 이상도 이하도 아닌 그 모든 것을 집행하고 그 모든 것에 참여하는 것이다"[2]라고 주장했다.

토마스 쉐퍼드(Thomas Shepard)는 자서전(『하나님의 구상』〈*God's Plot*〉이라는 제목으로 마이클 맥기펠트〈Michael McGiffert〉가 1972년에 편집했다)에서 로드(Laud)의 방해로 그가 영국에서 아무런 사역도 하지 못하게 된 것, 이미 뉴잉글랜드로 갔거나 그곳으로 가려고 하는 경건한 친구들의 끈질긴 설득, 그리고 토마스 후커(Thomas Hooker)와 존 카튼과 같은 청교도 인도자들이 미국으로 떠나는 것을 볼 때 느꼈던 낙심이 포함된 그의 뉴잉글랜드로의 순례 여행의 몇 가지 이유들을 제시하였다.

쉐퍼드의 중요한 동기는 다음과 같았다.

> 그때 나는 악한 예배의식들뿐만 아니라 혼합적인 성찬식과 성례들에 결합된 악까지도 확신하고 있었다. 나는 옛 잉글랜드에서는 향유할 수 없는 하나님의 모든 규례들의 성취를 추구하는 것이 나의 의무라고 생각했다.

---

1   John Cotton, *Spiritual Milk for Babes in either England*, 2.
2   John Cotton, *The Way of the Churches of Christ in New England*, 1645, 65.

그는 그의 전형적인 솔직함으로 이렇게 고백했다.

> 비록 나의 목적들은 혼합적이었고 나 자신의 평안을 많이 기대했으나, 그럼에도 불구하고 주님은 뉴잉글랜드에서의 그 자유의 영광을 보도록 허락하시고, 만일 내가 조금이라도 변하려고 한다면 죽은 자들 가운데서 빠져나온 자로서 하나님의 백성들 중에서 하나님을 찬양하며 살아야 한다는 결심을 하게 하셨다.[3]

이 "자유들"에는 제임스 1세와 찰스 1세에 의해 출판된 『오락서』(The Book of Sports)가 매우 강력하게 장려했던 떠들썩한 시골 축제들(ales)과 오락들로 더럽히지 않고 7일 중의 하루, 곧 안식일 전체를 하나님께 온전히 바칠 수 있는 기회가 포함되었다. 이렇게 청교도들은 주일 아침 예배와 저녁 예배로뿐만 아니라 아침과 저녁에 교리 문답을 병행하는 개인과 가족기도로 안식일 전체를 하나님께 드렸다. 게다가 각 가정의 가장은 자녀들과 종들에게 그들이 주일에 들은 설교의 주요 요점들을 암송할 것을 요구했다.

청교도의 신앙 훈련은 엄격했고 그중에는 오직 하나님만이 보시는 일기 쓰기도 포함되었다. 이 일기에는 하나님을 섬기는 자세한 약속들과 깊이 뉘우치는 범죄 목록이 포함되었다. 뉴잉글랜드의 광야를 그 물질적 고난과 문화적 고난에도 불구하고 "가시적인 성도들"[4] 이 되기를

---

[3] Thomas Shepard, *God's Plot*, 56.
[4] "가시적 성도들"이라는 중요한 청교도 개념에 대해서는 Edmund S.Morgan's *Visible Saints: The History of a Puritan Idea* (New York: New York University Press, 1963)와 Geoffrey F. Nuttall's *Visible saints, The Congregational Way,* 1640-1660 (Oxford: Blackwell, 1957)을 보라.

갈망한 남녀들의 진정한 낙원으로 만들었던 근거가 바로 이 완전히 성숙된 신앙 훈련이었다. 이 신앙 훈련은 영국에서 고생 없이는 실행될 수 없었던 하나님의 섭리와 연관된 특별한 굴종의 날들과 감사의 날들이 표기된 청교도 달력에 의해 촉진되었다.

매사츄세츠 데드햄 교회의 최초 목회자(minister)였던 존 앨린(John Allin)은 다음과 같이 밝혔다.

> 주님의 규례들 안에서 그리스도를 즐거워한다는 소망만으로도 가장 친애하는 친척들, 부모, 형제, 자매, 그리스도인 친구들과 친지들을 버리고 광대한 바다의 위험과 난관들, 곧 많은 사람에게 공포를 주는 그 어떤 것이 예상됨에도 불구하고…우리가 생각할 때 근심과 시험 외에는 아무것도 예상할 수 없는 광야로 가라고 이주자들을 설득하기에 충분한 동기였다.[5]

가장 진지한 사람들의 동기들에도 여러 가지가 혼합되는 것이 사실이지만 브린(Breen)의 동앵글리아(East Anglia: 앵글리아는 잉글랜드의 라틴식 이름임-역주)와 켄트(Kent: 잉글랜드 남동부의 주-역주) 출신 273명의 이주자들(우리는 이들의 나이, 출신 직업에 대해 매우 충분한 정보를 갖고 있다)에 대한 연구는 경제적 동기들이 신앙적 동기들보다 우위를 차지하지 않았다는 결론에 이른다.[6]

대개 네덜란드에서 숙련된 의상기술자들은 보다 나은 생활을 할 수

---

5 *Defense the answer Made unto Nine Questions or Positions sent from New England* (London, 1648)를 Kenneth A. Lockridge, *A New England Town, The First Hundred Years: Dedham, Massachusetts* (New York: Norton, 1970), 23이 인용함.

6 Chapter 3 of *Puritans and Adventurers: Change and Persistence in Early America* (New York: Oxford University Press, 1980)를 보라.

있었다. 그들은 1635년과 1638년 사이에 노르위치(Norwich)의 교구에서 3천 가구를 추방한 대주교 위렌(Wren)의 지나치게 열성적인 하수인들에 의한 괴롭힘을 더 이상 견딜 수가 없었을 것이다.[7] 그 희생자들 중의 하나인 직공장 마이클 메트칼프는 예수님의 이름에 굴복하지 않았다는 이유로 법정에 끌려갔을 때 교회 관리자가 자신에게 "멍텅구리, 늙은 이단자, 마귀가 너를 만들었도다. 내가 너를 마귀에게 내주겠노라"고 소리를 질렀다고 끈덕지게 변명을 했다.[8] 메트칼프와 같이 뉴잉글랜드를 향해 떠난 동부 앵글리아 사람들이 살던 마을들이 일곱 명의 목회자(Minister)들을 뉴잉글랜드로 파송했고 홀랜드에 두 명의 목회자를 파송했다는 사실은 의미심장하다.[9] 동부 해변 마을들에서 윌리엄 로드의 의식주의(Ceremonialism)를 혐오한 훌륭한 상인들과 청교도들을 배출했다는 것은 널리 알려진 사실이었다.

웨스트민스터 대성당(Abbey)의 부주교(subdean) 피터 헤일린(Pete Heylin)은 "…그(활동을 정지당한) 목회자들과 강연자(Lecturer)들이 사람들에게 그들의 거처를 옮겨 장사를 하라고 설득했다는 것은 당연한 사실이었다"라고 기술했었다. 그 이유는 뉴잉글랜드는 그들이 보기에 애초부터 청교도의 이민지였으므로 어떤 다른 지방보다 쯔빙글리파나 칼빈파의 복음 성장을 위해 적당했기 때문이라는 것이었다. 의미심장하게도 헤일린은 이 청교도들이 "오랫동안 종교 의식의 결속에서 제외되었다"고 주장한다.[10]

---

7 R. W. Ketton-Cremer, *Norfolk in the Civil War: A Portrait of a Society in Conflict* (London: Faber, 1969), 70-79을 보라.

8 그의 사건에 대해서는 "Michael Metcalfe," *The New England Historical and Genealogical Register,* XVI (1862), 280-88을 보라.

9 Breen, *op. cit.,* 53.

10 Brown, *A History of Congregationalism,* 101-02에 인용됨.

평신도 청교도들이 뉴잉글랜드로 가게 된 또 하나의 동기는 그들의 목회자들이 그곳으로 이민을 갔기 때문이었다. 그리고 이것은 오염되지 않은 그리스도의 규례들을 괴로움 없이 받아들일 수 있는 방법이기도 했다. 카튼 매더(Cotton Mather)가 단어 기교를 부려 말한 것처럼 1633년에 이 성경 사회(the Bible Commonwelth)의 사람들은 "그들의 옷을 위해 "목화"(cotten, 즉 존 카튼을 비유한 말)를, 고기잡이를 위해 "어선"(hooker, 즉 토마스 후커를 비유한 말)을, 집을 짓기 위해 "돌"(stone, 즉 프레스톤)을 갖고 있었다."[11] 청교도 설교자들에는 분명한 사도적 계승이 있는데 그들 중 가장 감동을 주는 두 명이 뉴잉글랜드에 있었다. 다렛트 루트맨(Darrett Rutman)은 그들의 영향력을 다음과 같이 생생하게 표현한다.

> 이 목회자들의 족보는 역대기들의 첫 장과 유사한 특성으로 시작된다. 즉 "리처드 로저스(Richard Rogers)는 (영적인 의미로) 폴 베인스(Paul Baynes)를 낳았고, 폴 베인스는 리처드 십스(Richard Sibbes)를 낳았고, 리처드 십스는 존 카튼을 낳았고 존 카튼은 존 프레스톤(John Preston)을 낳았고, 존 프레스톤은 토마스 쉐퍼드(Thomas Shepard)를 낳았다."[12]

더욱이 목회자와 회중과의 관계는 버지니아(미국 동부의 주)보다 뉴잉글랜드(현재 미국 북동부의 여섯 주, 코넷티컷, 매사추세츠, 로데 아일랜드, 버몬트, 뉴 햄프셔, 마인을 통칭함-역주)에서 훨씬 더 친밀했다. 1650년에 매사추세츠에서는 415명당 한 명의 목회자가 있었던 반면에 버지니아에는

---

11 *Magnalia Christi Americana* (London, 1702), Bk. iii, 20.
12 *American Puritanism* (Philadelphia: Lippincott, 1970), 7.

3,259명당 한 사람의 목회자가 있었다.

개척자들 중 한 명인 에드워드 존슨 선장(Captain Edward Johnson)은 1654년에 『시온의 구세주가 베푸신 뉴잉글랜드에서의 경이로운 섭리』 (*The Wonder-Working Providence of Sions Saviour in New-England*)라는 제목으로 뉴잉글랜드의 열심에 대한 보고서를 출판했다. 그는 켄트에서 뉴잉글랜드로 가는 청교도 이민자들을 모집하는 사람이었던 것 같다.[13] 그의 책에서 그는 "그들이 소박한 순수성 가운데 그리스도와 그리스도의 규례들을 향유하기 위해 이 황량한 사막에서 모든 곤경과 상실을 즐겁게 감수했다"고 주장한다.[14] 존슨은 뉴잉글랜드의 영적 생활을 종교개혁의 확대이며 진정한 그리스도의 교회의 회복으로 예견했다. 그는 전통적인 교회의 모든 관리들의 통치가 종말에 임박했음을 그리스도의 사자가 선포하는 것처럼 예언했다.

> 바벨론은 타락했도다. 바벨론의 교리뿐만 아니라, 그 오만한 오합지졸들, 곧 교황들, 추기경들, 오만한 주교들, 탁발수도사들(Friers), 수도사들(Monks), 수녀들(Nuns), 신학교의 사제들(Priests), 예수회 수사들(Jesuits), 성지 참배자들, 부사제들, 성직자회 평의원들, 부주교들, 주교 대리들, 종교재판소 판사들, 성직자 회의 대의원들, 직업 가수들, 찬양대원들, 오르간 연주자들, 아코디온 연주자들, 안내위원들, 문지기들, 성당 하인들, 돈 받고 명복을 비는 자들, 종치는 자들, 그리고 그밖에 하나님의 말씀에 이름이 기록되지 않은 모든 다른 자들이 타락했도다.[15]

13　Breen, *op. cit.*, 67.
14　*Wonder-Working Providence*, ed. W.L.Poole (Andover, Mass., 1867), Epistle to the Reader.
15　*Ibid.*, 23-24.

또한 존슨은 몇 해 동안의 심한 가뭄 때 경건한 사람들이 하나님의 긍휼을 간청하며 "악한 대적이 자신들의 멸망을 기뻐할 것이고, 인간들의 고안들로 그리스도의 왕명들을 짓밟고 그리스도의 순결한 규례들을 모독할 것이라는 주요 주장을 역설했다"고 말한다.[16]

존슨의 천년왕국설은 아마 뉴잉글랜드 정착자들의 동기의 순수성을 지나치게 강조하는 듯하다.[17] 대체로 그들의 동기는 복잡했던 것이 분명하다. 왜냐하면 이들은 천사들이 아니라 남자, 여자 그리고 아이들이었기 때문이다. 신앙적인 열심과 그들의 신약성경에 나타나는 그리스도의 순수한 규례들에 대한 열망, 그리고 새 예루살렘, 아니 더 새로운 예루살렘의 시민이 될 뿐만 아니라 성도들의 교회의 성도가 되고 싶은 야망과 함께, 개인적 이익을 구하는 사람들도 있었고 모험을 바라는 사람들도 있었고 또한 결손된 결혼 생활, 횡포한 부모 또는 전제적인 고용주들과 같은 불행한 상황에서 벗어나기를 바라는 사람들도 있었다. 그럼에도 불구하고 신앙적인 동기는 많은 사람에게 있어 보다 중요했고 강력했다.

1638년 새로운 이민자들의 신앙적인 정절, 그리고 그리스도의 순수한 규례로 예배드리는 자유라는 이중적인 관심은 "뉴잉글랜드를 처음으로 보면서"(Upon the first sight of New England)라는 제목의 토마스 틸람(Thomas Tillam)의 시에 강력하게 표현된다. 그 시는 서정시로 다음과 같이 시작한다.

---

16 *Ibid.*, 57.
17 "광야의 사명"에 관여한 사람들의 동기들에 대한 가장 최근의 비평적 개관은 Andrew Delbanco's "The Puritan Errand Re-viewed," *Journal of American Studies*, 18(1984), 343-60.

소리쳐 부르라 거룩한 땅이여
네 안에 우리 거룩하신 주님이
자신의 가장 진실하고 거룩하신 말씀을 심으셨도다.
소리쳐 부르라 복된 백성이여
그대들은 안식을 찾기 위하여
친구와 재산을 빼앗겼도다.
그대들의 가난하고 피곤한 영혼들은
그리스도를 위하여 시기와 악의로
억눌렸도다.

그 다음 그는 그리스도가 자신의 약속을 이루시는 것을 상상한다.

이 땅을 소유하라 모든 것으로부터 자유하라.
여기에서 내가 너희와 함께 하리라.
여기에서 너희는 나의 안식일, 성례
그리고 규례들을 순수하게 향유하리라.[18]

뉴잉글랜드 생활에서 이런 순수한 그리스도 규례들의 중요성은 하나님이 섭리 가운데 개인 또는 사회에 미소를 지으시기도 하고 찡그리시기도 한다는 의식과 결합되었다. 이 사실은 1653년에서 1657년까지 다음과 같은 식으로 기록된 마이클 위글즈워드(Michael Wiggl-esworth)의 일기에서 명백하게 확인된다.

---

18 *Seventeenth Century American Poetry*, ed. Harrison T. Meserole (New York: Norton, 1972), 397-98.

> 비록 하나님이 자주 하나님의 규례들과 섭리들로 나를 일깨워 주심으로 오랫동안 게으른 잠에 빠지지 않게 해주시지만 하나님의 일들의 맛을 알지 못하게 하는 불경한 마음과 영적 졸음 그리고 나의 영적 경계에 대한 태만, 이런 일들은 나를 놀라게 한다.[19]

이 말은 중요하다. 왜냐하면 이 일기는 전혀 출판할 의도가 없었으며 에드워드 존슨이 찬사를 보내는 바와 같이 신학적인 자기선전이 아니었기 때문이다.

넷째, 마지막으로 나는 1940년부터 1943년까지 옥스퍼드대학의 박사 학위 논문을 준비하여 그 후에 『영국 청교도의 예배』(The Worship of the English Puritans, London: Dacre Press, 1948)라는 제목으로 출판하면서 항상 이 짝을 이루는 책을 쓰려는 계획을 갖고 있었다. 그 이유는 오늘날과 마찬가지로 그때도 영국에서 청교도들을 괴롭히고 있었던 압박들로부터 자유함을 얻은 청교도 예배가 초기 미국에서 정확하게 어떻게 발전했는지 알고자 했기 때문이었다. 영국의 회중교회 목사로서 나는 "교회"(church)의 우월성에 비교되는 소위 "예배당"(chaple)의 열등성에 대해 정확하게 의식하고 있었고 잉글랜드국교도의 조롱에서 "더러운 암캐"(squalid sluttery)로 묘사되는 이 비국교도 예배당들의 건축 양식 자체가 이 이류적인 지위를 강조한다는 것도 정확하게 알고 있었다.

1952년에 뉴잉글랜드를 방문하여 뉴잉글랜드의 역사적인 회중교회들의 규모와 위치와 양식을 대조해보게 되었을 때 너무나도 기뻤다. 그

---

19 *The Diary of Michael Wigglesworth, 1653-1657: The Conscience of a Puritan*, ed. Edmund S. Morgan (Vol. XXXV of the publications of the Colonial Society of Massachusetts, reissued as a Harper Torchbook, New York, 1965), 17.

곳의 유명한 보스턴의 올드사우스교회(Old South Church in Boston)는 거의 대성당의 웅대함을 갖고 있었다. 몇 년 후 나는 중심부에 위치한 코네티컷 주 브룩필드의 흰색 건물의 회중교회와, 도시의 언덕을 내려다보고 있는 버몬트 주 스탠포드의 우아한 회중교회 예배당(공회당:meeting house)에 친숙하게 되었다. 이 예로 든 교회들은 그 아름다운 단순성, 중심성, 양식의 순수성 그리고 그 사회의 영적, 문화적 생활에 끼친 그들의 강력한 역사적 영향에 있어 대표적이었다. 비국교도(Dissent)의 불일치는 고전적인 회중교회주의에 있어 전혀 중요한 관심거리가 아니었다. 잉글랜드국교회에 대한 이의는 오직 그리스도의 규례를 따르기 위함이었다.

공적 예배에 있어 이 "순수한 규례들"의 숫자(그리스도가 자신의 교회를 위해 정하신 바를 나타내는 이 단어의 함의를 주의해 보라), 그 규례들의 특성, 정당성 그리고 초기 뉴잉글랜드에서 그 규례들의 역사적 발전이 본서의 이어지는 장들의 주제가 될 것이다. 영국의 청교도 예배와 구별되는 뉴잉글랜드 예배의 혁신들을 살펴보고 동시에 대서양 양쪽의 청교도주의를 연결시킨 연속성들을 보는 것은 흥미로운 일일 것이다. 이 주제는 존 카튼의 청교도 규례들에 대한 멋진 평가를 사용하여 "경배, 그것은 그리스도의 예배이다"로 정한다.

1장

시작들

본 장은 카튼(Cotton)과 레치포드(Lechford)의 기록들을 사용하여 뉴잉글랜드의 가장 초기 예배규례들을 총괄적으로 설명해 보고자 한다. 카튼은 위대한 리처드 십스(Richard Sibbes)에 의해 회심한 걸출한 영적 권위자로서, 찰스 1세 때 유일한 청교도 궁정 목사였던 프레스톤(Preston)을 회심시켰다. 더욱이 그는 웨스트민스터 회의에 임명된 3인의 뉴잉글랜드인들 중의 하나였다. 그러므로 보스턴 제일교회의 목사이자 뉴잉글랜드의 신앙 현장의 보고자로서 그의 권위는 중요했다. 대조적으로 레치포드는 잉글랜드국교회의 평신도로 청교도 방식에 강력하게 반대했고 예배 배열에 대한 대안들을 제시하는 데 관심이 있었다.[1]

어떤 사람은 몇 가지 방식으로 예배가 새롭게 됨으로써 감동을 받는다. 어떤 사람은 우선 모든 규례들을 성경 속 그리스도의 명령으로서의 원래 순수성을 따라 지키고자 한다. 그래서 제2계명에 의해 정죄된 우

---

1 이 장에서 사용한 존 카튼의 저술들은 다음과 같다.
The Way of the Churches of Christ in New England (London, 1645); *The True Constitution of a Particular Visible Church* (London, 1642); *The Keyes of the Kingdom of Heaven* (London, 1644). 이 장에서 사용된 레치포드의 작품은 *Plaine Dealing: Or Newes from New England* (London, 1642)이다.

상승배인 인간 고안물을 사용하는 오만함을 피하려는 결심을 주의깊게 한다. 바로 이것이 모든 규례들의 성경적 근거에 대한 주장을 설명해주는 말이다. 이 과정은 어떤 형식적인 기도문에 대한 거부와 즉석기도에 대한 요구로 이어지고 유행하는 여러 가지 기도들의 바른 체계를 결정하기도 한다. 카튼은 다음과 같이 기술한다.

> 사도들의 지시에 따르면(딤전 2:1), 첫째로 우리는 함께 교회에 모일 때 우리 자신과 모든 사람을 위해 기도와 중보와 감사를 하되 어떤 규정된 기도 형태나 연구된 기도서로 할 것이 아니라, (모든 하나님의 백성에게 무엇을 어떻게 기도해야 하는지 가르쳐 주시는⟨롬 8:26, 27⟩) 은혜와 기도의 성령이 우리 약점들을 도와주시는 방법으로 해야 한다. 그런 기도에서 우리는 사람들의 필요에 관심을 갖게 되고, 우리에게 맡겨진 시간이라는 재산과 그리스도의 일에도 관심을 갖게 된다.[2]

이와 유사하게 성경적 충실도(fidelity, 즉 유일한 정당성으로서)는 주의 만찬(the Lord's Supper)에서 두 번의 성별 기도를 요구한다. 곧 한 번은 떡을 축복하는 기도이고 또 한 번은 포도주를 축복하는 기도이다. 카튼은 이 두 번의 성별이 성찬식을 제정하실 때 그리스도의 모범을 따르는 것으로, 이 요소들은 "동반하는 것이 아니라 각각 별개로서, 먼저 떡이 그 자체로 구별되고 그 다음에 포도주가 그 자체로 구별되는데 그 이유는 주님 자신이 가장 잘 아셨다"고 기술한다.[3]

---

2   *The Way*, 66-67.

3   *Ibid.*, 68.

세례 때 십자가를 찬송하는 것과 같은 공동기도서(the Book of Common Prayer)에 사용하는 의식들이나 관습들을 폐기하라는 주장, 그리고 신부들(fathers)이 대부모(god parents)라기보다는 보증인(sponsors)이라는 주장의 근거는 그런 내용이 성경에 어떤 지시에도 없다는 것이다. 또한 성경적인 지시는 성찬식에서 무릎을 꿇는 자세를 폐기하고 그 대신 성찬식의 상징적인 가치를 위해 앉아 있을 것을 요구한다. 카튼은 무릎을 꿇는 것에 대해 그것이 단지 "인간에 의해 고안된 숭배의 자세일 뿐만 아니라 하나님의 의도를 부분적으로 축소하는 것이며, 성찬식에서 제시되는 교회의 존귀와 위로도 부분적으로 축소시키는 것이므로 역시 인간에 의해 그리스도의 성례 제정을 침해하는 것이라"고 말한다.[4] 앉아 있는 것은 그리스도가 최후의 만찬을 집행하는 방법이므로 정당화된다.

> 그리스도는 어떤 경우에 있어서 성도의 다수가 교회의 목회자들보다 우월하다는 사실과, 최후의 심판에 그리스도와 함께하는 재판관들로서의 성도들의 권위를 가르치시기 위해 성찬식의 앉아 있는 자세를 상징적으로 사용하셨다.[5]

하나님의 언약은 부모들과 그들의 자녀들에게 주어진 것이므로 대부모는 폐지되어야 하며, 어떤 대용도 만들지 말아야 한다.

부모는 그의 자녀만을 대표한다. 왜냐하면 그 세례는 대부와 대모에 대한 언약에 의해 베풀어지는 것이 아니라 부모의 언

---

4 *Ibid.*, 68.

5 *Ibid.*, 68.

약권에 의해 베풀어지는 것이기 때문이다.[6]

혁신들을 위한 성경적 근거를 예증하는 이 모든 실례들은 청교도 예배의 특징을 이룬다. 곧 이 성경적 근거는 청교도 예배의 혁신에 권위를 부여했고 청교도 예배의 효과를 설명했다.

우리가 받는 또 한 가지 감명은 가시적 성도 개념의 커다란 중요성이다. 이 가시적 성도 개념은 신학적으로 교육을 받고 은혜의 경험을 했고, 그리고 그리스도를 섬기겠다고 엄숙하게 언약한 교회의 가족들에게만 성례들을 참예하도록 국한함으로 명확하게 강조되었다. 카튼은 다음과 같은 선결 조건들을 굳게 확립했다.

> 우리는 최초의 제정에 따라 두 가지 성례 모두를 집행한다. 세례는 제자들과(그들 안에 포함된) 그들의 자녀에게 베푼다. 성만찬은 주님 앞에서 자신들을 살피고 판단할 때 지식이나 은혜가 부족하지 않은 사람들에게 집행된다. 공적으로 알려진 범죄의 의혹이 있는 사람들은 마태복음 5:23, 24에 따라 주님의 식탁에 나아오기 전에 먼저 그 의혹을 제거해야 한다.[7]

가시적 성도에 대한 요구는 교회 회원 자격을 허용하는 과정에서 명료해졌다. 이 명료화는 주일 저녁 예배의 결말 부분에서 이루어졌다.[8]

또 한 가지 철저한 혁신은 로마가톨릭과 잉글랜드국교회 달력과 매

---

6 *Ibid.*, 68.
7 *Ibid.*, 67-68.
8 *Ibid.*, 70.

우 다른 청교도의 달력에서 발견된다. 청교도의 달력은 강조적으로 붉은 글자로 표기되는 주일과 하나님의 섭리에 대한 그들의 해석에 따른 추가적인 특별한 감사와 굴종의 날들에 의해 두드러진다. 카튼은 다음과 같이 기술한다.

> 주님의 날을 축하하되 우리는 때때로 매주간 뚜렷한 심판을 나타내는 특별한 경우에 따라 하루를 굴종의 날로 구별하고, 또한 특별한 긍휼에 따라 하루를 감사의 날로 구별한다.[9]

레치포드는 청교도의 특성, 즉 그리스도의 생애에 중요한 사건들을 기념하기 싫어하는 것과 신성 주기(the sanctoral cycle)의 폐기를 격렬하게 반박하였다. 그는 다음과 같이 주장한다.

> 11월 5일뿐만 아니라 성일 그리고 유대인들의 부림절을 기념하는 것이 왜 안되는가? 그밖에 우리의 항상 찬양받으셔야 할 구세주의 천국의 복된 신비들을 기념하고 성도들의 훌륭한 모범들과 신앙을 기념하는 것이 왜 안되는가?[10]

또한 청교도 예배는 모든 신자의 제사장직(the priesthood of all believers)을 강조한다. 왜냐하면 청교도 예배는 모든 교회 회원들에게 경건한 신앙고백과 진정한 찬송 그리고 목회자를 소명하고(call) 위임하는(ordain) 것과, 새 회원들의 교회 공동체에 입회를 허용할 것인가 거부할 것인가

---

9 *Ibid.*, 70.

10 *Plaine Dealing*, 20.

에 대한 결정에 있어 모든 회원들의 평등한 투표를 요구했기 때문이다. 더욱이 가장 초기의 단순한 교회당들(그 안에서 예배드리는 회중들의 손으로 세워진)에는 잉글랜드국교회나 로마가톨릭 방식으로 사제와 찬양대를 평신도와 분리하는 성단(chancel)이 없었다. 모든 사항들이 그리스도 앞에서 일치와 평등을 나타내고 있었다. 또한 이 모든 사항들은 민주주의를 향한 강력한 추진력이 되었다. 물론 예외가 없지 않았으니 곧 목사와 교사였다. 그러나 최초로 교회들이 설립될 때에는 목사와 교사도 장로교회처럼 감독이나 목회자 집단과 같은 권력을 가진 대의원에 의해 결정된 것이 아니라 모든 사람에 의해 선택되어 성직을 임명받았다.

라저 짚(Larzer Ziff)은 성도 공동체의 민주주의 중심에 대한 바른 주장을 했다. 그의 주장에 의하면 성도들의 공동체는 "궁극적으로 각 사람이 제사장이고, 그 공동체의 지도자로 선발된 사람은(사실상 있을 수 없는 일인) 그의 은혜에 있어서의 우월성 때문이 아니라 그의 좀 더 나은 학문과 식견 때문에 선발된 한 회원이라는 결과적인 목회자관으로 인해" 민주주의적이라는 것이다.[11] 그러나 교회 회원자격을 경건한 자들에게만 제한하고 메사추세츠 주에서는 선거권을 교회 회원들에게만 제한함으로 "평신도에 의한 성직 임명"이라는 민주주의는 너무나 급속하게 엘리트주의가 되고 말았다. 그러나 초기에 이 사실은 예견되지 않았다.

우리는 또한 정면에 성경이 놓이고 높여진 중앙 강대에 의해 상징되고 하나님의 계시의 해설자로서의 목사의 첫째되는 역할을 강조하는 예배에서의 설교의 절정적인 역할에 의해 감명을 받게 된다. 예배가 이 부분에 이를 때 회중들이 가능한 한 편한 자세를 취하고 거룩한 설교에 집중하기 위해 자신들의 의자를 끌어당겼을 것이라고 상상할 수 있다.

---

11 *Puritanism in America: New Culture in a New World* (New York: Viking Press, 1973), 279.

이 거룩한 설교는 그들의 목회자가 한 주간 동안 구약성경과 신약성경을 원어로 읽고 최상의 주석들로 조명하여 준비했을 것이다. 그 설교는 의지를 그리스도인의 순종으로 분발시키기 위해 지적인 해명과 심령에 대한 호소를 결합시킴으로 교리(doctrine), 논증(reason) 그리고 용도(use)라는 삼중 구조를 추구하는 정성 어린 연구를 회중들에게 제공했을 것이다. 어린이들과 노예들도 설교에 열심히 귀를 기울였을 것이다. 왜냐하면 이 설교는 형식적인 훈계나(바울보다는 플라톤이 더 나은) 현학적이며 재치있는 연설이 아니라 평이하게 전달되는 하나님의 지혜였기 때문이다. 뿐만 아니라 어린이들과 노예들은 저녁에 가장이 질문을 할 때 설교의 요점들을 자세히 이야기해야 했다. 보다 열성적인 교인들 중 어떤 사람들은 아마추어적인 속기로 메모지에 설교를 요약하기도 했다.

청교도 설교는 중요한 지식의 활동이었고 청교도들은 모두 박식한 목회자를 존경했다. 최초의 정착자들의 도착 후 10년 내에 하버드대학(Harvard College)이 설립된 이유가 현지 출신 목회자를 양성하는 것 외에 또 무엇이 있을까? 그 이유는 모든 청교도 교회에서 매주 두 번의 설교와 한 번의 강의가 요구되었기 때문이다.

우리가 앞에서 본 바와 같이 성경의 명령은 새로운 경험이었음에도 불구하고 청교도 예배에 장엄한 권위를 주었으며 바로 그 새로움 때문에 말세의 그리스도의 지상 통치에서 예상되는 자극적이며 거의 천년 왕국적인 의미를 청교도 예배에 부여했다. 하나님이 주도하신 언약의 신뢰성에 대한 절대적인 주장 그리고 오직 가시적 성도들의 순결한 교회만이 그리스도께 용납될 수 있다는 확신은 청교도들로 하여금 은혜에 의지하여 뉴잉글랜드의 광야에서 영웅적인 노력을 할 수 있는 용기를 주었다. 또한 성경의 명령은 청교도들에게 각 지역 교회의 고립에도 불구하고 응집성-일치와 상호의존 의식-을 주었다. 그들은 성별된 신정국(神政國: theocracy)이었고 예배 때마다 이 점을 상기하였다. 그리고 그들은 인디언들의 적개심, 혹독한 겨울 그리고 초기의 거처들과 농사의 원시성을 극복하기 어려운 미개척 지역의 상황들 가운데 하나님의 통치하에 상부상조를 통해서만 생존할 수 있었다. 이 개척자들의 절대적인 일치의 필요성은 1630년에 매사추세츠 베이 식민지(Bay Colony)를 건설하기 위해 아라벨라(Arabella)호를 타고 대서양을 건너갔던 총독 존 윈드롭(John Winthrop)에 의해 완벽하게 표현된다.

> 이를 위하여 우리는 한 사람처럼 결합해야 합니다. 우리는 형제의 애정으로 서로 대접해야 합니다. 우리는 다른 사람의 필요한 것을 공급하기 위해 기꺼이 스스로를 제한하고 여분을 남겨야 합니다. 우리는 모든 온유와 양선과 인자와 자비 가운데 서로의 친밀한 교제를 격려해야 합니다. 우리는 서로 기뻐하고 함께 즐거워하고 함께 울며 항상 한 몸으로 우리의 공동체를 염두에 두어야 합니다…우리는 우리가 산 위의 성이 되어야 한다는 것을 명심해야 합니다. 모든 사람의 눈이 우리를 향하고 있는 것입니다.

방금 상고한 설명적인 자료를 제외한다면 카튼과 레치포드가 뚜렷한 일치하에 증언하는 초기 청교도 예배의 형태와 순서는 어떠한 것일까?

매 주일(Lord's day) 두 번의 예배를 드렸으니 한 번은 9시경에 시작하는 아침 예배이고 또 한 번은 2시경에 시작하는 오후 예배였다. 각 예배는 다음과 같은 순서로 짜여졌다. 우리는 보스턴에서 행한 순서가 뉴잉글랜드의 다른 곳에서도 행해졌다고 추정해도 좋을 것이다.

> 중보와 감사의 개회 기도
> 성경 한 장의 봉독과 해설
> 시편 찬송
> **설교(SERMON)**
> 시편 찬송
> 기도
> 축도(Blessing)

아침 예배가 오후 예배와 독특하게 차이가 나는 것은 매월 또는 격월로 주님의 만찬을 집행하는 것이었다. 오후 예배의 특별한 경우의 변화들은 세례, 헌금("Contribution"〈연보〉로 칭했다), 그리고 이따금씩 새 회원들의 입회 허가였다.[12]

레치포드는 헌금을 다음과 같이 생생하게 묘사한다.

> 집사들 중의 한 명은 이렇게 말한다. 형제 여러분, 이제 연보 시간입니다. 하나님이 여러분에게 성공을 주신 대로 자유롭게 드리십시오…먼저 관리들과 지체가 높은 사람들, 그 다음에 장로들, 그리고 회중의 모든 남자들 그리고 대부분을 이루는 정규 교회원이 아닌 사람들, 독신자들, 과부들 그리고 남편이 부재중인 여인들이 한 줄로 차례로 나와 좌석에 앉아 있는 집

---

12 이 정보는 Lechford's *Plaine Dealing*, 16:22. Cotton's *The Way*, 60-70, and Cotton's *The True Constitution*, 5-8.

사에게로 헌금을 가져와서 그 용도를 위해 만든 나무 상자 속에 넣었다…."[13]

레치포드는 예배당(meetinghouse)을 짓거나 수리해야 할 때 돈이나 약속 증서를 드릴 수도 있고 또는 귀금석을 드리기도 했다고 부연한 다음 "나는 뚜껑이 있는 멋진 금박 잔을 어떤 사람이 드리는 것을 본 적이 있다. 그 잔은 지금도 성찬식(the communion)에 사용되고 있다"고 회상한다.[14]

성례들은 참여 자격이 없는 그리스도인들에 의해 오염되지 않고 오직 "가시적 성도들"만 참여하도록 충분한 주의를 기울여 집행되었다. 카튼은 주의 만찬(the Lord's Supper)이 "주님 앞에서 자신을 살피고 판단할 때 지식이나 은혜가 부족하지 않은 사람들에게" 집행된다고 강조한다.[15]

공적으로 알려진 어떤 범행의 의혹이 있는 회원들은 성만찬(Communion)에 참여하기에 앞서 그 의혹을 제거해야 한다. 다른 교회 회원들은 증명서를 갖고 오는 때에만 주님의 만찬(the Lord's Supper)에 참여가 허용되었다.[16] 이와 유사하게 세례를 "제자들과(그들 안에 포함된) 그들의 자녀들에게" 제한함으로써 교회를 순결하게 지키려는 시도가 있었다. 주님의 만찬(성찬) 순서는 다음과 같았다.

> 엄숙한 성찬식 때 목사(Minister)는 떡을 들고 축사한 다음, 떡을 떼고 모든 사람에게 그들을 위해 고난을 겪으신 그리스도의 몸으로서의 그 떡을 받아 먹으라고 명한 다음, 먼저 자신이 먹

---

13 *Plaine Dealing*, 18.
14 *Op. cit.*, 19.
15 *The Way*, 67.
16 *Ibid.*, 67-68. 또한 *The keys of the Kingdom of Heaven*, 17.

고 그와 함께 상 앞에 앉은 모든 사람에게 주었다. 그리고 집사들이 상으로부터 그 떡을 들어 자신들 주위에 앉아 있는 사람들에게 건네주었다. 목사는 상 앞 자기 자리에 그냥 앉아 있었다.

모두 떡을 받아 먹은 다음 목사는 같은 식으로 잔을 들어, 복음서에서 묘사하고 있는 성만찬 제정을 그리스도의 모범을 따라서(마 26:27; 막 14:23; 눅 22:17) 새롭게 감사를 드렸다(잔을 축사했다…).

성찬을 집행한 다음(마 26:30에 따라) 감사 찬송을 부르고 축도로 교회가 해산했다.[17]

성례를 집행하는 임무는 목사에게만 허용되었다. 성례의 허용 조건은 회개와 믿음이었다. 성찬 받는 수찬(communion) 때에는 앉는 자세를 강력하게 강조하였다. 이것은 화체설 신앙을 암시하는 무릎 꿇음의 우상숭배적인 위험을 피하기 위함뿐만 아니라 적극적이며 상징적으로 역사의 종말에 있을 대법정의 심판에서 그리스도와 함께 재판하는 특권을 강조하고, 그리스도인들에게 하나님이 신실한 자들에게 주시는 그 밖의 특권들을 상기시키기 위함이기도 했다. 스티븐 메이어(Stephen Mayor)가 바르게 관찰한 바와 같이 이 자세는 "항상 그러한 것처럼 앞문에서 내어쫓긴 상징주의가 뒷문으로 다시 들어온다."[18]

---

17 *Ibid.*, 68-69.
18 *The Lord's Supper in Early English Dissent* (London: Epworth Press, 1972), 67이하. Mayor는 미국 청교도의 성만찬 허용 조건들에 대한 분석을 했다. 그는 교인들의 위선을 피하기 위해 Cotton이 교회 가입을 제한해야 한다는 요구는 결국 교회를 소수의 자만하는 엘리트 집단으로 변화시킴으로 성례를 위험에 빠뜨렸다고 지적한다. Edmund Morgan은 그의 저서 *Visible Saints*, 64-113에서 교회원 자격의 선행 조건들이 구원의 은혜의 경험을

예배는 얼마나 오래 지속했을까? 개회 기도는 약 15분 걸렸던 반면에 설교 후의 보다 긴 기도(어떤 교회에서는 이 기도를 설교 전에 했다)는 사실상 설교 만큼 길어 한 시간이 걸릴 수도 있었다. 그러므로 교훈의 해설, 찬송, 헌금, 축도를 포함한다면 각 예배는 3시간에서 3시간 반까지 걸렸던 것이 분명하다. 네덜란드인 야스퍼 당카엘츠(Jasper Danckaerts)는 1680년에 보스턴 교회를 방문하고, "목사가 강단에서 완전히 두 시간에 걸친 긴 기도를 드렸다." 그리고 오후 예배에는 "세 명의 목사들이 서로 교대하며, 기도를 빼면 설교밖에 남지 않는 순서로 3시간 내지 4시간이 소비되었다"고 기술했다.[19]

자신이 "기도와 설교 중에 3시간 동안 서 있었다"는 피터 대처(Peter Thacher)의 발언에서 볼 수 있는 것처럼 18세기 초에는 장황한 기도들이 훨씬 더 길어지게 되었다. 또 다른 경우에 그는 "하나님이 나의 예상을 초월하여 은혜스럽게 나를 도우시는 것을 기뻐하셨다. 이로 인해 하나님의 거룩한 이름이 찬양을 받으리로다. 나는 나의 첫 번째 기도를 거의 한 시간 반을 드렸고 그 기도와 한 시간의 설교에 나의 심령이 빨려 들었다"고 기술한다.[20] 목사가 신앙심이 깊을수록 그의 기도는 더욱 길었던 것 같다. 따라서 몇 명의 목사들이 기도를 드리는 임직예배(ordination service)는 분명히 회중들을 너무나도 지치게 만드는 영적 마라톤이

이야기해야 한다는 요구로 인해 더욱 강화되었다고 설명한다. 그 결과 영국의 Baxter와 뉴잉글랜드의 Stoddard가 본 바와 같이 교회원 자격의 허용 조건을 관대화할 필요가 있게 되었다. Stoddard는 회심의 의식이라고 주장하기까지 했다. Stoddard의 견해에 대해서는 *The Safety of Appearing at the Day of Judgment in the Righteusness of Christ* (Boston, 1687)를 보라.

19 Eds. B. B. James and J. F. James, *Journal of Jasper Danckaerts*, 1679-1680 (New York: Scribner's, 1913), 261-62.

20 Charles E. Hambrick-Stowe, *The Practise of Piety*, 104. 심지어 1640년 대해 Thomas Shepard는 간략한 기도는 형식과 애정의 결핍이라고 주장하며 자신의 기도를 늘리려고 했다. 그의 1642년 8월 24일에 쓴 Journal in McGiffert, ed. *God's Plot*, 187을 보라.

되었을 것이다.

어쨌든 새크번 벌코비치(Sacvan Berkovitch)에 따르면 구원에 나타나는 하나님의 놀라운 역사들과 사람들의 적절한 반응을 자세히 설명하기 위해 설교와 기도로 목사에게 허용된 6시간은 뉴잉글랜드인에게 안식일을 중심되게 했다고 한다.[21] 안식일(the Sabbath: 청교도들은 주일을 영적 안식일로 지켰으므로 이 안식일은 주일을 일컫는다-역주)은 공적인 주간 강의들과 매일 드리는 가정 기도회와 성경 읽기에 의해 준비되었을 뿐만 아니라 순례자로서의 인간의 운명에 대한 종말론과 관련된 완전히 거룩한 휴식의 날이기도 했다. 이 점을 토마스 쉐퍼드(Thomas Shepard)는 그의 저서 『안식일 논제』(These Sabbaticae, 1649)에서 다음과 같이 역설했다.

> 이 날의 안식이 거룩한 것같이 이 거룩한 안식을 위한 주간의 모든 수고도 거룩하다. 우리 삶의 모든 수고의 목적이 천국에서 그리스도와 함께 하는 우리의 안식을 위한 것같이, 천국의 여명과 새벽인 안식일의 거룩한 안식을 위한 주간 6일간의 모든 수고의 목적도 그리스도와 함께 하는 우리의 안식을 위한 것이다.[22]

그러므로 세속적인 마음을 갖고 있는 이들이 이 예배들에서 느낄 수 있는 지루함을 진지한 청교도들은 느끼지 않았다. 왜냐하면 안식일은 그들의 주간의 삶의 절정이었으며 기대되는 영원한 성도의 삶을 위한 준비이기도 했기 때문이다.

---

21 *The American Jeremiad* (Madison: The University of Wisconsin Press, 1979)를 보라.
22 *Op. cit.*, 65.

카튼에 의하면 주일 예배 외의 예배들은 주간의 하루를 정해서 하는 강의들을 포함하였는데, 그는 이 강의의 목적을 "하나님이 자원하는 심령으로 반드시 그 온전한 심령들이…(만일 그들이 베이에 거한다면) 교회와 멀어지지 않고 한 교회에서 또는 다른 교회에서, 주간 동안 거의 매일 하나님의 말씀을 들을 수 있는 기회를 얻도록 하기 위함"이라고 묘사한다.[23] 이 강의들은 주로 교리적인 특성을 갖은 것들로 주일에 선포된 더욱 복음적이며 권면적인 설교들을 보충하는 것이었다. 특별한 경우들에 추가 예배를 드렸는데 이 경우들을 카튼은 "주일 예배 외에 우리는 매주간 뚜렷한 심판에 대해서 굴종의 날을 정하고 특별한 긍휼에 대해서는 감사의 날을 정하여 임시 예배들을 드렸다"라고 기술한다.

결혼식, 장례식, 임직식을 포함하는 모든 특별 예배 또는 임시 예배들은 17세기에서 18세기로 옮겨가는 장들에서 자세히 다루고자 한다.

본 장은 미국의 초기 성도들의 예배 정신을 묘사함으로 형식과 순서의 골자를 제시하는 것으로 끝내는 것이 적절할 것이다.

우리는 회중이 열정적으로 기대했던 여러 면들, 그들을 잉글랜드에서 뉴잉글랜드로 옮긴 위험한 바다 여행을 통해 확고하게 그리스도인의 길에 대한 태도를 나타냈던 나이가 지긋한 사람들, 개척자들의 계속적인 고난들 그리고 교회 언약의 엄숙한 서명 곧 그들이 그 언약에 서명함으로 그리스도의 모든 규례 가운데 그리스도를 따르거나 약속하고 그 대신 천국에서의 성도의 지복과 안식을 기대했던 것을 마음에 그려 보아야 한다.

그들의 눈은 흰 목띠가 달린 근엄한 제네바식 가운(검정색의 가운이었음-역주)을 입고 중앙의 높은 강단 위에 선 목사에게 고정되어 있었다.

---

23 *The Way*, 70.

그의 옆에는 다스리는 장로들(ruling elders)이 앉았고 장로들의 옆에는 집사들(deacons)이 앉았다. 초기에는 신도석이 없었고 걸상들과 조잡한 형태의 긴 의자들만 있었을 것이다. 후에 여러 도시들은 사람들이 자신들의 비용으로 예배당에 신도석을 만드는 것을 허용했다. 더 후에는 교회 임원들이 이런 신도석을 "양질의 오크재 등의 각종 재료로" 만들라고 요구하는 것이 관례가 되었다.[24] 치안판사와 신분이 높은 사람들은 앞좌석들을 차지했고 남자, 여자, 어린이들은 성별에 따라 양편으로 구분되었을 것이다.

그들은 평범한 유리창을 통해 들어오는 햇빛으로 서로의 열망하는 얼굴들을 볼 수 있었는데 이것은 그 자체가 하나의 격려였다. 또한 그들은 자신들의 손으로 지은 예배당을 큰 자랑으로 여겼다. 뉴잉글랜드의 첫 역사가며 제3세대 중 두드러진 인물이었던 카튼 매더(Cotton Mather)는 다음과 같이 선언했다.

> 모든 마을은 대체적으로 이렇게 말할 수 있다. "우리는 하나님을 예배드리기 위한 정숙하고 훌륭한 예배당을 갖고 있다. 이것은 천박하고 화려하고 과장된 장식들로 꾸미지 않고 기독교 예배의 단순성에 어울리는 예배당이다."[25]

초기의 예배당들은 확실히 초가 지붕이 덮여 있으며 통나무를 켜서 만든 단순한 건물들이었다. 어떤 경우에 이 예배당들은 울타리를 둘러 보호하고 문을 지키는 보초를 두기도 했다. 후에 예배당들은 보다 정교

---

24 E. H. Byington, *The Puritan in England and New England* (Fourth ed., New York: Franklin, 1900), 143를 보라.

25 *Ratio Disciplinae Fratrorum Nov-Anglorum* (Boston, 1726), 5.

해지고 커지고 우아해졌다. 그리고 널판지를 두르고 지붕을 널로 덮었고 종종 뾰족 종탑도 세우게 되었다.

예배당의 유일한 빛은 태양이었고 겨울에는 난로나 다른 난방 수단이 없어서 매우 추웠던 것이 분명하다. 덱스터(H. M. Dexter)는 교회의 난로에 대한 최초의 언급이 1773년에 보스턴 제일교회에 나온다고 말한다.[26]

어린 아기들에게 세례의식으로 물을 뿌리는 것, 성찬식 때 백랍 접시 (pewten charger)위에 떡을 떼고, 도금한 또는 백랍 잔에 포도주를 붓는 것, 또한 사람들이 행렬을 지어 집사가 관리하는 함에 헌금을 넣는 단순한 시각적인 극적 효과와 상징은 여러 가지 흥미를 주었을 것이다. 또한 예배를 시작할 때 사람들이 앞으로 나가서 목사에게 긴 기도 가운데 포함시킬 특별한 간구들이 적힌 종이들을 건네는 것을 보는 것도 흥미로웠을 것이다. 이런 일들은 주로 청각적인 예배에 있어 흥미 있는 중요한 시각적 사항들이었다.

청교도들은 그들의 예배를 위한 준비 중에, 토요일 저녁의 일몰로 시작되는 안식일에 대한 그들의 엄숙함 가운데,[27] 매일의 기도와 자기 반성 그리고 설교를 암송하는 가운데서 큰 열정과 기대로 예배에 감동을 받았던 것이 분명하였다. 모든 기록들이 이 사실을 명확하게 나타낸다.

---

26 Byington, *op. cit.*, 46, fn. 1.
27 Winton U. Solberg, *Redeem the Time, The Puritan Sabbath in Early America* (Cambri-dge, Mass: Harvard University Press, 1977), 111을 보라.

2장

예배 신학

　청교도 예배 신학(Theology of Worship)은 학술적으로 스콜라 철학적 칼빈주의 또는 더 정확하게 성약설(federal) 또는 언약 신학(Covenant theology)으로 정의될 수 있다. 이 신학은 윌리엄 퍼킨스(William Perkins)와 그의 제자 윌리엄 에임스(William Ames) 그리고 윌리엄 에임스의 제자 존 카튼(John Cotton)과 같은 영국의 신학자들에 의해 더욱 발전되었다. 에임스와 카튼은 브래드쇼(Bradshaw)와 십스(Sibbes)와 함께 청교도 제2세대의 중요한 인물들이었다. 이 신학 체계의 구절은 1643년에 웨스트민스터 신앙고백에서 공식화되었다. 웨스트민스터 신앙고백(the Westminster Confession)은 1658년에 독립교회파 사람들의 사보이 선언(Savoy Declaration)에 의해 교회론에 대한 언급만이 수정되었다. 장로교인들과 독립교인들의 예배 의식 절충은 1644년의 웨스트민스터 예배 모범(the Westminster Directory of Worship)에서 나타났다. 이 신앙문서들(formula)은 영국의 청교도들에 의해 공화국과 섭정 기간 동안 준비되었고, 그 동안 뉴잉글랜드의 이주민들은 그곳의 신정 정치 가운데 자리를 잡고 있었다.

상기해야 할 점은 에드워드 6세(1547-1553 재위)의 시대에 후퍼 주교(Bishop Hooper)에 의해 예상되었고 엘리자베스 여왕(1558-1603 재위) 통치 초기에 있었던 예복 논쟁(the Vestiarian Controversy) 이래 청교도주의가 거의 3대에 이르고 있었다는 것이다. 그러므로 국교회의 공동기도서에 대한 청교도의 자세한 비평이 신학적인 골격을 갖고 있는 항변에 의해 뒷받침을 받아 이미 유통되고 있었다.[1]

1. 성경의 유일한 권위

성경의 유일한 권위는 본질적으로 철학적 신학이 아니라 성경 신학이었다. 그리고 성경 신학은 이렇게 그 칼빈주의적 유산을 나타냈다. 루터는 성경이 일반적으로 그리고 특별히 신약성경이 믿음과 윤리를 위한 권위라고 주장했다-그 자신의 말을 사용하면 성경은 믿음을 이끌어내는 신뢰의 책(Trostbuch)이다. 루터는 성경에 의해 금지되지 않는 한 교회의 전통을 허용했다.

대조적으로 칼빈은 성경이 하나님의 법으로 교회와 국가에서 지배적이 되어야 한다고 주장했다. 하나님에 관한 그의 원칙은 "하나님은 자신이 명하시지 않은 것을 금하신다(Quod non jubet, vetat)"는 것이었다. 그러므로 성경은 믿음과 윤리에 있어서만 지배적이 되어야 하는 것이 아니라 하나님의 법으로서 성경은 교회의 예배와 정치를 지시해

1　Cranmer에서 Isaac Watts 시대까지의 이 주제 연구에 대해서는 나의 *Worship of the English Puritans* (London: Dacre Press, 1948)을 보라. 또는 나의 저서 *Worship and Theology in England;* Vol.I, *From Cranmer to Hooker,* and Vol. II, *From Andrewes to Baxter and Fox* (Princeton, N. J.: Princeton University Press, 1970-75)도 보라.

야 한다. 칼빈에게 있어 성경은, 그 자신의 말로, "하나님의 거룩한 말씀이며 율법"(la saincte parole et loi de Dieu)이었다. 청교도들은 오직 성경(sola Scriptura)이 최고의 유일한 예배의 표준이라는 그들의 주장에 있어 칼빈을 따랐다.

이에 대한 이유는 두 가지였다.

첫째, 성경이 하나님의 율법이기 때문에 하나님이 인간의 전통들과 고안들을 성경의 명령들에 위배되는 완전한 우상숭배와 불순종으로서 그 합법성을 인정하시지 않는다는 것이었다.

뉴잉글랜드 청교도들에게 있어 최초의 권위자는 윌리엄 에임스로, 그의 『신학의 정수』(Meduilla Theologica)라는 책이 『신성한 신학의 정수』(The Marrow of Sacred Divinity, London, 1638)로 번역되었다. 그는 "구원에 필요한 모든 사항들 또는 교회의 교훈과 덕성 함양을 위하여 필요한 모든 사항들이 성경에 담겨져 있다"고 단언했다. 그의 결론은 다음과 같다.

> 따라서 성경은 믿음과 도덕의 부분적인 규칙이 아니라 완전한 규칙이다. 그러므로 어떤 전통이나 다른 권위에 근거한 어떠한 의식도 만일 성경에 담겨져 있지 않다면 하나님의 교회 안 어디에나 계속적으로 존재할 필요가 없다.[2]

에임스의 『신학의 정수』(Medulla)가 17세기 내내 하버드대학의 모든 학생들이 학사 학위를 준비하는 신학 교과서였다는 사실을 상기해야 한다.

윌리엄 브래드쇼도 그의 『영국의 청교도주의』(English Puritanisme,

---

[2] Marrow, 189. 역사적 서론이 있는 가장 훌륭한 현대 번역은 John Eusden, The Marrow of Theology, William Ames, 1576-1633 (Austin, Texas: Pilgrim Press, 1968)이다.

London, 1605)에서 동일한 주장을 하며 "예배의 방식들은 분명히 말씀에 의해 규정되어야 하며, 그렇지 않으면 행해지지 말아야 한다"고 단언한다.[3] 존 쿨리지(John Coolidge)도 "청교도의 성경 이해는 순종에 의한다"고 바르게 단정했다.[4] 공동기도서와 청교도 예배의 모든 차이점들에 대한 정당화의 증명에 있어 성경은 첫째로 인용되는 권위였고 최후로 상고되는 법정이었다.

둘째, 이유는 믿음의 문제들에 있어 전통이나 인간의 고안에 대한 의존의 부당성을 입증하는 또 다른 이유는 타락 이후의 원죄(haereditas damnosa)였다. 성 어거스틴이 인식한 바와 같이 인간은 근본적으로 뒤틀리고(incurvatus in se) 절망적으로 불구인 도덕적 곱추이다. 퍼킨스는 원죄를 "바로 다름아닌 인간들의 기능과 기호 가운데 존재하는 악한 성벽의 무질서로서 이로 인해 인간들이 하나님의 율법에 난폭하게 거역하게 된다"고 정의했다.[5] 청교도들은 인간의 이성이 오만에 의해 판단력을 잃고, 그리하여 회개함으로 인해 얻게 되는 겸손에 있어 무능하기 때문에 인간이 선을 택할 수 없다고 주장했다. 청교도들은 전통과 인간 이성을 똑같이 높이 평가하는 잉글랜드국교도들에 반대하여 다음과 같이 주장했다. 즉 고대의 보물들을 가득 싣고 인간의 선천적 이성에 의해 조종되는 인간 본성이라는 큰 상선은 필연적으로 인간의 완악성의 암초에 부딪혀 난파된다는 것이었다. 이성과 전통이 세속적인 생활에서 아무리 그럴듯하게 보일지라도 신앙의 사항들에 있어서는 오직 성경에 나타나는 하나님의 율법과 지시밖에는 의지할 수 있는 것이 없다.

---

3   *Op. cit.*, 4.

4   *The Pauline Renaissance in England* (Oxford: Clarendon Press, 1970), 4.

5   *The Works of that Famous and Worthy Minister of Christ in the University of Cambridge*, 3 Vols. (Cambridge, England, 1613), I, 165.

이렇게 성경의 완전한 충족성과 원죄로 인한 인간의 철저한 불완전성은 성경에 완전하게 계시된 아버지시며 창조주이신 하나님, 구세주이시며 모범자이신 그리스도, 영감자이시며 능력을 주시는 분이신 성령이 창조적으로 공급하시고 지시하시는 전능의 충분성에 대한 의존의 필요성을 명확하게 나타낸다.

2. 믿음에 의한 칭의와 예정

그리스도의 유일한 구원의 중보자 자격, 그리고 세상과 인류에 대한 하나님의 신적 전능과 지시(direction)를 유지(preserve)하는 두 가지 중심적인 교리들이 있다. 이 두 가지 중심적인 교리는 청교도 신학의 전신갑주 중 흉배였다. 예정(predestination)은 은혜로 말미암은 믿음에 의한 칭의의 확대였다. 예정은 구원이 전적으로 하나님의 역사라는 사실, 영혼이 그리스도를 잡는 힘은 약하나 그리스도가 우리의 영혼을 강하게 잡으심으로 구원이 보장된다는 사실을 단언한다. 예정된 선민(選民)들의 소속에 대한 이 보증은 이를 수용하는 사람들에게 큰 위로를 준다. 왜냐하면 이 소속감은 그들에게 아무리 유혹이나 고난이 강력할지라도 하나님이 자신의 선민들을 위해 구원을 결정하셨기에 그들이 구원을 잃을 수 없다는 보장 때문이다. 프랑스의 위그노파들(the Huguenots, 그들의 표어는 선택을 받은 자들은 많은 망치질로 닳아진 모루〈anvil〉라는 사실을 그들에게 상기시켰다), 또는 왕정복고 시대의 영국에서 박해받는 청교도들이나 또는 그들의 선배들로서 로드파의 박해를 피해 달아나 모진 고난들을 견딘 최초의 뉴잉글랜드 청교도의 저항운동과 같이 신실한 사람들이 저항운동의 일부가 될 때 특별히 이 위로는 강했다.

윌리엄 홀러(William Haller)는 청교도주의의 추진력을 영국 칼빈주의의 생생한 형태로 보았다. 영국의 칼빈주의는 "하나님의 압도하시는 권능과 하나님 앞에서의 모든 인간의 평등과 개개인의 영혼에 하나님의 임재를 강조하는 격동적인 바울의 믿음 교리"[6]에 중심을 두고 있었고 청교도 영혼의 버팀대는 바울이 "만일 하나님이 우리를 위하시면 누가 우리를 대적하리요"[7]라고 소리 높이 외치는 보증의 전투 구호를 수반하는 예정 교리를 진실로 믿는 확신이었다.

청교도의 강령은 잉글랜드국교회의 예배와 정치의 모든 요소들을 거짓된 전통들과 교황의 오류들로부터 정화하여 하나님의 말씀에 순응시키는 것과 뉴잉글랜드에 거룩한 사회를 이룩하는 것이었다. 비록 헤일린(Heylyn)은 청교도주의의 지지자는 아니었으나 청교도주의의 역사적 뿌리들과 그 별명의 기원을 알고 『여왕의 통치 7년』(Anno Reg. 7)이라는 제목하에 다음과 같이 기술했다.

> 이 해에 쯔빙글리파 또는 칼빈파가 청교도라는 명칭으로 처음 알려지기 시작했다. 그때부터 이 명칭은 그들에게 어울리는 것이었다. 왜냐하면 그들은(그들이 공포한 바와 같이) 그들에게 공동기도서에 제시된 것보다 더 고도의 청결함으로 하나님께 예배한다고 자처했고, 잉글랜드국교회의 헌법이 동의한 로마교회의 의식들과 관습들에 대해 더 큰 반대를 한다고 자처했기 때문이었다.[8]

---

6 *The Rise of Puritanism*, 1570–1643 (New York: Columbia University Press, 1938), 8.
7 로마서 8:31을 28-35절과 관련하여 보라.
8 *Ecclesia Restaurata, A History of the Reformation of the Church of England* (London, 1661), 172.

3. 특별 섭리와 언약

특별 섭리(special providence)에 대한 강한 신념도 예정과 상관 관계가 있다. 국가, 교회, 가정 그리고 개인 생활의 모든 일들에서 하나님의 숨은 손길을 찾아야 한다는 것이 청교도의 확신이었다. 목적이 있는 또는 목적이 모호한 사건들에서 하나님의 은총이나 징계에 대한 암시들이 발견된다는 것이었다. 비유로 바꿔 말해서 그들은 매일의 생활에서 하나님의 미소 또는 찡그림을 찾았다. 밀로 카우프만(Milo Kaufman)은 교회 전통이라는 지침에 대한 청교도의 대용물이 자신의 경험에 대한 분석이라는 흥미 있는 말을 했다.

> 그(청교도)는 자신의 과거를 교회 전통의 대용물로 삼았다. 그 대용물로 하나님이 섭리와 심판 가운데 약속과 위협들을 행하심으로 자신의 마음을 드러내시는 개인적인 전통으로 평가되었다.[9]

따라서 삶 자체가 기록된 말씀을 더 잘 이해시켜 주는 제2의 성경이 되었다. 청교도들은 토머스 가우쥐(Thomas Gouge)의 다음과 같은 충고를 진지하게 받아들였다.

> 성경의 약속과 위협, 권고와 훈계 그리고 그밖의 부분들을 읽을 때 마치 하나님이 그대를 지명하여 동일한 말씀을 하시는

---

[9] *The Pilgrim's Progress and Traditions in Puritan Meditation* (New Haven, Conn.: Yale University Press, 1966), 201.

것처럼 그대 자신에게 적용하라.[10]

특별히 청교도는 개인적인 경험들을 자신의 선택의 증거로 비축했다. 나중에 밝혀지는 바와 같이 섭리와 심판의 해석에 두 가지 어려움이 있었다. 즉 "사탄과 하나님을 두 지배하는 힘으로 단정하는 그들의 애매한 표현과 이원론의 위험성이다."[11]

그럼에도 불구하고 하나님의 섭리의 미소와 찡그림에 대한 이 해석은 청교도의 달력에 감사와 굴종이라는 특별한 날들로 제도화되었다. 이 개념은 언약 또는 성약 신학의 배경과 구조 내에서 공식화되었고, 이러한 날들의 의식에 대해 웨스트민스터 예배모범에 제시된 지시들에 명확하게 나타난다. 굴종의 날에 행해야 할 목사의 과제는 다음과 같다.

> 자신의 이름과 자신의 성도들의 이름으로 자신과 그들의 심령이 주님의 소유라고 맹세하라. 그들에게 있는 모든 적합하지 않은 것과, 보다 특별하게 그들이 뚜렷하게 가책을 느끼고 있는 죄들을 결심과 결의를 공언함으로 개심시키라. 그리고 하나님께 더 가까이 다가가서, 이전보다 더 친밀하고 신실하게 순종하며 하나님과 동행하라.[12]

---

10 *Christian Directions*(London, 1661); 이 인용은 Gouge의 *Works*(London, 1706), 199에서 인용한 것이다.

11 제3장을 보라.

12 영국 청교도 장로교의 *Westminster Directory of Public Worship*에서 인용한 다음의 인용들이 미국으로 이주한 청교도의 제1세대와 동시대의 것으로서, 특별히 그들 중 3명이 웨스트민스터 회의에 목회자 대표로 청빙된 것을 고려할 때 확실히 그들의 예배에 깊은 영향을 끼쳤다는 것을 주목하라. *Op. cit.*, "Concerning Solemn Public Fasting," 76-77.

이러한 의무들은 국가들 뿐만 아니라 개인들에게도 부과되었다. 웨스트민스터 예배모범에 따르면 목사는 개인들에게 다음과 같이 가르칠 수 있었다.

> 성경에 의하면 질병들은 우연히 또는 육체의 이상으로 인해 오는 것이 아니라 하나님의 선하신 손길의 지혜롭고 질서있는 안내자로 오는 것이다…그 질병이 죄에 대한 하나님의 불쾌감으로 그 죄를 벌하기 위해 의도된 것인지 또는 하나님의 은혜의 시련과 훈련을 위해 의도된 것인지를 알고자 한다면 하나님의 징계를 복되게 사용하라. 그러면 그 질병은 선을 이룰 것이다.[13]

더 나아가 목사는 다음과 같이 가르칠 수도 있었다.

> 어떤 크고 뚜렷한 심판들이 한 백성에게 가해지거나 분명하게 임박하고 있거나 또는 어떤 특별한 도발로 인해 심판들을 마땅이 받아야 한다는 것이 주지의 사실일 때는 특별한 축복을 구하여 받는 때와 마찬가지로 공적인 엄숙한 금식이…하나님이 그 국가 또는 백성에게 기대하시는 의무이다.[14]

이러한 국가적 상황에서의 기도, 즉 웨스트민스터 예배모범에 열거된 중요한 주제들은 하나님의 주권에 대한 인정, 하나님의 의와 인간의 죄

---

13 *Op. cit.*, 66-67.
14 *Op. cit.*, 73-74.

악에 대한 인정을 요구하고 교회와 국가에 대한 하나님의 긍휼을 탄원하고 하나님의 약속들을 언급하고 언약의 헌신을 재확인하는 것이다.[15]

개인과 국가와 교회 생활에 나타나는 특별한 섭리는 하나님과 그분의 백성 간의 언약관계를 전제로 했다. 청교도들은 옛 언약과 새 언약 간의 차이를 강조했다. 옛 언약은 행위의 언약이었고 새 언약은 은혜의 언약이었다. 옛 언약은 완벽을 요구하여 절망에 이르게 했던 반면에 새 언약은 그리스도의 중요성으로 말미암아 신자에게 의를 전가하고 그로 하여금 즐겁게 하나님을 섬기겠다고 약속하게 하며, 그에게 신앙 생활을 행할 수 있는 은혜를 준다. 새 교회는 그리스도를 섬기겠다는 엄숙한 언약 가운데 결합한 일곱 명의 최소한의 인원을 기초로 모여 세워졌다. 그리고 언약에 서명을 함으로 교회에 회원들이 추가되었다. 복음의 성례 자체들 곧 세례와 성찬은 하나님이 그것을 통해 자신의 백성에게 자신의 약속을 이행하시는 언약의 날인들이었다. 미국 청교도의 제3대가 분명히 그들의 신앙적 의무들에 있어 침체됨으로 목사들이 비탄의 설교(jeremiads: 구약성경에서 예레미야가 당시 사람들에 대해 비탄의 심정으로 하나님의 말씀을 전했던 것에서 온 말-역주)를 하고 있을 때 잉크리즈 매더(Increase Mather)가 일어나 타락한 신자들에게 그들의 교회 언약을 갱신하라고 권했다.[16]

언약은 신앙 생활에 두 가지 유익을 주었다.

첫째, 언약을 맺음으로 신자는 마음과 뜻과 정성을 다해 하나님을 섬기겠다고 공약했다. 이 언약은 의지를 최우선으로 하는 신앙(religion)이

---

15 *Op. cit.*, 75.
16 *John Quick, The Young Man's Claim to the Holy Sacrament of the Lord's Supper* (London, 1691; Boston, 5th edition, 1728), 8-9, the Boston edition. 언약의 영적 중요성의 자세한 설명에 대해서는 Peter Bulkley, *The Gospel-Covenant; or the Covenant of Grace opened*(2nd edition, London, 1651)를 보라.

나, 또는 하나의 신조(creed)로 역사적인 단언을 하는 것 이상이다. 이 언약은 지금부터 영원토록 지속되는 심오하고 엄숙한 약속이었다.

둘째, 언약은 큰 격려를 주었다. 청교도의 꼼꼼함은 종종 자신이 선택받은 자들 중의 하나인가 하는 의심을 일으켰다. 그러나 언약을 받아들여 지키는 것은 불신을 감소시켰다. 왜냐하면 하나님은 자신의 약속들을 지키시기 때문이었다. 더 나아가 언약은 "칼빈주의 결정론의 기계적 해석에 관한 반동이었다.[17] 페리 밀러(Perry Miller)가 주장한 바와 같이[18] 언약이란 자신의 약속을 지키기를 주저하는 신과 입씨름을 벌린 후에 의무를 버리는 협정을 맺은 것이 아니라 노만 페티트(Norman Pettit)가 주장하는 바와 같이[19] 사람이 믿음과 순종을 보이면 하나님이 자신의 역할을 행하시는 것이다.

4. 교회론

교회와 언약을 맺는 서약의 단순성과 엄숙성과 철저성은 살렘(Salem)에 1629년에 세운 교회의 언약 전체를 인용함으로 가장 잘 예증될 수 있다. 이 언약은 약 10년 후에 마무리되었다. 살렘 교회의 언약은 다음과 같다.

---

17 H. Richard Niebuhr, "The Idea of the Covenant and American Democracy," in *Church History*, XXIII (June, 1954), 129-35.

18 *The New England Mind: From Colony to Province* (Cambridge, Mass.: Harvard University Press, 1937), 2, 55, 19.

19 *The Heart Prepared: Grace and Conversion in Puritan Spiritual Life* (New Haven, Conn.: Yale University Press, 1966), 120, 219이하.

1. 우선 우리는 우리 영혼의 진실과 성실로서 주님이 우리의 하나님이시고 우리가 그의 백성임을 공언합니다.
2. 우리는 예배와 친교의 문제들에서 우리를 가르치시고 다스리시고 신성하게 하시도록 주 예수 그리스도와 그의 은혜의 말씀에 우리 자신을 드리고, 생명과 영광을 위해 오직 주 예수 그리스도께만 충실하기로 결심합니다. 그리고 그리스도를 예배함에 있어 인간들의 모든 상반되는 방법들과 교회법들과 구조들에 반대합니다.
3. 우리는 모든 신중함과 친절을 기울여 회중의 우리 형제, 자매와 동행하고 형제 자매를 거스리는 영혼의 모든 시기와 의심과 중상과 마술과 도발과 은밀한 반역을 피하고, 모든 모욕을 당할 때 주 예수님의 규칙을 따라 참고 견디며, 주 예수님이 우리에게 가르치신 대로 베풀고 용서하겠다고 약속합니다.
4. 공적으로나 사적으로나 우리는 교회를 거스리는 일을 절대 하지 않고 기회가 주어지는 대로 우리 자신과 우리의 소유에 관한 충고를 기쁘게 받아들이겠습니다.
5. 우리는 집회에서 말이나 행동으로 우리의 재능이나 재주를 과시하거나 우리의 형제 자매의 과실을 드러내는 주제넘은 일을 하지 않고 집회의 질서있는 소명에 유의할 것입니다. 이는 우리의 공개적인 불만과 약점에 의해 우리 주님이 얼마나 크게 불명예스러워지시고 주님의 복음이 공언될 때 얼마나 크게 멸시받는지를 알기 때문입니다.
6. 우리는 안에 있는 사람들이나 밖에 있는 사람들이나 모두에

대해 진리와 평화 가운데 복음을 발전시킬 연구를 하겠다고 맹세합니다. 우리는 우리 자매 교회들을 소홀히 여기지 않고 필요할 때 그들의 조언을 들을 것이며, 아무 앞에도 걸림돌을 놓지 않되, 우리가 악의 출현 자체를 피하기 위해 인디언들이 잘되고 회심하기를 바라는 마음으로 그들 앞에도 걸림돌을 놓지 않겠습니다.

7. 우리는 이 자리에서 교회와 국가에서 우리를 다스리는 사람들에게 모든 적법한 순종을 바치기로 약속합니다. 이는 우리가 불법 행위들로 그들의 마음을 아프게 하지 않음으로 그들이 그들의 자리에서 용기를 얻게 되는 것이 주님을 매우 기쁘시게 해드리는 일이라는 것을 잘 알기 때문입니다.

8. 우리는 우리의 특별 소명에 있어 나태를 독처럼 피하며, 주님께 우리 자신을 입증하겠다고 결심합니다. 또한 우리는 우리에게 주님의 청지기로 맡겨진 어떤 일도 가혹하거나 억압적으로 처리하지 않겠습니다.

9. 또한 우리는 우리의 자녀와 종들도 하나님을 섬기도록 하기 위해 최선을 다하여 그들에게 하나님에 대한 지식과 하나님의 뜻을 가르치기로 약속합니다. 이 모든 일을 행함에 있어 우리는 우리 자신의 힘으로 하는 것이 아니라 주 그리스도로 말미암기를 원합니다. 그리고 그리스도의 피가 그리스도의 이름으로 맺은 우리의 이 언약에 뿌려지기를 바랍니다.[20]

---

20 Source: *The Records of the First Church in Salem, Massachusetts, 1629-1736* (Essex Institute, Salem, Mass. 1974.)

수반되는 서약의 심오함 외에 살렘 언약의 다른 인상적인 특징들은 은혜에 대한 의존뿐만 아니라 대립하는 단체 간의 어려움들을 예상하는 그 현실적이며 상호적인 관심이다. 실제로 거의 모든 교회 언약들에 동일한 특징들이 나타난다.[21] 교회 언약의 핵심은 후에 판사가 된 사무엘 세월(Samuel Sewall)이 1677년 3월 30일의 일기에 정확하게 묘사하고 있다.

> 나는 길버드 콜(Gilbert Cole)과 함께 주 여호와를 우리 하나님으로 받아들이고 형제를 사랑하고 덕성 함양에 주의를 기울여 행하겠다는 엄숙한 언약을 함으로 대처 씨의 교회에 입회 허가를 받았다. 콜 씨가 먼저 말한 다음 내가 말을 했고, 그 다음에 여자 관계에 대한 내용이 낭독되었다. 우리가 말을 함으로 입회 허가를 받은 다음에는 언약을 함께하는 순서가 있었다. 그리고 전후에 기도를 드렸다.[22]

만일 언약 개념이 청교도의 교회에 대한 정의를 나타내는 하나의 힌트라면 또 하나의 힌트는 가시적 성도(visible saints)에 대한 관심이다. 이 두 개념은 존 카튼의 교회 정의에 명확하게 나타나는 바와 같이 서로 밀접한 관계가 있다. 그의 교리문답은 "교회가 무엇인가?"라는 질문에 대한 답변으로 다음과 같이 말한다.

> 교회는 주님의 모든 거룩한 규례들로 주님을 예배하고 서로의

---

21 Champlin Burrage, *The Church Covenant Idea* (Philadelphia, 1904)를 보라.
22 *The Diary of Samuel Sewall*, ed. M. Halsey Thomas, 2vols. (New York: Farrar, Straus & Giroux, 1973).

덕성을 함양하기 위해 언약의 끈(band)으로 함께 결합된 성도들의 집회이다.[23]

칼빈은 교회는 복음이 전파되고, 세례와 성만찬의 성례들이 집행되고 경건한 훈련이 지속되는 곳으로 존재한다고 정의했다. 청교도들은 교회가 가시적 성도들로 이루어져야 한다고 주장함으로 한 단계 더 엄숙한 발전을 했다. 이전의 신학자들은 오직 하나님만이 인간의 마음을 아시기 때문에 교회는 불가시적이라고 주장했다. 그러나 청교도들은 동기를 추구했다. 에드문드 모건(Edmund S. Morgan)이 매우 설득력 있게 설명한 바와 같이 교회 회원 자격을 얻으려는 모든 지망자들에게 구원의 믿음의 시험을 해야 한다는 요구는 매사추세츠의 비분리주의적인 청교도들 중에서 비롯하여 플리머스, 코네티컷, 뉴헤븐의 공동체들로 퍼져 영국으로 되돌아 갔다.[24] 성도의 자격은 가시적이 되어야 한다는 것이었다.

5. 구원의 믿음에 대한 진술

장로들이 교회 회원 자격을 얻게 될 지망자들(candidates)에게 기독교 교리의 기초에 대한 지식과 적절한 행동에 관해서 면접을 하는 신중한 절차가 확립되었다. 그 다음에는 교회의 집회 때 치리 장로들(the ruling elders) 중의 한 명이 앞으로 회원이 될 사람의 행동에 대한 질문을 함으

---

23 *Spiritual Milk for Babes* (Boston Mass. edition of 1668, originally London, 1646), 11.
24 *Visible Saints*, 66.

로 교회 회원들을 점검하곤 했다. 그리스도인의 행동에 대한 위반 행위는 설명이나 회개를 요구했다. 회개는 개인적일 수도 있었고 또는 공개적일 수도 있었다. 마지막으로 지망자는 그의 영혼에 은혜의 역사에 대해 약 15분 정도 이야기하고 자신의 믿음을 진술하라는 요구를 받았다. 만일 이 조건들이 교회 회원들의 투표에 의해 비준되어 충족되면 그는 언약을 받아들이고 그 지역 교회의 완전한 회원이 되었다.[25]

토마스 쉐퍼드(Thomas Shepard)는 구원의 은혜에 대한 진술 중 이상적인 전형을 『열 처녀의 비유』(*The Parable of the Ten Virgins*)에서 규정한다. 이 책은 1660년에 런던에서 출판된 것이나 1636년과 1649년 사이에 그가 한 설교에 기초된 것이다. 가장 훌륭한 진술들은 다음과 같은 내용을 포함하고 있다.

> 그러한 일들이 잘 설명해주는 것처럼 그래서 나는 낮아졌고, 부르심을 받았고, 그 다음에 비록 많은 약점들을 가지고 있었지만 그때부터 걸음마를 시작했다. 그러자 하나님의 특별한 섭리들이 나타났고 유혹들은 사라졌고 드디어 주님은 나를 구원하셨다. 주님의 이름을 찬양할지어다.[26]

그러나 쉐퍼드의 추상적인 진술은 곧 교회 회원들이 될 사람들이 생생한 현실로 말하는 진술들에 의해 보충될 필요가 있었다. 쉐퍼드 자신도 그런 진술들 몇 개를 기록했으나 가장 자세하고 광대한 진술(이것은

---

25 이 단락은 Cotton의 *The Way*, 6–10, 54–58; Lechford의 *Plaine Dealing*, 12–29; Edward Johnson의 *Wonder-Working Providence*, 214–71 Edmund S. Morgan의 *Visible Saints*, 88 이하의 요약이다.

26 *Op. cit.*, II, 200, cited by Morgan, *Visible Saints*, 92.

진술이라기보다 차라리 자서전이라 할 수 있다)은 선장 로저 클랩(Captain Roger Clap)의 저술이다. 이 진술들을 더블린의 청교도 목사 존 로저스(John Rogers)가 기록한 진술들과 비교해 보는 일은 가치가 있는 일일것이다.

쉐퍼드는 1638년과 1645년 사이에 캠브리지교회의 회원권을 신청했던 51명이 이야기한 구원으로 가는 길에 대한 고백들을 기록했다. 사울의 다메섹 도상에서의 극적인 회심과는 달리 이 회심은 확신감이 오직 위선에 의해서만 일어났던 긴 기간의 번민의 자기 반성과 상당한 의심과 두려움의 결과였다. 새로운 회개에 이어지는 반복적인 유혹들과 믿음을 약화시키는 불확실성이 구원의 예비 행로를 특징짓고 있으며, 항상 영혼을 무가치감의 공포 상태에 빠뜨리고, 종종 두려움과 소망 사이에서 엎치락 뒤치락하게 했다. 예를 들어 크랙본이라는 사람의 아내는 다음과 같이 진술했다.

> 그래서[나는] 종교 의식들을 추구하는 것을 생각했으나 내가 그렇게 하기에 적당한 사람인지 알 수가 있었다. 나는 내가 그리스도의 양 날개 아래 있다는 말을 들었으나, 한 날개 아래에는 있었는지 모르나 양 날개 아래 있지 못했다.[27]

구원의 은혜를 추구하는 열성은 한 선원 윌리엄 앤드류스의 진술에 의해 예증된다.

> 그래서 나는 참된 신자와 일시적인 신자 간의 차이를 조사하

---

27 *Thomas Shepard's Confessions*, eds. George Selement and Bruce C. Woolley (Boston: Collecions of the Colonial Society of Massachusetts, Vol. VII, 1981), 140.

기 위해 다이크(Dike, 아마 다니엘 다이크〈Daniel Dyke〉의 『자기 기만의 비밀』〈*The Mystery of Self-Deceiving, London*, 1615〉일 것이다)와 로저스의 『일곱 가지 논문』(*Seven Treatises*)과 같은 책을 읽었다. 그리고 나는 하나님께 평화를 주시기를 구했고, 하나님이 돌 같은 심령을 제거하실 것이라는 약속들을 구했다.[28]

바바리 커터(Barbary Cutter)와 같은 몇몇 성실한 사람들(영혼들)은 의심이라는 부정적인 경험에서 긍정적인 가치를 구했다.

그때부터 주님은 나로 하여금 의심 가운데 주님을 더 많이 관찰하도록 하셨다. 주님은 분명히 성도들에게 의심하는 방식을 통해 경솔함과 천박함을 제거하시고 결국 의심까지 제거하시고 새로운 증거를 일으키신다. 곧 주님은 이 방법으로 성도들이 타락하는 것을 막으시는 것이다.[29]

유명한 신학자의 아들인 윌 에임스(Will Ames)의 경우에서 나타나는 것처럼 제2세대는 유익들이 불이익이 될 수도 있음을 우려했다.

태어났다는 격려를 받았을 때 나는 내가 에서가 될지 모른다는 생각을 하지 않을 수 없었고 그래서 나는 새롭게 하나님을 찾겠다는 결심을 했다.[30]

---

28 *Ibid.*, 119.
29 *Ibid.*, 92.
30 *Ibid.*, 211.

이 간증들은 은혜의 선물을 받기 전의 준비 훈련에 포함된 격렬한 자기 분석의 깊은 진지성을 나타낸다.

국민군 대위인 로저 클랩은 1630년에 21세의 나이로 뉴잉글랜드로 건너와서 그 지역의 주요 요새의 지휘자가 되었다. 하나님의 인도하심에 감사하여 그의 생존한 일곱 명의 자녀들도(비록 최초의 도체스터 이주민들보다는 편안한 상황들이었지만) 자신이 한 것처럼 하나님을 따르도록 가르치기를 원했다. 초기의 어려움들에도 불구하고("빵이 너무나도 귀하여 때로 나는 내 아버지 식탁의 빵부스러기도 매우 달콤할 것이라고 생각하곤 했다")[31] 그 위로들은 매우 신령했다. 복음은 충실하게 설교되었고 그 설교의 열매는 회심이었다.

> 노인들뿐 아니라 젊은이들의 담화도 '우리가 어떻게 영국으로 갈 것인가?'가 아니라 '우리가 어떻게 천국에 갈 것인가?, 나는 내 심령에서 역사하는 참된 은혜를 갖고 있는가? 나는 그리스도를 모시고 있는가 그렇지 않은가?' 하는 것이었다.[32]

클랩은 구원의 은혜에 대한 많은 보고들이 다른 사람들로 하여금 "하나님의 성령의 역사가 자신들의 심령에 역사하고 있는가?" 살펴보게 했다고 단언한다.[33] 그는 이런 진술들이 다음과 같은 점을 나타냈다고 부언한다.

---

31 *Memoirs of Roger* Clap. 1630 (Boston: Collections of the Dorchester Antiquarian and Historical Society, 1844), 20.

32 *Ibid.*, 20–21.

33 *Ibid.*, 21.

하나님은 다양한 방법으로 인간들의 심령에 역사하시는데 그렇게 하시는 것이 기쁘시기 때문이다. 어떤 심령들에는 느낄 수 있게, 다른 심령들에는 느낄 수 없게 역사하시는데 이 사실은 요한복음 3:8의 본문이 입증하고 있다. "바람이 임의로 불매 네가 그 소리를 들어도 어디서 오며 어디로 가는지 알지 못하나니 성령으로 난 사람은 다 이러하니라."[34]

불행하게도 클랩 대위는 "비록 은혜의 역사가 나의 심령에서 구원의 역사를 이루었으나 어떤 사람들이 그들의 간증에서 자신들에게 그 역사가 확실했다고 말하는 것처럼 나에게 때와 장소와 방식은 전혀 분명하지 않았다"고 고백하지 않을 수 없었다.[35] 그는 어릴 때의 안식일 위반, 자신의 의심들 그리고 존 카튼의 "경건한 슬픔의 작고 끊임없는 시내는 큰 공포보다 더 크다"[36]는 보증의 말에 대해 이야기한다. 마침내 그는 어느날 밤 다음과 같은 질문을 하고 그에 대한 답변을 함으로 자신을 철저하게 검사했다.

만일 내가 비록 죄를 범할지라도 하나님이 내가 구원받을 것이라고 나에게 보증하신다면 나의 심령은 나의 죄를 기꺼이 잊으려고 할까? 나의 심령과 영혼은 대답했다. 아니다. 비록 내가 계속해서 죄를 지음으로 저주 받는 일이 없다 하더라도, 나는 하나님께 죄를 짓지 않으려고 노력할 것이다. 왜냐하면

---

34 *Ibid.*, 21.
35 *Ibid.*, 22.
36 *Ibid.*, 24.

하나님은 그것을 금하셨기 때문이다.[37]

이 경험은 그에게 그가 진실로 하나님의 자녀라는 확신을 주었다. 이 확신감은 너무 강력하여 그는 다음과 같이 반응했다.

황홀감으로 침대에서 큰 소리로 "그가 이루셨다, 그가 이루셨다"고 외치지 않을 수 없었다. 그리고 하나님이 그때에 나의 심령을 녹이심으로 나는 통곡을 하며 다른 어떤 때보다 죄로 인해 더 많은 눈물을 흘렸다. 그렇다. 나와 같이 가치 없는 자를 택하사 구원하신 하나님의 사랑이 나의 가슴을 찢었던 것이다.[38]

클랩의 영혼이 죄와 두려움과 유혹과 불확실성과 벌인 전투는 그가 비록 가치가 없는 자임에도 불구하고 마침내 진실로 하나님의 선택받은 자들 중의 하나가 되었다는 확신과 함께 임한 안도감과 비교될 수 있다.

로저스에 의해 기록된 40가지의 은혜의 진술들은 하나의 확고한 양식을 수립하는 것으로 보인다. 대부분의 진술들은 신령한 요구로서 깊은 죄의식으로 시작한다. 때로 이 죄의식에 지옥에 대한 두려움이 수반되고 그 두려움은 개선된 삶을 추구하고자 하는 열망으로 이어진다. 이 율법적인 비판과 선행으로 구원을 얻으려는 시도는 조만간 형식주의적이

---

37 *Ibid.*, 25.
38 *Ibid.*, 25-26.

고 무익하다는 것이 드러난다. 이런 것으로 은혜를 획득할 수 없다는 인식은 그리스도의 온전한 용서의 수용, 마음의 평안과 성화된 삶을 살 수 있게 하시는 성령에 대한 깨달음으로 이어진다. 이 교회 회원 지망자들은 토마스 쉐퍼드의 기록에 나오는 사람들보다 위선에 대한 우려와 무모한 확신 추구를 덜 경험했던 것으로 보인다. 또한 생생한 꿈이나 황홀 상태에서 하나님께 소명을 받은 사람들도 몇 명 있는 반면에 많은 사람은 조용하고 극적이라고 할 수 없는 회심을 경험한다.

예를 들어 존 제콕(John Jecock) 대위는 양심의 번민 가운데 하나님께 소명을 받았다. 그는 너무나 괴로워서 "나는 이 어두움 속에서 마주치는 모든 수풀과 나무가 무섭다"고 고백했다. 그러나 그는 기도에 의해, 그리고 번쩍이는 하나님의 빛에 일시적으로 눈이 머는 특별한 경험-"사랑의 달콤한 현현"-에 의해 도움을 얻었다.[39]

험프리 밀스(Humphry Mills)의 경험은 덜 기적적이었다. 그의 아버지는 보안관이었고 그는 열한 명의 아들 중 한 명이었다. 아버지의 죽음으로 그의 가족은 흩어졌고, 험프리는 규칙적으로 설교를 들으러 다녔으나 삼 년 내내 자신의 죄로 인해 비탄에 빠져 있었다. 이 기간 동안 그는 배교자들을 비난하기를 즐겨하는 형식론자이며 까다로운 형식주의자였다. 결국 그는 "귀한" 그리스도인 아내와 "그 매력있는 성도" 십스 박사의 목회에서 은혜를 받았다. 그리고 그는 신중하게, 비록 자신이 영국 화폐로 4천 파운드를 사업에서 잃었으나 "하나님이 나를 매우 은혜롭게 다루신다는 것을 발견했다"고 덧붙인다.[40]

---

39 John Rogers에 의해 보고된 진술들은 그의 논문 Ohel or Beth-shemesh, *A Tabernacle for the Sun or Irenicum Evangelicum* (London, 1653). 여섯 번째 Jecock의 진술은 389-90에 나온다.

40 *Ibid*., 410. 이것은 12번째 진술이다.

프랜시스 커티스(Frances Curtis)는 매우 모질지만 비전형적인 것이 아닌 경험을 했다. 그녀는 심신의 고통 가운데 부르심을 받았다. 폭도들이 그녀의 집을 습격하여 그녀의 남편을 죽였다고 말하며 그녀의 옷을 벗기고 능욕하려 했다. 그녀는 아이를 품에 안고 문밖으로 뛰쳐나왔다. 그런데 하나님은 그녀의 생명과 그녀의 남편의 생명을 보호하셨다. "하나님은 나의 기도와 눈물을 들으셨고 나의 영혼을 채우셨다. 또한 나는 로저스씨에 의해 많은 즐거운 만족을 얻었다."[41]

로저스의 진술들에서 발견되는 일치는 어느 정도 편집자의 작업인 것 같다. 몇 명의 진술자들은 로저스나 다른 목사들의 도움에 대해 감사를 하며, 많은 사람이 자신들이 형식론자이며 형식주의자였다고 주장한다. 두 명의 진술자들은 흥미롭게도 청교도의 전문용어를 사용하여 "그리스도께 나아간다"(roll on Christ)고 주장한다.[42] 편집자의 각색을 고려할지라도 로저스의 진술들은 그 원작자들이 뉴잉글랜드의 바위가 많고 미끄러운 길보다는 평탄한 구원의 길을 갔다는 것을 보여준다.

청교도 교회론의 또 한 가지 특징은 초기의 독립 종교 공동체들이 민주주의적이며 비성직제도적(unhierarchical)이라는 것이다. 최초의 미국 교회들은 모든 신자들의 제사장직을 두드러지게 표현했다. 왜냐하면 그 교회들이 종종 평신도들에 의해 세워졌기 때문이었다. 그들은 교회를 먼저 세운 다음에 목사들을 임명했는데 목사들이 전에 다른 집회에서 목회를 했더라도 새로 임명을 했다. 그리스도의 평등한 종들로서의 그들의 화합을 이보다 더 인상적으로 증명할 수 있는 일은 없을 것이다. 이 교회 공동체를 묶는 띠는 언약이었다.

---

41 *Ibid.*, 423. 이것은 27번째 진술이다.
42 "그리스도께 나아간다"는 어구는 13번째와 35번째 진술자인 Ruth Emerson과 Jeremy Heyward에 의해 사용되었다.

그러나 17세기가 지남에 따라, 부분적으로는 미국 청교도들을 혼란에 빠뜨린 장로교의 비판주의(주로 사무엘 루터포드〈Samuel Rutherford〉와 찰스 헐〈Charles Herle〉의 비판주의)로 인해, 그리고 부분적으로는 목사들(ministers)의 증대하는 교육적 진보와 잉글랜드국교회 사제들(priests)의 증가하는 숫자에 의해 소위(카튼 매더가 칭한) "평신도가 주도하는 임직식"(plebeian ordinations)은 끝이 났다. 완전히 목회자들에 의한 최초의 임직식(clerical ordination)은 1681년 빌튼에서 피터 대처(Peter Thacher)를 대상으로 거행되었다. 그의 일기에 의하면 그곳에서 다음과 같은 절차가 행해졌다.

> [잉크리즈] 매더 씨가(대처의 선임을 위한) 표결을 선언했고, 노(老) 엘리오트 씨, 토리 씨, 월라드 씨가 안수를 했다. 토리 씨는 책임을 맡겼고 월라드 씨가 선서를 시켰다. 우리는 찬송 24장을 불렀다. 그 다음에 내가 축도를 했다.

지역 교회의 평신도 제직들은 선거에 투표하는 것 외에는 성직 수임식에 아무런 관계도 하지 않았다. 그러나 지역 교회들의 민주주의적인 본질은 자격을 갖춘 각 회원에게 동등한 투표권과 자신의 견해를 충분히 표현할 수 있는 권리를 주었다.[43]

---

43 Thacher's "Diary," Ms I, 212 (typescript in the Massachusetts Historical Society, Boston).

6. 청교도 신학의 역설들

구원의 은혜의 역사에 대한 뉴잉글랜드인들의 진술에 나타나는 다양하고 뿌리깊은 불안들은 청교도 예비주의자 신학(preparationist theology)의 역설들(paradoxes)을 보여준다. 그리고 구원의 길을 면도칼날 같이 만든 일부 청교도 논증들의 순환성은 양편의 가파른 벼랑으로 높은 산을 오르는 것과 같다. 자신의 선택에 대한 신뢰를 좌절시킨 양심의 걱정과 위선의 불안으로 무력화시키지 못하는 확신을 발견한다는 것이 얼마나 어려운가를 알기 위해서는 토마스 쉐퍼드의 『저널』(Journal)을 검사하기만 하면 된다. 마이클 맥기퍼트(Michael McGiffert)가 이 문제를 정의한 바와 같이 "쉐퍼드의 경험이 시사하는 것처럼 치료 처방에는 종종 질병의 보존이 포함된다."[44]

확신감을 극도로 불확실하게 하는 많은 요인들이 있었다.

첫째, 구원은 통찰할 수 없는 신비였다. 즉 하나님만이 누가 구원을 받고 누가 지옥에 떨어질지를 아신다는 것이다.

둘째, 일반적으로 택함을 받은 자들의 수가 적은 것으로 추정되었다. 쉐퍼드는 사람들이 지옥에 떨어질 때 천 명당 한 명만이 구원을 받는다고 선언했다.[45]

셋째, 구원은 원죄 세력, 전적 타락, 제한된 구속─일련의 만만치 않은 장애물들─을 극복해야 하는 성공할 것 같지 않은 승리를 암시했다.

넷째, 믿음의 추구는 많은 주관성의 위험들을 갖기 쉬운 철저하게 내적인 심사였다. 왜냐하면 영혼들은 행위에 의해서가 아니라 믿음에 의

---

[44] *God's Plot*: *The Paradoxes of Puritan Piety*, *Being the Autobiography & Journal of Thomas Shepard* (Amherst: University of Massachusetts Press, 1972), 4.

[45] *The Sincere Convert*, 4th edition, corrected (London, 1646), 98.

해 구원받기 때문이다.

다섯째, 위선의 불안은 신자를 혼동시켜 확신을 불확실하게 할 수 있었다.

여섯째, 청교도의 구원으로 가는 길은 도덕률 폐기론과 알미니안주의라는 적의 올가미들 사이를 통과했다.

일곱째, 만일 선택받았다는 생각에 기쁨을 느꼈다면 그것은 아마 그가 구원을 위해 믿음에 의존하지 않고 감정에 의존하고 있음을 의미하는지도 모른다.

이 모든 부정적 요인들에 의해 야기된 애매성은 1642년 12월 7일 쉐퍼드의 일지에 명확하게 표현된다.

> 아침 강의에서 그리스도인의 은혜 중 가장 큰 부분이 그 은혜의 결핍으로 인한 애통에 있다고 생각했다. 여기에는 삶과 감정이 있기 때문에 가장 큰 부분이라고 말하는 것이다. 그러므로 나는 다음과 같은 사실들을 알게 되었다. 즉 (1) 비록 야심적인 표현들이 있고 가장 작은 부분이라도 은혜의 결핍으로 인해 애통하고 있거나 또는 느낌과 동등하게 애통하고 있을지라도 주로 느낌에 자신의 은혜를 두고 나타내는 자를 바리새인이며 오만한 자라는 사실과 (2) 사신의 부족함을 애통해 하는 마음이 가난한 그리스도인이 가장 진실하다는 사실, (3) 그리고 주님이 자신의 백성에게 긍휼을 베푸실 때 신령한 생명은 보류하시고 타락을 느끼도록 하신다는 사실이다.[46]

---

46 *God's Plot*, 198.

데이비드 레빈(David Levin)이 청교도들을 "순환적 논증의 어지러운 세계"로 묘사함에 있어서 어떤 사람의 선택에 대한 주장이 그가 선택을 받을 가치가 없고 선택을 얻을 수도 없다는 자신의 확신에 의존한다는 기본적인 역설을 수용하는 것은 필수적이었다. 그러므로 레빈은 적어도 많은 사람에게 있어서 "죄책, 자기 불신, 자책이라는 극적 사건은 무서운 현실이었음을 명확히 설명한다…교회에 입회하기를 바라고 회개하는 죄인은(에드워드 테일러의 어구로) 열망과 불안 사이에서 - 자신의 회심을 고백하고자 하는 갈망과 그것이 망상이라는 불안 사이에서 좌절할 수도 있었다."[47]

또 한 가지 청교도의 역설은 피터 베네스(Peter Benes)에 의해 예증된다. 그는 뉴잉글랜드의 청교도들이 칼빈주의자들과 마찬가지로 전적 부패, 저항할 수 없는 은혜의 역사 그리고 소수의 성도들의 궁극적 구원을 믿었다고 주장한다. 그러나 모범적인 삶을 살기로 언약한 칼빈주의자들로서 그들은 전환 명제가 사실인 것처럼 행동했다. 즉 선행이 구원의 필수 조건인 것처럼 행동했다는 것이다. 비록 그들의 견해들 중에 이 표현은 성화가 칭의를 따르는 것이라는 보다 정확한 개념에 의해 잘못이 지적되지만 이것은 성도로서 행동하는 개인의 성향이 하나님에 의해 선택되어진 결과였다는 것을 의미하였다. 더우기 그것은 완전히 개인의 통제 밖에 있는 일이었다.

그러므로 베네스는 다음과 같은 결론을 내린다.

> 청교도는 이렇게 은혜의 보장을 얻기 위해 아무 일도 할 수 없이 자동적으로 하나님이 주시는 은혜의 보장을 얻으려고 애쓰

---

47 *The American Puritan Imagination*, ed. Sacvan Bercovitch, 148.

는 바람직하지 못한 위치에 자신을 두었다.[48]

이 사실은 청교도 신앙의 문제를 더 한층 악화시킨다. 사실상 이 모든 사실은 하나님의 약속들은 절대로 이행하지 않는 법이 없고 구원은 인간의 활동이 아니라 하나님의 활동이므로 선택은 가장 위로가 되는 교리라는 충실한 칼빈주의자의 확신을 이해하는 것을 더 어렵게 만든다.

구원의 은혜의 진술을 요구하는 이 관습은 아마 1633년에 시작되어 1640년에는 완전히 자리를 잡았던 것 같다. 총독 존 윈드롭이 다스리던 초기인 1631년에 주 의회는 모든 교회 회원들에게 공민권을 개방했는데 그때는 1636년 만큼 심사가 강경하지 않았다. 교회 회원들의 순수성에 대한 이 요구 배후에는 거룩에 대한 청교도의 열심이 존재했다.

7. 성례 참여 허용의 타당성

세례와 성찬이라는 두 가지 복음적 성례들을 상고하면서 자연스럽게 알게 될 것이지만 실제로 뉴잉글랜드에서는 성례들에 대한 큰 논쟁들이 일어났다. 즉 한편으로는 느슨한 조건들로 인해 성례들이 모독되는 것을 방지하는 방법에 대한 논쟁과 다른 한편으로는 엄격한 허용 조건들로 인해 교회 회원이 감소되는 것을 피하는 방법에 대한 논쟁이었다. 회심에 대해 복음적인 진술을 요구했던 과도하게 엄격한 이 심사들이 지속되면서 회중의 대다수가 세례를 받지 않은 자녀들을 갖게 되는 결

---

[48] *The Masks of Orthodoxy: Folk Gravestons Carving in Plymouth County, Massachusetts, 1689-1805* (Amherst: University of Massachusetts Press, 1972), 4.

과를 낳았다. 그리하여 1662년에 악명높은 "중간방식의 언약"(Half-Way Covenant)이 고안되어 승인되었다.

이 중간방식의 언약은 세례를 받고 자격을 갖춘 부모의 자녀들이 세례를 받는 것을 허용하였고, "이 성년기에 교회 입회를 허용받은 교회 회원들이 믿음의 교리를 이해하고, 믿음의 교리에 대한 자신들의 동의를 공적으로 고백하고, 생활에 있어 부정하지 않고, 교회 앞에서 엄숙하게 언약을 고백하면…그들의 자녀는 세례받을 수 있다"고 확언했다.[49]

세례의 허용 조건들만이 아니라 조만간 성찬의 허용 조건들까지도 관대해지는 것은 필연적인 결과였다. 1677년에 노샘프턴의 목사인 솔로몬 스토다드(Solomon Stoddard)는 구원의 은혜에 대한 진술을 요구하지 않음으로 성찬의 참여(Communion) 조건을 완화했으며 주의 만찬(Lord's Supper) 자체가 회심의식이라고 믿기까지 했다. 이 일은 매더 집안과 스토다드 간의 긴 신학 투쟁으로 이어졌다. 그러나 후자의 견해는 뉴잉글랜드의 목사들 중에 지배적이지 못했다.[50]

물론 어떤 사람이 실제로 구원의 은혜를 받았는지 그렇지 않은지를 결정하는 데 어려움들이 있었다. 하나님은 어떤 사람들은 가혹하게 다루시고 어떤 사람들은 부드럽게 다루신다. 토마스 후커는 성령이 어떤 사람들의 심령에는 바늘같이 임하시고 어떤 사람들의 심령에는 칼같이

---

49 Williston Walker, *The Creeds and Platforms of Congregationalism* (Boston: Pilgrim Press, 1960), 325-28.
50 1677년에 Increase Mather의 Stoddard의 견해에 대한 분명치 않은 언급을 보라. "나는 역사적 신앙을 갖고 있고, 부정한 생활을 하고 있지 않다고 하더라도 그들의 영혼에 중생의 역사를 전혀 경험하지 못한 모든 사람을 성찬식에 끌어들이려고 하는 흐리멍텅하고 상스러운 원리들을 지지하는 교사들이 우리 이스라엘에서는 발견되지 않기를 바란다"(*A Discourse Concerning the Danger of Apostasy*, 1667년에 선거일 설교로 1684년 *A Call from Heaven*에 재출판).

임하신다고 말했다.[51] 모든 사람이 공적으로 발언을 할 수 있는 은사를 소유하는 것이 아니다. 그래서 얼마 후에 원하는 사람들은 서면 선서를 제출하는 것이 허락되었다. 그러나 회심의 증거에 대한 엄격한 주장은 미국 청교도의 제1세대와 제2세대에 있어 교회의 순수성을 굳게 지키고 선택을 받은 양들을 버림을 받은 염소들과 구별하는 유일한 방법으로 생각되었다.

회심을 위한 설교의 중요성, 감사와 굴종의 날들의 중요성 그리고 선택, 소명, 칭의, 성화, 영화라는 입증된 바울의 단계들을 통과해 구원에 이르기 위해 가파른 청교도의 길을 올라야 할 필요성뿐만 아니라 성경의 유일한 권위, 언약의 요구 그리고 깨끗한 심령으로 언약한 사람들만으로 제한하는 회원자격,[52] 이 모든 것이 공동기도서로 공식화된 잉글랜드국교회 예배로부터 철저하게 벗어난 청교도 예배의 중요한 혁신들이었음은 분명한 사실이다.

8. 예배에 있어서의 신학의 영향

예배에 성경의 기준을 엄격하게 사용함에 있어 청교도들은 의식적인 전통을 과감하게 잘라냈다.

첫째, 로마서 8:26에 따라, 그리고 주기도문이 반복되도록 규정된 기도문이라기보다는 그리스도인의 독창적인 기도를 위한 모범이라는 확

---

51 David Hall, *The Faithful Shepherd*, 61에 인용.
52 William Haller는 영혼이 발전하는 이 단계들에 대해 다음과 같이 말했다. "구원받기 위해 태어난 모든 인간 영혼에게 일어나는 일을 설명하는 완벽한 공식이 여기에 있다." *The Rise of Puritanism*, 93을 보라.

신으로 규정된 의식 사상 자체를 제기했다. 또한 고린도전서 14:14를 근거로 하여 공적 기도에서 승인하는 "아멘" 외에는 목사의 음성만이 들려져야 하기 때문에 응답의 기도문은 용납할 수 없다고 결정되었다.

1642년에 존 카튼은 공동기도서에 반대하여 자유기도 또는 즉석기도의 필요성을 지지하는 논문을 썼다. 그는 서론적인 정의로 "적법한 기도는 은혜의 성경의 도우심에 의해, 예수 그리스도의 이름으로 하나님의 뜻에 따라 하나님의 축복을 구하며 심령의 열망들을 하나님께 높이는(또는 붓는) 것이다"라고 말한다.[53] 이 정의는 자연스러운 단순성과 성령께 의지하는 것에 대한 이중적 강조에 있어 특징적이었다.

카튼은 에베소서 6:18에 의하면 하나님이 자기 백성에게 명하시는 기도는 성령 안에서 드리는 기도라고 주장한다. 성령 안에서 드리는 기도란 "하나님의 성령이 유발하시고 분발시키시는 감동들로 드리는 기도만을 의미하는 것이 아니라 성령이 우리를 도우시는 사항과 말들로 드리는 기도까지 의미한다."[54]

이후에 자유로운 기도에 대한 더 충실한 변론은 규정된 기도들에 대한 바울의 비난들만을 역설하는 것이 아니라 규정된 기도문들이 변하는 필요들에 대처하는 유연성이 결여되었고, 목회자들에게서 감동적인 기도를 드리는 은사를 빼앗으며, 목회자들의 준비에 해를 가져오며 회중들을 형식적이 되게 하고 목회자들을 게으르게 하는 원인이 된다고 역설한다.[55] 그러나 자유로운 기도의 가장 중요한 이유는 성경에 나타나는 하나님의 요구이다. 이 점을 카튼은 다음과 같이 명확하게 진술한다.

---

53 *A Modest and Cleare Answer to Mr. Balls Discourse of Set formes of Prayer* (London, 1642), 1.
54 *Op. cit.*, 14.
55 기도서들에 대한 이 후기의 비평은 나의 저서 *Worship and Theology in England*, II, 191-94에 설명된다.

우리는 하나님의 책 외에 어떤 다른 책을 통상적으로 하나님의 공적 예배에 끌어들이는 것도 타당하지 않다고 생각한다.[56]

청교도의 적들은 청교도들이 회교 금욕파의 기도 사상을 갖고 있다고 비난했을지 모른다. 그러나 청교도들은 전례 형식 엄수자들이 판에 박힌 형식틀에 잡아 넣어 길들이려고 하는 것을 반대하고 창조주 성령의 주권적인 자유를 인정하고 있었다. 청교도들은 암송 복창에 의해 빠질 수 있는 형식과 둔감과 무관심을 발생시키는 진부성을 우려했다. 그들은 그리스도의 사랑 안에서 하나님을 아버지로 부르는 것을 배웠다. 그래서 그들이 볼 때 잉글랜드국교도들이 마치 "폐하"라는 말로 멀리 떨어져 있는 엄숙한 신에게 아첨만 하려고 하는 것같이 보였다. 반면에 청교도들은 "아바 아버지"라고 부르는 것을 좋아했다. 이런 즉석기도들의 단순한 자연스러움은 확신, 천진난만, 친밀성 그리고 감동적인 솔직성과 조화를 이루었다.

둘째, 수세기의 전통에 성경의 칼을 사용한 또 하나의 결과는 예배에서 많은 의식들을 도려낸 것이었다. 우상숭배를 금지하는 제2계명은 예수의 이름으로 절하는 고교회파(high Church)의 관습(이에 대한 성경적 근거는 찾을 수도 있다)[57] 뿐만 아니라 성찬을 받기 위해 무릎을 꿇는 것(화체설의 기적에 대한 신앙을 암시하는 것)까지도, 또한 세례 때에 십자가의 기호와 결혼식에 반지의 사용을 배제하는 데 인용되는 근거였다. 장백의(alb), 영대(領帶, stole), 중백의(surplice)와 같은 사제의 옷들도 로마가톨릭과의 연관 때문에 모두 배제되고 청교도 목사는 수수한 제네바식 가운

---

56 *A Modest and Cleare Answe*r, 5.

57 빌 2:10을 보라.

과 흰 넥밴드(neckband, 로만칼라-역주)를 즐겨 착용했다.

9. 청교도의 달력

셋째, 또 한 가지 교회 전통과의 중요한 결별은 기독교 연력(the Christian Year)과 신성 주기(the sanctoral cycle)의 삭제였다. 여기에 있어서도 역시 근거는 성경이었다. 묵상과 회고를 강조하는 강림절에서 부활절까지의 기독론적 달력과 그리스도의 모방자들인 성인들의 중요성을 강조하는 신성 주기 대신, 청교도들은 안식일의 절정적인 중요성을 강조하여, 7일마다 하루를 하나님께 완전히 봉헌했고, 하나님의 일곱째 날의 안식을 모방했고, 하나님의 온전한 임재 가운데 성도들과 함께 영원히 궁극적으로 안식할 것을 고대했고 직접적인 사건들 가운데서의 하나님의 섭리와 임재를 인정했다. 청교도들은 성도들의 왕이신 그리스도의 최고의 유일한 영광을 흐리는 많은 성인들의 기념일들을 포함하는 기독교 연력을 거부했다. 청교도는 스튜어트 왕 통치 초의 잉글랜드에서 특별하게 기념되었던 맥주를 마시고 취해 떠들석한 행사일로부터 주일을 정화했다. 청교도의 관심의 중심은 성육신과 복음서들에 기록된 사건들이 아니라 사도행전과 성바울의 서신들에 기록된 사항들이었다. 왜냐하면 그들은 성령 안에서 생활하려는 노력에 열중했기 때문이다.

청교도들의 출발점은 성탄이나 수난이나 부활이 아니라 그리스도의 승천의 영화에 나타나는 그 사건들의 결과들과 보혜사 성령의 강림에 나타나는 그리스도가 약속하신 바의 성취였다. 그들의 관심은 과거의 역사적인 드라마에 있지 않고 그리스도가 영혼들을 소유하시기 위해 사탄과 싸우시는 현재의 영적 내전에 있었다.

청교도들은 그들의 영성 유형에 있어 로마가톨릭이나 잉글랜드국교회와 같이 그리스도의 모방을 직접적으로 목적하지 않았다. 그보다 그들은 유혹과 타락에서 화목과 회복과 갱신을 경험하는 아담이 된 모든 사람의 신상 내력을 스스로에게 다시 들려주었다. 그들은 주의깊게 바울이 말하는 영혼의 단계들을 통과하여 나아갔다. 즉 그들은 선택, 소명, 칭의, 성화 단계들을 성공적으로 거쳐서 영화를 향해 나아갔다. 그리스도의 생애의 중요한 사건들을 잊지는 않았지만 청교도들은 자신들의 영혼의 중생, 새 아담의 능력에 의한 옛 아담의 십자가에 못박음에 집중했다.

청교도들에게 있어 삶이란 구원의 지휘자이신 그리스도의 명령하에 그리스도의 선택된 군대로서 악한 자의 군대와 끝없는 싸움을 하는 것이었다. 이 평생의 전투에 휴전이 없었으나 피곤한 전사들은 그리스도와 그리스도의 성도들의 승리가 확실하고, 그리스도가 모든 성도와 함께 천국으로 귀환하는 것에 대한 준비행위일 것이라는 확신에 의해 위로를 받았다. 잉글랜드국교도들에게 있어 삶이란 구름 조각처럼 은밀하고 희미하게 보이는 천성의 빛나는 탑들을 향해 가는 순례 여행이었던 반면에 청교도들에게 있어 삶은 순종의 용기를 가지고 성령의 검을 사용하여 믿음의 선한 싸움을 싸우는 것이었다.

넷째, 또 다른 일련의 변화들은 성례들과 관련된 것들로서 성례들은 성경적 제정의 기록들과 더 정확하게 일치시키고자 하는 의도를 갖고 있었다. 하나님의 언약은 대부모들과 맺는 것이 아니라 부모와 그들의 자녀와 맺는 것이므로 세례에서 대부모들이 배제되었다. 더욱이 이 성례는 비상시에 산파에 의해서 또는 가정에서 또는 심지어 교회에서 가족이 출석한 가운데 집행되는 하찮은 일이 아니었다. 세례는 항상 지역 교회의 회원들이 출석한 가운데 정규 예배의 한 부분으로 목사에 의해 집행되었다. 그리하여 교회의 모든 성도들이 부모와 함께 자녀의 영적 양육의 책임을 함께 나누는 것이었다.

주의 만찬식(the Lord's Supper)도 항상 교회 회원들의 집회 앞에서 목사에 의해 집행되었다. 독립교회의 성찬식 집행의 독특성은 떡과 포도주를 각각 따로 봉헌하는 것이었다. 그 이유는 이 방식이 성찬의 기원에 대한 공관복음서들의 내용에 기록된 방식이기 때문이었다. 더욱이 만일 세례를 받는 자녀의 부모가 지역 교회의 언약을 받아들이지 아니하면 어떤 성례도 받을 수 없었다. 즉 언약의 서명이 성찬식의 참여를 허용받는 필수적인 조건이었다. 두 가지 성례는 모두 자격이 없는 자들에 의한 오염을 방지하기 위해 주의깊게 보호되었다. 뉴잉글랜드 초기의 교회 자격은 구원의 은혜의 경험에 대해 진술할 수 있는 가시적 성도로 제한되었다.

더 발전된 결과는 언약에 서명함으로 새로운 교회 회원의 입회를 허용하는 것이 정기적인 안식일 오후 예배의 중요한 부분이 되었다는 것이다. 왜냐하면 이러한 서명은 또한 기존의 회원들에게 그들이 그리스도를 따르겠다고 한 서약의 중요성을 상기시키며 암암리에 그들이 새로워지고 있다고 암시하기 때문이었다. 아마도 타락한 세대에 대한 비탄들(jeremiads)이 설교되던 뉴잉글랜드 청교도의 제2세대 끝에는 언약을 갱신하는 관습적 행동을 요구하는 것이 통례였다.

이러한 이유로 성례들은 매우 진지하게 주의깊은 영적 준비로 집행되었다. 그렇지만 성례들은 청교도의 예배에 있어 최고의, 가장 결정적인 항목이 아니었다. 청교도의 예배에 있어 가장 결정적인 항목은 설교였다. 왜냐하면 설교에서 목사는 신자들의 심령의 믿음의 응답을 불러일으키시는 성령의 조명에 의해 하나님의 신탁 자체를 해석했기 때문이었다.

10. 음악

음악에 있어 청교도들은 예배 중에 오르간이나 현악기 또는 관악기들을 사용하는 것을 거부했다. 그 이유는 이러한 이러한 악기들이 예배에서 사용되었다는 신약성경의 근거가 없기 때문이었다.[58] 반면에 시편들이 찬송되었다. 왜냐하면 성경의 시편을 칼빈이 강력하게 추천했고[59] 시편은 유산 계급(부르조아)의 장엄한 음악에 어울렸기 때문이었다. 얼마 동안 미국 청교도들은 스턴과 홉킨스(Stern and Hopkins) 번역판의 질질 끄는 가사를 사용했고 간혹 히브리 학자이며 분리주의자인 아인스워드(Ainsworth)의 단조로운 번역본을 사용했던 것 같다. 그러나 1640년에 그들은 자신들의 번역으로 된 시편, 곧 『베이 시편서』(The Bay Psalm Book)를 만들었다.[60]

하라스치(Haraszti)는 카튼이 번역본 『베이 시편서』의 시편 23편을 작

---

58 청교도들은 예배당에서는 음악을 추방했지만 Percy Scholes가 *The Puritans and Music in England and New England* (London, 1934, 2nd edition, New York: Oxford University Press, 1966)에 자세히 증명하는 바와 같이, 청교도의 가정들에서는 음악이 환영을 받았다.

59 칼빈은 운문적 시편들을 다음과 같이 추천했다. "우리는 이 목적에 있어 다윗의 시편들보다 더 훌륭하고 더 적절한 노래들을 발견할 수 없다. 다윗의 시편들은 성령 자신께서 구술하고 지으신 것이다" R. E. Prothero, *The Psalms in Human Life* (London, 1903), 140-41.

60 Zoltan Haraszti, *The Bay Psalm Book*, 2vols. (Chicago: University of Chicago Press, 1956). vol. I은 1640년의 *The Bay Psalm Book*의 복사이고, vol.II은 짝을 이루는 해석편, *The Enigma of the Bay Psalm Book*이다.

곡했다고 믿는다. 그런데 카튼은 『뉴잉글랜드의 그리스도의 교회들의 길』(*The Way of the Church of Christ in New England*, 1645)에서 자신들이 자신들의 번역본 시편들을 찬송한다고 자랑스럽게 기술했다.

> 설교 전에 그리고 설교 후에 우리는 여러 번 시편을 찬송한다. 그런데 과거의 시편 번역은 많은 점에 있어 원문에 다르기 때문에 우리는 우리 영어로 표현할 수 있을 만큼 원문과 가깝게 영어 운율로 새롭게 번역하기 위해 노력해왔다. 그래서 우리는 그 시편들을 우리의 공교회들에서 그리고 개인적으로 찬송했다.[61]

기도의 끝에 큰 소리로 "아멘"이라고 하는 것 외에 회중 예배에 유일하게 음성으로 참여하는 것은 운율의 시편을 찬송하는 것이었다. 이 찬송으로 그들은 모든 신자의 제사장직을 표현했다. 루터교인들은 성담곡(oratorios)과 성가(hymns)를 불렀고, 잉글랜드국교도들은 대성당들과 칼리지 성당들(Collegiate churches, 주교〈bishop〉가 아니라 수석사제〈dean〉가 관리하는 성당)에서 송가(anthems)와 영창(chants)을 불렀다. 그러나 청교도들은 이 네 가지를 모두 거부하고 운문적 시편을 지지했다. 이 시편을 한 줄 한 줄 읽어 따라 부르게 할 때 회중들 중에 글을 읽을 줄 아는 사람들의 집중이 요구되었을 것이다. 그러나 이 어색함까지도 이 시편들이 하나님의 말씀이었기 때문에 기꺼이 받아들여졌다. 지엄한 권위는 더는 존재하지 않았다. 이 시편들은 위그노 교도, 원두당(圓頭黨, Roundheads: 1642-1651년 영국 내란 때 반국왕파로서 왕당파〈calierrs〉에 대항하여 머리를 짧게 깎

---

[61] *Op. cit.*, 67.

은 청교도의 별명-역주)의 입술로 부른 위대한 영적 저항운동의 전가(戰歌)가 되었다.

　마지막으로 검소와 순수(plainness and purity)가 청교도 설교와 예배의 표어가 됨에 따라 이것들은 청교도 예배당 건축 양식을 특징지우게 되었다. 하나님의 영원한 아들의 빛이 하나님의 말씀의 강의와 설교에서의 해설을 통해 비치는 것과 같이 하나님의 태양의 빛은 장식이 없는 검소한 유리창을 통해 비쳤다. 검은 가운을 입은 설교자가 자신의 설교를 듣는 사람들의 심령 상태에 메시지를 적용하는 성경이 놓여진 중앙의 높은 강단은 회중들이 하나님을 예배하러 올 때 갖고 오는 진지함과 성실성과 어울렸다. 스테인드 글라스, 화려하게 수놓은 예복, 제단 전면의 휘장이나 깃발들과 같은 미학적 보조물들이 청교도들에게는 백합화에 치장을 하거나 햇빛에 광을 내는 것처럼 불필요하고 부적절하게 보였을 것이다. 왜냐하면 이곳에는 특별하게 헌신적인 남녀들, 곧 그들의 창조주며 구속자이시고 그들을 거룩하게 하시는 신비하신 한 분 삼위일체 하나님을 찬미하는 하나님의 가시적 성도들의 전체 회중이 모이기 때문이었다.

3장

달력

　우상 타파의 행위로서 잉글랜드국교회 달력에 대한 거부는 공동기도서의 예전(liturgy) 철폐에 버금가는 것이었다. 청교도 달력의 두드러진 특징은 과거시제를 거의 완전히 거부하고 현재와 미래시제로 바꾼 것이었다. 잉글랜드국교회가 지켰던 기독교 연력은 주로 대림절(Advent)에서 시작하여 사순절을 지나 삼위일체 주일(Trinity Sunday)로 이어지는 성육신(Incarmation)에 중심을 두는 회고적이었던 반면에, 청교도 달력은 매주 안식일을 붉은 글씨로 표시하는 것이 특징이었다. 이 근거는 창조 후에 주신 하나님의 안식이었으나 강점은 영원한 하나님의 성도들의 영원한 안식에 대한 기대와 하루 동안 예배당과 가정에서 이 영원한 안식을 위해 엄격한 헌신을 훈련함으로 준비하는 데 두었다.

　또한 잉글랜드국교회의 달력은 반복적이고 순환적이고 정적이었던 반면에 청교도 달력은 섭리와 역사 가운데 하나님의 현재적이며 계속적인 활동을 활기찬 형태로 인식하고 있었다. 동시대의 사건들에 나타나는 하나님의 임재에 대한 역동적인 감각(sense)은 금식일과 감사일에서 제도화되었다. 이 금식일과 감사일에는 각각 하나님의 불쾌감에 대한 회개와 하나님의 긍휼에 대한 감사가 표현되었다. 청교도 달력의 부수적인 요소는 선거일과 축포를 쏘는 날에 시민의 신앙을 표시하는 것이었다. 이 축포일은 사회가 충분히 안정된 제2세대 동안 지정되었다.[1]

청교도 달력의 부정적인 새로움이 처음에는 분명히 불경스럽게 보였을 것이다. 예를 들어 성육신을 경축하는 성탄절의 폐기가 어떻게 해석될 수 있었겠는가? 노동절의 폐기는 영국에서의 이 날의 소동과 추잡한 행위들로 인해 이해될 수 있었다. 그러나 월쉬(J. P. Walsh)가 관찰한 바와 같이 성탄절에 대한 청교도의 폐기에는 나름대로의 논리가 있었다. "청교도들은 안식일을 거룩하게 지키기 위해 쉬었다. 한편 그들은 12월 25일에서 신성을 제거하기 위해 그날 일을 했다."[2] 사무엘 엘리어트 모리슨(Samuel Eliot Morison)은 최초의 청교도들이 지혜롭게 성탄절을 감사절로 대치했고, 노동일 대신으로는 봄과 초여름에 선거일과 하버드대학 졸업식이라는 두 경축일이 있었다고 하는 더 발전된 주장을 한다.[3]

한편 헌신적인 신교도들과 애국자들이 1605년 영국 의회 지하에 화약을 장치하고 폭파하려던 구교도의 음모(Gunpowder Plot)를 전복시킨 일을 기념하는 가이 퍼크스의 날(Guy Fawkes Day)을 지킨 것은 놀라운 일이 아닐 것이다. 청교도의 대집단이 도착한지 50년이 지났음에도 불구하고 1685년 11월 5일에 "심하게 비가 내렸으나(보스턴) 광장에 지핀 큰 모닥불에는 약 50명이 참여했다"고 세왈(Sewall)은 기록한다.[4] 이 기념일

---

[1] 최초의 뉴잉글랜드의 감사일은 1637년에 개최된 반면에 선거일과 포병의 날의 설교는 1659년부터 비로소 정규적으로 행해졌고 1672년부터 출판이 요청되었다. Samuel G. Drake, *The History and Antiquities of Boston* (Boston: Luther Stephens, 1856), 236.

[2] "Holy Time and Sacred Space in Puritan New England," *The American Quarterly*, 32,(1), (Spring, 1980), 81.

[3] *The Puritan Prannaos: Studies in the Intellectual Life of New England in the Seventeenth Century* (New York: New York University Press, 1936), 23.

[4] *The Diary of Samuel SewalL*, ed., M. Halsey Thomas (New York: Farrar, Straus & Giroux,

은 감독교회(Episcopalian: 잉글랜드국교회가 미국에 정착하면서 감독교회라는 이름으로 개칭하여 사용함-역주)가 관용되어 그들이 자신들의 예배에 이 일을 많이 언급하며 비국교도(Dissenter)에 대해 반대하는 설교를 하였을 때 인기를 상실했다.[5]

1. 안식일

안식일은 청교도 달력에 규칙적으로 붉은 글씨로 표시된 날이었다. 안식일은 그 제정에 있어 하나님 자신의 권위를 주장할 수 있었던 반면에 성탄절, 부활절 등의 잉글랜드국교회 절기들의 기원은 단지 교회의 권위를 주장할 수 있을 뿐이었다. 안식일을 거룩하게 지키는 것은 십계명에 명해졌을 뿐만 아니라 우주적인 계획의 필수적인 부분이기도 했다. 왜냐하면 창세기에 의하면 하나님은 6일 동안 세상을 창조하시고 7일 되는 때 쉬셨기 때문이다. 그러므로 인간도 6일 동안은 일을 하고 안식일에는 매일의 노동에서 안식하며 선민들의 덕성함양을 위해 지정된 모든 훈련으로 뿐만 아니라 예배로도 하나님께 영광을 돌려야 한다.

리처드 바이필드(Richard Byfield)는 축일들이 국가(즉 인간이)가 정하는 문제에 불과하다는 사상에 반대하여 청교도의 분노를 폭발한다. "그렇다면 그리스도의 탄생일, 부활절 등이 모두 주일과 동등한 권위를 갖고 있단 말인가? 이런 말을 어떻게 참고 들을 수 있겠는가?"[6] 청교도의 안

1973), I, 82.

5 William DeLoss Love, *The Fast and Thanksgiving Days of New England* (Boston: Houghton Mifflin, 1895), 228-29.

6 *The Doctrine of the Sabbath Vindicated* (London, 1637), 134.

식일은 또한 역사의 종말에 경건한 사람들에 대한 보상이며, 그들의 모든 수고와 희생의 정당성을 규명하는 영원한 안식과 기쁨을 기대했다.

크리스토퍼 힐(Christopher Hill)이 지적한 바와 같이[7] 6일 간의 노동과 7일 되는 때의 안식의 규칙성은 심오한 경제적 결과들도 나타냈다. 즉 상인들과 장인들의 합리적인 계획 수립을 가능하게 한 것이 바로 게으름에 대해 극심한 청교도들의 반감과 결합된 축일들의 규칙과 예측 가능성이었다(그들의 축일은 로마가톨릭과 잉글랜드국교회 달력에 나타나는 축일들의 불규칙적인 간격과 빈도와 비교된다). 청교도들은 헌신보다는 오락으로 특징지워지는 방종한 잉글랜드국교도들의 주일을 지내는 방식에 대해 특별히 비판적이었다. 예를 들어 니콜라스 바운드(Nicholas Bownde)는 잉글랜드국교도들이 "그리스도의 탄생과 성육신의 기념일을 가장 경건하게 지킬 것처럼 보이지만 사실상은 술취한 박카스신의 축제를 기념한다"고 불평했다.[8]

리처드 백스터(Richard Baxter)가 자신의 자서전에서 증명하는 바와 같이 안식일의 엄숙한 준수는 사실상 청교도 활동 중 최초의 두드러진 특징이었다. 백스터의 자서전 중에서 다음의 고전적인 장면은 인용할 만한 가치가 있다.

> 내가 살던 마을에서 기도서 낭독자는 공동기도서를 짧게 읽은 다음 식사 시간을 제외하고 나머지 하루를 거의 어두워질 때까지 나의 아버지 집에서 멀지 않은, 꽃이나 지붕으로 장식한 큰 나무 아래서 온 마을 사람들과 함께 모여 춤을 추며 보냈고

---

7   그의 *Society and Puritanism in Pre-Revolutionary England*, 2nd edition (New York, 1967)에서 "The Uses of Sabbatarianism"이라는 제목의 장을 보라.

8   *The Doctrine of the Sabbath, plainely layde forth, and sundly proved* (London, 1595), 133-34.

그곳에서 함께 먹고 마시며 흥청거렸다. 그들 중에 피리를 부는 사람은 아버지의 소작인이었지만 아버지는 그가 오락을 못하게 제지할 수가 없었다. 그래서 우리 가족은 거리의 북과 피리와 소음의 방해 없이 성경을 읽을 수가 없었다. 나의 생각은 수없이 그들과 함께 있고 싶은 대로 끌렸고 때로 양심의 속박에서 도망쳐 그들과 어울리기도 했다. 그리고 그렇게 하면 할수록 더욱 그들에게로 기울어졌다. 그러나 그들이 나의 아버지를 청교도라고 칭하는 것을 들었을 때 그 일은 나를 고쳐주었고 나를 그들로부터 멀리하게 만들었다. 왜냐하면 나는 아버지의 성경을 읽으시는 행동이 그들의 행동보다 훌륭하고, 분명히 궁극적으로 모든 사람에게 더 나은 행동이라 생각될 것이라고 확신했기 때문이었다.[9]

웨스트민스터 예배모범은 주일 또는 그리스도인의 안식일은 어떻게 보내야 하는가에 대해 가장 충실하게 가르친다. 안식일은 주의깊게 예비되어야 한다. 그럼으로써 "모든 세상의 일이나 우리의 일상 직업들이 그렇게 정돈되어 안식일이 돌아올 때 그날을 바르게 성수하는 데 장애가 되지 않도록 적절하게 비축될 수 있는 것이다." 다음으로 그날 하루 전에는 공적으로나 사적으로 "모든 노동을 멈추고 종일 안식함으로 또한 모든 오락과 경기뿐만 아니라, 모든 세상적인 말과 생각들까지도 삼가함으로" 하나님께 바쳐야 했다. 안식일 가정의 식사는 "종들을 공적 예배에 참석하는 것을 방해한다든가 또는 어떤 다른 사람이 그날을 거

---

9 최초의 *Reliquiae Baxterianae*, ed. M. Sylvester (1696)의 내용은 J. M. Lloyd Thomas에 의해 *The Autobiography of Richard Baxter* (London, 1925)라는 제목의 Everyman edition에서 재편집되었다. 이 인용은 6에서 한 것이다.

룩하게 지키는 것을 방해하지 않도록" 조정되어야 한다.

더 나아가 모든 사람과 각 가정은 자신들을 위해 그리고 하나님이 목사를 도우시고 그의 사역을 축복하시기를 기도함으로, "그리고 하나님의 공적 규례들 가운데 그들이 더욱 안락한 교제를 하도록 할 수 있는 그밖의 거룩한 훈련들로" 안식일을 준비해야 한다. 예배도 전체 회중이 예배 시작 시간에 맞추어 출석하여 끝까지 머물면서 "한 마음으로 공적 예배의 모든 부분들에 엄숙하게 함께 합류하도록" 짜여져야 한다. 따라서 한 주간의 절정을 이루는 날의 절정이 하나님의 규례들에 순종하는 가운데 살아계신 하나님을 예배하는 것이었다는 사실은 명확하다. 예배 전후의 시간은 "성경을 읽고 묵상하고 설교를 복습하면서 보내야 하며 또한 특별히 자신의 가족들에게 그들이 들은 바를 설명하게 하고 교리문답을 하고 거룩한 회의를 하고 시편들을 찬송하고 병자를 심방하고 가난한 사람들을 구제하는 것과 같이 안식일을 기쁘게 하는 경건과 구제와 긍휼의 의무들을 행함으로 보내야 한다."[10]

안식일이 제1세대의 뉴잉글랜드인들에게 어떤 가치가 있었는가를 이해하기 위해서는 비우상숭배적인 의식들과 더럽혀지지 않은 안식일로 하나님을 예배하는 것이 뉴잉글랜드의 청교도주의의 두 가지 특징이었다는 사실을 깨닫는 것이 중요하다. 에드워드 존슨(Edward Johnson)은 새로운 신정국가의 건설을 위한 다음과 같은 중요한 동기들을 설명함에 있어 명쾌하다.

> 영국이 미지근한 라오디게아교회와 같이 신앙에 있어 쇠퇴하

---

10   이 단락의 모든 인용들은 "Of the Sanctification of the Lord's Day"라는 표제의 부분에서 나온 것이다.(*Reiquiae Liturgicae*, ed. Peter Hall, Vol. III: *The Parliamentary Directory*, [Bath: Binns and Goodwin, 1847], 58-60).

기 시작하고, 로마가톨릭교회의 제도를 일소하는 대신 오히려 그들의 교구 교회들 전체에 비너스, 박카스, 세레스 이교와 같이 안식일을 경축하도록 음란하고 비속한 자들을 격동시키는 선포를 함으로 헛된 우상숭배적 의식들뿐만 아니라 안식일의 신성모독에서 굴종을 구하여, 음탕한 로마가톨릭교회의 영향을 받은 자들의 무리가 메뚜기 떼와 같이 온 땅을 뒤덮었던 바로 그때, 자신의 교회들의 영광스러운 왕이신 그리스도는 폭력으로 권력을 얻은 주교제도하에서 오랫동안 자유롭게 하시기 위해 우리 영국에서 한 군대를 일으키셨다. 그리고 영국 구석구석마다 악한 대적들의 광포로 가득찼기 때문에 그리스도는 자신의 최초의 군사들을 모집하기 위해 뉴잉글랜드를 창조하셨다.[11]

17세기에 한 미국인에 의해 안식일 엄수주의가 가장 충실하게 다루어진 작품은 토마스 쉐퍼드(Thomas Shepard)의 『안식일에 대한 논제: 또는 안식일의 교리』(*Theses Sabbaticae: Or, The Doctrine of the Sabbath*, 1649)이다.[12] 머리말에서 그는 찰스 1세가 그의 주교들이 안식일 엄수주의가 신령한 예배와 인간의 재창조를 위해 유익하게 규정된 교회의 명령이라고 주장하는 대신 유대교식의 새로운 고안으로 간주했다고 인정한다. 권력을 갖

---

11 Johnson의 책은 1654년에 *A History of New England, from the English Planting in the Yeere 1628 until the Yeere 1652*라는 제목으로 출판되었다(1910년에 재출판되었고 J. Frankl in Jameson에 의해 편집되었고 Johnson의 *Wonder-Working Providence*(New York: Scribner's)라는 제목이 붙여졌다.

12 최초에 런던에서 출판된 이 책은 1650년과 1655년에 그리고 다시 *The Works of Thomas Shepard*, 3vols., ed. John A. Albro, (Boston, 1853), 3:7-271에서 재발행되었다. 모든 인용들은 Albro판에서 했다.

고 있는 잉글랜드국교도들에게 있어 안식일 엄수주의는 "어리석은 자들의 미신적인 소동 또는 과도하게 엄격하고 까다롭고 꼼꼼하고 머리가 이상한 청교도파의 무지스러운 통념"이었다고 쉐퍼드는 말한다.[13]

윈튼 솔버그(Winton U. Solberg)가 바르게 주장한 바와 같이 "기독교의 성일을 십계명의 안식일과 동일시함에 있어 중대한 신학적 혼란이 있다. 그렇지만 청교도들은 제4계명에서 성일을 지킴에 대한 최상의 명백한 근거를 발견했다."[14] 쉐퍼드의 저서는 1649년에 출판되었는데, 이 책에는 1640년 말과 1950년 초에 하버드대학생들에게 한 설교들을 포함하고 있었다.

쉐퍼드는 "국가의 위대한 날"로 그리고 공적인 신앙의 인식을 위해 하나님께 영광돌리는 한 날을 하나님께 드리는 것도 합당하지만 안식일의 첫째되는 목적은 하나님이 정하신 규례들에 대한 순종 가운데 하나님을 예배하는 것이라고 주장한다.

> 하나님을 제1계명에 나타나시는 우리의 하나님으로 모시고, 제2계명에 나타나는 하나님의 정하심에 따라 하나님을 예배하고, 제3계명에 나타나는 하나님의 이름에 대한 최고의 존경과 숭배로서 하나님께 예배를 드리는 것은 아름답고 선한가? 마찬가지로 하나님 자신께서 보실 때마다 적합하고 우리도 제4계명에 따라 가장 적절하고 정당하다고 보고 고백할 수밖에 없는 특별한 존경과 예배로서 공적으로나 사적으로나 하나님

13　*Ibid.*, 3:4.
14　*Redeem The Time: The Puritan Sabbath in Early America* (Cambridge, Mass: Harvard University Press, 1977), 34. 내가 크게 신세를 진 이 책은 영국과 뉴잉글랜드의 안식일에 대한 포괄적인 연구이다.

의 부족한 종들과 피조물들이 모두 참석하는 중요한 날을 이 위대하신 하나님이시며 왕이신 분께 드림이 아름답고 선하지 않은가?[15]

쉐퍼드는 또한 복음이 새로운 제7일을 요구한다고 주장한다. 중요한 이유는 하나님의 뜻이지만, 그리스도의 부활도 이 변화의 실질적인 이유이다.[16] 또한 그날 전체를 하나님께 봉헌하는 것이 중요한 이유는 "찬송을 받으실 하나님의 흘러 넘치는 부수적인 사랑 때문이다. 이 사랑은 억누를 수 없는 것이다. 실제로 이 사랑은 오랫동안 여기 낯선 땅에서 하나님의 백성의 특별한 교제를 통해 나타났다…따라서 특별한 교제와 가장 달콤한 상호 포용을 위한 특별한 시기가 필요한 것이다. 이제 하루 전체, 사람들이 헤어지기 전에 서로의 가슴에 사랑으로 가득 채우기에 충분한 시간이 있어야 한다."[17] "하나님의 모든 성도가 가장 아름다운 의복을 입고 하나님의 보좌와 임재 주위를 두르는 이 국가적이며 왕의 위엄을 갖춘 날"[18]에 그리스도인들이 자신들의 하나님이시며 왕 앞에 서서 신령한 힘을 새롭게 하는 예배를 드리는 특권을 생각하며 쉐퍼드는 흥분을 거의 억제하지 못한다. 매주 안식일마다 그리스도는 자신의 백성들을 위해 자신의 규례들 가운데 하늘을 떠나 강림하신다.[19] 매주 안식일은 영원한 안식의 미리 맛봄(선취행위: foretaste)인 것이다.

---

15 *Op. cit.* 3:46.
16 *Ibid.*, 3:191.
17 *Ibid.*, 3:265.
18 *Ibid.*, 3:261.
19 *Ibid.*, 3:260.

그러므로 보라! 사람이 자기의 달려갈 길을 마치고 자신의 삶의 더 크고 넓은 궤도를 통과할 때, 그의 영원한 안식으로 돌아가는 것과 같이 그가 특별한 방식으로 더 작고 좁은 매주간이라는 궤도 가운데 적어도 한 번 안식으로 돌아올 때, 안식일에 그에게 임하는 완전한 축복을 시식할 수 있는 것은 하나님의 지혜에 의해 설계되어 정해진 일이다.[20]

또한 쉐퍼드는 독자들에게 어떻게 안식일을 보내야 하는가를 상기시킨다. 안식일의 성수에는 세속적인 경기와 오락들만이 아니라 모든 육체 노동들로부터의 안식도 포함시켜야 한다. 그러나 식사를 준비하거나 생명을 보호하는 일(즉 가축을 구조하고, 화재를 진압하고 배를 조종하는 일과 같은 것)과 같은 불가결한 의무들은 허용된다. 추수를 한다거나, 청소를 한다거나, 옷을 빤다거나, 물건을 사는 것과 같이 안식일 전후에 할 수 있는 활동들은 금지된다. 가축에 물을 주고, 식사를 데우고, 아름다운 의복을 입고 세수를 하는 것과 같이 필요한 일들도 허용된다.[21]

청교도들이 토요일 저녁부터 주일 저녁까지 이어지고, 주님이 운명하신 오후 3시를 거룩한 시간으로 여겼던 안식일을 주장한 유일한 기독교 안식일 엄수주의자들이었다는 사실을 주목하는 것은 특별히 흥미 있는 일이다. 쉐퍼드는 이렇게 주장한다. "그러므로 만일 안식일이 무죄했던 아담의 시대부터 느헤미야의 시대까지 그리고 느헤미야의 시대부터 그리스도의 시대까지 저녁에 시작되었다면, 유대인의 안식일은 주간의 마지막 날에 끝나니까 기독교의 안식일은 주간의 첫 날에 시작

---

20 *Ibid.*, 3:26.
21 *Ibid.*, 3:257f.

된다고 생각할 수 밖에 없지 않는가?"²²

쉐퍼드는 안식일에 요구되는 거룩은 5일간의 평일들에 요구되는 거룩과 다르다고 단언했다. 안식일에 요구되는 거룩은 더 직접적이다. 왜냐하면 "주님은 자신의 규례들 가운데 하늘로부터 우리에게 내려오시고, 그 규례들로서 이 덧없는 생애는 우리에게 가깝게 하실 수 있을 만큼 가까이 하시기" 때문이다.²³ 주일의 거룩은 더 큰 강도로 특징지워져야 한다. 왜냐하면 "주간 동안 우리는 이 세상의 염려와 이 세상에 대한 애착에 죄악되게 빠져 있기" 때문이다.²⁴ 주일의 거룩은 하루 전체 동안 부단히 계속되어야 한다.²⁵ 또한 주일의 거룩은 "우리의 이승에서의 짧은 날의 일이 끝나고 우리의 오랫동안 바라왔던 영광의 안식일이 밝아오기 시작할 때 마침내 우리가 만나뵈옵게 될" 하나님의 앞에 우리가 나타날 때를 기대하는 "달콤하고 조용한 안식"이 되어야 한다.²⁶ 마지막으로 그리스도인들은 "우리 아래 사람들 또는 우리와 관계가 있는 사람들도 안식일을 성수하는지" 살펴보는 데 최선을 다해야 한다. 이 요구는 자녀, 종들 그리고 그 집의 손님이나 방문자들에게까지 적용된다. 관리들도 유사한 책임을 갖는다. 왜냐하면 그들은 사실상 가족의 가장들이라고 할 수 있기 때문이다.²⁷

야스퍼 당카엘츠(Jasper Danckaerts)는 1680년에 보스턴을 방문하였다. 그리고 그곳에서 엄격하게 실천되고 있는 안식일 엄수주의를 보게 되

---

22 *Ibid.*, 3:252-53.
23 *Ibid.*, 3:260.
24 *Ibid.*, 3:260.
25 *Ibid.*, 3:261.
26 *Ibid.*, 3:261-62.
27 *Ibid.*, 3:262-63.

었다. 그는 다음과 같이 진술한다.

> 그들의 신앙 전체는 주일을 엄수하는 것으로 이루어진다. 곧 그들은 그날 일하지도 않고 선술집에 들어가지도 않는다. 그런데 가장들의 상황은 선술집보다 더 끔찍했다. 즉 주일에 방문객이나 여행자는 대접을 받을 수 없는 것이었다.[28]

솔버그의 논평은 보다 관대하며, 더욱 분별력이 있다.

> 안식일은 뉴잉글랜드의 영광이었다. 안식일의 엄수는 의무(duty)를 요구했지만, 휴식과 예배의 이 날은 육체와 심령에 원기를 회복시켜주었으며 큰 기쁨의 날이었다.[29]

강제적인 주일 예배 참석을 강조했던 뉴잉글랜드 안식일 엄수주의는 원시적인 광야의 환경에서 사라졌을지 모르는 경건과 문명을 촉진시켰다. 안식일 엄수주의는 자본주의적인 개인주의도 조장했을지 모르지만 그 윤리적인 요소로 인해 동정심을 상실하지 않을 수 있었다. 또한 솔버그가 주장하는 바와 같이 뉴잉글랜드의 안식일 엄수주의는 "미국인의 특성에 엄격하고 흔들림이 없는 신앙 훈련에 의한 강인성과 순박성을 스며들게 했다."[30] 카튼 매더(Cotton Mather)는 다음과 같은 기록에서 이 점이 사실이라고 믿었다.

---

[28] *Journal of Jasper Danckaerts* (1679-1680), 294.
[29] *Redeem the Time*, 265.
[30] *Ibid.*, 301.

우리의 신앙 전체가 우리의 안식일에 의해 영위된다는 사실과 빈약한 안식일은 빈약한 그리스도인들을 만든다는 사실과 우리 안식일의 엄격성이 우리의 다른 의무들에 활력을 불어넣는다는 사실은 확실하고 정확하게 관찰되어 왔다.[31]

2. 금식일 또는 굴종의 날

금식으로 하나님의 불쾌감을 인정하고 감사로 하나님의 자신과 연약한 백성들에 대한 자비를 인정했던 이 대조적인 날들은 구약성경의 모델들을 본받아 하나님의 섭리에 대한 깊은 의식을 표현했다. 이제 우리가 관찰할 바와 같이 섭리에 대한 해석은 극도로 애매할 수도 있으며 또한 매우 급격하게 변할 수도 있었다. 어떤 경우에 회중들은 굴종의 날을 준비하면서 감사의 날을 위해 모이기도 했다.

보스턴 교회의 명성 있는 교사였던 존 윌슨(John Wilson) 목사는 아내를 데려오기 위해 영국으로 되돌아갔던 것 같다. 그런데 에드워드 존슨과 함께 그의 귀국이 지체되자 낙담한 회중들은 1633년에 굴종의 날로 모여 자신들의 죄를 솔직히 인정함으로 "그리스도 안에서 하나님의 기쁘신 낯을 구하고, 주님께 자신들의 영혼에 괴로움을 주시기를 구하고, 주님의 모든 일을 돌보심에 대해 주님께 영광을 돌리며 종일을 보내려고 했다. 그러나 항상 과분한 은혜를 주시는 주님은 그들이 애원하기 전에 그들의 구하는 바를 들으사 굴종의 날로 정한 날의 전 날 오후에

---

31 *Magnalia Christi Americana*, 2 vols, (London, 1702, reprinted, Hartford, Conn., 1820), Bk. iii, 178.

존 윌슨 목사를 안전하게 해안으로 인도하셨다."[32]

  1630년에도 유사하게 예정된 금식이 감사의 기회로 바뀌는 일이 일어났다. 그 해 가을에 새로 도착한 이민자들은 쓰러져가는 오두막에 살고 있었는데 그들 중 많은 사람이 병에 걸렸다. 그들은 그 해 너무 늦게 도착하여 씨를 뿌릴 시간이 없었다. 총독 윈드롭은 심각한 식량 부족을 예정하고 윌리엄 페얼스 선장에게 가장 가까운 아일랜드 항구로 항해하여 식량을 구해오도록 결정했다. 그러나 선장은 돛대가 부러진 다른 배를 항구인 브리스톨까지 예인해주느라 지체했다. 그 겨울에 이민자들의 상태는 극히 절망적이어서 그들의 음식은 도토리, 나무 뿌리, 조개류뿐이었다. 이 상황 중에 금식 기도일이 지정되었는데 아마(옛 형식) 1630년 2월 5일이었던 것같다. 그러나 그 며칠 전에 리용호가 밀, 곡기, 완두콩, 오트밀, 쇠고기, 돼지고기 그리고 괴혈병을 치료하기 위한 레몬 쥬스 화물을 싣고 도착함으로 총독과 의회는 2월 22일을 감사의 날로 정하게 되었다.[33] 이 두 사건은 그들이 위험한 사건들에서는 하나님의 심판하시는 찌푸린 얼굴을 보았고 자비로운 상황들에서는 하나님의 인정하시는 미소를 보았다는 것을 분명하게 나타낸다.

  청교도들이 하나님의 용서를 구했던 굴종의 날들은 심한 한발, 심각하게 감소된 추수, 파괴적인 곤충들의 습격, 질병의 만연, 바다에서의 실종, 불가사의한 조짐들의 출현 그리고 전쟁에서의 패배 등의 경우에 시행되었다. 이런 일들은 모두 집단적인 재난이었다. 그러나 청교도들은 개인적인 질병, 화재나 폭풍으로 인한 가정들의 손해 그리고 가족들

---

32 *Wonder-Working Providence of Sions Saviour in New-England* (London, 1654: ed. W. F. Poole[Andover, Mass., 1867]), 56.

33 *Collections of the Dorchester Antiquarian and Historical Society* 중 a Memoir of Roger Clap에 나오는 William DeLoss Love, *The Fast and Thanksgiving Days of New England* (Boston: Haughton Mifflin, 1895), 104-05에서 인용함(쪽과 숫자를 나타내지 않은 인용).

의 죽음도 개인적인 굴종의 날을 요구하시는 하나님의 심판으로 생각했다. 그런 사건들은 이차적인 원인들이 무엇이든지 간에 그 사건들의 창설자이시며 통제자이신 전능하신 하나님께로 그 근원을 거슬러 올라갔다. 이 관념들은 예증으로 구체화 될 것이다.

영국 내란(찰스 1세와 의회 간의 분쟁)에서 원두당(the Roundheads)의 악운은 뉴잉글랜드에 많은 굴종의 날을 요구했다.[34] 1639년 6월 13일, 1644년 7월 3일, 1662년 6월 5일, 1662년 6월 21일에 그러했던 것과 같이 가뭄은 매사추세츠 주에서 가장 흔한 금식의 이유였다. 밀 수확의 감소는 1664년 9월 1일에 금식일을 요청했고 코네티컷에서는 1668년 5월 29일에 금식일을 요청했다. 1646년 여름에 옥수수를 크게 해친 쐐기는 베이 식민지의 교회들에 굴종의 날을 지키게 했고 1665년 7월 22일의 금식일은 사과나무들을 황폐하게 만든 자벌레 때문에 요청되었다. 많은 위협적인 질병들이 굴종의 날들(또는 그 위험을 피했을 때 감사의 날들)을 요구했는데 특별히 1644년과 1649년 사이에 그리고 1658년과 1666년 사이에 그러했다. 존 카튼(John Cotton)이나 총독 엔디코트와 같은 지도자들이 사망할 때 나타난 혜성들도 금식을 요구했다. 1662년의 한발에서 절정에 이른 이런 경험들의 과다로 인해 마이클 위글스워드(Michael Wigglesworth)로 하여금 침울한『하나님의 뉴잉글랜드와의 논쟁』(*God's Controversy with New England*)이라는 비탄(jeremiad)의 시를 쓰게 했다. 이 시의 결론은 정통적인 청교도식이다.

구름은 종종 모여든다.
마치 비가 내릴 것처럼

---

[34] *Ibid.*, 179–91에서 요약.

그러나 우리의 큰 비열성으로 인해 다시 흩어진다.
우리는 기도하고 금식하고 멋진 쇼를 한다.
마치 돌이킬 것처럼
그러나 우리가 돌이키지 않는 한
하나님은 우리의 밭과 열매를 계속 태우시리라

1633년부터 1686년까지 메사추세츠 주의회에 의해 요청된 수많은 금식일들도 의미심장하다. 이 금식일들은 리처드 길드리(Richard P. Gildrie)에 의해 그 주요 주제들에 따라 분석되었다.[35] 이 55년 동안에 29번의 금식일이 추수, 질병, 바다에서의 실종 등의 위협들을 포함하는 자연 질서의 공격으로 인해 시행되었다. 대조적으로 이 동일한 반세기 동안 58번의 금식일들은 이단, 논쟁, 지도자들의 사망이나 부족, 공공 질서나 가정질서의 태만, 젊은 세대, 영국이나 다른 국가의 위협 그리고 중대한 상황들을 포함하는 사회질서의 공격들로 인해 시행되었다. 40번의 금식일을 설명해주는 기독교계의 다른 곤경들은 영국, 유럽 그리고 신세계의 어려움들을 포함했다. 마지막으로 특별하지 않은 사적인(여기에는 허영, 사치, 무기력, 부정, 술취함, 교만, 호색이 포함된다) 죄들로 인해 23번의 금식일이 요구되었고, 또 다른 22번의 금식일은 명기되지 않은 목적들과 명기되지 않은 공격들로 인해 시행되었다. 이 55년 동안 모두 합해 172일의 금식일이 시행되었으니 대략 4개월에 한번씩 있는 셈이다. 영국의 왕정 복고 직후 정치적 전망이 어두워졌을 때, 그리고 뉴잉글랜드의 자유와 특권들이 축소되었을 때 또한 비관론자들이 교회

---

35 "The Ceremonial Puritan days of Humiliation and Thanksgiving," *The New England Historical and Genealogical Register*, CXXXVI (January, 1982), 14.

언약의 갱신을 요구했을 때 금식일들이 훨씬 더 자주 요청되었다는 사실도 주목되어야 할 것이다. 즉 1660년부터 1668년까지 47번의 금식일이 있었고 1678년과 1686년 사이에는 40번의 금식일이 있었다.

개인적인 "섭리들"은 사무엘 세왈 판사와 카튼 매터 박사의 일기들과 토마스 쉐퍼드 목사의 자서전에서 발견할 수 있다. 토마스 쉐퍼드 목사의 자서전은 범람한 다리에서 말이 떨어졌을 때 기수가 살아난 일 또는 심한 폭풍에 밀린 배가 분명히 침몰한 것 같았으나 분명히 피할 수 없는 난파를 하나님이 막으신 일을 포함하여 생명을 위협하는 위험들로부터의 예기치 못한 구원들에 주로 나타난 하나님의 손길을 보여 준다.[36] 세왈의 1685년 7월 15일의 일기 기록은 다음과 같다.

> 험프리 티피니 그리고 안토니 로우의 딸인 프란시스 노우가 빌린지즈 농장에서 약 1마일 또는 반마일 떨어진 곳에서 낙뢰를 맞아 죽었다. 그들이 탔던 말도 죽었고 동행하던 다른 말도 죽었다. 그러나 그 말을 탄 사람은 낙뢰 시에 처녀를 넘어지지 않게 하려고 그녀의 옷을 잡고 있었는데 겉옷이 그을렸으나 죽지 않았다. 내가 보스턴으로 갔으면 좋으련만, 마을에 있던 안토니 로우는 하나님의 엄숙한 심판에 대해 "오전 금식일"이라는 슬픈 벽보를 붙였다.[37]

카튼 매터 박사는 때때로 굴종의 날과 금식일을 정해 자신을 영적으로 훈련하는 것이 필요하다고 생각했다. 깊은 심리적 자기 성찰로 입증

---

36 Michael McGiffert, ed. *God's Plot: The Paradoxes of Puritan Piety, Being the Autobiography and Journal of Thomas Shepard* (Amherst: University of Massachusetts Press, 1972), 5를 보라.

37 *Diary* (ed. M. Halsey Thomas), I, 71.

된 이런 경우의 한 가지로 그는 "나에게 일어난 굴욕적인 일들을 재현하고, 특별한 잘못들을 고백하고 통곡했다. 그럼으로 나는 하늘의 섭리들에 겸손하는 데 나 자신을 가장 합당하게 만들었다."[38]

뉴잉글랜드의 최초 시기에 교회의 목사나 장로는 공식적인 금식(또는 감사)일에 대한 이유를 제시함으로 그것을 요청할 수 있었다. 그 후에 이러한 절차는 교회 회원들에 의해 승인되었고, 그 후에는 법제화되었던 것 같다. 교회가 숫적으로 증가했을 때 목사들이 집단으로 성명서를 준비하여 주의회나 총독과 의회에 제출하여 재가를 요청하는 것이 관습이 되었다. 금식의 이유가 제출될 때 세속 관청은 교회들의 요망대로 행동했다. 그리하여 금식일의 거룩한 특성이 법적으로 확인되었고 예배 참석이 뉴잉글랜드 전체에서 강제적이 되었다. 더 나아가 우리가 본 바와 같이 한 개인의 고백이나 감사 기도의 벽보를 붙일 수 있었고 그 내용을 목사는 안식일 예배의 간구 기도에 포함시키곤 했다.[39] 이렇게 하나님의 섭리는 청교도의 공적 생활뿐만 아니라 사적 생활도 지배하게 되었다. 금식일을 준비하는 방법을 아는 것이 중요했다.

『공적 예배를 위한 웨스트민스터 예배모범』(*The Westminster Directory for Public Worship*)은 그 권고들에 있어 특별했다. 이 권고들에는 각 가정에 그들의 심령을 준비하고 집회에 일찍 도착하고, 장신구를 달지 말고 단순하고 검소한 옷을 입으라는 요구도 포함되었다.

이러한 날의 중요한 부분은 말씀의 설교를 듣고 시편들을 찬송하고 특별히 기도로 하루를 보내야 하는 것이었다. 이 날의 목적은 하나님의

---

38 Cotton Mather, *Diary* (New York: Frederick Ungar, 1911). Sewall(*Diary*., 102)은 "나는 금식을 지키며 하나님이 나를 버리시지 말고 자유로우신 성경으로 나를 지지하시기를 기도했다"고 기록했다(1691년 4월 20일).
39 Love, *op. cit.*, 220-21.

백성에게 부적당한 것은 무엇이든지 개선하겠다는 단호한 결심으로 사람들의 심령을 하나님의 백성의 심령이 되라고 가르치는 목사와 함께 영혼의 괴로움을 받는 것이었다.

금식의 의미에 대해 뉴잉글랜드에서 한 설교들 중 가장 중요한 설교는 1674년에 설교되어 1678년에 출판되었고 카튼 매더의 『위대한 그리스도의 미국』(*Magnalia Christi Americana*)에서 크게 추천을 받은 토마스 대처(Thomas Thacher)의 『하나님의 선택하신 금식을 명확하게 밝힌다』(*A Fast of Gods chusing, Plainly opened*…)이다. 잉크리즈 매더(Increase Mather)는 이 책의 머리말에서 축복을 했다. 대처는 금식을 다음과 같이 정의했다.

> [금식은] 복음적 예배의 특별한 부분 또는 활동으로, 이때 우리는 알맞은 기간 동안 이생의 위로들을 삼가고 하나님을 향한 우리의 방법들을 바르게 검사하고 우리를 향하신 하나님의 방법들을 바르게 숙고하여 하나님의 정당하심을 증명하고 우리 자신을 판단하는 엄숙하고 실제적인 고백을 한다.[40]

느껴지거나 우려되는 고통의 재앙으로 인해 하나님의 정당하심이 입증되고, 죄에 대한 경건한 회개와 슬픔이 표현되고 하나님의 용서하심이 청원되고, 마지막으로 백성들은 "자신들의 악한 방법들을 개선하고 앞으로는 하나님의 말씀에 따라 새로운 순종으로 하나님 앞에서 행하겠다고 서약한다."[41]

대처는 공적 금식들이 바르게 이행되는 특별한 경우들을 열거한다.

---

[40] *Op. cit.*, 3.
[41] *Ibid.*, 3.

여기에는 사회 전체의 위험, 큰 질병의 때, 뚜렷한 축복이 나타나지 않거나 큰 범죄가 저질러졌을 때, 그리고 재앙의 위협이 있을 때가 포함된다.[42] 대처는 각각의 경우에 자신의 근거로 구약성경의 금식을 예증한다. 그는 바른 준비에는 진정한 고백, 진실한 통회, 하나님의 용서를 구함 그리고 우리에게 잘못한 모든 사람을 용서하는 것뿐만이 아니라 우리 방법들과 하나님의 방법들에 대한 심사가 포함된다고 주장한다. 마지막으로 의미심장하게 그는 하나님의 백성들이 잘못된 일을 개선하겠다는 서약, 즉 하나님과 "절대적인 언약을 새롭게 하는" 행동을 해야 한다고 덧붙인다.[43]

6년 후인 1734년 3월 21일에 벤자민 콜맨(Benjamin Colman)이 보스턴에서 같은 본문인 이사야 58:5과 유사한 제목 "하나님이 택하신 금식"(The Fast which God hath chosen)으로 한 다른 설교와 비교해 보면 흥미롭다. 그의 표현은 더 세련되고 윤리적 요구들은 더 설득력이 있다. 그의 세련미는 다음과 같은 접근에 나타난다.

> 우리는 천국 문 앞에 있는 가난한 거지입니다. 그곳에서 우리는 누더기를 걸치고 헌데 투성이로 부스러기도 얻어 먹을 자격이 없는 자로 누워서 은혜와 관대와 긍휼을 구하고 있습니다."[44]

윤리적인 강조는 우리가 가난한 자에게 베푸는 자신과 우리가 우리 자신처럼 사랑해야 하는 이웃에게 나타내는 존경에 나타난다.[45] 모든

---

42 *Ibid.*, 4.
43 *Ibid.*, 6-7.
44 *Op. cit.*, 4-5.
45 *Ibid.*, 9.

공적 금식에 가난한 사람들을 위한 모금이 있었다는 사실은 상기할 가치가 있다.[46] 콜맨의 결론은 공적 금식의 온전한 의도를 요약한다.

> 그러나 만일 하나님이 은밀한 예배에서 우리를 더 신실하고 열심이 있다고 보시고, 안식일 성수에서 더 정성스럽다고 보시고, 우리의 거래 관계에서 더 정당하고 의롭다고 보시고, 죄로 인한 참된 굴욕과 우리 주 예수 그리스도를 믿는 믿음에서 더 친절하고 선하고 관대하고 긍휼하다고 보시고, 더 착실하고 정숙하고 온유하다고 보신다면 우리의 모습과 기도를 받으시고 우리의 상황 가운데에서 자신의 회개하고 개선된 백성과 모든 크고 귀한 약속들을 하실 것입니다.[47]

3. 감사의 날들(Thanksgiving Days)

하나님의 섭리에 비추어 동일하게 해석할 때 감사의 날들은 금식일 또는 굴종의 날들보다 더 즐거운 기회들이었다. 뉴잉글랜드에서 주요 감사 기회들은 세 가지인데, 곧 정착 초기 몇 년 간 안전하게 거두어진 추수들, 기근이 예상될 때 보급선들의 도착, 또는 친구들의 도착이었다.[48] 첫째 이유의 감사일들은 매사추세츠에서 1631년 11월 11일, 1632년 6월 13일, 1632년 9월 27일, 1963년 6월 19일 그리고 1634년 8월

---

46 Love, *op. cit.*, 51.
47 Coman, *op. cit.*, 21.
48 Love, *op. cit.*, 109.

20일에 지켜졌다.[49]

　뉴잉글랜드의 첫 번째 감사일은 정확한 날로 명기되지 않았으나 윌리엄 브래드포드(William Bradford)의 『플리머스 이민지』(*Of Plymouth Plantation*)에 기록된 바와 같이 1621년 가을에 있었다.[50] 이 감사일은 청교도들의 최초의 추수에 대한 감사였다. 그러나 뉴잉글랜드에서 전체가 경축한 최초의 감사절은 1637년 10월 12일이었다. 이 날은 식민지 병사들의 페쿼트 족 인디언들에 대한 승리를 경축했다.[51]

　감사일들은 좁은 관심들뿐만 아니라 더 넓은 관심들 가운데 경축되었다. 예를 들어 이민자들은 삼위일체 해 전쟁(the Trinity Years War)에서 구스타부스 아돌푸스(Gustavus Adolphus: 스웨덴 왕인 구스타프 2세〈1611-1632 재위〉라고도 함. 그는 독일을 중심으로 유럽에서 30년 전쟁〈1618-1632〉 중 1630년에 신교도들을 옹호하며 가톨릭 측 독일 혹은 오스트리아 황제를 무찌르고 북독일을 제압하였음-역주)의 신교의 군대가 유럽의 가톨릭 군대를 무찌르고 남쪽으로 진격한 승리들을 경축했다. 러브(Love)가 보고하는 바와 같이 "스웨덴의 왕과 오스트리아의 황제는 그들의 극적인 간구의 말 가운데 부지불식간에 다윗과 사울의 역할을 했다."[52] 이 감사일들은 뉴헤븐의 매월 금식 제도와 유사했다. 뉴헤븐의 매월 금식 제도는 1643년 1월 10일에 최초로 코네티컷 식민지에서 채택되었는데 영국에서 왕당파들(cavaliers)을 대항하여 싸우는 의회군과 청교도를 결부시키라는 대중의 요구에 응한 것이었다. 카튼 매더는 다음과 같은 말로 1705년 1월 24

49　*Ibid.*, 110.

50　*Op. cit.*, 90. 현대의 주석판에 대해서는 Samuel Eliot Morison의 주와 서론이 있는 William Bradford의 *Of Plymouth Plantation* (New York: Knopf, 1952)를 보라.

51　Love, *op. cit.*, 136. Connecticut Historical Society Colletions, I, 19의 the Wolcott Notebook에 Hammond Trumbull의 필사에 근거함.

52　Love, *ibid.*, 112.

일의 전체 감사일을 설명한다. "이 지역 전체에 지난해 프랑스를 대항하여 싸운 동맹군에 대한 천국의 미소를 경축하는 감사일이 있었다."[53]

1632년과 1686년 사이에 매사추세츠 의회가 요구한 감사일들의 주제들을 포함한 가장 충실한 분석은 리처드 길드리(Richard P. Gildrie)의 분석이다.[54] 자연질서에 나타난 긍휼에 대해 감사하고 수확의 향상과 더 좋은 건강을 위해 20일 동안의 감사일이 요구되었다. 31일 동안의 감사일은 평화와 일치, 국가의 자유와 종교적 자유, 훌륭한 지도자들, 전쟁에서의 승리, 타인들과의 화평 그리고 영국과의 개선된 관계들을 포함하는 사회질서의 축복들에 대한 감사를 표현하기 위해 요구되었다. 영국의 안녕과 유럽의 평화에 대한 다섯 번의 감사일들도 있었다. 마지막으로 명기되지 않는 긍휼에 대한 다섯 번의 감사일이 있었다.

이렇게 모두 합해 대략 매해 한 번씩인 55년 동안 61회의 감사일이 있었다. 심각한 정치적 난국의 시기들(영국의 왕정 복고와 청교도들의 특권 상실)에 감사일들이 훨씬 더 자주 지켜졌다는 것은 의미심장하다. 예를 들어 1660년과 1668년 사이에 16회 그리고 1669년과 1677년 사이에 14회 감사일들이 있었는데 이 사실은 뉴잉글랜드의 청교도들이 그 사건들이 우려했던 것만큼 악하지 않은 것을 감사했음을 입증한다.

더욱 좁은 관심들도 완전히 개인적인 감사일로 표현되었다. 예를 들자면 세왈은 그가 잃었던 말과 안장을 찾았다는 사실에서 특별한 "섭리"를 발견한다.[55] 이 일이 현대인의 눈에 다소 하찮아 보인다면 카튼 매더가 어떤 시계를 아버지에게 주었는데 그 대신으로 더 좋은 시계를

---

53 *Diary*, 530.
54 "The Ceremonial Puritan Days of Humiliation and Thanksgiving," *The New England Historican and Genealogical Register*, CXXXVI(January, 1982), 15.
55 *Diary*(ed. M. Halsey Thomas), I, 27-28.

받은 것에 대해 하나님께 감사를 기록한 일은 어떻게 생각해야 할까? 그의 설명은 중요한 순진성을 나타내고 있다.

> 나는 한 시계를 가지고 있었다. 그 시계는 다양한 기능을 갖고 있었기 때문에 나는 그 시계를 매우 좋아했다. 나의 아버지가 이 시계를 갖고 싶어하셔서 나는 '나는 이 시계보다 더 많은 은혜를 아버지께 입었다. 그리고 제5계명의 준수는 절대로 보상을 잃지 않는다'는 생각으로 그 시계를 아버지께 드렸다. 이 일 직후 나를 방문할 이유가 전혀 없는 한 숙녀가 나를 찾아왔다. 그런데 그녀는 놀랍게도 자신의 선물로 시계 하나를 받아 달라고 나에게 부탁하는 것이었다. 진실로 그 시계는 내가 전에 아버지께 드린 것보다 더 좋은 것이었다.[56]

일반 상식적으로 비교적 중요하지 않아 보이는 세상적인 사건들이 증폭되어 경건하게 과장되는 경향이 있었으므로 그런 사건들에서 하나님의 섭리를 해석하는 것에는 피할 수 없는 어려움들이 있다. 이 사건들 중 많은 것들은 본질적으로 매우 애매하다.

예를 들어 세왈의 일기는 두 가지의 숨길 수 없는 큰 모호성의 실례를 제시한다. 한 경우에 그는 1676년 11월 27일 보스턴에서 일어난 그 시기에 가장 큰 화재에 대해 설명하며 "주의 사항. 하나님의 사람인(잉크리스) 매더씨의 집과 하나님의 집이 불탔다. 그러나 하나님의 긍휼로 큰 비가 내렸다. 그 비는 화재 전후에는 맑았음에도 불구하고 화재 시간 내내 계속하여(그렇지 않았으면) 잡을 수 없는 불길을 상당히 억제했

---

[56] *Diary*, May 14, 1683, 63.

다. 매더씨는 그의 책들과 다른 물품들을 건졌다"⁵⁷라고 썼다. 그는 이 사건을 목사와 사람들에 대한 심판으로 해석하는 것을 우려하여 손해를 제한하고 목사의 책들이 불타는 것을 막기까지 한 비에 관해 뚜렷하게 기록하는 것 같다. 그러나 이 기술에는 분명한 주저와 혼란이 있다.

또 하나의 애매모호한 현상이 10년 후에 동일하게 언급되는데 이 사건도 역시 해석상의 문제들을 야기시킨다. 이때의 사건은 하늘의 불가사의한 조짐, 즉 거꾸로 나타난 무지개였다. 물론 똑바른 무지개는 노아와 그와 함께 방주에 탄 사람들에 대한 구원의 표적, 곧 언약이었다. 그러나 뒤집힌 무지개는 하나님의 분노의 표시로 해석될 수 있었다. 1686년 1월 18일 화요일 오후에 이 무지개의 출현은 그것을 본 이민자들을 걱정스럽게 했다. 그 다음 목요일 강연에서 리(Lee)는 하나님의 손 아래에서 잠잠할 것을 권하고, 모호한 무지개를 언급하며 세왈을 따라서 이 무지개는 "하나님이 누군가를 향하고 있음을 의미하며 그러므로 우리의 때가 전자보다 계속 더 나을 것을 기대한다"라고 진술했다.

모호한 경우의 또 다른 예는 카튼 매더 박사가 세왈 판사의 집에서 저녁 식사를 하면서 판사의 집에 손해를 입힌 심한 폭풍에 대해 다음과 같이 언급한 것이다.

> (매더는) 다른 사람들의 집보다 더 많은 목사들의 집이 낙뢰로 부수어졌다고 말했다. 나는 어떤 하나님의 의미가 거기에 있을 것인가를 묻고…이 무서운 섭리 후에 매더 씨로 하여금 우리와 함께 기도하도록 했다. 그는 하나님이 우리들의 집의 덧없는 부분을 부수셨다고 말하고 우리가 우리의 흙 장막이 부

---

57 *Diary* (ed. M. Halsey Thomas), I, 131.

수어질 때를 준비할 수 있기를 기도했다.⁵⁸

밀로 카우프먼(U. Milo Kaufman)은 "섭리들"의 해석의 어려움이 모호성과 이중성 때문이라고 바르게 관찰한다.⁵⁹ 만일 운명이 점점 더 악의적으로 입증된다면 그것을 사탄에게 돌리는 것이 당연하다. 그러나 그러한 인정으로 하나님의 전능과 자비는 크게 손상된다. 카튼 매더는 그의 일기가 나타내는 것처럼 1680년 3월에 "예증적인 섭리들을 관찰하고 기록하는 데 열심을 내겠다"고 엄숙하게 결심한다.⁶⁰ 그러나 1683년 5월 14일에 그는 "나는 나의 삶에 나타나는 특별한 섭리들을 기록하는 데 극히 불완전하다. 그러나 진실로 나는 매우 천박하기 때문에 한편으로는 소홀하고 다른 한편으로는 미신적인 결합을 쉽게 피할 수 없다"고 고백하지 않을 수 없었다.⁶¹ 이것도 역시 해석의 애매성에 대한 암시이다.

사실상 18세기가 밝아옴에 따라 자연과학이 발전하면서 제2원인에 대한 강조가 커짐으로 인해 살렘의 마녀 소동에서 나타난 질병을 초자연적인 원인들에 과도하게 돌리는 일은 말할 것도 없고 섭리에 대한 해석도 신뢰가 떨어지게 되었다. 잉크리즈 매더의『예증적 섭리들의 기록을 위한 수』(*Essay for the Recording of Illustrious Providences*, 1684)는 비록 그의 아들 카튼 매더로 하여금『위대한 그리스도의 미국』(*Magnalia Christ Americana*)에서 주목할 만한 섭리들의 예들을 제시하도록 격려했으나 상당히 설득력 없는 지연행동(rearguard action)이었다. 그중 한 가지 예를 제시해 보자.

---

58 *Diary*, I, 122
59 *The Pilgrim's Progress and traditions in Puritan Meditation*, 204, 212.
60 *Diary*, 5.
61 *Diary*, 63.

여덟 명의 어린이가 아래층에 둥글게 앉아 놀이를 하고 있는 집 위에서 일하던 한 정직한 목수가 실수로 위층에서 굉장히 큰 대들보를 어린이들 바로 위에서 떨어뜨렸다. 그 착한 남자는 말로 표현할 수 없는 근심으로 "주여 인도하소서"라고 외쳤다. 그러자 주님이 그 나무를 인도하사 그 나무는 아무도 전혀 건드리지 않고 두 어린 아이 사이에 떨어졌다.[62]

매더 부자가 모두 직면한 한 가지 곤란은 개신교의 정설이 기적은 사라졌다고 믿는 시기에 기독교 변증론에 기적 개념을 그들이 분명하게 재도입하고 있었다는 것이다. 로버트 미들카우프(Robert Middlekauff)가 카튼 매더를 해석한 바와 같이 "그는 특별한 섭리(자연 법칙 내에서 존재하는 신적 간섭)와 기적들(자연 법칙을 초월하여 일어나는 신적 간섭)을 계속 구분했다. 즉 그의 시대의 대부분의 사람들이 더 이상 존중히 여기지 않는 구분이었다."[63] 더욱이 뉴튼 시대의 과학은 기적을 신비의 영역, 즉 자연 과학으로는 아직 설명할 수 없는 일로 몰아내고 있었다. 신비의 영역은 2차적인 원인으로서가 아니라 1차적인 원인으로 점점 간주될 것이다.

4. 시민 신앙의 날(Days of Civil Religion)

"시민 신앙의 날"(days of civil religion)이라는 이 용어는 선거와 군사 훈련과 관련된 정기적인 날들을 나타낸다(군사 훈련의 날은 가끔 대포의 날

---

62 *Op. cit.*, 2vols. (London, 1702), II, 356.
63 *The Mathers: Three Generations of Puritan Intellectuals* (New York: Oxford University Press, 1971), 292.

[artillery days]로 칭해지기도 했다). 이 날들은 기도와 설교 가운데 축하되었고 행정 장관에 의해 공포되었기 때문에 뉴잉글랜드 신정 사회에서 계속 종교적 특성을 갖고 있었다. 찰스 함브릭 스토우(Charles Hambrick-Stowe)가 바르게 관찰한 바와 같이 "뉴잉글랜드의 모든 주민은 당연히 사회적 언약의 구성원이었으므로 시민의 해(the civil year)에 수반된 수많은 헌신적인 행동들에 참여했다."[64]

매해 뉴잉글랜드 식민지 수도들의 선거일에 목사가 초청되어 경건한 사회와 행정 장관과 시민들의 보충적인 의무들을 칭송하는 설교를 했고, 대부분의 설교들은 출판되었다. 1667년 조나단 미첼(Jonathan Mitchel)이 유명한 선거일에 한 설교에서처럼 언약 관계는 전제될 뿐만 아니라 강조되기까지 했다. 조나단 미첼의 설교의 제목은 "난세에 성벽 위의 느헤미야"(Nehemiah on the Wall in Troublous Times)였고 1671년에 매사추세츠 캠브리지에서 출판되었다. 미첼은 자신의 시민 회중들에게 그들의 역사적 기원과 그들의 신앙적 중요성을 "이스라엘의 한 부분에 불과하지만 이 시대의 세상에 있어 하나님의 백성의 중요한 부분, 신앙과 개혁이라는 알려진 목적들을 위해 이 땅 끝에 칩거한 하나님의 백성의 한 부분"이라고 상기시켰다. 또한 그는 자신의 청중에게 뉴잉글랜드 창설자들의 말까지도 상기시켰다.

> 기독교 세계 전체의 눈이 여러분께 고정되어 있습니다. 아니 그뿐만이 아니라 하나님과 하나님의 거룩한 천사들의 눈도 여러분께 고정되어 있습니다.[65]

---

64 *The Practice of Piety*: *Puritan Devotional Disciplines in Seventeenth-Century New England* (Chapel Hill: University of North Carolina Press, 1982), 18.
65 *Op. cit.*, 18-19; Hambrick-Stowe, *op. cit.*, 133.

분명히 하나님과 하나님의 선택된 백성들이 사는 뉴잉글랜드 간에는 언약관계가 있었다. 실제로 행정 장관의 선거는 하나님에 의한 이 백성의 선택에 의존했다. 선거일의 설교들은 뉴잉글랜드의 강력하고 장수한 전통이었다. 1634년에 매사추세츠 베이 식민지에서 시작된 이 선거일 설교들은 1884년 이후에 중단되었다.[66]

군중들이 모이고 설교를 하는 또 하나의 시민의 종교 행사는 공개 처형이었다. 1698년 11월, 한 설교일에 카튼 매더는 한 여인의 처형을 보려고 모인 4~5천 명의 군중에게 설교했다. 그는 자신의 일기에 "이 지역에서 지금까지 설교를 한 집회 중 가장 큰 집회였다"고 언급함으로 자신의 흥분을 기록한다. 그는 강단으로 가기 위해 신도석과 사람들의 머리 위로 올라가야 했다. 그는 그때 그곳에서 "특별한 도우심을 받아 가장 각성해야 할 일들을 거의 두 시간 동안 설교하고 확대하고 공포했다"고 부언한다. 그는 이 설교를 출간하기 위해 서적상에게 넘길 때 "악에 대해 다른 사람들을 경고하기를" 희망하여 뉴잉글랜드에서 처형된 범죄자들의 이력을 첨가했다.[67]

17세기 내내 지속한 또 한 가지 시민의 종교 행사는 국민군 단체들이 목사들을 초청하여 자신들과 함께 기도하고 설교해주기를 청함으로 하는 설교였다. 매년 장교 선임을 할 때 설교가 요청되었고 종종 이 설교들도 출판되었다. 햄브릭 스토우에 의하면 이런 설교는 두 종류였다. 하나는 모든 군병이 참된 신자이기를 희망하며 사탄 그리고 죄와 싸우는 군병의 소명에 대해 설교로 묘사하는 것이었다. 우리안 오크스(Urian Oakes)가 그의 설교 "정복할 수 없는 모든 것을 정복하고, 그 이상

66　Mason Lowance, *Increase Mather*를 인용함(New York. 1974), 114를 보라.
67　Cotton Mather's *Diary*, 279.

까지 정복하는 군병"(The Unconquerable All-Conquering, and more-Then Conquering Souldier, 1674)에서 이런 설교를 했다. 다른 유형의 설교는 뉴잉글랜드의 국민군의 임무는 하나님의 지휘하에서 이 식민지의 생활 방식을 보존하는 것임을 확인하는 것이었다. 이것이 사무엘 노웰(Samuel Nowell)이 1678년에 보스턴에서 출판된 그의 설교 "무장한 아브라함"(Abraham in Arms)에서 나타낸 바였다. 이 호전적인 설교는 국민군의 훈련이 아마겟돈 전쟁의 준비라고 암시했다.[68]

이제 남은 일은 비탄(Jeremiads)으로 알려진 설교들을 낳은 뉴잉글랜드의 분명한 신앙의 타락이 또한 언약 갱신의 원인이 되기도 했다는 사실을 지적하는 것뿐이다. 햄브릭 스토우는 이것이 1679-1680년의 개혁회의(the Reforming Synod)의 결과로 일반적으로 추정되는 것처럼 제2세대의 창안이 아니라 보스턴 교회가 도덕률 폐기론 소동이 시작될 때 그 언약을 갱신하는 한편 존 피스크(John Fiske) 목사는 최초의 언약의 교리적 내용을 확대하기 위해 동일한 관계를 사용했다고 지적한다. 잉크리즈 매더는 회개하는 백성의 통회와 더 나은 그리스도인의 생활을 하겠다는 결심의 증거로 교회 언약의 공개적 갱신을 요구하는 데 중요한 영향력을 끼친 인물이었다. 이것은 비탄의 설교(제레미아드)의 목적이기도 했다. 이런 종류의 설교들이 제레미야드로 칭해진 이유는 "애가"로 유명한 선지자 예레미야에게서 비롯되었고 헌신의 자치적인 정화와 갱신을 목표로 삼았기 때문이다.

이런 설교의 주목할 만한 예는 잉크리즈 매더의 "환난의 날이 가까왔다"(The Day of Trouble is Near, 1674)로, 이 설교는 각각 동일한 교훈을 갖고 있는 두 개의 설교로 이루어진다. 이 설교의 주제는 하나님이 자

---

68 이 정보는 *The Practice of Piety* 135에서 나온 것이다.

기 백성에게 고난을 주시지만 그들의 교정을 목표로 하고 계시고 설교의 문을 열어 놓고 계시다는 것이다. 잉크리즈 매더는 분명히 당시의 뉴잉글랜드를 그 영광스러운 과거에 비추어 비교할 뿐만 아니라 구원을 보장하는 상실한 믿음을 회복하는 방법을 설명하는 데 관심을 갖고 있다. 이 설교의 결론은 다음과 같았다.

> 이 환난의 날에 우리가 관심을 갖는 일은 개혁하는 백성이 되는 것입니다. 우리의 방법과 행동들을 고칩시다. 그러면 주님은 우리로 하여금 이 장소에 거하게 하실 것입니다.[69]

안식일을 하나님께 완전하게 봉헌하는 날로 다루는 것으로 시작하여 감사일, 또는 굴종의 날에 세속적인 행사들인 선거일과 국민군 훈련일 그리고 공개 처형의 설교들에서까지 하나님의 섭리의 미소 또는 찡그리심을 인식하는 숙고의 날들로 이어지는 청교도의 거룩한 시간 개념에 대한 본 장 전체는 뉴잉글랜드의 언약 백성, 택함을 받은 거룩한 민족, 새 이스라엘을 전제로 한다. 이 언약 개념은 이어지는 세대들로 하여금 그들의 나라가 특별하며, 그들의 영적 미래가 보장되어 있으며 그들의 생활방식이 신성하고 그들의 가치가 하나님에 의해 인정되었다는 것을 느끼게 하는 변혁의 전설을 마련했다. 비록 융통성은 부족하지만 이 확고한 신념은 청교도 영혼의 힘과 지주였다.

---

69 *Op. cit.*, 29

The Worship of the American Puritans

1629-1730

4장

설교

설교는 정죄와 위로가 있는 하나님의 말씀에 대한 설명으로서 청교도 예배의 절정이었는데 그것은 하나님의 분노와 자비를 동시에 나타내는 것이었다. 모든 신실한 설교자는 바나바, 즉 위로의 아들이 되기에 앞서 보아너게, 즉 우뢰의 아들이 되어야 한다고 청교도 목사들은 믿었다. 뉴잉글랜드에서 설교의 중요성은 무수한 방법들로 증거된다. 그 중요성은 질과 양에 있어 초기 뉴잉글랜드 문학의 주요 장르였던 출판된 설교들의 풍성함에서 볼 수 있다.[1]

예배에서 설교가 왕좌를 차지함은 강단 벨벳 방석 위에 놓인 성경의 상징에서 뿐만 아니라 거의 모든 청교도 예배당의 긴 벽 중앙을 차지한 강단의 위치에서도 나타난다. 또한 설교의 중요성은 각 회중에 대한 충분한 설교들의 공급(안식일에 두 번, 그리고 세 번째는 주간의 한 날에 성경에 근거를 둔 강의)에서도 볼 수 있다. 선거일, 국민군 훈련일 그리고

---

[1] Samuel Eliot Morison, *The Puritan Pronaos: Studies in the Intelletual Life of New England in the Seventeenth Century* (New York: New York University Press, 1936), 159. 여기에서 저자는 (Robert keane가 기록했고 현재 Massachusetts Historical Society 문서 보관소에 있는) John Cotton의 설교들의 기록(Connecticut Historical Society에 보관된)과 Thomas Hooker의 설교들에 대한 속기를 언급한다.

범죄자 처벌과 같은 분명히 일반적인 성격을 갖은 특별 행사들도 설교를 요구했다. 설교의 중요성은 자녀와 종들이 예배를 드리고 집에 돌아온 다음 가장들이 그들에게 예배에서 들은 설교의 내용을 질문함으로 검사를 할 것이라는 기대에 의해 특별히 나타난다.[2] 또한 어떤 사람들은 종이와 잉크통을 교회로 가져와 설교들을 속기하거나 요약했다.[3]

한 시간에서 두 시간까지 또는 그 이상의 다양한 설교들의 엄청난 길이와 가장 지식이 부족한 사람들도 이해할 수 있는 "평이하게 공을 들인" 설교에 대한 강조도 청교도 설교의 추정적 가치의 표시로 망각하지 말아야 한다. 왜냐하면 그들의 설교는 우리 현대의 신문, 잡지, 대여 도서관, 라디오, 텔레비전 그리고 성인 교육 프로그램을 대신했기 때문이다.[4] 해리 스타우트(Harry S. Stout)의 미국 청교도 설교에 대한 중요한 연구는 그 제목에서 정기적인 주일 설교가 "뉴잉글랜드의 영혼"이었다고 주장한다. 한 문장이 그 주장을 다음과 같이 입증한다.

> 언약으로 맺어진 성도들이 하나의 중심체에 의해 지배되는 기관들을 연결하고 있는 뉴잉글랜드의 독특한 사회구조는 회중들에게 사회에 대한 경건을 요구하는 데 필요한 위압적인 권세를 부여했으며 또한 설교에 미증유의 영역과 영향력을 부여했다. 비록 성직 수임을 받은 목사들에 의해서만 독점적으로 행해졌으나 설교의 근원은 목사의 지혜가 아니라 성경이었고, 설교의 능력은 목사, 행정관 그리고 회중이 공동으로 소유했

---

2 Cotton Mather가 *Magnalia Christi Americana* (London, 1702), I, Bk. iii, 423에 기록한 하버드대학의 학장 Charles Chauncey의 모범을 보라.

3 Morison, *the Puritan Pronaos*, 163.

4 Ola E. Winslow, *Meetinghouse Hill, 1630-1783* (New York: Macmillan, 1952), 92.

다. 설교는 주일 예배를 지배하는 외에 사회생활의 모든 중요한 사건마다 전달되었다. 설교는 권위의 구현이었다.[5]

설교의 첫째 기능은 그리스도의 대속의 십자가와 부활에서 완성된 구속으로 절정에 이르는 하나님의 놀라운 활동들에 대한 복음을 선포하는 것으로 회개하는 사람들에게는 죄사함을 그리고 믿음과 거룩함을 소유한 사람들에게는 약속된 영생을 보장했다. 이 확신은 예수께서 메시아로서의 자기 인격 가운데 확립된 하나님 나라의 임박한 도래를 설교하시며 회개를 요구하신 일에 대한 신약성경의 기록에 의해 입증되었다. 그러므로 예수님을 닮는 것은 청교도 목사들에 있어서는 설교를 자신들의 중요한 의무로 삼겠다는 주요한 개인적 헌신을 요구했고, 각 교회 회원들에게는 복음의 선포에 믿음으로 열심히 귀를 기울이겠다는 맹세를 요구했다. 또한 예수님의 시대 이후 이 공동적인 책임을 이방인을 위한 위대한 사도 바울보다 더 열렬하게 주장한 사람이 없었고[6] 모든 사도들은 설교를 그들의 주된 활동으로 삼았다.[7]

바울은 설교가 육신에 속한 사람에게 가장 황당하고 어리석게 보이는 이유는 "십자가의 도가 멸망하는 자들에게는 미련한 것이요 구원을 얻는 우리에게는 하나님의 능력이라"고 단언하고 "하나님의 미련한 것이 사람보다 지혜 있다"고 부언했다.[8] 청교도 목사들은 창조주, 구속주

---

5 *The New England Soul: Preaching and Religious Culture in New England* (New York: Oxford University Press, 1986), 23.

6 특별히 롬 10:14("전파하는 자가 없이 어찌 들으리요"); 고전 1:23; 9:16("만일 복음을 전하지 아니하면 내게 화가 있을 것임이로라"); 딤후 4:2("너는 말씀을 전파하라 때를 얻든지 못 얻든지 항상 힘쓰라")를 보라.

7 특별히 행 8:4; 11:19-20; 15:35; 28:31을 보라

8 고전 1:18, 25.

그리고 거룩하게 하시는 분이신 하나님의 뜻이 최종적으로 선포된 히브리어와 헬라어 원서들의 주의깊은 분석을 한 후 연구 가운데 준비된 설교를 하면서 성령의 도우심으로 설교를 듣는 사람들의 완악하고 죄로 덮인 심령들이 감동을 받아 감사와 사랑 가운데 녹아짐으로 죄인에서 성도로 변화하기를 바랬다.

청교도 설교자가 맡은 임무의 절박성과 엄숙성은 리처드 백스터(Richard Baxter)의 유명한 2행 대구에 훌륭하게 표현된다.

> 나는 절대로 다시 설교하지 못할 것을 확신하는 사람처럼 그리고 죽어가는 사람이 죽어가는 사람들에게 하는 것처럼 설교한다![9]

1. 평이한 표현법

백스터는 호감을 받은 청교도의 "평이한 표현법"(plain style)의 대표적 인물이었다. 공화국과 왕정복고 시대의 이 유명한 청교도 설교자는 그의 영향력 있는 책 『참 목자상』(*The Reformed Pastor*)에서 설교자의 임무와 그 임무의 어려움들에 대해 매우 정교한 정의를 내렸다. 그의 정의는 청교도의 설교란 기독교 교리의 교육으로, 신앙적 감동에까지 이름으로, 그리고 멀리서 하나님을 훼방하는 비평자들을 침묵시키는 것으로 구원을 목표하는 것이라고 강조했다.

---

9 *Love breathing Thanks and Praise*, Part ii.

우리 구속주의 이름으로 회중 앞에 서서 살아계신 하나님에게서 나오는 것처럼 구원 또는 정죄의 메시지를 전하는 것은 결코 작은 일이 아니다. 또한 매우 평이하게 말함으로 무지한 자들도 우리를 이해할 수 있게 하고, 매우 진지하게 말함으로, 가장 무감각한 심령들도 우리를 느낄 수 있게 하고, 매우 확신 있게 말함으로 반항적인 트집쟁이들을 침묵하게 하는 것도 결코 쉬운 일이 아니다.[10]

청교도 설교의 뚜렷한 특성에 대한 최초의 이해는 영국 교회에서 형이상학적인 설교 형태가 인기의 절정에 있었던 1625년에서부터 1645년까지의 청교도와 잉글랜드국교회의 설교들을 비교함으로 얻을 수 있을 것이다. 청교도 비평가들은 공화국 기간 동안에, 잉글랜드국교회 비평가들은 왕정복고 기간 동안에 시와 설교에서 인기 있던 형이상학적 표현법에 다음과 같은 일련의 공격으로, 비록 재치 있고 박식하지만 사치스럽고 지나치게 무거운 형이상학적 표현법의 설교라는 큰 배(gaillion: 스페인의 범선 이름-역주)를 사실상 침몰시켰다.

그들은 설교 구성에 불필요한 복잡성, 발전과 인용들에 나타나는 모호성과 공론, 허황된 공상과 비유들의 사용, 신소리나 익살이나 곁말이나 수수께끼로 본문을 희롱하여 망치는 행위를 경솔하게 미화하는 방자하고 괘사스러운 재치의 사용, 모순에 더 가깝게 보이는 역설의 선호, 성경의 근본적인 문자적 역사적 의미에서 너무나 쉽게 이탈하는 우의적 해석에 대한 애호, 왕권에 대한 불쾌한 아첨, 존재하지 않거나 너무 간단하여 효과적일 수 없는 내용의 회중들에 대한 적용, 그리고 불

---

10 *Op. cit.*, (Loncon edition of 1860), 128.

확실하고 비성경적인 수많은 설교들의 내용으로 인해 형이상학적 설교 표현법을 비평했다. 이 비난들의 전체 요약은 형이상학적인 설교자들이 하나님 말씀의 겸손한 종들에 의한 선포라기보다는 오히려 설교자들의 재간과 재치와 학식을 선전하기 위한 인위적인 능변을 예증했다는 것이었다.[11]

청교도들도 그들의 학문에 있어서는 박식한 사람들이었으나 그들은 학자인 체하며 부자연스러운 문체는 강단에 속하는 것이 아니며, 섹스피어의 말로 "빛나는 비단 같은 관용구, 매끄러운 실크같이 정밀한 전문어, 삼겹 모직 같은 과장법, 맵시 있는 꾸밈, 학자인 체하는 표현"[12]은 신도석에 앉은 사람들의 이해를 어둡게 한다고 확신했다. 그러므로 그들은 평이한 문체를 좋아했다. 고상한 표현법은 회심에 선행하는 바람직한 겸손으로 이끌지 못한다는 것이었다.

영국과 뉴잉글랜드에서 목사와 의사로 일했던 가일스 퍼민(Giles Firmin)은 "비단 같은 말은 베옷을 입은 사람들에게 어울리지 않는다"고 주장했다.[13] 학문의 과시에 대해서 청교도들은, 학문이 연구에서는 요구되지만 강단에서 과시되어서는 안 된다고 말한 사무엘 루터포드(Samuel Rutherford)에 동의했다. "냄비는 죽을 담는 데 사용하는 것이 아니라 끓이는 데 사용되는 것이다"[14]는 것이 스코틀랜드 교회가 웨스트민스터 회의에 보낸 위원들이 전달한 요약된 견해였다. 재치는 진지해

---

11 이 비평들의 증거 자료들에 대해서는 나의 저서 *"Like Angels on a Cloud"* : *The English Metaphysical Preachers, 1588-1645* (San Marino, Calif.: The Henry E. Huntington Library, 1986) XI장을 보라.

12 *Love's Labour's Lost*, v.i. 407f.

13 *The Real Christian, or A Treatise of Effectual Calling* (Boston, 1742), XXXi. Firmin이 1691년에 사망했기 때문에 사후에 출판

14 *The Book of Common Order*, eds. G. W. Sprott and T. Leishman (Edinburgh, 1901), 338.

야 할 설교를 산만하게 할 뿐이다.

이와 유사하게 카튼 매더(Cotton Mather)가 뉴잉글랜드의 유명한 인디언 선교사 존 엘리오트의 설교 형식에 대한 찬사에서 다음과 같이 말함으로 명백하게 나타낸 바와 같이 공론(speculation)도 설교에 적절한 것이 못되었다. "그가 공적 설교에서 자기가 맡은 사람들의 영혼을 즐겁게 한 것은 거품이 아니라 음식이었다. 그는 공허하고 내용없는 공론으로 그들을 굶기지 않았다."[15] 수식적인 영어로 일관되게 표현된 평이한 표현법에 대한 동일한 찬사에서 카튼 매더는 엘리오트를 칭찬하는 이유를 "그의 설교 방식은 매우 평이하여 그의 설명을 통해 마치 코끼리가 수영하는 주제들에 대해 어린 양들도 걸어서 건널 수 있도록 해준다"[16]고 밝힌다. 뉴잉글랜드 설교자들의 목표는 토마스 후커에 의해 완벽하게 표현된다.

> 나는 어려운 요점을 해설로 쉽고 친밀하게 만드는 것이 사리 분별이 있는 학문의 가장 중요한 부분이라고 생각해왔다.[17]

청교도들은 자신들의 설교가 모든 사람에게 평이하며 설득력이 있기를 원했다. 그러므로 그들은 청중들의 이성과 감정 모두에 호소했고, 설교의 결말에 절정을 이루며 설득력 있는 광범위한 적용을 하고자 노력했다. 간단히 말해서 청교도들은 강단 웅변술을 연마한 것이 아니라 성경의 해석과 적용을 연마했다. 그들의 목표는 근본적으로 회중을 즐

---

15 Cotton Mather, *Magnalia*, I, Bk. iii, 495.
16 *Ibid.*
17 *A Summe of the Survey of Church Discipline* (London, 1648)의 머리말

겁게 하고 재미나게 하는 것이 아니라 그들을 교육하는 것이었다. 그리고 그들은 진정한 예술은 드러나지 않는 예술이라고 믿었다. 설교자로서의 그들의 천재성은 성경 기록에 대한 충성을 적절하고 분명한 심상과 결합하고, 또한 음험한 핑계와 망상 속에 숨어 도피하는 영혼을 세상의 빛으로 분명하게 드러내는 심리적 침투력과 결합하는 데 있었다.

설교 역사가는 말씀에 대한(그리고 아마 종종 성경의 문자에 대한) 이러한 복종이 청교도 설교자의 어떤 다양성을 허용한 것이 아닐까 생각할지 모른다. 이것에 대한 답변은 다양성의 여지가 본문과 해설 구절들의 선택에서 발견될 수 있고, 특별히 인간 경험의 넓은 길을 이용하는 설교들의 유추와 예화들에서 뿐만 아니라(목사의 심방과 영적 질병들에 대한 진단의 결과로) 다양한 청중들의 욕구에 대한 중요한 적용들에서도 발견될 수 있다는 것이다. 더욱이 특별한 경우의 설교들은 그 독특한 문화적, 윤리적 요구들에 있어서 정기적인 주일 설교와 달랐다. 실제로 설교들의 길이 자체가 회중을 지루하고 피로하지 않도록 하기 위해 다양성을 요구했다.

카튼 매더의 『위대한 그리스도의 미국인』은 뉴잉글랜드 설교자들의 다양성의 공헌들을 기록하는 한편 그가 역시 예외들을 인식하고 있었지만 설교에서 평이한 표현법을 선호함에 있어서 청교도 형제들의 일치를 강조한다. 이 예외들은 입스위치의 목사 나다나엘 로저스(Nathanael Rogers)와 워터타운의 목사 존 쉘만(John Sherman)이었다. 카튼 매더는 나다니엘 로저스에 대해 "그가 활기차고 화려하고 별난 설교자이며…비단 낚시줄과 황금 낚시 바늘을 갖고 있는 사람 낚는 어부인데 하나님은 그도 성공하게 하셨다…그는 성전을 짓는 법뿐만 아니라 성전을 조각하는 법도 알고 있었다"고 기록한다. 쉘만의 설교 형식에 대해 매더는 그가 "자연스럽고 고결한 체하지 않는 표현법을 갖고 있다. 그의 표현법은 유창하게 자신의 설교에 화려한 수식어 무늬들로 장식함으로 그의 가장 유능한 청중들로 하여금 그를 제2의 이사야, 꿀이 흐르는 황금 입을 가진 설교자라고 칭하게 했다"고 기술한다.[18] 기억해야 할 사실은 그 평이한 표현법이 다양한 인격, 재능, 다채로운 생활 경험들을 통해 굴절되었고 최초의 설교자 세대에서 다음 세대로 이어지면서 변했다는 것이다.

2. 구조

청교도 설교에는 교리(doctrine), 논증(reason), 용도(use)로 이루어지는 분명한 삼중구조가 있었다. 이 점은 페리 밀러(Perry Miller)의 기록들 중의 하나에서 주의깊게 묘사된다.

> 청교도 설교는 본문을 인용하고 가능한 한 짧게 그 본문의 서두 진술을 한다. 즉 그 본문의 상황들과 배경을 해설하고, 문법적 의미들을 설명하고 그 수사어구와 구문들을 분해하고 그 논리적 의미들을 제시한다. 그 다음에 설교는 단조롭고 직설적인 문장으로 본문에 담겨진 또는 논리적으로 본문에서 연역된 교리로 나아가고, 그 다음 첫 번째 논증 또는 증명으로 나아간다. 시간이나 수 외에는 다른 변화가 없이 전제가 이어진다. 마지막 증명이 진술될 다음 차례대로 용도 또는 적용들이 이어진

---

18 *Magnalia*, I, Bk. iii, 377 and 465.

다. 그 다음 더 이상 말할 것이 없을 때 설교가 끝난다.[19]

웨스트민스터 예배모범의 편집자들은 이 방법에 따라 설교를 작성하라고 다음과 같은 지시를 한다.

> 본문에서 교리를 이끌어낼 때 그가(목사가) 주의해야 할 점은 첫째로 그 교리가 하나님의 진리라는 것이다. 둘째로 듣는 사람들이 하나님이 그 본문으로부터 교리를 어떻게 가르치는가를 분별할 수 있도록 하는 것이 그 본문에 담겨진 또는 그 본문에 기초한 진리라는 것이다. 셋째로 그는 (설교자는) 주로 그의 설교를 듣는 사람들의 덕성함양을 의도하며 그 목표를 가장 중요시하는 교리들을 주로 역설해야 한다는 것이다.[20]

복음적인 교육("덕성함양"〈edification〉은 기독교 신앙 안에서의 증진을 의미한다)이 설교의 첫째되는 목표였다. 그러므로 복음적인 교육은 성경에 확고하게 기초된 다음 회중에게 설명되어야 했다. 그리고 여기에는 분명한 모순들의 조정이 포함된다. 웨스트민스터 예배모범은 다음과 같이 역설한다.

> 논의 또는 논증들은 확고해야 할 뿐만 아니라 가능한 한 설득력이 있어야 한다. 그리고 예화들은 어떤 종류이든지 간에 빛으로 충만해야 하며 듣는 사람의 심령에 신령한 빛으로 진리

---

19 *the New England Mind*: *The Seventeenth Century* (Cambridge, Mass.: Harvard University Press, 1954), 332-33.

20 Hall, *reliquiae Liturgicae* (Bath: Binns and Goodwin, 1847), III, 37.

를 전달할 수 있는 것이어야 한다.[21]

그리해야 교리, 논증, 용도가 기독교 신앙의 성경적 근거에 대한 선포, 설명, 적용으로 그릇되게 정의되지 않을 것이다. 설교의 처음 두 부분은 전제를 납득시키려고 노력하는 반면에 세 번째 부분은 종말론적 희망과 두려움 그리고 현실적인 생활의 강화와 관련시킴으로 감정을 따뜻하게 하여 교리를 수용하게 하는 데 목적을 두었다.

청교도 설교의 이 삼중구조는 초기에 널리 사용된 윌리엄 퍼킨스(William Perkins)의 중요한 설교 교과서 『예언의 기술』(The Arte of Prophesying)에 나오는 해설에 의해 설명될 수 있을 것이다. 퍼킨스에 의하면 설교자의 임무는 (1) "정경인 성경으로 본문을 명확하게 읽는 것" (2) "성경 자체에 의해 본문의 의미와 이해를 제시하는 것" (3) "자연스러운 직감에서 나온 소수의 유익한 교리의 요점들을 수집하는 것" (4) "(만일 그가 이 은사를 갖고 있다면) 바르게 수집된 이 교리들을 단순하고 평이한 말로 사람들의 생활방식에 적용하는 것"[22]이다. 가장 설명적인 부분은 적용을 다루는 부분이다. 그는 사람들의 신앙적 건강 상태에 따라 다음과 같이 일곱 가지 방법으로 분류한다.

1. 무지할 뿐만 아니라 가르치기 어려운 불신자들
2. 가르칠 수 있지만 무지한 자들
3. 지식은 있으나 겸손하지 않은 자들

---

21 *Ibid.*

22 최의 라틴어로 쓰여졌고 후에 영어로 번역된 Perkins의 *The Arte of prophesying*은 저자의 사후에 *Works of the Famous and Worthy Minister of Christ in the University of Cambridge* (Cambridge, England, 1613) 3권 중 2권에 나온다. 이 언급들은 II, 673 이하에 대한 것이다.

4. 겸손한 자들

5. 신자들

6. 타락한 자들

7. 혼합적인 사람들

더 나아가 그는 두 가지 종류의 중요한 적용을 설명한다. 한 가지는 교리 또는 바른 가르침과(오류들에 대한) 논박을 모두 포함하는 지적 적용이고 또 한 가지 종류의 적용은 실제적인 문제들에 관련된 것으로 위로나 권면을 위한 교훈과 교정과 훈계를 포함한다.[23]

죽음이 가로막지 않았다면 뉴잉글랜드 공동체에 합류하였을 윌리엄 에임스(William Ames)는 퍼킨스보다 훨씬 더 강력하게 적용의 중요성을 강조했다. 그는 모든 교리를 그 용도에 관해 설명해야 한다고 주장하는 한편 여러 가지 바람직한 용도들을 상술했다. 『신성한 신학의 정수』(*The Marrow of Sacred Divinity*, 1638)로 번역된 그의 영향력 있는 저서 『신학의 정수』(*Medulla Theologica*)에서 그는 적용들의 유형을 다음과 같이 열거했다. 즉 진리를 증명하는 정보, 오류를 논박하는 반증, 따라야 할 삶을 증거하는 교훈, 피해야 할 삶을 정죄하는 징계, 개인적인 선행을 시작하거나 강화하라는 권면, 그리고 악을 고치라는 훈계이다. 초기 하버드 대학의 박학한 학장 찰스 촌시(Charles Chauncey)는 이 구조를 분명하게 따랐다. 그래서 그는 자기 학생들에게 다섯 가지 용도의 중요성을 강조하며 다음과 같이 충고했다.

그러나 적용에 가장 많이 거하시오. 이 적용은 다섯 가지 용

---

23 *Op. cit.*, (London, 1643 edition), 158-60의 요약본을 보라.

도, 곧 오류에 대한 반박, 진리의 정보, 방법들의 수정, 권고와 의(義)의 교훈에 사용됩니다. 이 모든 것을 여러분은 디모데후서 3:16, 17에서 발견할 수 있습니다. 그리고 다섯 번째 용도인 고린도후서 14:3의 위로의 용도가 있습니다.[24]

18세기 초에 카튼 매더의 표현법은 유행하는 우아한 어투에 대한 관심을 나타냈다. 그럼에도 불구하고 그는 자신의 조부이며 뉴잉글랜드의 조상인 존 카튼(John Cotton)이 영국에서 캠브리지 대학의 학감으로 재직하던 시절에 평이한 청교도 표현법을 캠브리지에서 선도한 대표적 인물인 윌리엄 퍼킨스와 또 한명의 유명한 청교도 신학자며 설교자이고, 하나님의 인도 아래 존 카튼의 중생에 책임을 졌던 리처드 십스의 영향을 통해 그 평이한 청교도 표현법으로 전향했던 일을 즐겨 이야기했다.

이 대학 교회인 성 마리아 교회에서 카튼이 설교할 차례가 되었을 때 "대학 전체에 진실로 그들이 대학 전체의 모든 학문으로 화려하게 꾸며진 설교를 듣게 될 것이라는 높은 기대가 일어났다." 카튼은 "만일 자신이 성경적이며 기독교적인 평이함으로 설교한다면 그는 자신의 명성에 극도로 상처를 입힐 뿐만 아니라 세속적인 자들에게 "신앙은 학자들을 바보로 만든다"는 오래된 험담을 들어 하나님의 이름도 적지 않게 상처를 입힐지 모른다고 걱정했다. 반면에 그는 연극적인 허식과 오락을 위한 것이 아니라 생명의 길로 사람들을 인도하기 위한 하나님의 사자가 되어 평이하게 설교하는 것이 자신의 의무이며 주님은 주님 자신의 영광을 유지하시기 위해 인간들의 죄를 필요로 하지 않으신다고 생

---

[24] *Magnalia*, I, Bk. iii, 425.

각했다." 그 결과는 "그가 평이한 설교, 곧 그의 양심에 있어 주 예수 그리스도를 가장 기쁘시게 할 것이라고 생각한 설교를 하겠다고 결심한 것이었다. 그리고 그는 회개라는 평이한 교리에 대해 실제적이며 강력하게, 그러나 매우 확고하게 설교했다."²⁵

설교에서 자신들의 즐거움을 표현하는 대학의 재담가들이 이때에는 불쾌감을 나타내는 것을 눈에 띄게 억제했다. 그러나 그의 설교는 청교도주의에 있어 유명한 한 새로운 군사를 얻었으니, 곧 후에 임마누엘 대학의 학장과 찰스 1세의 궁정목사가 될 존 프레스톤(John Preston)이었다. 퍼킨스와 십스에서, 뉴잉글랜드의 광야와 운명을 함께 한 프레스톤으로 이어지는 청교도의 사도적 계승 가운데 프레스톤 한 사람의 이 모범으로 평이한 설교 형식은 카튼이 택한 땅에서 18세기 말까지 왕성하게 번영했다. 그의 손자(존 카튼)는 조부(존 프레스톤)에 대한 찬사에서 "비록 그는 대학자임에도 불구하고 평민들을 위해 양심적으로 설교하며 어떤 허식을 하지 않았다. 그는 자신의 기술을 숨기는 기술을 갖고 있었다"고 강조한다.²⁶

장식적인 웅변술과 학식과 재치 과시에 대한 청교도의 비판은 부분적으로 성 바울의 선언(고전 2:4)에서 비롯되는 것이다. "내 말과 내 전도함이 지혜의 권하는 말로 하지 아니하고 다만 성령의 나타남과 능력으로 하여" 이 말씀을 윌리엄 퍼킨스는 "감탄할 만한 평이성과 감탄할 만한 설득력"을 유지하라는 교훈으로 해석했다.²⁷ 존 콜린지스(John

---

25 *Ibid.*, 234-35. Mathers의 기술은 여러 군데의 인용들로 요약된다.
26 *Op. cit.*, I, Bk. iii, 250.
27 *Of the Calling of the Ministerie*(London, 1618), 430 이 평이한 문체의 기원과 목적과 사용에 대한 자세한 논의는 William Haller, *The Rise of Puritanism* (New York: Columbia University Press, 1938), 129-34; Perry Miller, *The New England Mind,* 331-62; Lawrence A. Sasek, *The Literary Temper of the English Puritans* (Baton Rouge: Louisiana State University, 1961),

Collinges)는 설교에서 농담조의 기발한 발상을 통렬히 비난하고 "재치는 영혼의 가장 악한 조각가"라고 선언한다.[28]

그러나 평이성을 순진하고 세련되지 않은 촌스러움으로 해석해서는 안된다. 그린햄(Greenham)은 성 바울을 기독교 설교자를 위한 모델로 제시하며 이 점을 분명하게 나타낸다. 그 이유는 사도 바울이 "아라투스, 에피메니데스, 매난더에게서 배웠고 웅변으로 벨릭스를 떨게 했고 루가오니아에서 웅변으로 머큐리 신(神)으로 여겨졌고 그의 모든 서간서들의 주목할 만한 방식과 특성으로 인해 어떤 이교도의 저술들보다 떨어지지 않았기 때문이었다."[29] 더욱이 뒤에서 보게 되겠지만 뉴잉글랜드의 청교도 설교자들은 자신들의 설교를 생활과 문학에서 얻은 예화와 비유들로 장식했다. 뉴잉글랜드의 가장 존경받는 설교자들 중의 한 사람이며 영혼의 병을 진단하고, 그 병을 고치는 하나님의 은혜를 영접하는 준비를 설명하는 데 있어 전문가는 토마스 후커이다. 그는 하트포드의 조상이며, 교리들의 적용에 큰 관심을 기울였다. 그의 유명한 설교는 "그리스도께 접붙인 영혼들"(The Soules Ing-raffing into Christ, 1637)[30]인데 이 설교가 적용에 대한 관심을 예증해 줄 것이다. 본문은 말라기 3:1, "너희의 구하는 바 주가 홀연히 그 전에 임하리니"이다.

후커는 그리스도께 접붙임을 정의함으로 설교를 시작하는데 여기에는 다음과 같은 세 가지 특징이 있다. 즉 죄인은 겸손하고 비탄에 빠져

여러 곳 그리고 특별히 I장과 V장을 보라.
28 헌정 서간서인 *The Spouse under the Apple-Tree* (London, 1649).
29 Sasek, *op. cit.*, 48이 Richard Greenham의 Works, 399-400에서 인용함. 성 바울은 행 17:28에서는 Aratus를, 고전 15:33에서는 Menander를, 그리고 딛 1:2에서는 Epimenides를 인용한다.
30 이 설교는 Thomas Hooker에 의해 두 가지 다른 설교와 함께 Everett H. Emerson의 주와 서론을 추가하여 *Three Sermons*(1637-1656) by Thomas Hooker (Gainesville, Fl.: Scholars' Facsimiles & Reprints, 1956)라는 제목으로 재출판되었다.

있다가, 그리스도 안의 모든 선한 것의 참여자가 되는데 이 모든 일은 성령의 역사라는 것이다. 그 다음에 후커는 자신의 본문으로 돌아가 그 본문을 그리스도의 선구자였던 세례 요한에 대한 예언으로 설명하고, 성전은 물질적으로는 예루살렘 성전이고 영적으로는 그 심령이 성령이 거하시는 성전인 신실한 자들로 이루어지는 그리스도의 교회로 설명한다. 이 예비된 성전은 "다름 아닌 진실로 겸손하고 비탄에 잠긴 심령이다." 왕으로서의 그리스도는 그 심령이―충만한 공급을 얻기 위해―비어질 때 그 영혼을 차지하신다.

이렇게 설명된 교리에는 세 가지 용도가 있다. 첫째로 이 교리는 모든 겸손한 영혼에 대한 위로이고, 둘째로 이 교리는 시험과 시련에 도움이 된다. 셋째로 이 교리는 우리가 우리의 동료들을 지혜롭게 택하는 법을 배우는 교훈의 근거이다. 겸손한 심령을 얻는 방법에 대해 이야기를 한 다음, 후커는 자신의 설교를 듣는 사람들을 비탄에 잠기도록 하는 동기들을 제시한다.

> 첫째, 악한 정욕들을 쫓아내고 주 예수 그리스도를 모셔들이지 않는 것이 얼마나 무분별한 일인지 깊이 생각해 보십시오. 둘째, 그것이 무분별한 일이라면 그것은 얼마나 불쾌한 일일까요! 깊게 이 일에 대해 생각해 보십시오. 왜냐하면 결산의 날에 우리가 구주를 필요로 하고 그 분의 임재를 간절히 원하고 그리스도가 우리에게 오시기를 갈망하지 않을 수 없게 될 때가 이를 것이기 때문입니다.[31]

---

[31] *Op. cit.*, 96–97.

후커는 회중의 영혼들을 지옥 구덩이 위에 매달지는 않지만 분명히 천 명 중에 한 명만이 구원받을 것이라고 암시한다. 그 다음에 그는 반론들을 예상하고 그에 대한 답변을 한 다음, 계속하여 단순하지만 유용한 예화로 하나님이—죄에 대한 인정을 거부하시며—자신을 어떻게 숨기시는가를 지적한다.

3. 예화와 비유적 표현

완전하게 인용할 만한 이 생생한 가정적인 비유는 뉴잉글랜드의 설교들을 빛낸 예화들, 은유들, 직유들의 중요성과 다양성에 대한 숙고로 우리를 인도한다. 만일 예화들을 창문으로 비유하자면, 뉴잉글랜드의 예화들은 잉글랜드국교회의 채색 유리 장식들을 기피하는 투명한 창문들과 같다. 다음은 동일한 의미심장한 설교에 나오는 후커의 최초의 확대 비유이다.

> 나는 아이를 이렇게 다루는 아버지를 본 적이 있습니다. 아버지가 길을 가는데 아이가 따라오지 않고 멍하니 서서 하품을 하고 있을 때, 그래서 아버지가 불러도 오지 않을 때 유일한 방법은 이런 것입니다. 즉 아버지가 수풀 뒤로 슬쩍 숨으면 아이는 달려오며 웁니다. 그리고 아버지를 다시 찾을 때 아이는 모든 장난을 집어치우고 어느 때보다 더 빠르고, 더 즐겁게 아버지와 함께 걸어갑니다. 마찬가지로 주 예수 그리스도가 때로 우리에게 자신을 알리시고 우리를 그리스도인의 행로로 즐

겁게 이끌어 가시고자 하시는데 우리가 쓸데 없는 장난을 하며, 무심하고 냉담하고 세상적이 되어, 기도에 태만하고, 심령이 죽어 갈 때, 우리를 자극시키는 유일한 방법은 자신을 숨기시고 우리가 스스로 구원할 수 없음을 알게 하는 것입니다. 그러면 거의 한 주에 한 번도 기도하지 못하던 사람들이 하루에 서너 번씩 기도를 하게 될 것입니다.[32]

이 설교 뒤에 후커는 회중에게 가르칠 것이 자신에게 더 많이 있으나 그들이 그 교훈을 받을 준비가 아직 되어 있지 않다고 말한다. 그리고 그는 역시 단순하고, 가능한 한 항상 단음절로서 모든 사람이 이해할 수 있는 또 하나의 예화로 요점을 납득시킨다.

만일 작은 배에 큰 돛대와 넓은 돛들이 있다면, 그 배는 그것들로 인해 나아가기는 커녕 그것들로 인해 뒤집힐 것입니다. 그러므로 사람들은 자신들의 배에 따라 돛의 균형을 맞추는 것입니다…하나님의 사랑과 긍휼하심에 대한 느낌은 우리를 그리스도인의 행로 가운데 나아가게 하는 돛과 같습니다. 그러므로 우리는 작은 긍휼과 은총의 돛을 얻을 때는 순조롭고 편안하게 나아가지만 만일 하나님이 우리에게 많은 보장을 주신다면 우리의 가증스럽고 부패한 심령들이 뒤집혀져서 우리를 각성시키는 대신 우리를 멸망시킬 것입니다.[33]

---

[32] *Op. cit.*, 118.

[33] *Op. cit.*, 132-33.

그는 하나님의 위로를 단념한 사람들을 위해서도 효과적인 예화를 갖고 있었다. 왜냐하면 그는 일상 생활에서 예화를 단순하게 이끌어 냈기 때문이다. 그는 마침내 위로를 얻게 된 사람에게 다음과 같은 말을 한 목사에 대해 기록한다. "주님은 자기 자녀들에게 항상 강심제를 주시지 않습니다. 그러나 그들이 생기를 잃고 있을 때 주님은 이미 그들을 위해 강심제를 준비하고 계십니다."[34] 그의 적용들의 실제성과 그의 예화들을 사용함에 있어서 후커는 뛰어난 설교자가 다루는 평이한 표현법에 대한 가치를 보여준다. 그리고 그는 최초의 뉴잉글랜드 신학자들 중에 있어 아마 범위와 심오성에 있어서는 예외이지만 유별난 인물이 아니었다.

단순한 예화에 대해 훌륭한 은사를 갖고 있던 또 한 명의 설교자는 자비롭고 매력적인 토마스 쉐퍼드(Thomas Shepard)였다. 카튼 매더는 그를 『복음적인 목사』(Pastor Evangelicus)에서 "캠브리지 교회의 목자"라고 칭한다. 쉐퍼드의 비유들은 세 가지 주요 근거에서 나온다. 즉 바다(그는 난파가 확실해 보였을 때 구조를 받은 적이 있었다),[35] 꿀벌에 대한 관찰, 가정 생활이다. 바다의 비유에는 육지에 둘러 좁은 시야에 만족하는 풋내기 뱃사람과 해안을 찾고 있는 선원이 비교되는 비유가 포함된다.

> 육지에 살면서 자기 집 굴뚝에서 솟아오르는 연기를 좋아하는 사람들은 절대로 다른 해안이나 나라들, 또는 낯선 땅을 찾지 않습니다. 그러나 바다 여행을 해야 하는 뱃사람들은 마치 교

---

34 *Op. cit.*, 134.
35 그의 매력적인 자서전에 대해서는 *God's Plot: The Paradoxes of Puritan Piety, Being-The Autobiography and Journal of Thomas Shepard* (1605-1649), ed. Michael McGiffert, (Amherst: Unversity of Massachusetts, 1972)를 보라

회와 하나님의 백성이…이제 더 이상 이 세상에 속하지 않고
저 세상을 바라보며 간절히 그리스도의 재림과 영광스러운 나
타나심을 기대하는 것처럼 해안을 찾습니다.[36]

쉐퍼드는 모든 상황이 평안할 때 그리스도를 저버리는 유혹이 강력하다고 생각한다.

선원들과 같이 폭풍이 치는 바다에 있을 때 모든 사람은 준비
를 갖추고 밧줄을 잡아당길 것입니다. 그러나 바다가 잔잔할
때 그들은 자기 선실로 가서 잠에 빠지는 것입니다.[37]

쉐퍼드의 회중은 양봉에 친숙했다. 그래서 그는 때가 좋을 때 꿀벌이 꿀을 만드는 것처럼 그들도 때가 좋을 때 은혜를 축적하라고 자연스럽게 충고했다. "그러므로 꿀벌들처럼 여름철에 당신의 꿀을 모으시오"[38]

또 한 명의 목사, 즉 입스위치의 목회자인 윌리엄 허바드(Wiliam Hubb-ard)는 부지러한 꿀벌을 게으른 나비와 자세하게 대조하는 예화를 사용했다.

분별있는 농부는 사치스러운 나비에 비해 생긴 것은 볼품 없
지만 바쁘고 활동적인 벌을 길러 더 많은 것을 얻습니다. 나비
는 온 땅을 돌아다니며 멋진 색깔만을 찾아 그 꽃들로 자기 날

---

36 *The Parable of the Ten Virgins* in ed. John A. Albro, *Works* (Boston: Doctrinal Book and Tract Society, 1853), Ⅱ, 143-44.

37 *Op. cit.*, Ⅱ, 65.

38 *The Sound Believer, Works,* Ⅰ, 215.

개를 치장할 뿐인 반면에 이 다른 부지런한 벌레들은 밀랍과 꿀을 모아다가 자기 집을 짓고 그 집에 채움으로 자신들도 먹고 자신들의 주인들의 원기를 회복하게도 합니다. 그러나 나비는 어린이들의 놀이 대상일 뿐입니다.[39]

허바드의 비유처럼 쉐퍼드의 비유들은 지루하지 않으며, 그는 가정 생활, 특별히 남편과 아내 간의 관계에서 이끌어 낸 비유들에 있어 탁월했다(왜냐하면 그는 세 번 결혼을 했기 때문이다). 그는 비유에서 남편과 아내의 상호의존을 종들이 상전에 대해 일반적으로 의존하는 것과 대조한다.

> 종들은 삯을 위해 일을 하고 상전들은 그들의 일에 대해 삯을 지불합니다. 그러나 남편과 아내는 서로에게 자신을 바칩니다…그러므로 교회에서 삯을 바라고 하나님을 위한 일을 하는 자들은 종들입니다…그러나 그리스도와 결혼한 사람은 그리스도께 자신을 바칩니다.[40]

행복한 가정 생활에 대한 또 하나의 즐거운 비유는 아무리 분주해도 하나님을 위해서는 지나칠 수가 없음을 예화로 나타낸다.

> 남편을 사랑하는 일은 자신을 치장하는 일부터 시작합니다. 그녀에게 할 일이 많이 있습니다. 그녀는 이 일을 차근차근 합

---

39 *The Happiness of a People* (Boston, 1676), 56.
40 *The Parable of the Ten Virgins*, in *Works*, Ⅱ, 31.

니다. 그녀에게 밤이 늦었다고 말하지 마십시오. 그녀는 아직 끝나지 않았다고 말할 것입니다. 그녀는 감당할 수 없는 많은 일을 합니다. 대부분의 신앙고백자들이 이러합니다…늦지 않게 이 일을 하십시오. 여러분의 영혼에 바르게 일을 처리하십시오.[41]

쉐퍼드는 의술적인 비유를 사용함에 있어서도 역시 인상적이다. 즉 그는 영혼의 의원이신 그리스도를 찾는 사람은 고통을 당하고 있는 사람들이라고 주장했다.

건강한 사람에게는 의원을 찾는 마음이나 열망이 없다. 온 몸이 온전하고 건강할 때 고약을 바를 필요가 없는 것처럼 만사가 편안하고 만족할 때 그리스도에 대한 열망이 없는 것이다. "음행과 묵은 포도주와 새 포도주가 마음을 빼앗느니라"(호 4:11).[42]

쉐퍼드는 "영양식은 멀리서 찾지 않을 수 있다"[43]는 사람들이 쉽고 간편한 치료들을 선호하는 것을 예증하는 기억할 만한 경구나 단지 형식적인 믿음만을 갖고 있는 사람들의 믿음에 대해 "밑이 없는 물통과 같이 아무것도 퍼올리지 못한다"[44]는 비웃는 금언을 만들어 냈다. 기도에서의 인내를 격려하며 그는 이렇게 말한다.

---

41 *Op. cit.*, II, 73.
42 *Op. cit.*, II, 29.
43 *Op. cit.*, II, 37.
44 *Op. cit.*, II, 281.

주님은 끈질지게 졸라대는 사람들에게 바라는 것들을 조금씩 잔돈, 또는 목돈으로 반드시 주십니다. 주시기까지 오래 걸리기도 하지만 그들이 기다린 만큼 충분히 지불하십니다.[45]

또한 이 비유에서 그는 하나님의 섭리적인 통치가 현재의 애매한 모습에서는 분명하게 나타나지 않지만 역사의 종말인 최후의 심판에는 명백해질 것이라고 지적한다.

하나님은 지금 지혜로운 목수와 같이 자신의 작품을 손질하고 계십니다. 우리에게는 아마 큰 제목이 이상하게 보일 것입니다. 그러나 심판의 날까지 기다립니다. 그러면 그때에 우리는 이 모든 것을 하나님의 영광과 하나님 백성의 유익에 적합한 무한한 지혜를 보게 될 것입니다.[46]

또한 후커는 가정의 비유들을 유능하게 사용했다. 다음은 순결의 유지를 역설하는 부엌에서 이끌어 낸 비유이다.

여러분은 이 점을 비유로 이해할 수 있을 것입니다. 즉 냄비가 불 위에서 끓고 있을 때 찌꺼기가 떠오를 것입니다. 그러면 솜씨가 좋고 깔끔한 주부들은 지켜보다가 찌꺼기가 떠오르면 거두어 내어버립니다. 찌꺼기가 계속 떠오를 때마다 그들은 찌꺼기를 제거하는 것입니다.[47]

---

45 *The Sincere convert* in *Works*, I, 12.
46 *Ibid*.
47 Hooker, The Saints Dignitie, 4-5. 이 인용문은 다음의 인용문과 함께 내가 Babette May

카튼도 청소하는 날 가정의 모습을 상기시킨다.

> 속옷을 비누로 빠는 주부를 생각해 봅시다. 그 속옷은 오물로 더럽혀져 있어 보기에도 나쁘고 나쁜 냄새도 날지 모릅니다. 그러나 그녀가 문지르고 쥐어짬으로 결국 깨끗하고 희게 됩니다. 진실로 이와 마찬가지로 하나님의 백성들에게 모든 무모한 짓을 행하는 대부분의 폭군들이 그들을 모욕하고 조롱하고 오물을 끼얹어 그들의 이름까지 더럽히려 할지라도 그것은 오히려 깨끗하게 하고 희게 할 뿐입니다. 즉 그들은 그렇게 행함으로 하나님의 백성에게 큰 봉사를 하는 것입니다.[48]

미묘한 문제에 대한 단순한 비유가 택함을 받은 자들이 은혜를 받기 위해 얼마나 많은 준비를 하게 할 수 있는가를 깨닫는 데도 실제적인 통찰력이 필요하다. 그런데 후커는 경기를 관찰함으로써 이 사실을 발견한다.

> 공이 다시 튀어오를 수 있으려면 먼저 땅에 떨어져야 합니다. 영혼이 사랑과 기쁨 가운데 주님께로 튀어오를 수 있기에 앞서 예수께서 먼저 사랑 가운데 영혼 속으로 던져지셔야 했습니다. 그러므로 우리는 하나님께 어떤 사랑을 되돌려 드릴 수 있기에 앞서 먼저 은혜를 받아야 합니다(딤전 1:7).[49]

Levy, *Preaching in the First Half Century of New England History* (Hartford, Conn.: The American Society of Church History, 1945), 114의 신세를 졌다.

48 John Cotten, *Christ the Fountaine*, 71-72; 역시 Babette May Levy, *op. cit.*, 114에 인용.

49 "Spirituall Love and Joy" in *The Soules Implantation*, 182.

특히 이러한 매일매일의 경험들에서 나온 생생한 예화들을 통해 추상적인 진리들이 구체화될 때 평이한 설교자들의 설교를 듣는 사람 중에 그들의 의미를 이해하지 못하는 사람은 아무도 없었다.

청교도 설교의 또 한 가지 인상적인 특징은 회중들 중에 비평적이고 냉담한 사람들의 반론을 예상하고 답변하는 심리적 통찰이었다. 이 점은 후커와 쉐퍼드 같은 모든 뉴잉글랜드 초기의 대설교자의 설교들에서 예증된다. 쉐퍼드는 종종 그의 설교들에서 그리스도의 대표자로서의 목사와 상처받은(그리스도의 약속들을 자신께 적용하여 받아들이는 것에 대한 반대로 상처받은) 영혼 간의 대화를 우리에게 제시한다.

예를 들어 "진실한 신자"(The Sincere Believer)라는 제목의 그의 설교에서 약해진 영혼은 죄가 널리 행해지고 있다고 그럴듯한 불평을 다음과 같이 늘어 놓는다. 즉 마귀가 자신에 대해 분주하므로 자신은 즐거울 수가 없고, 세상에는 많은 반대 세력이 있고, 자신은 외적인 위로가 부족하고, 자신이 조롱과 비난을 받을 것이며, 자신의 기도는 냉담하고 위로가 없고, 자신은 죽는 것이 두렵고, 만일 고난이 오면 견디지 못할 것이고, 하나님에게서 멀어질지 모른다는 것이다. 쉐퍼드는 이 반론들을 각각에 대한 답변을 준비하는 데 마지막 반론에 대한 그의 답변은 결론적인 확증이다. "죄나 마귀나 누구라도 당신을 그리스도의 손에서 빼앗을 수 없습니다."[50] 그러나 불쌍한 영혼은 여전히 만족하지 못하여 토의는 몇 분 더 계속한다. 그리고 쉐퍼드는 냉담한 영혼만이 양심의 가책을 느낀다는 성경의 약속을 발견한다.

쉐퍼드의 설교에 있어 매우 특징적인 것은 회중의 영혼들을 위한 투쟁인데, 이것은 존 카튼이 앞서 행한 것이었다. 존 카튼은 십스의 지도

---

[50] 이 인용은 "The Saint's Jewel", *Works* I, 290-292. 91에 나온다.

를 받아 자신의 설교를 듣는 사람들의 지적 확신을 심리적 통찰로 바꾸는 법을 배웠다. 당시 사람들이 표현했던 것처럼(그리고 대부분의 뉴잉글랜드 설교자들도 같은 주장을 했다) 카튼도 그의 설교와 저술에서 플라톤보다는 바울의 내용을, 뮤즈(Muses) 신들보다는 모세(Moses)의 방식을 따랐다.[51] 존 노튼(John Norton)에 의하면 카튼의 청교도식 표현법은 "지혜의 말씀과 말의 지혜를 구별했고" 그의 설교는 "인간의 매혹적인 말이 아니라 성령과 능력의 증거"였다.[52]

그러나 물론 란셀로트 앤드류스(Lancelot Andrewes)와 형이상학적 설교자들의 정반대적인 표현법과는 달리 카튼은 물고기가 삼킨, 또는 식인종이나 야수가 잡아먹은 사람이 부활에 어떻게 자신의 몸을 다시 찾을 것인가를 생각할 돈(Donne)과 같은 공상을 거부했다.[53] 또한 그는 악어가 "얇은 막으로 덮인 눈을 갖고 있어 멀리는 보지만 가까이는 보지 못한다"고 믿었던 학케트(Hacket)와 같이 "부자연스러운 자연의 사실"에서 이끌어 낸 공상적인 예화를 사용하지 않았고 한 단어의 음절들을 의미심장한 단편들로 즐겨 설교했던 앤드류스와 같이 자신의 본문을 잘게 부수지 않았다. 모든 청교도 설교자들은 심리적으로 설득하는 것을 목표로 하고 있었다.

---

51 *John Cotton on the Churches of New England*, ed. Larzer Ziff (Cambrige, Mass.: Harvard University Press, 1968), 10.
52 *Abel Being Dead Yet Speaketh* (London, 1658), 14.
53 *The Sermons of John Donne*, eds. G. R. Potter and E. M. Simpson, 10 vols. (Berkeley: University of California Press, 1953-1962), Ⅲ, 96-97.

4. 성경에 충실한 설교

뉴잉글랜드의 청교도들은 하나님의 말씀의 종이 되겠다고 결심했기 때문에 그들의 설교에서 성경을 해석하는 방법을 상고해 보는 것은 중요하다. 제1세대 설교자들은 가끔 성경에서 주제들을 취해 그 주제들에 대해 길게 부연했던(곧 쉐퍼드가 "열 처녀의 비유"를 구원론의 현상학 차원으로 확대하고 이 과정에서 엄청난 양의 성경을 해명하면서 수백 쪽을 할애한 것처럼) 카튼과 같은 일부 설교자들은 그들이 강의식 설교에서 자신들의 구약과 신약성경 전체 책들의 연구를 차례로 해설하고자 애를 썼다. 카튼이 보스턴에서 지낸 19년에 대해 다음과 같이 기술한다.

> 그는 이곳에서 주석적인 방법으로 구약성경 전체를 다 읽고 두 번째는 이사야서 30장까지 읽었다. 그리고 이어 신약성경 전체를 다 읽고 두 번째는 히브리서 11장까지를 읽었다. 주일과 강의일에 그는 사도행전, 학개와 스가랴의 예언들, 에스라와 느헤미야, 요한계시록, 전도서, 아가, 요한이서와 삼서, 디도서, 디모데전후서, 로마서를 철저하게 설교했다. 그리고 부수적인 경우들에 셀 수 없이 많은 다른 성경들로 설교했다.[54]

주간의 강의들은 종종 이단들에 대한 경고 형태를 취했다. 예를 들어 쉐퍼드는 캠브리지의 자기 회중에서 알미니안주의와 도덕률 폐기론에 대한 경고를 4년 동안 강의했다. 한편 카튼은 로마가톨릭의 오류들에

---

54 *Magnalia*, I, Bk. iii, 247.

집중했다.[55] 대조적으로 안식일의 설교들은 교리문답적이며 논쟁적인[56] 강의 설교들과는 대조적으로 특성에 있어 좀 덜 논쟁적이고 좀 더 격려적이고 도덕적이고 권고적인 경향이 있었다. 그러나 이 대조를 너무 뚜렷하게 구분해서는 안된다.

뉴잉글랜드의 최초 시기에(보스턴과 좀 더 큰 마을들에) 단일 회중을 위해 두 명의 목회자가 있었으니 한 명은 목사(존 윌슨)이고 또 한 명은 교사(존 카튼)였다. 교사는 주로 구속의 복음을 영혼의 다양한 진보 상태에 적용하는 데 관심을 두고 "청중들의 마음에 선한 감동을 일으키는 데 이바지하는 권면과 훈계와 선하고 유익한 조언을 주로" 설교했다.[57] 신학자 카튼은 패밀리즘(Familism, 16~17세기 유럽에 있었던 신비주의적 교파인 사랑의 가족[the Family of Love]의 교리), 펠라기안주의, 알미니안주의, 도덕률 폐기론과 같이 이단적인 오류들을 경고하는 데 전문가였을 것이다. 그러나 카튼 매더에 의하면 윌슨은 "그의 직전의 동역자가 교리적으로 다루었던 동일한 본문들에 대해" 설교했다.[58] 더 작은 공동체들에서는 한 명의 목회자(minister)가 목사(pastor)와 교사, 성장하는 영혼들의 위로자와 비판자 그리고 교리의 해설자 역할을 모두 담당해야 했다.

목사들이 신구약성경을 연구하는 근면성과, 분명히 무미건조한 족보들에서 영적 영양분을 발견해내는 그들의 재능에 대해 읽을 때 우리는 놀라게 된다. 조지 필립스(George Phillips) 목사는 성경에 매우 박식하여

---

55 Shepard의 강의 설교는 *The Parable of the Ten Virgins*라는 제목으로 출판되었고 Cotton의 설교들은 *The Powering Out of the Seven Vials*로 출판되었다.

56 Cotton Mather는 Thomas Hooker가 비록 답습성 기질을 갖고 있었지만 "강단에서 논쟁적인 신학을 거의 다루려고 하지 않았다"는 점을 주목했다(*Magnalia*, I, Bk. iii, 314).

57 *Op. cit.*, I, Bk. iii, 282.

58 *Ibid.*

"성구사전의 도움 없이도 즉시 어떤 본문이라도 참조할 수 있었다."[59] 존 윌슨이 가정의 아침기도회 직전에 나다니엘을 방문했을 때 읽은 말씀은 역대상 1장이었는데, 윌슨은 즉석으로 "전혀 교훈적인 점이 없어 보이는 인명들의 구절에서 수많은 풍성하고 유익한 주해들을 이끌어냈다"고 카튼 매더가 말한다.[60]

뉴잉글랜드의 설교자들은 자신들의 하나님의 말씀 연구의 열매에서 마지막 한 방울의 과즙까지 짜냈다. 존 와햄(John Warham)은 로마서 5:1, 한 절로 27편의 설교를 만들었고 토마스 후커는 사도행전 25:1~13(베스도 총독 앞에서의 바울의 변론)을 주석하는 데 거의 1년을 사용했고 토마스 쉐퍼드는 예수님의 한 개의 비유, 즉 열 처녀의 비유(마 25:1~13)의 의미를 4년 동안 해설했다.[61]

교리의 "전제들" 또는 입증을 구성하는 수많은 다른 본문들을 인용함으로 그 본문을 뒷받침하는 것이 보통이었다. 록스베리(Roxbury)의 목사 존 데이븐포트(John Davenport)는 많은 본문의 참조 구절들로 확증된 설교를 찬양했다. 왜냐하면 그는 "유명한 본문주의자(text-man)였고 한 편의 설교에 40 또는 50개의 명확한 성경 구절들을 인용하는 사람"이었기 때문이다.[62] 이러한 성경의 문자주의는 본문의 진의를 발견하기 위한 시도를 하고 있을 때에까지도 문자적이며 역사적인 의미에 대한 주장과(우의적 의미에 대한 배제) 평이한 설교 형태에 대한 요구와 결합되고 누적되어 현대의 독자로 하여금 성경 해석이 너무 천편일률적이 아니었던가, 그리고 한 가지 의미가 시종일관하게 주장될 수 있었을까 하

---

59 *Magnalia*, I, Bk. iii, 342.
60 *Op. cit*, I, Bk. iii, 282.
61 Babette May Levy, *Preaching*, 89.
62 *Op. cit.*, Ⅱ, Bk. iv, 49.

는 의구심을 갖지 않을 수 없게 한다. 그러므로 청교도 설교자들의 설교학 또는 성경 해석의 원리들을 상고해보는 것이 적절할 것이다.

5. 해석의 원리들[63]

청교도들은 그들의 종교개혁자 선배들과 마찬가지로 토마스 아퀴나스가 성경의 문자적(literal) 또는 역사적(historical), 비유적(tropological), 풍유적(allegorical) 그리고 신비적(anagogical) 의미들로 분류한 중세기의 네 가지 표준적 해석을 거부했다. 그들은 문자적, 역사적 의미는 존속시키고, 예표론적 또는 도덕적 의미, 교회의 발전과 관련된 것으로 넓게 해석된 우의적 의미 그리고 종말론과 관련된 신비적 의미를 거부했다. 그래서 평범하지만 편리한 예증을 들어본다면 중세기 해석자들에게는 성경의 예루살렘이 문자적으로 팔레스타인에 위치한 도시를 나타냈으며 우의적으로는 교회를, 예표론적으로는 신령한 평화를 구하는 사람을, 신비적으로는 영광의 성도들이 안식하는 하늘의 처소를 나타냈다. 이 세 가지 의미에 대한 거부는 그 의미들이 첫째되는 의미를 약화시키고 해석에서 분명한 주관주의의 원인이 된다는 청교도의 확신에 기초되었다.

비록 미국의 청교도들은 그들의 설교에 사용된 바와 같이 성경의 문자적이며 역사적인 의미의 절대적인 우위에 대한 확신에 있어 누구에게도 뒤지지 않았으나, 그들은 성경이 그 해석을 위해 불가피한 세 가

---

[63] 뉴잉글랜드의 목사들이 사용한 예표론적 해석에 대한 많은 정보에 있어 나는 *The Language of Canaan: Metaphor and Symbol in New England from the Puritans to the Transcendent-alists* (Cambridge, Mass.: Havard University Press,1980), 1-177의 저자인 Mason I. Lowance, Jr.의 훌륭한 연구 논문에 은혜를 입고 있다.

지 의미—과거, 현재, 미래—를 가진 것으로도 이해된다고 주장했다. 메이슨 로윈스(Mason Lowance)는 다음과 같이 주장한다.

> 뉴잉글랜드 청교도에게 있어 역사란 인간 경험 가운데 인도하는 손길을 감지하도록 일련의 관련된 신령한 영감을 받은 사건들이라고 믿어졌다는 사실을 이해하는 것은 중요하다. 이 역사적 사건들의 기록인 성경은 청교도들에게 자신들의 당시 역사를 묘사하는 풍성한 출처가 되었다.[64]

성경의 예언적인 말이 설교자들에게 나중의 사건들을 이해할 수 있는 기본적인 수단이 되었다. 분명히 첫째로 선지자, 사사, 왕, 제사장들에 의해 증거되고, 그리스도의 성육신, 십자가, 부활과 교회를 조명하시고 강하게 하시고 거룩하게 하시는 성령의 오순절 강림 가운데 그리스도의 몸인 교회의 설립에서 절정에 이르는 하나님의 과거 역사 가운데의 놀라우신 활동들을 숙고해야 했다. 이 숙고는 항상 성경의 기본적인 의미에 머물렀다. 그러나 동일하신 삼위일체 하나님의 이 섭리적 활동들은 현재 하나님의 뜻을 해석하기 위한 방식과 선례들을 주었다. 그리하여 이 방식과 선례들로 그들은 자신들의 용어를 사용하여 하나님의 "미소"와 "찡그림"을 분별했다.

칼빈주의의 특별 섭리에 대한 심오한 의식은 초기와 후기 설교자들 모두에게 동기를 부여했고 에드워드 존슨(Edward Johnson) 선장의 『시온의 구세주가 베푸신 경이로운 섭리』(*Wonder-Working Providence of Sions Saviour*, 1628-1651)에도 영감을 주었다. 이 설교는 청교도가 광야로 간 목적이

64　Lowance, *The Language of Canan*, preface, vii.

인간의 전통들이나 교회 회원 자격이나 성찬식의 너무 쉬운 조건들에 의해 오염되지 않고 그리스도의 규례를 따르는 성도들로 이루어진 순수한 교회를 세우시려는 하나님의 섭리적 설계의 부분으로 해석한다. 잉크리즈 매더(Increase Mather)로 하여금 당시 역사에 하나님의 개입에 대한 사례 기사들을 모아 『탁월한 섭리의 기록을 위한 수필』(An Essay for the Recording of Illustrious Provi-dences, 1684)로 제목을 붙이도록 영감을 준 것도 동일한 확신이었다.

로버트 미들카우프(Robert Middlekauff)가 기록하는 바와 같이 "잉크리즈 매더의 손에 의한 예표론(typology)은 성경의 난제를 통찰하는 기술 이상이 되었다. 곧 예표론은 그 자신의 시대를 이해하는 방법이 되었다."[65] 제4장에 묘사된 것처럼 미국의 청교도들은 감사일과 굴종의 날들에 특별 섭리의 교리와 경험을 제도화하였다. 이 날들은 때로는 뉴잉글랜드 전체에 의해, 때로는 몇몇 교회나 한 교회에 의해, 때로는 한 가정에 의해, 간혹 개인에 의해 지켜졌다. 설교에 의해 그리고 제도에 의해 성경의 예언적 해석이 당시의 표현으로 이야기되었다.

그러나 또 다른 의미로 성경은 미래 시제로 해석되었다. 그들은 사크반 베르코비치(Sacvan Bercovitch)가 "구약성경의 인물들과 사건들을 그리스도의 성육신뿐만 아니라 재림까지도 연결시킬 수 있게 한 발전적 예표론"(a developmental typology)이라고 칭한 바를 개발했다.[66] 이 해석은 천년왕국설(chiliasm), 즉 그리스도가 최후의 심판과 역사의 종말에 그리스도의 심판에 앞서 천 년 동안 자신의 성도들과 함께 땅을 다스릴 것이

---

65 Robert Middlekauff, *The Mathers: Three Generations of Puritan Intellectuals* (New York: Oxford University Press, 1971), 107.

66 *Typology and Early American Literature*, ed. Sacvan Bercovitch (Amherst: University of Massachusetts press, 1971), 107.

라는 신앙에 열심히 그리고 편리하게 연결되었다. 비탄의 설교(제레미아드)[67] 또는 뉴잉글랜드의 제2세대와 제3세대에게 그들이 최초로 뉴잉글랜드 해안에 도착한 조상들보다 얼마나 경건하지 못한가를 상기시킨 설교들은 이 땅이 그리스도의 천 년 동안의 지상 통치의 장소가 될 것이라는 많은 사람의 확신을 약화시켰다. 그러나 잉크리즈 매더는 계속 이 신앙을 지켰고 심지어 수비학(數秘)에 의해 그리스도의 지상 통치가 1716년에 시작될 것이라고 계산하기도 했다.[68]

그의 아들 카튼 매더도 18세기 중간 수 십년 간 위대한 조나단 에드워즈(Jonathan Edwards)가 했던 것처럼 천년왕국주의를 주장했다. 이 미래주의적 접근은 보수적인 잉크리즈 매더와 카튼 매더의 설교들뿐만 아니라 쉐퍼드와 후커의 설교들에서도 발견되는 열심의 일부이고 그들의 설교에 나타나는 예표론적 해석의 빈도를 설명해주며, 또한 참된 신앙이 서쪽을 향해 이동하며, "새 이스라엘"인 뉴잉글랜드를 목적하고 유럽을 떠난다는 확신도 설명해 준다.

예표론적 해석의 "예표"(type)는 "대형"(antitype)에 대한 기대를 나타내는 예견적 그림자 또는 미래의 인물이나 사건의 성취에 대한 예견적 그림자이며 궁극적으로는 초대 교회의 교부들이 구약성경과 신약성경을 연결시킨 방법에서 비롯된다. 예표는 역사의 확실성에 의존하기 때문에 비유적 용법(trope), 비유(figure), 풍유(allegory), 또는 은유(metaphor)와 구별된다. 이에 비해 비유적 용법은 중세기의 에브리맨(Everyman) 또는 밀턴의 코무스(Comus), 또는 번연의 『천로역정』의 주인공 크리스첸과 같

---

67   Bercovitch, *The American Jeremiad*(Madison: University of Wisconsin Press, 1678). 이러한 설교들 중 두 개의 뛰어난 실례는 Samuel Danforth의 1670년 선거일 설교, *A Brlefe Recognltion of New England's Errand into the Wilderness* 와 Increase Mather가 32년 후에 설교하여 출판된 *Ichabod: or, The Glory Departing*이다.

68   Lowance, *The Language of Canaan*, 150.

은 상상의 소산이다. 풍유, 비유에 해당하는 직유(simile), 은유(metaphor)는 인간의 환상의 소산들이며 그 발명자가 의도하는 무엇이나 의미할 수 있다. 그러나 예표는 역사에 실존하며 사실에 입각한다. 그러므로 역사적 아브라함은 자신의 성자를 희생시키고자 하시는 아버지 하나님의 예표 또는 예시(adumbration)이며 히브리인들이 홍해를 건넘은 그리스도의 부활의 사망에서 생명으로 옮김을 예시하는 것이며, 이스라엘 백성이 광야에서 신령한 만나를 받음은 그리스도에 의해 창설된 성찬의 예상이다. 매우 기묘하게도 우의적 또는 풍유적 해석은 비역사적이기 때문에 처음에는 뉴잉글랜드의 청교도들에 의해 거부되었으나 17세기의 마지막 20년에 다시 살아나 18세기 초에는 유행이 되었다.

　미국 청교도들에게 주요하게 영향을 끼친 세 명의 예표론적 해석자들이 있었다. 곧 토마스 테일러(Thomas Taylor)와 그의 저서, 『모세와 아론 또는 공개되고 설명된…예표와 그림자』(*Moses and Aaron, or the Types and Shadows…Opened and Explained*, 1635), 사무엘 매더(Samuel Mather)와 그의 저서, 『그리스도와 복음의 천국의 일들이 옛 하나님의 백성에게 전파되고 예시된 구약성경의 비유들 또는 예표들』(*The Figures or Types of the Old Testament by which Christ and the Heavenly Things of the Gospel were Preached and Shadowed to the People of God of Old*, 1683; 1705년에 재판된 이 저서는 뉴잉글랜드의 조상 리처드 매더의 아들의 작품이었다), 그리고 『성경의 비유적 해석: 성경의 은유들과 예표들을 여는 열쇠』(*Tropologia: A key to Open Scripture Metaphors and Types*, 1681)를 저술한 벤자민 키치(Benjamin Keach)였다.

　예표론을 사용하는 일부 뉴잉글랜드 설교자들은 쉐퍼드가 그러했던 것처럼 신중하게 모든 구약성경의 인물들과 사건들이 신약성경에서 대형적으로 성취되는 예표들이라고 가정하지 않았다. 로마서 11:6에 의하면 하나님이 아담과 제정하신 행위 언약(the Covenant of Works)과 그리스도의 희생의 죽음 가운데 제정된 은혜 언약(the Covenant of Grace)의 경우에서 볼 수 있는 것처럼 신약성경은 옛 언약의 파기를 나타내기도 한다. 쉐퍼드는 그의 『안식일 논제』에서 "유대인들 중에 현저하게 나타내는 세 가지 예표의 율법들, 즉 (1) 도덕적 율법, (2) 의적 율법, (3) 사법적 율법"이 있었다고 주장한다. 또한 다음과 같이 주장한다.

> 십계명에 담긴 법은 도덕적 율법으로, 십계명이란 다름 아닌 소생된 자연의 법칙 또는 원초적이며 완벽한 자연 법칙의 재판(再版)이다. 이 자연 법칙이 무죄의 상태에서는 인간의 심령에 새겨졌으나 이제 다시 하나님의 손으로 돌판 위에 쓰여진 것이다.[69]

십계명의 도덕적 의무는 영속적으로 유효하며 안식일은 도덕적 체제와 의례적 체제 모두에 속하므로 계속적인 효력을 갖는다.

그러나 사무엘 매더가 신약성경에서 완전히 폐기된 것으로 여겨지는 의례적 율법의 요구들을 거부함으로 구약성경에 예표적으로 예시되었다고 주장된 잉글랜드국교회의 모든 의식을 일소한 것은 의미심장하다.[70]

만일 우리가 초기와 후기에 예표론적 해석이 야기할 수 있었던 흥미로운 실례들을 보고자 한다면 쉐퍼드와 세왈의 설교에서 발견할 수 있

---

69 안식일 논제 28과 39는 Thomas Shepard의 *These Sabbaticae in Works* (Boston: Doctrinal Book and Tract Society, 1843), I, 151에서 인용한 것이다.

70 구약성경의 의 적 율법의 폐기에 대한 Samuel Mather의 견해는 그의 *Testimony of Scripture against Idolatry and Superstition*에 자세히 묘사되고 *Figures or Types of the Old Testament*에 간단하게 반영된다.

다. 쉐퍼드는 자기 회중에게 그리스도의 재림을 상기시키는 것을 즐거워했다.

> 하나님의 교회와 백성은…더 이상 이 세상에 속하지 아니하고 저 세상을 바라보며, 진실로 그리스도의 재림과 영광의 나타나심을 고대합니다.
> 전제 1. 왜냐하면 그들이 그날을 진실로 예시하고 보기 때문입니다. "말세에 기롱하는 자들이 와서 자기의 정욕을 좇아 행하며 기롱하여 가로되 주의 강림하신다는 약속이 어디있느뇨…하니"(벧후 3:3~4). 그러므로 그들은 그들의 정욕 가운데 살고, 그들의 분노 속에서 죽으며 절대로 그날을 고대하지 않습니다. 그러나 하나님의 교회와 백성은 그날을 실제로 미리 보고 있으므로 그날을 고대합니다.
> 전제 2. 왜냐하면 그들은 이 세상에서 구할 만한 가치가 있는 것을 아무것도 보지 못하기 때문입니다. 만일 어떤 사람이 주님의 날을 보면서도 이 세상에 그가 보기에 어떤 먹이가 있고 즐길 것이 있다면 그는 축복에 너무 늦을지라도 그것을 얻기 위해 따라갈 것입니다. 그러나 주님은 자기 백성이 이 세상에서 사냥할 만한 가치가 있는 것을 아무것도 보지 못하게 하십니다.[71]

판사의 아들인 사무엘 세왈은 『종말에만 나타나는 현상들 또는 새

---

71 Shepard, *The Parable of the Ten Virgins*, in *Works*, II, 143f. 그가 1645년에 사망했기 때문에 이 설교들은 1640대 초 이후일 수 없다.

땅 위에 서있는 자에게 나타나는 새 하늘의 묘사를 향해 나아가는 몇 가지 행로들』(Phaenomena quaedam Apocalyptica, Or, some few Lines towards a description of the New Heaven As It makes to those who stand upon the New Earth, 1697)에서 세상의 종말에 대하여 그가 받은 인상을 가장 생생하게 설명했다. 다음은 상실한 에덴을 대신하여 하나님의 선민이 모일 미래의 낙원으로서의 북아메리카에 대한 그의 예언이다.

> 이 땅은 그들 앞에 에덴 동산 또는 낙원과 같았고, 그들 뒤에는 황량한 광야가 있었다. 그들은 세상을 광야로 만들고 세상의 도시들을 파괴함에 있어 옛 바벨론의 해악을 성취했고 그 해악을 능가했다. 이제 선하신 주님은 자신의 선하신 성령으로 그리스도와 인류의 잔인한 대적에 대해 군기를 드시사 그 대적들이 흩어지게 하소서. 그리고 주님은 자신의 손을 드시고 이방인들에게 자신의 권능을 선포하시사 그들이 복음의 군기로 그리고 복음의 군기에 의해 모이게 하소서.[72]

성경 해석에서 가장 인상적인 방향전환은 뉴잉글랜드 설교자들에 의한 우의적 해석의 열성적인 수용이었다. 그들은 로마가톨릭의 해석, 인위적인 해석, 공상적인 해석, 그리고 특이한 해석들을 주의깊게 피하면서 자연과 인간 이성에 나타나는 창조주의 방법들을 관찰함으로 계시의 성경적 근원을 보충하게 되었다. 이 점에 있어 그들의 모범은 영국의 장로교 신학자 존 플라벨(John Flavel)과 1669년에 런던에서 출판된 그의 저서 『영성화된 밭』(Husbandry Spiritualised)이었다. 이 책의 부제 "또는

---

[72] Op. cit., 57.

땅의 것들을 천국의 것들로 사용함"(or, The Heavenly Use of Earthly Things)은 성경적 해석과 반대되는 그의 방법에 대한 단서를 제공한다. 왜냐하면 그의 방법은 성경의 진리의 확인을 위해 자연에 의지하는 것이 아니라 자연을 하나님의 계시로부터 독립된 출처로 보기 때문이다.

플라벨은 자신의 제목을 위한 구실로 고린도전서 3:9, "너희는 하나님의 밭이라"를 본문으로 사용한다. 자연은 그의 실제적인 교과서이고 그의 진정한 관심은 하나님의 본성을 성경만큼 효과적으로 그리고 훨씬 덜 신비적이며 모호하지 않게 가르치는 유사성들과 비유들을 찾는 것이다. 그렇지만 이 교훈들을 중생하지 못한 자들은 이해하지 못한다. 플라벨은 시가 설교의 말씀을 듣지 못하는 평신도를 위해 영적 교훈을 밝혀줄 수 있다고 주장하기도 한다. "허버트의 시는 실험상 사실이다. '한 편의 시는 설교가 놓친 사람을 찾아 즐거움을 희생으로 바꿀 수 있다.'"[73] 밭에서 추론된 그의 "명제들"은—이것이 예표론적 해석과의 차이이다—역사적 확인과 무관하며 대단히 모호하다. 예를 들어 두 번째 명제는 다음과 같다.

> 명제 II. 농부들은 자신들의 땅을 다른 사람들의 땅과 나누고 구별하며 경계표와 경계선을 정함으로 소유지를 보존한다. 마찬가지로 하나님의 백성들도 놀랍게 땅의 백성과 구별되고 구분된다. 하나님에 의해 세상의 황폐하고 황량한 광야로부터 울타리가 처지는 것은 은혜의 특별한 활동이다(신 33:16).[74]

---

73 *Op. cit.*, sig. A4.
74 *Ibid.*, sig. A4 verso.

심지어 카튼 매더와 같은 보수적인 신학자까지도 『농부 또는 신앙적인 농부』(*Agricola, or the Religious Husbandman*, 1727)라는 제목의 플라벨의 모방에서 이 기법을 흉내냈다. 그러나 그는 그 이전에(1700년) 영적 교훈들을 가르치기 위해 바다의 비유들을 도입한 영적 교훈서 『신앙적인 선원』 (*The Religious Mariner*)를 망각하지 않았다. 한편 다른 목사들, 예를 들어 존 데이븐포트는 그의 저서 『그리스도에 대한 지식』(*Knowledge of Christ*, 1652) 에서 메시아에 대한 모든 성경의 예표의 진리들이 예수님이 유일하신 참 메시아이심을 입증하는 것으로 계속 주장했다. 반면에 다른 신학자들은 자연을 개관하는 이성을 하나님의 진리의 보조적인 출처로 간주했는데, 이것은 1660년에 세워졌고 카튼 매더가 명예 회원이었던 런던의 왕립협회에 의해 후원받는 자연 과학의 연구 진전과 유사했다.

설교의 주제들은 죄의 자각으로부터 회개, 소명, 은혜를 통한 믿음에 의한 칭의, 회심, 성화, 마지막으로 영화에 대한 기대까지에 이르는 그리스도인의 발전의 전체 영역을 망라했다. 이 단계들은 바울 서신들에서 뚜렷이 드러나는 단계들이었다. 그리고 바울 서신들이 요한복음을 예외로 하고 사복음서들보다 더 자주 인용되었다는 것은 의미심장하다. 17년 동안 하버드대학의 학장이었던 찰스 촌시는 한 형제 목사에게 보낸 편지에서 다음과 같은 조언을 했다.

> 자연 상태의 불행, 회심 또는 효과적인 소명을 위한 준비들, 그리스도와의 일치와 교제의 필요성, 구원하고 의롭다 하는 믿음의 본질 그리고 그로 인한 사랑과 선행의 열매들 그리고 성화에 대해 많이 설교하시오.[75]

---

75 Mather, *Magnalia*, I, Bk. iii, 399.

이 목록에 쉐퍼드와 후커가 풍성하게 소유했던 실제적인 은사가 추가될 수 있다—"양심의 사례들에 대해 설교하는 것"—즉 청중들로 하여금 위대한 의사이신 그리스도에 의해 제공되는 은혜의 주입과 변화를 준비시킴으로 영혼의 상처들을 치료하는 능력이다.[76]

어떤 일련의 설교들은 카튼과 촌시가 한 것과 같이 성경 전체 책들에 대한 광대한 연속 주석들이었다. 다른 설교들은 쉐퍼드의 단일 비유와 같이 성경책들 가운데 중요한 부분들에 대한 주석이었다. 또 다른 설교들은 특별히 국민군 훈련일이나 선거일 또는 처형일에 당면한 문제들을 다루는 주제 설교였다. 또한 비탄의 설교(jeremiad)와 같이 특징에 있어 탄핵적이거나 저주적인 설교들도 있었다. 이 모든 설교들은 두려움이나 편애없이 살아계신 하나님의 평이하고 설득적이고 실제적이고 신실한 선포들을 설교하고자 했다.

특별한 경우들을 위해 준비되는 설교들은 주일에 사용되는 복음적 접근과는 다른 수사학을 요구했다. 이런 경우들에 목사들은 화목의 사절들이라기보다는 뉴잉글랜드의 사회적 그리고 문화적 유산의 관리자들이었다. 그러므로 해리 스타우트(Harry S. Stout)가 관찰한 바와 같이 "그들의 주요 초점은 하나님의 긍휼에서 옮기어 하나님의 국가적 언약의 조건들을 존중하는 책임에 집중했다."[77] 하나님의 유기를 묘사함으로 공포에 호소했고 구원이(인간적으로 획득되는 것이 아니라) 하나님이 주신 것이지만 국가적 언약은 성경적 국가의 국민들에게 선행을 요구한다는 것을 인정했다.

---

76 Norman Pettit: *The Heart Prepared: Grace and Converstion in Puritan Spiritual Life* (New Haven, Conn: Yale University Press, 1966)의 신학적 준비에 대한 뛰어난 연구를 보라.

77 *The Soul of New England*, 24.

6. 설교의 길이, 어투, 동작

뉴잉글랜드의 청교도들은 설교를 영혼의 양식으로 또한 영원을 향해 가는 진지한 순례자의 비상 휴대 식량으로 맛있게 먹었다. 그들은 긴 설교들을 위한 준비를 했고 매우 종종 여러 가지 경우에 긴 설교들을 듣고 자신들의 정신적 "배를 채웠다." 영국의 국경일들에 설교의 길이가 특별히 그 설교가 완전히 즉흥적일 때, 능력있는 설교자의 장서 목록이라는 것은 잘 알려진 사실이다.

호민관 크롬웰은 장로교 목사 존 하우이(John Howe)를 자신의 궁정목사들 중의 한 사람으로 임명하려는 생각을 가지고 그의 설교 능력을 검사하고 싶었다. 그래서 설교 전에 하는 기도를 마친 후에 크롬웰은 그가 하우이에게 설교하도록 주었던 본문을 바꾸었다. 이 유능한 신학자는 모래 시계의 한 시간을 나타내는 모래가 두 번이나 다 빠져나가 다시 뒤집어 놓으려고 할 때만 잠깐 쉬면서 바뀐 본문으로 그 홍수 같은 설교를 멈추라는 요청을 받을 때까지 했다.[78]

일반적인 경우들에는 그 같은 마라톤 설교가 요구되지 않았다. 특별한 경우에-범죄자의 처형장과 대군중 앞에서-카튼 매더는 거의 두 시간 동안 계속하여 설교를 했다. 그의 약간 과시적이며 생생한 보고는 다음과 같다.

> 이 지방에서 설교한 중에 가장 큰 집회가 여기 모였다. 아마 사오천 명의 영혼일 것이다. 나는 강단으로 갈 수가 없어 의자 꼭대기에 올라갔다(climbing over Pues and Heads). 그곳에 내가 가

---

78 Edmund Calamy, *The Continuation of the Ejected Ministers* (London, 1727), I, 250f.

장 존중하는 주님의 성령이 나에게 임하셨다. 나는 보통 때 이상의 도우심을 받으며 설교를 하였고 가장 각성을 주는 사항들을 확대하여 거의 두 시간 동안 설교했다. 나의 힘과 음성은 약해지지 않았다. 그러나 거의 약해지려고 할 때 조용히 하늘을 쳐다보자 이상하게도 다시 새로워졌다.[79]

매더는 장황하기로 유명했다. 심지어 1685년 5월 13일에 목사 안수를 받는 날까지도 그는 90분 간이나 지속된 공적 기도와 1시간 45분 길이의 설교를 했다. 그런데 그가 말을 더듬는다는 이유로 그의 목사안수(임직)가 연기되었음에도 불구하고 그런 긴 기도와 설교를 했던 것이다![80]

최초의 뉴잉글랜드 목사들은 비록 짧은 설교자들은 아니었으나 장황한 설교자들도 아니었다. 에드워드 존슨에 의하면 토마스 쉐퍼드는 어떤 경우에 분명히 두 시간 이상 지속된 설교를 했다. 왜냐하면 "모래시계를 두 번 뒤집었기 때문이다."[81] 찰스 촌시는 주일에 짧고 간결하고 집중적인 45분 길이의 설교를 했다.[82] 일반적으로 한 시간 이하의 설교들은 영적 식사로 불충분하다고 생각되었던 것 같다. 매주 세 번의 설교를 듣는 사람들조차도 그렇게 생각했던 것 같다.[83]

의례적인 형태의 기도를 거부한 사회에서 즉석의 담화가 목사나 회중 모두에게 칭송을 받았다는 것은 명백하다. 왜냐하면 읽는 설교나 읽

---

79 *The Diary of Cotton Mather*, 2 vols. (Boston: Massachusetts Historical Society, 1911-12), I, 279. *Op. cit.*, I. 80.

80 *Op. cit.*, I, 80.

81 *Op. cit.*, I, 98

82 Mather, *Magnalia*, I, Bk. iii, 423.

83 Samuel Eliot Morison, *The Puritan Pronaos*, 162, citing Johnson's *wonder-Working Providence*, 1910 edition), 135.

는 기도는 성령의 감동에 대한 제한이라고 생각되었기 때문이다. 그렇지만 목사들은 강단에서 전달할 때 극히 좋은 기억력을 요구하는 자신들의 설교를 준비하는 연구에 긴 시간을 바쳤다. 또는 불충분한 기억력으로 인해 강단에 메모를 갖고 가기도 했다. 후자의 관행은 이민 초기에 상당히 찬동을 얻지 못했다. 기억을 돕기 위해 사무엘 댄포드는 자신의 설교 전체를 두 번 기록하곤 했다.[84] 하트포트에서 온 방문자였던 토마스 후커가 보스턴의 큰 모임 앞에서 즉석 설교를 하려고 했을 때의 경험은 수치스러운 것이었다.

> 그는 설교를 하려고 나왔을 때 말할 수 없이 당황하였다. 그는 계속해 보려는 간헐적인 시도를 약간 해본 뒤에 완전히 멈추고 모인 사람들에게 자신이 말하려고 했던 모든 것이 그의 입과 그의 생각에서 사라졌다고 말했다. 그리고 그는 그들에게 시편을 찬송하기를 부탁하고 약 한 시간 반 동안 그들에게서 물러났다가 다시 돌아왔다. 그리고 그는 가장 훌륭한 설교를 하여 두 시간 동안 적절하고 활기있게 비범하며 유창한 설교로 그들을 사로잡았다.[85]

메모의 사용이 초기에 희귀했던 것은 분명하다. 왜냐하면 할아버지의 구전을 아버지로부터 전달받았던 카튼 메더가 뉴잉글랜드 코넥티켓 윈드솔 목사 존 위햄의 최초 초고 사용 관행에 대해 논쟁이 일어났음을

---

84 Morson, *ibid*.
85 Mather, *Magnalia*, II, Bk. iv, 50: "그러나 그의 방식은 즉흥적인 설교의 위험을 무릎쓰고 하는 대신 자신의 설교를 두 번 기록하는 것이었다. 그리고 그가 그 설교들을 기록하는 것은 상당히 긴 노력이었다."

말하기 때문이다.[86] 위대한 영국의 청교도 리처드 백스터도 설교할 때 메모를 사용했다고 상기시킴으로 매더는 이 정보를 말하기 시작한다. 카튼 매더 자신은 1685년에 목사안수 받는 것을 숙고할 때 그의 삼촌인 나다나엘 매더로부터 메모를 사용하지 말라는 조언을 편지로 받았다. 그런데 그 편지는 초기 시대의 설교 관습에 대한 한 하버드대학원생의 중요한 정보를 제공한다.

> 너에게 절대로 메모를 사용하거나 도움을 받아 설교하지 말라는 말을 하는 것을 잊었구나(그는 영국에서 이 편지를 쓰고 있는 것이다). 내가 뉴잉글랜드에 있을 때 한 사람을 제외하고 메모를 사용하는 사람이 아무도 없었다고 기억한다. 그 한 사람은 특별한 약점으로 인해 메모를 사용했단다…너희 할아버지들(존 카튼과 리처드 매더)도 전혀 메모를 사용하지 않으셨고 그곳의 너의 삼촌(사무엘)이나 나도 설교 내용 전체를 대개 기록하기는 하지만 메모를 사용하지는 않는단다.[87]

대부분의 문제들에 있어 잉크리즈 매더와 카튼 매더 모두와 의견이 맞지 았던 솔로몬 스토다드(Solomon Stoddard)는 메모를 강단에 갖고 올라가는 것에 반대하는 점에서는 그들과 일치했다. 그의 견해는 다음과 같다.

> 메모 없이 설교가 전달될 때 목사의 표정과 몸짓은 주목을 요

---

86 *Op. cit.*, I, BK.iii, 311.

87 *The Diary of Cotton Mather*, 2 vols.(Boston: Massachusetts Historical Society, 1911-1912), I, 5, fn. 1.

구하고 감동을 일으키는 중요한 수단이 된다. 사람들은 말씀을 들을 때 조는 경향이 있다. 그러므로 설교자의 활기는 청중들의 주의를 분발시키고 그들에게 적절한 감동을 낳게 하는 수단이다. 읽는 설교들은 권위있게 전달되지 못하고 서기관들의 설교 맛이 난다(마 7:29). 경험으로 보건대, 읽는 설교는 다른 설교만큼 유익하지 못하다.[88]

스토다드는 한 가지 예외─기억력을 상실한 나이든 목사들─를 허용한다.[89]

만일 설교를 기억한다면 목사들은 의미를 강조하는 전달방법과 특징 있는 몸짓에 집중할 수 있다. 퍼킨스는 교리를 가르칠 때의 음성은 온화해야 하지만 훈계를 할 때의 음성은 "더 열렬하고 간절해야 한다"고 충고했다. 몸짓에 대해 그는 하나님의 전달자를 우아하게 보이도록 하는 장중함을 권했다.

> 그러므로 몸체를 바르고 정숙하게 하고 팔, 손, 얼굴, 눈과 같은 다른 모든 부분들도 마음의 경건한 감동들을 표현할 수 있고(있는 그대로) 나타낼 수 있는 동작을 취해야 한다. 눈길과 손을 올리는 것은 확신을 나타내며(대하 6:13~14…행 7:55), 눈길을 떨어뜨리는 것은 슬픔과 낙담을 나타낸다(눅 18:13).[90]

---

[88] *The Defects of Preachers Reproved in a Sermon Preached at Northampton, May 19th, 1723* (New London, Conn., 1724), 24.

[89] *Op. cit.*, 23.

[90] *The Arte of prophesying in Workes*, Ⅱ, 672.

이 조언은 많은 뉴잉글랜드 목사들에게 받아들여진 것 같다. 왜냐하면 카튼 매더는 인디언들의 사도 존 엘리오트(John Eliot)의 탄원하는 음성과 비난조의 음성을 다음과 같이 대조하기 때문이다.

> 그의 어투는 항상 우아하고 상쾌했다. 그러나 그가 어떤 죄에 대해 책망과 경계를 하고자 할 때 그의 음성은 친절하면서 많은 힘을 포함한 격정으로 높아지곤 했다. 그는 모든 악에 대해 가장 예민한 활기를 띤 하나님의 나팔 소리를 냄으로 자신의 강단을 또 하나의 시내산으로 만들곤 했다. 왜냐하면 불붙은 산 위에서 주신 율법을 어김에 대해 그 강단에서 번개불이 나타내어졌기 때문이다.[91]

아마 어투와 몸짓 모두에 관하여 더 큰 열심이 잉글랜드국교회 강단에서보다 청교도의 강단에서 표현되었을 것이다. 잉글랜드국교회의 교구 목사 로버트 사우스(Robert South)가 다음과 같은 질문을 했을 때 그는 뉴잉글랜드의 학식있는 청교도들보다는 영국 사회의 더 극단적이고 급진적인 청교도들을 비평하고 있는 것이 분명하다.

> 말씀을 전할 때 어떤 자들이 사용하는 저 이상하고 새로운 태도를 도대체 어떻게 참을 수 있겠는가? 눈을 감고, 얼굴을 찡그리고 콧소리를 내고 하는 것들, 이런 것들을 나는 도저히 설교에 가락을 붙이는 것으로 칭할 수 없다고 생각한다.[92]

---

91 *Magnalia*, Ⅰ, Bk. iii, 495.
92 *Sermons*(Oxford, 1823), Ⅲ, 34.

그는 "호흡, 위치, 눈길, 자세"를 "별난 말"로 풍자함에 있어 너무 지나쳤을지 모른다. 그러나 다음과 같은 주장을 함에 있어서는 바로 정곡을 찔렀다.

> 이 사람들은 자기 성도들에게 매우 정중하며 자신을 따르는 사람들을 하나님의 성도들, 주님의 거룩한 자들, 하나님의 사랑하는 백성, 작은 양떼, 그리스도 예수의 어린 양들, 시온의 구속받은 자들, 야곱의 진정한 남은 자들 그리고 선택된 귀한 씨(Seed)라는 영광스러운 이름들로 친절하게 대하는 데 얼마나 주의 깊은지 모른다.[93]

청교도들은 이러한 말을 자신들이 사용하는 데 대해 성경의 권위를 갖고 있다고 답변할 수 있었다. 그리고 그들은 아첨하지 않고 신실하게 설교함으로 자신들의 회중들에게 영원히 그리스도께 언약으로 헌신한 남녀들의 공동체가 되어 살라고 역설했다.

확실히 언약이 망각되고 예배가 형식적이 되고 설교가 무미건조하고 진부하고 부적절하게 보였던 때가 있었다. 1646년 한 무더운 여름의 주일날 사무엘 위팅(Samuel Whiting) 목사가 설교를 하고 있을 때 톰린스라는 사람이 너무 분명하게 잠을 자고 있었다. 그러자 그 온유한 목사는 "자신이 사람들과 함께 여기저기 앉아 있는 짚더미에게 설교하고 있는 것 같다고 익살스럽게 말했다"고 한 목격자가 말했다.[94]

또 다른 경우에 그는 예배를 중단하고 자신의 성도들이 잠을 깰 때

---

93 Ibid.
94 *The Journal of Obadiah turner*, cited in Wiliam Whiting's *Memoir of Samuel Whiting*, 2nd edition (Boston: 1873), 95, 170.

돌아오겠다고 말한 다음 모자를 쓰고 닭에게 모이를 주러 갔다. 성도들이 잠자는 것 같은 비난할 만한 행동에 대해 그는 너무 절망하여 잉글랜드국교회식 예배를 드리고 싶다고 말했다. 왜냐하면 자주 일어나고 응답하는 것이 회중들을 정신차리고 깨어있게 할 것이기 때문이라는 것이었다. 이 일반적인 예배에 대한 경의의 쇠퇴는 1679년과 1680년의 개혁회의(the Reforming Synod) 중 보스턴에서 열린 첫 번째 회기에서도 두드러지게 표현된다. 개혁회의는 이 예배에 대한 경의의 쇠퇴가 뉴잉글랜드에 내리시는 하나님의 심판들의 주요한 원인이 되는 요소로 목록을 작성했다. 다음은 그 비난이다.

> 하나님의 엄숙한 예배에서의 불경한 행동은 중대한 신성모독이다. 사람들이 (병약함으로 어쩔 수 없는 경우도 아니면서) 기도 시간에 앉아 있거나, 엄숙한 하나님의 성찬식에서 주의와 성심을 기울여 하나님을 섬기고 있어야 할 때 어떤 사람들이 머리를 깊숙히 숙이고 게으르게 자고 있는 일은 흔히 볼 수 있다.

이 위협적인 단평은 마지막에 따끔하게 찌르는 말로 끝난다.

> 우리는 성경에서 잠을 자던 자가 그 죄로 인해 거의 목숨을 잃을 뻔했던 일에 대해 이야기해 줄 수 밖에 없다(행 20:9).[95]

심지어 사랑이 많은 토마스 쉐퍼드도 그 이전의 세대에게 다음과 같

---

[95] Wiliston Walker, *The Creeds and Platforms of Congregati-onalism* (Boston: Pilgrim Press, 1960), 428-29.

은 항의를 했다. "오늘날 정말로 설교를 견딜 수 있는 사람들이 얼마나 많이 있을까요? 사람들은 모든 수단을 다 써도 우둔하고, 무감각하고 답답합니다. 그들이 다른 곳에서도 맛을 보지 못하고 냄새를 맡지 못할까요? 과연 그들이 얼마나 활기에 넘치고 기백이 있을까요?"[96] 특별히 그는 설교를 메모하는 것과 훌륭한 습관이 사라지고 있는 것에 실망을 한다.

후커도 많은 사람이 설교 중에 책을 읽거나 기도를 하거나 잡담을 하고 또 다른 사람들은 "성령의 검"인 말씀의 설교가 가혹하다고 원망한다고 불평했다.[97] 이 냉담해진 사람들이 시인 허버트의 다음과 같은 일시적인 해결책을 전혀 생각해 보지 않았다는 것은 명백한 사실이었다.

> 가장 악한 자도 어떤 선한 일을 말한다.
> 비록 모든 사람에게 깨달음이 없어도 하나님은 본문을 취하사
> 인내를 설교하신다.[98]

---

96 *The Parable of the Ten virgins*(1660), Part Ⅱ, 6, and *The Sincere Convert*(1641), 69.
97 *The Paterne of Perfection*(1639), 278, and *The Unbeleevers Preparing for Christ*(1638), 111.
98 *A Priest to the Temple, or The Country Parson*(1652), "The Church porch," lxxii.

The Worship of the American Puritans

1629-1730

5장

찬송

만일 청교도의 찬송에 대한 기여에 대해 결정적인 편견을 가지고 말해야 한다면 본 장은 다음과 같은 하나의 문장으로 축소될 수 있을 것이다. 즉 영국과 뉴잉글랜드의 청교도들은 예배에서 운문적 시편의 제창을 지지하여 성가(anthems), 영창(chants), 합창곡(chorales), 찬송가(hymns), 찬양대, 오르간 그리고 모든 악기들을 거부했다는 것이다.

모든 청교도들이 음치 인습 타파주의자들, 광신적인 속물들, 음울과 불운의 주창자들, 음악, 춤 그리고 시각적인 예술들에 철저히 적개심을 갖는 자들이라는 비난을 반증한 것은 뛰어난 음악학자이며 『옥스퍼드 음악 지침서』(*The Oxford Companion to Music*)의 편집인인 펄시 스콜스(Percy A. Scholes)의 저서 『영국과 뉴잉글랜드의 청교도와 음악』(*The Puritans and Music in England and New England*, 1934)의 중요한 학구적 공헌이었다.

청교도들에 대한 이런 고전적인 풍자문(caricature)은 마콜레이 경(Lord Macaulay)의 『영국사』(*History of England*)의 첫 장에 생생하게 묘사된다.

버지널(virginals, 16~17세기에 쓰던 합시코트 종류의 건반악기)을 연주하는 것은 죄였다…오르간의 소리는 미신적인 것이었다. 벤 존슨의 가면극의 경쾌한 음악은 방탕한 것이었다. 영국의 그림 절반은 우상숭배적이었고 나머지 반은 음란한 것이었다. 극단적인 청교도는 그의 걷는 모습, 그의 복장, 그의 곱슬곱슬하지 않은 머리, 그의 얼굴의 부루퉁하게 엄숙한 표정, 그의 눈의 위로 향한 흰자위, 그의 콧소리 말 그리고 무엇보다 그의 독특한 사투리로 즉각 타인들에게 알려졌다.

그러나 청교도주의에 대한 풍자문은 마콜레이보다 더 오래된 것으로 제임스 1세 시대까지 거슬러 올라간다. 셰익스피어는 『십이야』(*Twelfth Night*)에서 청교도 말볼리오를 흥을 깨는 사람으로 묘사한다. 즉 그는 한 쾌락주의자에게 "그대가 고결한 체하기 때문에 과자와 맥주를 더 이상 못먹게 된 것을 아는가?"[1]라고 비난받는다. 비슷한 방식으로 가톨릭 신자이며 연극 작가인 벤 존슨(Ben Jonson)은 바돌로메오 시장터(Bartholomew Fair)에서 과장된 위선자이며 참견하기 좋아하는 자로 나타나는 한 청교도 배역을 등장시킨다. 그런데 그의 이름이 바쁜 나라의 열심(Mr. Zeal-of-the-land Busy)이다.

청교도주의를 문화적 속물 근성이라고 하는 비난은 영국의 에드먼드 스펜서(Edmund Spenser), 필립 시드니 경(Sir Philip Sidney), 존 밀턴(John Milton), 앤드류 마벨(Andrew Marvell)과 뉴잉글랜드의 앤 브래드스트리트(Anne Bradstreet), 마이클 위글스워드(Michael Wigglesworth), 에드워드 테일러(Edward Taylor)와 같은 시인들이 청교도에 포함된다는 사실을 지적함

---

1 Act Ⅱ, Scene iii, line 124.

으로 간단히 논박된다. 청교도의 음악에 대한 태도에 대해서는 크롬웰이 음악을 사랑하여 귀빈들을 음악과 함께 음식 대접을 했고, 자기 딸의 결혼식을 경축하기 위해 40명의 음악가로 이루어진 교향악단을 준비시켰다는 사실을 상기해야 한다.[2]

플레이포드(Playford)가 그의 저서 『영국의 춤 명인』(*English Dancing Master*, 1651)을 출판한 때도 크롬웰의 통치 절정 시대였다. 더욱이 "영국에 있어 오페라는 청교도 시대의 수입품이었다"[3] 밀턴의 『랄레그로』(*L' Allegro*)는 아버지가 작곡가인 한 아마츄어 오르간 연주자의 작품에서 예상될 수 있는 바와 같이 음악을 즐기는 내용이며 또한 밀턴의 극적인 우화 『코무스』(*Comus*)는 헨리 로웨스(Henrey Lawes)의 음악에 가사를 붙인 것으로 곧 밀턴은 그에게 유명한 찬미의 소네트를 지어 준 것이다. 그리고 존 번연의 신앙적 우화들은 음악적인 언급들로 충만하며, 그는 감옥에 갇혔을 때 의자로 플롯을 만들었다고 한다.

그러면 어째서 음악을 싫어하는 청교도에 대한 풍자문이 생겨났을까? 그것은 부분적으로는 청교도들이 정교한 교회 음악을 반대한 이유가 그런 음악이 예배자들의 주의를 산만하게 하고, 더 겸손한 성도들에게는 잡음에 불과했기 때문이었다. 그들은 이 엄격한 견해를 칼빈의 제네바에서 물려받았다. 또한 음악을 싫어하는 청교도에 대한 풍자문이 생겨난 이유는 또한 청교도들이 자신들의 가정에서는 기악을 환영한 반면에 예배당에서는 기악을 거부했다는 사실을 인식하지 못하기 때문이기도 했다. 이 한정은 부분적으로는 검소하고 순수한 예배에 대한 요구에 기초했지만 그들의 성경 해석과 그들에게 있어 신약성경의 권위

---

2 P. A. Scholes, *The Oxford Companion to Music*, 3rd revised edition (London: Oxford University Press, 1941), 766a.

3 Scholes, *op. cit.*, 195.

의 궁극성에 기인된 것이기도 했다.

1. 운문적 시편으로 한정된 예배

청교도들이 그들의 예배에서 하나님의 명령을 강조했고, 따라서 모든 "예식"(ordinance)이 하나님의 마지막 말씀인 신약성경에서 명백하게 제정되거나 승인되어야만 했다는 사실은 아마도 이미 충분하게 강조되었을 것이다. 시편서가 고대 이스라엘의 찬양의 명시 선집이었다는 것으로는 충분하지 못하고 그리스도와 그리스도의 사도들에 의해 사용되어 승인됨으로 하나님의 계속적인 뜻으로 재가되어야 했다. 만일 초대 그리스도인들의 집회에 기악을 사용했다는 증거가 없다면 17세기의 그리스도인들도 기악을 거부해야 했다.

최초의 이주자들과 뉴잉글랜드의 청교도들의 실행에 있어 신약성경의 권위와 증거를 발견하기 위해서는 그들이 각각 사용한 운문적 찬송가 두 권의 목차를 보기만 하면 된다. 헨리 아인스워드(Henry Ainsworth)의 『산문과 운문 모두에 있어 영어로 된 시편서; 다른 성경들을 비교함으로 단어와 문장들을 설명하는 주석을 첨부함』(*The Books of Psalmes, Englished both in Prose and Metre with Annotations opening the words and sentences by conference with other Scriptures*, 1612)은 암스텔담에서 출판되었다. 아인스워드는 암스텔담에서 영국 분리주의자 망명 교회의 교사이자 뛰어난 히브리어 학자였다. 이 책의 그의 운문 찬송은 최초의 이주자들의 조상들(Pilgrim Fathers)에 의해 1620년경부터 그들의 플리머스 식민지가 매사추세츠 식민지에 합병될 때까지 사용되었다. 이 책의 속표지에는 신약성경의 권위를 나타내는 에베소서 5:18, 19이 기록되어 있었다.

> 성령의 충만을 받으라 시와 찬미와 신령한 노래들로 서로 화답하며 너희의 마음으로 주께 노래하며 찬송하며(엡 5:18-19).

이 말씀은 성 바울의 사도적 권위와 성령께 조명받은 심령의 신실성을 명확하게 결합한다.

『베이 시편서』(The Bay Psalm Book)는 1640년에 뉴잉글랜드에서 출판된 최초의 책이었다. 이 지역의 청교도 목회자들이 작성한 이 책의 완전한 제목은 『영어 운문으로 번역된 완전한 시편서』(The Whole Booke of Psalmes Translated into English Metre)였고, 부제로는 "여기에는 하나님의 교회에서 성경의 시편을 찬송함의 적법성뿐만 아니라 천국 규례의 필요성까지도 선언하는 강화가 첨부된다"(Wherein is prefixed a discourse declaring not only the lawfullness, but also the Necessity of the heavenly Ordinance of singing Scripture Psalmes in the Church of God)라는 내용이 첨부되었다. 이 책의 속표지에는 두 개의 권위를 부여하는 성구가 기록되었다. 첫 번째 성구는 골로새서 3:16은 신실성을 강조했고, 두 번째 성구 야고보서 5:13은 기쁨을 강조했다.

> 그리스도의 말씀이 너희 속에 풍성히 거하여 모든 지혜로 피차 가르치며 권면하고 시와 찬미와 신령한 노래를 부르며 마음에 감사함으로 하나님을 찬양하고(골 3:16).
> 너희 중에 고난 당하는 자가 있느냐 저는 기도할 것이요 즐거워 하는 자가 있는냐 저는 기도할 것이요 즐거워 하는 자가 있느냐 저는 찬송할 것이요(약 5:13).

제3장에서 칼빈주의자들의 기본적인 설교의 특이점은(루터파와 잉글랜드국교도들과 대조하여) 그들이 하나님이 말씀에서 명하시지 않은 것은 금지된다(Quod non jubet, vetat)고 주장했다는 것을 기억할 것이다. 반면에 루터파와 잉글랜드국교도들은 하나님이 금하시지 않은 것은 허용될 수 있다는 좀 더 관대한 태도를 취했다(Quod non vetat, pemittit).[4]

운문적 시편으로 부르는 찬송의 제한은 적어도 뉴잉글랜드 목회자들의 3대를 통해 지지되었다. 이 제한의 정당화는 존 카튼(John Cotton)과 그의 손자 카튼 매더(Cotton Mather)의 저술들에서 발견된다. 카튼의 변호는 영향력 있는 저서 『복음의 규례인 시편 찬송』(Singing of Psalmes a Gospel Ordinance)에서 볼 수 있다. 여기서 그는 고대 유대 성전에서 발견되는 기악이 신약성경에서 증명되고 실행된 심령과 음성으로 부르는 부자연스럽지 않고 덕성을 함양시키는 찬송의 예표 또는 그림자에 불과하다고 주장한다. 그는 다음과 같이 설명한다.

> 악기와 함께 부르는 찬송은 예표적이며 의례적인 예배였으므로 중단되었다. 그러나 심령과 음성으로 부르는 찬송은 선천적으로 모든 사람의 심령에 기록된 덕성을 함양시키는 찬송이다. 고통 중에 기도하는 것과 같이 우리는 기쁘고 하나님께 엄숙한 감사를 드릴 이유가 있을 때 성령이 사도 야고보를 통해 증명하고 거룩하게 하신(약 5:13) 시편을 찬송해야 한다.[5]

---

4 (잉글랜드국교회 교도들이 따른) 루터교인들과 칼빈주의자들의 전통에 대한 다른 태도들의 고찰에 대해서는 나의 저서 *Worship of the English Puritans* (London: Dacre Press, 148), 13-24을 보라.

5 *Op. cit.*, 5-6.

카튼은 계속하여 구약성경의 악기와 함께 부르는 찬송이 신약성경을 위한 예표적인 또는 예시적인 의의가 없고, "나이가 어린 아이들(구약성경 아래 있던 이스라엘 백성들, 갈 4:1, 2, 3)의 육신의 감각을 위안하는 데 맞추어진 외적인 예배 의식에 불과하기 때문에 이제 장성한 신약성경의 후사들에게 그런 외적인 호화스러운 의식들은 끝이 났다. 그러므로 외적인 예배는 보존하지 말고 검소하고 엄숙한 예배를 보존해야 한다. 또 이제 의미심장하고 덕을 세우는 소리 외에는 그리스도의 교회에 어떤 소리도 들리지 않아야 한다(고전 14:10, 11, 20) 그런데 악기 소리는 의미심장하고 덕을 세우는 소리가 아니다"[6]라고 주장한다. 그러나 카튼은 악기들이 교회에서는 금지되나 가정에서는 사용될 수 있음을 분명히 나타낸다. 그는 "우리는 악기에 대한 관심 집중이 영혼에 대한 관심 집중을 빼앗는 것이 아니기 때문에 사적인 악기 사용은 금하지 않는다"고 기술한다.[7]

카튼 매더는 다음과 같이 단호하게 말한다.

> 신약성경에는 하나님의 예배에 기악 사용을 제정하는 한 마디의 말씀도 없다. 거룩하신 하나님은 자신의 예배에 명하시지 않은 모든 것을 거부하시기 때문에 이제 사실상 우리에게 "나는 너희 오르간의 가락을 듣지 않겠다"라고 말씀하시는 것이다.[8]

따라서 그는 기악이 허용되었던(회당들과 대조되는) 구약성경의 성전에

---

6 Ibid.
7 Ibid., 5-6.
8 *Magnalia Christi Americana*, II, Bk. v, 228.

서 유추하여 오르간의 사용이 보통 대성당에만 제한되는 것이 "너무나 유대교식으로 보인다"고 주장한다.[9] 그 다음에 그는 간접 증명(reductio ad absurdum)에 의해 만일 악기 예배가 허용되면 춤도 당연히 허용될 것이며 "완전히 오합지졸의 교회 직원들"(아마 오르간 연주자와 성가대 지휘자)이 필요할 것이라고 단언한다.[10]

18세기 예배에 운문적 시편의 사용을 주저하는 허약한 양심을 소유한 미국 청교도들이 있었다. 이 사실은 1722년 1월 30일 교회 협의회 모임에 있어 승인된 한 소책자(pamphlet)를 볼 때 분명하다. 이 책은 뉴잉글랜드 독립교회의 세 명의 목사들인 피터 대저, 존 댄포드, 사무엘 댄포드의 작품으로 제목은 『현재 교회 국가의 복음적 구조하에서 몇 명의 복음의 목회자들의 주님 안에서의 숙고에 제출된 갖가지 문제들과 하나님의 공적 예배에서 시편을 찬송하는 것에 관한 양심의 사례들에 대해 그들이 경건하고 양심적인 형제들의 만족을 위해 설교한 평론』(*An Essay Preached by Several Ministers of the Gospel for the Satisfaction of their Pious and Conscientious Brethren, as to SUNDRY QESTIONS and Cases of Conscience Concerning the Singing of Psalms in the Publick Worship of God, under the present Evangelical Constitution of the Church-State offered to their Consideration in the Lord*)[11]이다." 이 진술은 어떤 사람들이 찬송가의 한 행을 다른 사람들보다 앞서 부르는 회중들에서 야기되는 불협화음, 여자들이 교회에서 말하는 것에 대한 바울의 금지가 찬송에도 적용되는가 하는 문제, 회심하지 않은 사람들이 회심한 사

---

9   Ibid.
10 Ibid.
11 이 평론은 교회 협의회의 요청으로 출판되었고, Samuel Emery의 *The Ministry of Taunton with incidental notes of other professions*, 2vols.(Boston, 1853), I, 269-28)에 자세히 재론되었다.

람들과 함께 시편 찬송에 참여해야 하는가 하는 문제, "성령 안에서 찬송하다"는 말을 어떻게 이해해야 하는가 하는 문제와 같은 논쟁의 여지가 있는 문제들도 다루었다. 마지막 문제의 결론은 다음과 같다.

> 성령 안의 찬송은 시편을 찬송하는 가운데 은혜의 역사와 활동, 그 찬송의 열정, 하나님에 대한 비할 데 없는 사랑과 하나님 안에서의 희열과 하나님과 주 예수 그리스도를 찬양함의 헌신 가운데 찬송의 하늘을 향해 올라감, 그리고 성령 안에서의 기쁨을 내포하고 암시한다.[12]

2. 『베이 시편서』의 발달 과정과 특성

뉴잉글랜드의 청교도들은 분리주의자의 작품, 즉 1612년에 나온 헨리 아인스워드의 운문 찬송가를 사용하고 싶어하지 않았다. 왜냐하면 그 찬송가는 그들 자신들보다 더 급진적으로 잉글랜드국교회에 대한 반대를 나타냈기 때문이다. 더욱이 아인스워드의 연들(stanzas)은 『베이 시편서』의 대다수의 절들과 마찬가지로 4행의 평범한 운율로 이루어졌을 뿐만 아니라 일부는 길이에 있어 5, 6, 7, 8, 9 그리고 12연까지 있었다. 또한 비록 아인스워드는 자신이 보다 긴 연들에는 "프랑스와 네덜란드의 시편들의 가장 완만하고 가장 쉬운 곡들"[13]을 자신이 붙였다고

---

12 *Ibid.*, 21.
13 *Longfellow*는 "*The Courtship of Miles Standish*"에서 *Ainsworth*의 시편서를 다음과 같이 언급했다.
아인스워드의 잘 알려진 시편서, 거무스름하고 연속적인 운문들이 포도나무 같이 걸쳐 있는 교회 뜰의 벽돌 같이 거칠게 다듬어지고, 모단 음조로 가사와 음악이 함께 암스텔

주장했지만 그가 보충한 29개의 곡들은 "까다롭고"[14] 부르기 어려웠다. 그럼에도 불구하고 그의 운문적 찬송가는 17세기에 6판을 냈고 영국의 청교도들에 의해 사용되었으며 뉴잉글랜드에서도 1640년에 『베이 시편서』가 나올 때까지 사용되었다.

『베이 시편서』의 원형에는 제네바의 잉글랜드국교회의 목사이며 엘리자베스 여왕 시대에 더햄의 수석 사제로서 녹스의 후임자인 윌리엄 위팅햄(William Whittingham)이 그의 선배들의 시편들 일부를 다듬었을 뿐만 아니라 일곱 개의 운문 시편을 추가했던 소위 스텐홀드와 홉킨스의 고대 역본(Old Version of Sternhold and Hopkins)이 포함된다. 이러한 51편의 영국과 제네바의 시편은 『제네바의 영국 회중에서 사용되고, 유명하고 경건한 사람, 존 칼빈에 의해 승인된 기도와 성례집행의 형식』(*The Forme of Prayers and Ministration of the Sacraments, &c, used in the Englishe Congregation at Geneva; and approved by the famous and godly man, John Calvin*, Geneva, 1566)[15]으로 알려진 기도서와 결합되었다.

이 찬송가는 거룩한 도시 제네바에서 나왔고, 부분적으로는 청교도 유형의 한 영국 개혁자의 작품이었기 때문에 미국 청교도들이 비록 덜 부드럽지만 더 훌륭하고 더 정확하다고 생각한 자신들의 역본을 만들 때까지 받아들일 수 있었다. 이 고대 역본의 절들은 보통 음운(common metre), 긴 음운, 짧은 음운으로 이루어지는데, 보통의 음운—"종종걸음"(dog-trot)

담에서 인쇄된 그 책을 그녀의 무릎 위에 넓게 펼쳐 놓았네.
Waldo Selden Pratt가 The Music of the Pilgrims (Boston: Oliver Ditson, 1921), 14에서 인용함

14 *Op. cit.*, 13. 그러나 살렘과 입스위치에서 Ainsworth 번역본은 1667년까지 계속 사용되었다. P. Benes, *The Masks of Orthodoxy* (Amherst: University of Massachusetts Press, 1977), 31을 보라.

15 그 역사와, 특별히 스코틀랜드 교회에 끼친 괄목할 만한 영향에 대해서는 *William D. Maxwell, John Knox's Genevan Service Book* (Edinburgh: Oliver and Boyd, 1931)을 보라.

박자—이 대체적으로 지배적이기 때문에 쉽게 기억되고 노래될 수 있었다. 시편 전체를 갖춘 이 고대 역본은 널리 보급되었다. 이 찬송가는 공동기도서와 합본되어 1828년까지 600판 이상 출판되었다.[16]

운문 찬송가의 최초의 고무자는 존 칼빈 자신이었다. 1539년에 스트라스버그의 프랑스 개혁교회의 목사였던 칼빈은 같은 도시에서 그의 『음악에 붙인 몇 개의 시편과 노래』(Aulcuns Pseaumes et Caniques mys en chant)를 출판했다. 여기에는 열여덟 개의 운문적 시편이 시므온의 찬송, 사도신경, 십계명과 함께 담겨 있고 곡조들이 수반되었다. 찬송가 학자 존 줄리안(John Julian)은 그의 글에서 시편들 중 열세 편은 클레망 마로(Clement Marot)의 작품이고, 다른 다섯 편은 "시므온의 찬송"의 운문적 번역과 함께 칼빈의 작품이라고 추측한다.[17] 완전한 찬송가는 1562년에 제네바에서 나타났는데 여기에는 마로의 초기 번역들 중 수정들과 데오도레 베자(Theodore Beza)의 추가 번역들이 포함되었다. 이 찬송가는 프랑스의 종교 전쟁터에서 사용되었고 낭트 칙령(the Edict of Nantes)의 철회 후 화형을 당한 위그노 교도들을 위해 불리워졌다. 이러한 기억들은 미국의 칼빈주의자들인 청교도들에게 운문 찬송가에 애정을 느끼게 했을 것이다.

또한 칼빈은 훌륭한 『시편 주석』을 썼다. 이 주석의 서론에서 그는 자신의 개혁들에 많은 반대가 있었던 제네바의 매우 어려웠던 시기에 시편들이 얼마나 그를 강하게 하고 유지시켜 주었는지 이야기한다. 확실히 그는 다음과 같이 확언한다.

---

16 Scholes, *The Puritans and Music in Music in England and New England*, 256.

17 *A Dictionary of Hymnology setting forth the origin and history of Chrestian Hymns of all Ages and Nations*, ed. John Julian, revised edition(London: John Murray, 1907), 932b.

나는 이 책을 습관적으로 "영혼의 모든 부분의 해부학"이라고 칭해 왔는데 부적절하다고 생각하지 않는다. 왜냐하면 사람이 의식할 수 있는 감정 중 이곳에 거울에 비추이는 것처럼 표현되지 않는 것이 없기 때문이다. 아니 그보다 성령이 여기에 모든 비탄, 슬픔, 공포, 의심, 기대, 근심, 당혹, 간단하게 말해서 사람들의 마음을 항상 동요시키는 모든 혼란한 감정들을 생생하게 그리시고 계시는 것이다. 이 영감된 작품들을 정독함으로 사람들은 가장 효과적으로 자신들의 질병들을 깨닫게 되고 동시에 그 질병들의 치료법을 찾는 데 정통하게 될 것이다…[18]

뉴잉글랜드의 제1세대도 유사하게 당황했다. 또한 안팎의 대적들에 의해 자신들의 신앙의 날카로운 시험을 경험했다. 위그노 교도들과 마찬가지로 그들은 박해를 받았으며 그들의 감정들이 시편에 반영되었다. 스콜스(Scholes)가 표현한 바와 같이 "그들은 다윗을 청교도로 기록했다."[19]

스턴홀드와 홉킨스, 아인스워드 그리고 『베이 시편서』의 저자들이 영어로 번역한 시편 23편의 첫부분을 비교해 보는 것은 가치가 있는 일일 것이다. 고대 역본은 이렇게 이어진다.

나의 목자께서는 살아계신 여호와이시므로,
내가 아무것도 필요한 것이 없다.

---

18 John Calvin, *Commentary on the Psalms*, transated by James Andeerson (Edinburgh: The Calvin Tract Society, 1845), Author's Introduction, XXXVi-XXXVii.

19 Scholes, *The Puritans and Music*, 254.

쾌적한 시내 근처의 아름다운 장에서
그가 나를 먹이신다.

My Shepherd is the living Lord;
Nothing therefore I need,
In pasture fair near pleasant streams
He setteth me to feed

아인스워드의 5연은 이렇게 이어진다.

여호와께서 나를 먹이시니 내가 부족함이 없으리로다
그가 푸른 초장에 나를 누이시고
다정하게 나를 잔잔한 물가로 인도하시도다.
자기 이름을 위해 내 영혼을 소생시키시고
고요히 의의 길로 인도하시도다.

Jehovah feedeth me, I shall not lack
In grassy fields he down dooth make me lye:
He gently leads me quiet waters by.
He dooth return my soul for His name sake
In paths of justice leads me quietly.

『베이 시편서』 번역은 이렇게 시작된다.

여호와께서 나에게 목자이시므로
내가 부족함이 없으리로다.
그는 부드러운 풀밭의 우리 속에
나를 눕게 하시도다.

잔잔한 물로 다정하게 위로하시고
내 영혼을 소생시키는도다.
그가 의의 길로
자기 이름을 위해 나를 인도하시는도다

The Lord to mee a shepherd is,
Want therefore shall not I.
Hee in the folds of tender-grasse
Doth cause mee down to lie:
To waters calme mee gently leads,
Restore my soul doth hee;
he doth in paths of righteousness;
for his names sake lead mee.

　물론 문학적인 관점에서 고려할 때 세 가지 번역 모두에 어색한 도치와 약간 여성적인 운율(feminine rhymes)을 포함하는 결점들이 있다. 그러나 각 번역들은 히브리 원문의 의미를 전달하려는 주의깊은 시도이다. 그리고 『베이 시편서』에는 자녀를 잠들게 하시는 아버지 하나님의 다정하심을 완벽하게 표현하는 생생한 어구에는 멋진 내재적 은유, "부드러운 풀밭의 우리"가 있다.

전에는 리처드 매더의 글로 간주되었던 서문에 대해 졸탄 하라스치(Zoltan Haraszti)는 상당한 연구 후에 존 카튼의 글이라고 판단한다.[20] 그는 다음과 같은 세 가지 논쟁점에서 일어난 주장들을 다룬다.

(1) 교회에서 다윗의 시편을 찬송해야 할까 아니면 다른 거룩한 사람들이 지은 시들을 찬송해야 할까? (2) 만일 성경의 시편들이 더 좋다면 그 시편들은 산문으로 번역되어야 할까 아니면 영어 시의 자연스러운 운문으로 번역되어야 할까? (3) 한 사람이 시편을 찬송하고 나머지 회중은 공동으로 "아멘"할 때까지 침묵해야 할까 아니면 신령한 사람과 신령하지 않은 사람이 모인 회중 전체가 찬송해야 할까?

첫 번째 문제는 다윗의 시편들을 지지함으로 해결된다(비록 카튼이 언급하지 않지만 다른 제안을 주장한 영국의 무세례주의자〈Se-Baptist〉스미스에 반대하는 것이다).

두 번째 문제는 운문 찬송에 찬성함으로 해결된다. 왜냐하면 많은 히브리 찬양은 압운적은 아니지만 운율이 있는 반면에 영어의 시는 운율적이며 압운적이고, 운문적이며 그러한 번역이 "영국인의 귀에 친근하기" 때문이다.[21]

세 번째 문제, 누가 찬송해야 하는가에 대해서는 회중의 신령한 사람들과 신령치 못한 사람들 모두가 함께 참여해야 한다고 주장된다. 왜냐하면 짐승들이 인간을 위해 마련된 영적 통찰력을 소유하지 못했음에도 불구하고 짐승들과 인간들이 모두 여호와를 찬양할 것을 명령받았기 때문이다.

---

20 *The Enigma of the Bay Psalm Book*, 2vols.(Chicago: Chicago University Press, 1950), II, v.ff. Haraszti의 제1권은 *The Bay Psalm Book* 1640년 판의 복사이다.

21 Introducton, 8-9.

찬송을 하지 못한다는 주장에 대한 대안으로 바람직한 곡조들이 추천되고, "주님은 반드시 히브리 곡조들을 사용해야 한다고 생각하지 않도록 하시기 위해 히브리 곡조들을 우리에게 감추셨다"고 주장했다. 결과적으로 모든 민족은 자기 국가의 노래들 중에 더욱 엄숙한 종류의 곡조들과 자기 국가의 시 중에 더욱 엄숙한 종류의 구절들을 사용할 권리를 소유한다는 것이다. 특별히 번역자들은 좀 더 일반적인 영어 시편서에서 발견되는 히브리어 오역들을 피했고 훼손, 모순, 의역 들을 거부했다. 그들의 목표는 "다윗의 시편들과 단어들을 영어 운율로 평이하고 친밀하게 번역하는 것"이었다.[22]

그 번역이 어떤 사람이 바라거나 기대하는 만큼 매끄럽고 우아하지 을지 모른다. 그러나 "하나님의 제단은 우리의 세련을 필요로 하지 않는다"는 사실을 기억해야 할 것이다(출 20장). 평이함이 매끄러운 의역보다 선호되었고, 양심이 의미에 우선했고, 충실이 시정(詩情)보다 더 중요했다. 궁극적인 소망은 "주님이 우리를 이곳에서 데리고 가사 모든 눈물을 씻기시고, 우리에게 우리 주님의 기쁨에 참여하여 영원한 할렐루야를 부르라고 명하실 때까지 시온에서 주님의 뜻에 따르는 주님의 찬송을 부르기 위함"이다.[23]

『베이 시편서』에 포함된 운문 시편들을 지은 사람들은 누구였을까? 카튼 매더는 "이 나라의 최고 신학자들이 각각 번역에 일익을 담당했다. 그들 중에는 록스메리의 웰드와 엘리오트 그리고 돌체스터의 (리처드) 매더도 있었다"고 말하고, 다음과 같은 부언을 한다. 이들도 다른 사람들과 마찬가지로 그들의 시정에 있어 매우 다른 기풍을 갖고 있었

---

22 *Op. cit.*, 12.
23 *Op. cit.*, 13.

기 때문에 캠브리지 쉐퍼드씨는 이따금 그들에게 다음과 같은 취지의 말을 했다.

> 록스베리 시인 여러분은
> 우리에게 매우 훌륭한 운율을 제시하려고
> 요지를 빼먹는 실수를 범하지 않도록 하시고,
> 돌체스터의 시인들이여, 당신의 절들은 길어지지만
> 본문 자체의 말씀으로 보강해야 합니다.[24]

쉐퍼드의 이 조언은 웰드, 엘리오트, 매더 만이 이 운문 번역들의 작가들이라는 그릇된 인상을 주어왔다. 졸탄 하라스치의 연구는[25] 십중팔구 위에서 언급된 세 사람 외에 존 카튼, 존 윌슨, 피터 벌컬리(Peter Bulkeley)도 참여했을 것이라는 결론을 내린다. 그는 카튼은 아마 시편 23편을 번역했을 것이고, 유창한 작시자였던 윌슨은 시편 74편을 썼고 당연히 시편 69, 72, 86, 89, 118, 148편을 번역했을 것이라고 주장한다. 벌컬리는 아마 시편 90편과 29편을 번역했을 것이다. 비록 그들의 시 형태들이 계관시인들의 수준에는 거의 이르지 못했지만 이러한 노력은 뉴잉글랜드의 제1세대 목회자들의 히브리어 학문이 매우 훌륭했음을 반영한다.

레이븐스크로프트(Ravenscroft)나 다른 영어 찬송 편집들에서 발견되는 공통적인 운율 가락들은 사람들의 호감을 나타내는 것이었다. 그리고 독단적인 목사들은 긴 운율로 쓰여진 여섯 편의 시편들, 즉 51, 85,

---

24 *Magnalia*, I, Bk. iii, 367.
25 Haraszti, *The Enigma of the Bay Psalm Book*.

100, 117, 133, 138편을 공통적인 운율로 대치하기도 했다. 『베이 시편서』의 인기는 57판이 출판되었다는 사실에서 간파될 수 있다. 26 또는 27판은 매사추세츠, 보스턴 혹은 캠브리지에서 출판되었고 21판은 영국의 런던 또는 캠브리지에서 출판되었고 7판은 에딘버러에서, 2판은 그리래스고에서 출판되었다.[26] 웨스트민스터총회가 모여서 잉글랜드와 스코틀랜드의 예배를 개혁하고 있는 동안 준비된 이 찬송가를 존 카튼이 그의 저서 『뉴잉글랜드에서의 그리스도의 교회들의 길』(Way of the Churches of Christ in New England)에서 홍보했다는 것은 의미심장하다. 그는 다수의 장로교인들과 소수파인 영국 독립교인들에게 일련의 확립된 독립교회들이 어떤 모습이 될 것인가를 다음과 같이 설명했다.

> 설교 전후에 우리는 여러 번 시편을 찬송한다. 그리고 과거의 시편 번역이 많은 절에 있어 원문과 달랐기 때문에 우리는 가능한 한 원어와 가깝게 우리의 영어로 표현하고, 영어 운율로 새롭게 번역하고자 애써왔다…그래서 그 시편들을 우리는 우리의 공적 교회들에서 그리고 개인적으로 찬송한다.[27]

만일 시편을 진지하게 받아들인 사람들이 청교도들뿐이었다는 인상을 받았다면 그것은 잘못된 인상이다. 왕당파들(Cavaliers)과 원두당원들(Roundhead) 그리고 잉글랜드국교도들과 칼빈주의자들(장로교인이거나 독립교인이거나 간에) 모두 시편을 자신들의 마음 상태와 환경들의 거울이

---

26 Edward Gallagher and Thomas Werge, *Early Puritan Writers: A Reference Guide* (Boston: G. K. Hall, 1976), 156과 Thomas J. Holmes, "The Mather Collection of Cleveland," *The Colophon: A Book Collector's Quarterly,* Part 14, No.3, (1933).

27 *The Way of the Churches of Christ in New England* (London: 1645).

라고 생각했다. 이 사실은 프로데로(R. E. Prothero, 즉 Ernle경)가 말하는 한 사건이 분명하게 나타낸다. 찰스 1세는 말스톤 무어(Marston Moor) 전투에서 그의 권세가 꺾였을 때 뉴아크(Newark)의 스코틀랜드 진영에 갇혀 있었던 것으로 보인다. 승리한 스코틀랜드의 장로교회 목회자들은 다음과 같은 조롱과 함께 시편 52편을 찬송하라고 명함으로 그를 모욕했다. "그대 폭군이여, 하나님의 선하심이 매일 고난을 당함에도 불구하고 어찌하여 그대는 악을 행할 수 있다고 자랑하는가?" 왕은 시편 56편을 부르게 해 달라고 응수했다. 그 시편에는 "하나님이여 나를 긍휼히 여기소서 사람이 나를 삼키려고 종일 치며 압제하나이다. 나의 원수가 종일 나를 삼키려 하며 나를 교만히 치는 자 많사오니(오, 지고하신 분이시여)"라는 간구가 포함되었다.[28]

3. "한 소절씩 따라 부르기"

운문적 시편 성가의 이론과 실천 사이, 즉 하나님을 찬양하는 행동의 이상과 실제로 귀에 거슬리는 서투른 시 사이에는 큰 차이가 있었다. 그리고 이것은 시가 공격을 받는 대상이 되었다. 왕정복고 시대의 자유 사상가 로체스터 경(Lord Rocherster)은 고대 역본을 다음과 같이 조롱했다.

> 스턴홀드와 홉킨스는 다윗의 시편들을 번역할 때 크게 흥분했다. 그들의 마음은 정말로 기쁨으로 가득했다. 그러나 그대들이 노래하며 번역하는 것을 만약 다윗 왕이 들었다면, 맹세하

---

28 *The Psalms in Human Life* (New York: E. P. Dutton, 1903), 183.

건대…그는 미쳤을 것이다.²⁹

그러나 가장 악평을 야기시킨 것은 "한 소절씩 따라 부르게 하는 것" (Lining out)이었다. 이렇게 한 목적은 시편을 찬송하기 전에 교회의 서기나 성가대의 선창자가 각 소절을 크게 소리내어 불러줌으로 문맹자들도 찬양에 참여할 수 있게 하는 것이었다. 웨스트민스터 예배모범은 다음과 같이 지시했다.

> 전체 회중이 여기에 참여할 수 있도록 읽을 수 있는 모든 사람은 시편서를 갖고 있어야 하고, 늙거나 다른 이유로 읽을 수 없는 사람이 아닌 사람들은 읽는 법을 배우도록 권고해야 한다. 그러나 현재에는 목사나, 또는 목사와 다른 다스리는 직분자들에 의해 임명된 어떤 적절한 사람이 시편을 찬송하기 전에 한 소절씩 읽어주는 것이 편리하다.³⁰

(영국에서 교구 서기가 하는 것과 같이) 뉴잉글랜드에서 성가대의 선창자가 "한 소절씩 읽어주는 것"의 문제는 특별히 다음 소절로 의식이 넘어갈 때 사고의 흐름을 막으며, 계속적인 찬송에 의해 고양될 수 있는 심령들을 가로막음으로 기를 꺾는다는 것이다.

뉴잉글랜드에서 회중이 시편 찬송을 하는 데 있어 또다른 실제적인 문제는 선창자가 간혹 여러 가지 곡조를 혼합하며, 하나의 곡조로 시작하여 다른 곡조로 끝나거나 또는 음을 너무 높이 잡는다는 것이었다.

---

29 Cited in Julian, *A Dictionary of Hymnology*, 865a.

30 *Reliquiae Liturgicae*, ed. Peter Hall, vol. III: *The Parliamentary Directory* (Bath: Binns and Goodwin, 1847), 81. 이 교훈집은 1644년에 처음 출판되었다.

그 결과는 끔찍한 불협화음이었다. 세왈 판사는 간혹 보스턴의 올드사우스교회에서 선창자로 활동했는데 그의 일기가 확인하는 바와 같이 그 결과는 불행했다. 1705년 12월 28일에 그는 다음과 같이 적는다.

> 윌라드 씨(목사)가…나에게 곡조를 정하라고 말했다. 나는 원저라는 곡을 부르려고 했는데 높은 독일곡(High Dutch)이 되어 버렸다. 그 다음에 다른 곡조를 정하려고 했는데 음이 너무 높아졌다. 그래서 화이트씨에게 곡을 정해달라고 부탁했더니 그는 리치라는 곡을 훌륭하게 골라주었다.

그는 8년 후에도 성공하지 못했다. 왜냐하면 1713년 7월 5일에 "나는 독일의 지방곡을 정하려고 했지만 실패했다. 다시 시도했으나 시편 119편 곡이 되고 말았다"라고 기록하기 때문이다.

연습도 하지 않고 성가대와 오르간 없이 찬송을 부르다가 빠질 수 있는 끔찍한 혼란이 1722년의 대처와 댄포드의 『수필』(*Essay*)에 다음과 같이 묘사된다.

> 많은 회중들은 거의 3분의 1을 너무 길게 불렀고, 어떤 소절들은 미사의 찬송처럼 떨리고 있었다. 그리고 어떤 사람들은 한 소절의 절반을, 어떤 사람들은 한 소절 전체를 어떤 곡조가 정해졌는지 알고 따라가기 전에 두세 소절을 앞서 부르는 경우도 있었다. 또한 나중의 관습처럼 멜로디를 가장 조화롭게 하기 위한 음악적 대응부도 곡조에 정해지지 않았다….[31]

---

31 *An Essay…Concerning the Singing of Psalms* (Boston: 1723), 6–7.

이삭 왓츠(Isaac Watts)가 1707년에 영국에서 구약성경의 불명료한 관습을 지닌 채로 찬송하는 것과 "한 절씩 따라 부르게 함"으로 야기되는 무감동이 다음과 같은 결과를 낳았다고 불평했던 것은 놀라운 일이 아니다. "시편이 전체 회중의 입에 올려질 때 그들의 얼굴에 나타나는 따분한 무관심과 태만하고 아무 생각이 없는 분위기를 보게 되면 심지어 관대한 관찰자까지도 내적인 신앙의 열정을 의심하게 될 것이다."[32] 왓츠가 성경적인 찬송가 연구를 함으로 다윗이 그리스도인과 같이 찬송했다고 가르친 그 자신의 운율적 시편 번역들은 운율적 찬송에 대한 불만을 종결지을 수 있었다.

뉴잉글랜드에서 가장 진보적인 독립교회였던 보스턴의 브래틀 스퀘이 교회가 1699년에 한 소절씩 따라 부르는 찬송을 폐지했다.[33] 1711년에 이 교회는 토마스 브래틀(Thomas Brattle)의 유언으로 파이프 오르간이 배달되었으나 그 오르간을 거부했다. 그래서 그 오르간은 역시 보스턴의(잉글랜드국교회가 세운) 킹스 채플로 옮겨졌고, 킹스 채플은 영국 식민지들 중 최초로 오르간을 소유한 교회라고 자랑할 수 있었다. 오르간과 성가대의 사용에 의해 이루어진 좀 더 나은 박자와 곡조의 통제는 일부 낙심했던 보스턴의 청교도들에게 그들의 예배당에서 불려지는 무질서한 운율 찬송의 개선으로 감명을 주었던 것이 분명하다. 오르간은 "복음에는 오르간의 설치에 대한 말씀이 없다"[34]는 사무엘 매더가 믿었던 근거에 따라 청교도들에 의해 완강한 저항을 받았다. 그러나 "따라 부른 찬송"이 최초의 뉴잉글랜드 정착자들의 관습이 아니었다는 사실은

---

32 *Hymns and Spiritual Songs in Three Books* (London, 1707)의 머리말; 또한 *Works*, IV, 253에도 나온다.

33 Scholes, *The Puritans and Music*, 264.

34 Samuel Mather, *A Testimony...against Idolatry* (Boston, 1725), 65.

주목할 만한 가치가 있다. 이 관습은 1681년에 비로소 (뉴잉글랜드 지역의) 플리머스에서 시작되었고 18세기 중엽까지 일반적인 관습이 되지 않았다.[35]

4. 가정에서의 음악

앞에서 본 바와 같이 존 카튼은 가정에서의 기악을 금지하지 않고 심지어 잉크리즈 매더(Increase Mather)와 같은 보수적인 목사도 "우울한 심적 불안에 대한 효험을 갖고 있는" 음악의 놀라운 안정시키는 능력을 "음악의 감미로움과 유쾌함에는 우울한 감정을 진정시키는 선천적인 능력이 있다"고 주장할 수 있었다. 그는 계속하여 고전적인 근거와 성경적인 근거로 이 사실을 예증하며 피타고라스가 연주한 음악의 결과로 미친 사람의 제정신이 돌아왔던 일과 다윗이 수금을 연주함으로 사울의 불안한 정신이 안정되었던 것을 상기시킨다.[36]

적어도 두 명의 목회자들이 카튼의 충고를 통감했다. 그리고 분명히 그런 목회자들은 몇 명 더 있었을 것이 분명하다. 왜냐하면 그들은 이 두 명의 목회자 음악가들을 알리기 원했기 때문이다. 서드베리의 에드문드 브라운(Edmund Brown of Sudbury)은 유언으로 몇 권의 음악 서적과 "베이스 비올"(현대의 바이올린의 전신인 중세기의 현악기)을 남겼고 입스위치의 나다니엘 로저스(Nathaniel Rogers of Ipswich)는 "트레블 비알"(treble viall)

---

35 Scholes, *The Puritans and Music*, 265.
36 In Chapter Ⅷ of his *Essay for the Recording of Illustrious Providences(1684)*, reprinted in *Remarkable Providences Illustrative of the Earlier Days of American Colonization* (London: Reeves and Turner, 1890), 197.

을 남겼다.[37]

그러나 배베트 메이 레비(Babette May Lavy)는 뉴잉글랜드 목사들의 설교에 나타나는 음악에 대한 적은 언급들은 음악이 그들의 생활과 그들의 회중의 생활이 극히 작은 역할을 했던 것을 암시한다고 말한다.[38] 이 견해에 대해 우리는 찬송가 발행의 급격한 확산과 가정에서 부르는 시편의 기쁨에 대한 적지 않는 언급들에서 그리고 뉴잉글랜드의 매 주일 공적 예배에서 볼 수 있는 운율 찬송의 중요한 역할을 제시해야 할 것이다.

사무엘 세왈 판사는 성찬식에서 찬송하는 경건한 사람들의 기쁨에 대한 우리의 해설자임에 틀림없다. 그는 1688년 2월 26일에 다음과 같이 기록한다.

> 나는 뉴베리 교회에서 주님의 식탁에 앉았다. 요한계시록 5장의 찬송들이 불리워졌다. 나는 '사람들을 피로 사서'라는 말씀에 울음이 나올 것 같았다.[39]

천국의 시온을 위한 준비로 시온의 찬송들을 부른다는 이상은 18세기에 훌륭하게 이어졌다. 보스턴의 가장 진보적인 목사들 중의 하나이며, 세련된 설교 스타일로 유명한 벤자민 콜맨(Benjamin Colman)은 『우리의 공적 집회에서 신앙적 예배가 주는 희락들에 대한 설교』(A Discourse of the Pleasures of Religious Worship in our Publick Assemblies, Boston, 1717)라는 제목으로

---

37 Samuel Eliot Morison, *Harvard College in the Seventeenth Century* (Cambridge, Mass.: Harvard University Press, 1936), 115.

38 *Preaching in the First Half Century of New England History*, 125.

39 Sewall's *Diary* (ed. M. Halsey Thomas), I, 161.

출판된 설교를 했다. 그는 시편 찬송을 언급하며 다음과 같이 말했다.

> 예배의 이 부분에서 은혜가 넘치는 영혼들은 천국의 맛을 많이 맛봅니다. 시편 찬송은 분명히 영혼을 하나님께로 넓히어 개방하며 하나님은 그 영혼 속으로 들어오십니다.

그의 창조와 세상 종말에 있어서의 음악에 대한 예찬은 청교도의 시편 찬송의 비록 근엄하지만 숭고한 기쁨에 대한 활기찬 찬사이다.

> 이 세상이 있기 전에 기쁨과 찬송이 있었고, 기쁨이 찬송 가운데 표현되었습니다. 나는 세상이 창조될 때 새벽별들이 함께 찬송하고 하나님의 아들들이 기쁨으로 외치던 때를 말하는 것입니다. 그리고 이 세상이 끝날 때도 찬송은 영원한 기쁨으로, 곧 모세와 어린양의 찬송으로 계속될 것입니다. 우리는 지금 천국과 교제를 갖고 있습니다. 우리는 천국을 준비하고 있습니다. 우리는 이미 거룩한 찬송의 예배 가운데 천국을 어느 정도 맛보고 있습니다.[40]

뉴잉글랜드 청교도 음악에 나타나는 상대적인 인습타파는 어떤 미적 감각의 결핍 때문인 것은 아니다. 그들은 음악을 싫어한 것이 아니라 그리스도의 규례들을 더 사랑했던 것이다. 운율적 시편을 찬송한 청교도의 숭고한 의도(그리고 부차적인 업적)는 존 카튼에 의해 깊은 확신과 자

---

[40] 이 설교는 *Sermons Preached at the Lecture in Boston*에 *to which is added A Discourse from Psalm CXX. 1.*(Boston, 1717)에 추가되었다. 이 설교는 133-63에 나오고, 인용은 150-51에 나온다.

신이 경험한 것들로 훌륭하게 표현되었다.

시편을 찬송할 때 우리는 주님께 찬송을 드리려고 노력해야 하며 우리의 심령을 조명하시고 고상하게 하시고 북돋으시고 고정시키시는 성령 하나님의 감화력을 얻기 위해 성령 하나님을 앙망하며 의뢰해야 한다. 그럴 때에 우리는 우리 자신의 경험으로 거룩한 시편 기자와 같이 진실로 "하나님이시여, 우리의 마음이 정해졌나이다 우리가 찬송하고 찬양하리이다"라고 말할 수 있을 것이다.[41]

---

[41] *Singing Psalms a Gospel Ordinance*, 286-87

6장

기도[1]

만일 설교가 청교도 예배의 절정이라면, 기도는 찬송과 마찬가지로 하나님의 계시의 해설에 대한 중요한 응답이었고, 주일뿐만 아니라 매일의 설교를 위한 준비였다. 기도는 설교를 유효하게 하는 것이기도 했다. 더욱이 청교도주의는 진실하고 진지하고 자발적이며 깊은 심령의 하나님과의 대화라는 기도의 본질에 대한 자체의 통찰력을 갖고 있었다. 기도에 대한 최초의 뉴잉글랜드의 정의들 중의 하나는 존 카튼(John Cotton)에게서 나왔다.

> 기도(타당한 기도와 타당치 못한 기도를 포괄하여 전체적으로)는 예수 그리스도의 이름으로 그의 뜻에 따라 은혜의 성령의 도우심에 의해…신령한 축복들을 바라는 마음의 열망들을 앙망하는 것(또는 쏟아붓는 것)이다.[2]

---

1 나는 이 장을 준비하는 데 Dr. Bryan Sellick의 도움을 받았다.
2 *A Modest and Cleare Answere to Mr. Balls Discourse of set formes of Prayer* (London: R.O.and A.D., Printers, 1642), I.

성실성에 대한 기본적인 요구에 있어 그의 정의는 토마스 쉐퍼드 (Thomas Shepard)의 정의에 의해 되풀이 된다.

쉐퍼드는 다음과 같이 기술했다.

> 거룩한 기도는…하나님을 가장 기쁘시게 하기 위해 하나님의 뜻에 순복함으로 하나님께 맡겨진 영혼의 열망들이다.[3]

자기 본위의 간구를 특징지을 수도 있을까 하여 두 정의는 모두 신실성에 추가하여 하나님의 뜻에 대한 순종의 필요성을 강조하며, 카튼은 이러한 기도가 성령의 가능케 하시는 도우심으로 그리스도의 방식을 따름에서 발견된다고 덧붙인다.

레치포드(Lechford)[4]에 의하면 뉴잉글랜드의 최초의 공식 아침예배 형식과 순서는 15분간 지속되는 기도로 시작하여 더 긴 기도와 축도로 마쳤다고 한다. 동일한 정보 제공자의 설명에 따르면 오후 예배 때 목사는 설교 전후에 기도를 드렸다. 성찬식 때에 떡과 포도주는 각각 기도로 봉헌되었고, 모든 사람이 모두 성찬을 받은 후에 기도와 마지막 축도가 있었다.

청교도주의에서 기도의 중요성을 나타내는 세 가지 지표가 있다.

첫째, 목사들이 그들이 진술하는 기도 또는 즉석의 기도를 만드는 능력을 승천하신 그리스도가 자기 교회에 주시는 은사들 중의 하나로 생각했다는 것이다. 예를 들어 카튼 매더(Cotton Mather)는 그의 뉴잉글랜드 교회사에서 존 노튼(John Norton)의 이와 관련된 비범한 능력을 찬양한다.

---

3   *The Works of Thomas Shepard,* "The Sound Believer"(Boston: Doctrinal Tract and Book Society, 1853), 1, 265.

4   *Plaine Dealing: Or, Newes from New-England* (1642), 16.

그 능력은 그의 말을 듣는 사람들의 영혼을 그와 함께 그의 기도 속으로 들어가게 했고, 그의 기도 가운데 그의 신령한 능력들이 큰 위로와 감사로 놀랍게 솟아나와 우리로 하여금 새로운 언약 가운데 우리의 기도를 위한 준비를 갖추게 하곤 했다.

매더는 입스위치에 사는 한 사람이 보스턴까지 30마일을 걸어와 주간 강의에 참석하곤 했는데, "그가 고백하기를 노튼 씨의 기도들 중 한 기도에 참여자가 되기만 해도 긴 여행을 할 만한 가치가 있다고 했다"고 기록한다.[5]

둘째, 기도의 중요성을 나타내는 두 번째 요소는 일부 목사들이 기도하는 긴 시간과 그들의 개인적인 경건의 엄격성(intensity)이었다. 어떤 목사들은 그들의 설교만큼 길게 기도했다. 이것은 "한 시간 동안 길게 기도하고 동일한 시간 동안 설교한"[6] 한 청교도 목사에 의해 말한 야스퍼 당카엘츠(Jasper Danckaerts), 곧 1680년에 보스턴을 방문한 네덜란드인과 같은 비평가의 보고일 뿐만 아니라 청교도 목사들 자신이 즐겁게 인정하는 사실이기도 하다. 대처는 한번 자신이 약 3시간 동안 서서 기도하고 설교한 적이 있었다고 기록했고 그 후에 어떤 경우에 대해서 다음과 같이 기록한다.

> 하나님은 나의 기대를 훨씬 넘어 은혜롭게 나를 도와주심을 기뻐하셨다. 이 일로 인해 하나님의 거룩한 이름을 찬양할지어다. 나는 첫 번째 기도를 거의 한 시간 반 동안 드렸는데 그 기

---

5 *Magnalia Christi Americana*, Bk. iii, 274.

6 *The Journal of Jasper Danckaerts* (1679-1680) eds. B. B. James and J. F. James,(New York, 1913), 261-62.

도에 나의 심령이 크게 감동되었고 설교는 한 시간 동안 했다.[7]

찰스 햄브리크 스토우—그는 뉴잉글랜드 경건의 권위자이다—에 의하면 "공통적으로 안식일에 나타나는 기준은 60분에서 90분 간의 대기도를 드렸던 것으로 보인다."[8]

셋째, 기도의 중요성에 대한 세 번째 표적은 끈질지게 조르는 것의 중요성에 대한 인식이었다. 기도에 있어서 끈기가 필요한 이유는 "기도의 역사가 하나님을 움직이는 것이 아니라 우리의 심령을 주님께로 가까이 움직이는 것이기 때문이다. 따라서 기도에 의해 우리의 심령과 영혼이 좀 더 거룩한 상태가 될 때 우리는 목적 있는 기도를 드린 것이다."[9] 사무엘 세왈은 아들, 헨리의 치명적인 질병에 대해 근심했을 때 나타난 바와 같이 그 자신이 경건한 끈기의 감탄할 만한 모범이었다. 그의 일기에 나타나는 계속적인 기록들은 그가 목사들을 초청하여 아들을 위해 기도드려 달라고 부탁하였고 마지막에는 필사적으로 그 자신이 스스로 기도했던 것을 보여준다. 그 기록은 다음과 같다.

> [1685년] 12월 19일 토요일, 윌라드씨가 매우 아픈 나의 어린 헨리와 기도하다.
> 12월 20일 안식일, 윌라드씨와 무디씨에게 내 아이 헨리를 위해 기도드려 달라는 짧은 편지를 보내다.

---

7 Thacher, *Diary*, Ms, I, 121-122, as cited by C. E. Hambrick-Stowe, *The Practice of Piety* (Chapel Hill: University of North Carolina Press, 1982).

8 *Op. cit.*, 104.

9 Thomas Cobbett, *A Practical Discourse of Prayer* (London: Printed by T. M. for Joseph Cranford, 1654), 6.

12월 21일 월요일, 약 새벽 4시에 내 아이의 힘없이 신음하는 소리는 나로 하여금 기도하지 않을 수 없게 했다.
무디씨까지 부르다. 그를 데리고 와서 나의 심하게 병든 아들과 기도하게 하다.
12월 22일 화요일 아침, 아이는 숨쉬며 잠든 것처럼 일종의 코고는 소리외에 아무 소리도 내지 않는다.

(후에 세왈은 가족과 함께 천국의 주제에 대한 요한복음 14장을 읽고 기도했다) 일기는 다음과 같이 이어진다.

그 다음, 나는 거의 숨쉬는 소리를 들을 수 없었다. 그리고 해 뜰 무렵 또는 조금 후에 그는 잠들었다. 나는 예수님 안에서 아버지의 집에 그를 위한 집이 예비되었다는 것을 믿는다.[10]

이 일기는 의심들에도 불구하고 계속 기도하며, 아들을 하나님께 맡기는 한 사람에 대한 감동적인 기록이다.
쉐왈도 신학적인 교육을 받았음에도 불구하고 목사들에게 수시로 의지했던 것에서 입증되는 바와 같이 청교도들은 목사들을 기도의 능력을 나타낼 수 있는 하나님의 사자들로 여겼다. 카튼은 목사의 기도가 거의 설교만큼 중요하다고 생각했던 것 같다.

사람들이 우리에게 귀를 기울이면 기울일수록 우리는 더욱 그

---

10 *Diary* (ed. M. Halsey Thomas), I, 89.

리스도가 우리에게 귀를 기울이시도록 할 필요가 있다.[11]

가장 훌륭한 목사들은 그들의 기도에서 자신들을 하나님께 제물로 바쳤다. 존 카튼은 자신이 중보자이신 그리스도의 세 가지 직분에 대한 증인이 되어야 한다는 것을 깨달았다. 곧 설교를 하는 동안 그는 선지자이며, 왕으로서 그는 자신의 유혹들을 다스리고 자신이 책임을 맡은 자신의 가족들의 유혹들을 다스리고, 제사장으로 그는 영혼과 육체뿐만 아니라, "기도와 찬송과 헌금의 제물들을 그리스도께 받으실 만한 제물"로 드려야 한다는 것이었다.[12]

토마스 쉐퍼드의 1641년 4월 11일 일기의 기록은 우리에게 그의 기도의 헌신과 희생을 보여준다.

> 나는 나 자신을 주님께 다음과 같이 바친다.
> 1. 나는 내가 소유한 모든 것이 주님의 소유라고 인정한다.
> 2. 나는 나의 동산과 부동산뿐만 아니라 자녀, 아내, 교회, 자신까지도 사랑으로 주님께 양도한다.
> 3. 만일 주님이 그것들을 가져가신다면 가장 큰 긍휼로 평가할 것이다.
> 4. 나는 세 가지 목적을 위해 주님이 모든 것을 가져가시기를 바란다.
>   (1) 주님이 원하시는 대로 나와 관계하시기 위해
>   (2) 나를 사랑하시기 위해

---

11 *A Brief Exposition With Practical Observations Upon the Whole Book of Canticles* (New York: Aron Press, 1972), 235.

12 *An Exposition of First John* (Egvansville, Ind.: Sovereign Grace Publishers, 1962), 116.

(3) 나로 인하여 그리고 나의 모든 것을 인해 영광을 받으시기 위해[13]

청교도들에게 있어 기도는 또한 강력하게 집단적이며 공동적인 모습을 갖고 있었다. 하나님의 선택된 영혼들은 목걸이에 줄줄이 늘어서 있는 독자적인 진주들이라기보다는 예배의 근접성으로 힘을 얻는 주님의 군대, 영적 철기병들이다. 벤자민 콜맨은 이 경건한 응집력과 상호 감화력을 완벽하게 묘사한다.

> 현재 우리는 우리의 기도 가운데 서로의 도움을 더 많이 필요로 한다. 철이 철을 날카롭게 하는 것과 같이 그리스도인 형제들의 경건한 얼굴들은 하나님 집의 거룩함(solemnity) 가운데 서로의 용기를 북돋고 빛나게 한다.[14]

카튼은 하나님이 형제를 멸시하는 자들의 기도를 받으시기를 기뻐하시지 않는다고 주장했다.

> 만일 여러분이 형제들을 멸시한다면 여러분은 절대로 하나님을 바라보며 "우리 아버지"라고 말할 수 없습니다.[15]
> 우리가 하나님께 보여드릴 수 있는 가장 큰 사랑은 하나님의

---

13 *Works*, "Meditations and Spiritual Experiences" (Boston: Doctrinal Tract and Book Society, 1853), 403.

14 *A Discourse of the Pleasure of Religious Worship in our Publick Assemblies* (Boston: 1717), Preface, "To the Reader."

15 *An Exposition of First John*, 500.

종들에게 나타나는 하나님의 형상을 사랑하는 것이다.[16]

1. 고정된 형태의 기도에 대한 비판

뉴잉글랜드와 관련된 두 명의 신학자가 자유기도 또는 즉석기도의 필요성을 해설했다. 그들 중의 한 명인 사무엘 매더는 공동기도서(the Book of Common Prayer)의 기만성을 공격했고, 또 다른 한 명인 존 카튼은 즉석기도의 우월성을 성경적으로 논증했다. 사무엘 매더는 청교도가 공동기도서 사용을 거부하는 여섯 가지 이유를 제출했다.

첫째, "하나님의 책 외에 다른 책을 하나님의 교회에 도입하는 것은 성경에 대한 모욕이며 무례이다."

둘째, 성경에는 "제한된 기도서"의 사용에 대한 가르침이나 하나님이 그것을 용납하실 것이라는 어떠한 약속도 없다.[17]

셋째, 공동기도서는 로마가톨릭의 일과(日課) 기도서(Breviary), 의식서(Ritual), 주교 전례서(Pontifical)에서 유래했다.

넷째, "공동기도서는 목회자(minister)의 중대한 의례의 첫째되는 직무인 설교와 기도를(행 6:4) 손상시킨다. 목회자는 설교에 있어 백성에 대한 하나님의 입이고, 기도에 있어서는 하나님에 대한 백성의 입이라."[18]

---

16 *Ibid.*, 446.

17 Samuel Mather, *A Testimony from the Scripture against Idolatry and Superstition In Two Sermons upon the Example of that Great Reformer Hezekiah*, 2 Kings 18.4. *The first, Witnessing in generall against all the idols and Inventions of men in the worship of God, The second more particularly against the Ceremonies, and some other Corruptions of the Church of England* (originally published in Dublin, 1660, reissued in Boston, 1725), 68.

18 *Ibid.*, 70.

더욱이 비록 기도서 없이 기도할 수 없는 자들이 그런 목발을 사용하는 것이 타당할지라도 "멀쩡한 사람에게 목발을 잡고 다니라고 강요하는 것은 터무니 없고 불합리한 일이다."

다섯째, 공동기도서의 기만성은 "박해자들을 잔인한 무기와 폭력의 도구로 무장시켜 하나님의 신실한 목회자들과 백성을 그것으로 억압하려는 것이다."[19]

여섯째, "공동기도서에 포함된 부패성들"을 다 열거하려면 책 한 권을 가득 채울 것이다. 매더는 중요한 결점들 중 일부를 간단히 목록한다. 그것들은 하나님의 말씀에 따라 자녀들은 분명히 구원받는다는 단언, 외경에서 나온 교훈들에 정경과 같은 지위를 부여하는 것, 성일(聖日)들의 미신적인 엄수, 여인들에게 성직을 주는 것, 십자가 기호를 그리는 것, 그리고 "그들이 사제와 신도들 간에 테니스 공처럼 기도를 치고 받는 부조리하고 변칙적인 반복과 극히 짧은 기도, 곧 '주여 우리를 구하소서'의 여덟 번 반복과 '선하신 주여 우리에게 귀를 기울이소서'의 20회 반복 등이다."[20]

존 카튼은 공동기도서 지지자들의 주장들을 논박하려는 시도를 했다. 그는 만일 무엇보다 일치가 요망된다면 왜 그들이 드리는 예배가 서로 달라야 하는가 하는 논박을 했다. 또한 그는 고정된 형태의 기도가 불충분한 교육을 받은 목회자에게 유익한 도움을 준다는 논증을 받아드리려고 하지 않는다.

무지한 목회자들의 역량 부족을 메꾸기 위해 기도 형태를 고

---

[19] *Ibid.*, 70-71.
[20] *Ibid.*, 72.

정시켜야 할 필요가 있다고 하는데 그것은 차라리 빨리 교회 밖으로 밀어낼 필요가 있는 무지한 목회자들을 은폐하려는 수단에 불과하다…뿐만 아니라 만일 그러한 고정된 기도 형태가 무지한 목회자들을 돕기 위해 규정된 것이라고 한다면 기도의 은사를 받은 목회자들은 고정된 형태의 기도를 전혀 필요치 않고 또한 전혀 사용하지도 않을 것이다.[21]

또한 카튼은 공동기도서의 강제적인 부과를 유일하게 예배에 필요한 책인 하나님의 말씀에 의해 인정받지 못하는 것으로 반대했다. "교회의 목사들의 공적 설교로 설교책을 읽으라는 근거가 없는 것과 마찬가지로 교회의 공적 기도로 기도서를 읽으라는 근거도 없다."[22] 그는 하나님이 "우리에게 성령 안에서 기도하라고 명하셨는데(엡 6:18), 이 명령은 성령이 불붙이시고 분발시키시는 열정으로 기도하라는 의미만이 아니라 성령이 우리를 도우시는 사항과 말들로 기도하라는 의미이기도 하다. 왜냐하면 성령은 우리가 기도할 바를 모를 때 기도하도록 도우신다고 말씀하시기 때문이다"(롬 8:26)는 적극적인 주장을 했다.[23] 대조적으로 규정된 형태의 기도는 성령의 도우심 없이도 우리가 기도하는 법을 안다고 가정하는 데 이것은 불경스러운 오만이다.

그는, 성령이 기도 가운데 도움을 주신다고 고린도전서 14:16을 통해 이 우리에게 보장하고 있다고 부언한다. 그러나 카튼은 모든 개혁교회들이 고정된 형태의 기도서를 묵인할 뿐만 아니라 찬동하기까지

---

21 *A Modest and Cleare Answere to Mr. Balls Discourse of set formes of Prayer* (1642), 3.
22 *Ibid.*, 5.
23 *Ibid.*, 14.

한다는 벨(Bell)의 주장을 부인할 수 없었다. 그는 상당히 어설프게 개혁 교회는 목사들이 자신들의 기도를 드리는 것을 금하고 그들에게 예배서(liturgy)를 강요하지 않는다고 주장할 뿐이다.[24]

카튼의 궁극적인 주장은 하나님이 명령하셨으므로 인간들은 마땅히 예배에서 하나님이 명하신 대로 가감 없이 하나님을 예배해야 한다는 것이었다. 그는 다음과 같이 주장했다.

> 우리는 말씀에서 고정된 형태의 기도에 대한 계명이나 모범을 발견할 수 없고, 또는 그런 기도들의 수용을 위한 어떤 약속도 발견하지 못한다. 고정된 형태의 기도들은 하나님이 정당화하시지 않은 예배의 도움과 수단으로 그리고 하나님이 인정하시지 않는 예배 형태로 요구된다. 그러므로 우리는 그것들이 제2계명의 진정한 의미에 반하는 죄를 범하고 있다는 것을 변명할 수 없다.[25]

분명한 사실은 청교도들이 즉석기도를 사용한 최초의 사람들이 아니라는 것이다.[26] 적어도 저스틴 마터(Justin Martyr)와 터툴리안(Tertullian)의 시대부터 16세기 영국의 분리주의자들에 이르기까지 고정된 예배서(liturgy)와 다르게 예배의 지도자들이 드린 기도들이 사용되었다. 칼빈의 제네바에는 비록 즉석기도와 함께, 기도서로 사용된 예배서(*La Forme et Manière des Prières selon la Coûtume de L' Eglise Ancienne*)가 있었지만 목사는 설교

---

24 *Ibid.*, 44f.

25 *Ibid.*, 19.

26 나의 저서 *Worship and Theology in England From Cranmer to Hooker,* 1534-1603(1970)의 제9장인 "The Worship of the Separatists"를 보라.

전에 조명을 구하는 기도에서 자신의 말을 사용했다. 뉴잉글랜드에 있어 급진적이며 혁명적이었던 것은 웨스트민스터 예배모범이 나오기 전까지 식민지 전체의 예배에서 오직 즉석기도만 드려졌다는 것이다. 이 웨스트민스터 예배모범[27]은 기도의 말들을 정하기 위한 것이 아니라 기도의 주제들을 정하고 영국의 장로교회와 독립교회의 청교도들을 위한 예배구조를 정하기 위해 나온 것이었다.

웨스트민스터 예배모범은 담대하고 용감한 기도 전략으로서 후에 개신교 전체 교파가 따랐고, 우리 시대에는 자유기도에 역사적인 기도서를 보충하고 싶어하는 성령 은사파들이 따르고 있다. 이 점에 있어 웨스트민스터 예배모범은 반복성, 일시적인 관심사, 이따금씩 나타나는 지나치게 고지식함 그리고 자주 나타나는 현대성의 결여와 같은 잠재성들에도 불구하고 예배에 역사적이며 원대한 공헌이었다. 그리고 웨스트민스터 예배모범의 있음직한 약점들의 속성들은 단순성, 자발성, 접근법의 솔직성과 즉시성 그리고 회중들의 번민과 유혹들에 대해 냉정한 일반적 원칙들로서가 아니라 따뜻하고 세심한 주의로 표현되는 목회자의 통찰력이었다. 이 혁신적인 자유기도는 오늘날까지 널리 영향을 미치는 강력한 전통이 되었다. 그리고 심지어 강력하게 기도서에 의존하는 교회들도 제2 바티칸 공의회(1962-65년, 로마가톨릭에서 교회의 현대화를 논의함-역주) 이후부터는 기도의 일정불변한 공식 기념을 버리고 심지어 성찬식의 봉헌에도 선택적인 기도를 사용한다. 이것은 기도로 하나님께 나아감에서 변화를 추구하는 청교도식 간구에 대한 뒤늦은 인정일 것이다.

---

27   *The Parliamentary or Westminster Directory*(1644)에 대해서는 나의 저서 *Worship and Theology in England From Andrews to Baxter and Fox,* 1603~1690(1975), 406-26을 보라.

2. 기도의 여러 부분들

존 카튼은 사용되고 있는 기도의 유행들을 위한 신약성경의 근거를 그의 전행적 방법으로 언급함으로써 뉴잉글랜드의 예배에 대한 묘사를 시작한다. "먼저 우리는 사도들의 지시에 따라 교회에 함께 모인다(딤전 2:1). 그리고 우리는 우리 자신을 위해 그리고 모든 사람을 위해 기도와 중보기도와 감사를 드린다…." 그는 자신들의 자유로운 기도를 특징지우는 성령께 대한 의존을 언급한 다음, 이어 "우리는 여기에서 사람들의 요한 것들과, 이 시대와 우리에게 맡겨진 그리스도의 사역들을 고려한다"고 말한다.[28] 카튼은 두 가지 유형의 기도, 즉 (1) 감사와 (2) 중보기도 그리고 암시적으로 (3) 간구를 언급한다. 특별한 금식과 굴종의 날들에 대한 묘사들을 볼 때 (4) 고백도 일반적으로 사용된 또 한 가지의 부분이었고, 그리고 (5) 봉헌기도라는 부분도 있었다는 것이 분명하다. 왜냐하면 봉헌기도가 정규적인 예배에서는 헌금시에 사용되었고, 성찬식에서는 떡과 포도주의 "축복" 또는 봉헌에 사용되었기 때문이다.

따라서 기도는 모두 다섯 가지 부분들로 이루어진다. 이 부분들은 논리적이며 심리학적인 순서로 감사와 찬미로 시작하여 고백에서 표현되는 자신들의 무가치에 대한 직시로 이어지고 그 다음에 죄사함과 그리스도인의 생활의 미덕들을 구하는 간구가 역시 간구의 기도에서 표현되는 자신의 가족에 대한 관심과 함께 이어지고 다음으로는 중보의 기도에서 교회와 그리스도의 날 그리고 보다 넓은 세계에 대한 관심이 표현되고 자신과 자신의 시간, 재능, 재산을 그리스도를 섬기기 위해 드

---

28 *The Way of the Churches of Christ in New-England* (London, 1645), 66. 기도 분위기에 대한 5중의 표준적인 분석은 직접 Cotton에게서 비롯된 것이 아니다.

리는 봉헌으로 끝이 난다. 이제 우리는 미국 청교도들의 공적, 그리고 사적인 경건 생활에서 이 다섯 가지 기도의 부분들—감사, 고백, 간구, 중보, 봉헌—을 고찰하고자 한다.

이런 종류의 모든 기도에 있어 기본적인 필수 조건은 네 가지의 없어서는 안되는 미덕들을 함께 수반하는 믿음이었다. 존 카튼은 이 필수 조건들을 다음과 같이 목록한다.

1. 믿음은 하나님께 대한 경외를 낳는다.
2. 믿음은 우리 안에 겸손을 양육시킨다. 그리하여 우리는 이 겸손에 의해 우리의 무가치성을 의식하며 하나님 앞에 나아간다.
3. 믿음은 영혼(spirit)의 열정과 열심을 일으켜 하나님을 쉬지 않으시게 한다.
4. 믿음은 우리 안에서 우리가 구하는 바를 하나님이 반드시 주신다는 거룩한 확신을 일으킨다.[29]

특별히 청교도의 생활이 안식일 예배와 특별한 감사일과 굴종의 날들은 말할 것도 없고 일주일 내내 개인기도와 가족기도로 충만했다는 사실을 상기할 필요가 있다. 그리고 예배와 관련하여 주간의 강의도 잊지 말아야 할 것이다. 뉴잉글랜드의 존경할 만한 성도이며, 최초의 인디언들의 청교도 선교사였던 존 엘리오트의 생활에서 기도가 어떤 가치를 지녔는지를 그의 영적 식이요법(regimen)을 묘사하는 카튼 매더에 의해 요약되었으며, 이것은 뉴잉글랜드의 다른 목회자들의 하나의 모델이다.

---

[29] *An Exposition of Firt John*, 401–02.

일주일 중 많은 부분이 안식일을 지키는 것처럼 사용된다…우리는 사적인 모임들을 갖고, 거기에서 기도하고 찬송하고 설교를 반복하고 하나님의 일들에 대해 의논한다…우리는 매일 가정의 의무들을 행한다. 즉 우리는 아침과 저녁에 예배를 드리며 거기에서 가족들에게 성경을 읽어주고 하나님의 이름을 부른다…또는 우리는 골방에서 매일 기도를 드린다. 즉 우리는 우리의 골방에서 하나님께 간구를 하며 하나님의 말씀을 진지하게 묵상한다. 다윗과 같은 사람은 이러한 일을 하루에 세 번 이상 할 것이다. 일곱 번째로 많은 사람처럼 우리도 하루에 수없이 통성기도를 드린다. 곧 우리는 느헤미야와 같이 어떤 곳에 우리가 있든지 통성기도를 드린다. 여덟 번째로 신령한 사항들에 있어 부족함이 없도록 하기 위해 신령한 사항에 대해 수시로 묵상하고 대화한다. 아홉번 째로 우리는 신령한 싸움을 한다. 우리는 항상 우리 영혼의 적들과 맞서고 있는데, 이러한 상황은 계속하여 우리의 심령을 하늘에서 우리를 도우시고 인도하시는 분께로 향하게 한다.[30]

이 내용은 모든 식사 때에 반드시 기도할 것을 빠뜨린 것 외에는 청교도의 기도 훈련에 대한 거의 완벽한 설명이다. 청교도 기도의 빈도와 진지성과 열심과 끈기는 인상적이다. 감사일과 식탁의 감사 기도를 제외하면 청교도의 기도에서 우리는 감사를 거의 느낄 수 없고 찬양의 희열은 거의 전혀 느낄 수 없다. 이 점에 있어 그들의 경건은 외향적인

---

30 *Magnalia*, I, 484. See Cotton's similar practice in *The Diary of Cotton Mather* (New York: Frederick Ungar, 1911), I, 4.

루터파의 경건보다는 내향적인 칼빈주의 경건에 더 가깝다.

청교도의 원죄에 대한 확신을 반영하는 그들의 일기들은 죄의 고백들로 가득하다. 예를 들어 세왈의 일기는 그가 성찬을 허용하는 언약을 받아들이려고 생각했을 때 자신의 부적절성에 대한 억누를 수 없었던 감정을 보여준다. "오랫동안 나는 하나님과 완전한 계약을 맺는 것을 꺼려왔다. 왜냐하면 하나님이 나의 죄악과 위선을 나에게 보여주셨기 때문이다."[31] 라고 그는 기술한다. 여기에서 우리는 그의 근실성을 정확하게 볼 수 있다. 그의 고백의 행동 중 가장 유명한 것은 살렘의 마녀 재판의 재판관으로서 금식일에 회중 앞에서 한 행동이었다. 이 고백은 기도 형태였다. 그는 보스턴 올드사우스교회의 신도석에서 걸어나와 윌라드 목사에게 이 기록을 건네주었다. 이 기록이 읽혀지는 동안 그는 서 있다가 낭독이 끝나자 허리굽혀 인사를 했다. 그 내용은 다음과 같다.

> 사무엘 세왈은 그 자신과 가족에게 반복적으로 내리시는 하나님의 매를 민감하게 느끼며, 최근 살렘의 형사 재판(이 날의 의식은 이 일과 관련이 있었다)의 재판장으로 위임받을 시 모든 진술에서 축약해서 말한 죄에 대해서도 민감합니다. 그(세왈)는 이 죄에 대해 그가 알고 있는 어떤 죄보다 더 우려하고 있고 죄의 허물과 수치가 제거되기를 바라고 있습니다. 그리고 여러분의 용서를 바라고 또한 특별히 무한하신 권세를 갖고 계신 하나님이 그 죄와 다른 모든 그의 죄들, 개인적인 죄와 관련된 죄들을 용서하시도록 기도드려 주시기를 부탁합니다. 그리고 하나님의 무한하신 자비와 주권에 따라 그의 죄나 어떤

---

31 *Diary* (ed. M. Halsey Thomas), I, 39. See also 41, 42.

다른 사람의 죄로 인해 그 자신이나 그의 가족이나 이 땅에 벌을 내리시지 마시고 하나님이 앞으로도 그를 모든 죄의 유혹에서 강하게 지켜주시고, 그에게 주님의 말씀과 성령의 효과적이며 구원하는 행동을 허락하시도록 기도해주시기를 부탁합니다.[32]

이것은(자신의 행위를 전혀 변명하게 하지 않고) 자신의 가족과, 자신으로 인해 상처받은 사람들과 그리고 자신의 지역을 걱정하는 공적 인물의 남자다운 고백이다. 그 고백에서 죄의 용서를 구하는 탄원은 그의 앞으로의 행동이 성경에 의해 인도되고 성령에 의해 능력을 받도록 해달라는 탄원이 바르게 수반된다. 이런 고백이 형식적인 것이라고 생각할지 모른다. 그러나 이 고백은 혼란과 미신의 살렘 재판을 맡았던 사람에게서 나온 인상적인 겸손이라는 점에 있어 예외적이다(살렘의 마녀 재판에 대해서는 알렌 카든의 『청교도 정신』〈CLC, 1993〉. 293을 보라-역주). 경건의 사람, 세왈은 간혹 기도하기 위해 하루 온 종일을 구별했다.[33]

카튼 매더도 1681년 8월의 하루를 기도 훈련을 위해 구별했다. 전형적으로 이런 기도는 "굴종의 이유들"을 연구함으로 시작했다. 카튼 매더는 다음과 같은 세 가지 이유를 열거했다.

1. 나의 애통하는 영혼으로 절대 망각되지 않는 나의 과거의 죄악들
2. 나의 파기된 맹세들로 인해 관계들도 파기되는 것을 보여주

---

32 *Ibid.*, I, 366-67.
33 *Diary*, I, 589. See the full account of his activity in prayer on February 10, 1707/8.

는 최근의 나의 과거의 죄악들로 돌아가는 타락
　3. 결단들을 준수하고 이행함에 있어 나의 약한 의지 [34]

이 과정은 카튼 매더에게 있어 일상적인 것이었다. 1698/9년 1월 11일에 그는 다시 다음과 같이 기록했다.

　　　나는 금식기도와 묵상을 하기 위해 이 날을 구별했다…나는 나에게 일어났던 나의 오만한 콧대를 꺾은 일들을 요약해 보았다. 그리고 나는 이러한 하늘의 섭리들로 내가 비천해지는 것이 합당했던 나의 특별한 잘못들을 고백하고 통곡했다.

세왈의 경우와 마찬가지로 이 과정에는 확고한 결단들이 따랐다.

　　　나는 하나님을 영광스럽게 할 수 있는 기회들에 하나님의 은총들이 임하시기를 간청하고 하나님을 영광스럽게 하고자 하는 나의 특별한 의도들을 하나님 손에 위탁했다.[35]

앞에서 우리는 하나님과 그분의 선민들 간의 언약 관계 개념이 청교도 교회론의 구성과 연속에 어떻게 완벽하게 연결되는지를 보았다. 이 관계 개념도 역시 기도에 대한 이해의 기초가 된다. 예를 들어 카튼은 고백을 언약에 있어서 그들은 자신들이 하나님의 긍휼을 받을 가치가 없고, 하나님의 은혜 없이는 살 수 없고, 바른 언약 관계를 회복하기 위

34　*The Diary of Cotton Mather, 1681-1724*, ed. W. C. Ford, 2 vols. (Boston: 7th series, Vols. 7 and 8 of Collections of the Massachusetts Historical Society), I, 25.
35　*Ibid.*, 530.

해 용서가 필요하다는 것을 표현한다는 것이다.

> 우리는 하나님께로 나아가 우리의 마음 문을 열고, 우리가 하나님의 은혜를 무시하고 모욕한 모든 일을 고백한다. 우리는 고백에서 입과 마음을 함께 열고 하나님이 우리의 위험한 길에 대해 우리에게 말씀하신 모든 것이 하나님의 진리와 자비의 말씀이라고 고백한다. 우리는 과거와 최근의 죄악들을 고백하고 우리 자신이 어떤 긍휼도 받을 가치가 없다고 고백한다. 그렇게 자신의 죄를 고백하고 버리는 자는 긍휼을 얻을 것이다(잠 28:13).[36]

간구와 중보기도도 언약 관계를 전제로 삼았다. 교회의 중보기도와 간구는 신약의 중보자이신 그리스도 자신의 중보기도를 반영할 뿐만 아니라 언약 공동체를 결합시키는 결속도 반영한다. 이러한 기도는(요일 5:16에 의하면) 우리의 형제들에게 생명을 준다. 왜냐하면 이러한 기도들은 우리의 사랑을 흐르게 하고, 또한 하나님이 그리스도의 몸의 지체들로 서로를 섬기게 하심으로 그들을 굳게 결합시킨다.[37]

청교도들이 긴 간구와 중보기도에 포함되기를 바라는 내용을 준비하여 강단으로 올라와 목사들에게 건네는 기도의 "증서들"을 볼 때 회중의 간구의 본질에 대한 상당한 증거를 알 수 있다. 몇 가지 실례들을 인용할 수 있다. 세월은 1686년 4월 18일에 "사베이지 선장은 자기 가

---

[36] Cotton, *Gods Mercie Mixed with His Justice or His Peoples Deliverance in times of Danger* (1641 original publication in London; Gainesville, Fl.: Scholars' Facsimilies & Reprints, 1958), 21.

[37] Cotton, *First John*, 87, 571 and 574.

족에게 가벼운 천연두를 보내신 하나님의 손길을 정당하게 여긴다는 증서를 제출했다"고 기술한다.[38] 그 다음에 사무엘 쉐왈 자신이 세 번 교회 집회에서 "빛이 인디언들에게도 전달될 수 있도록 기도해 달라는 메모를 제출했는데 나의 메모가 맨 나중이기 때문에 공적으로 기도되지는 못했다"고 기술한다.[39]

카튼 매더는 이 기도 메모 또는 목록을 매우 진지하게 받아 자신의 공적 목회 기도에 포함시켰을 뿐만 아니라 다음과 같은 결심을 하기도 했다. 곧 그는 "우리 회중 가운데 기도나 찬양을 위해 제출되는 증서들을 받은 다음, 나중에 공적 기도에서 했던 것보다 그 각각을 위해 더 특별하게 하나님의 은혜를 탄원할 수 있는 나의 묵상에서 그 증서에 제시된 특별한 경우들을 주님 앞에 제출하기로" 결심했다. 카튼 매더 박사에게 제출된 바로 그 증서들 중의 몇 개가 잔존하며 그들의 하나님의 도움심에 대한 단순한 표현을 나타내고 있다. 한 증서에는 이렇게 쓰여져 있다. "바다에서 일하는 벤자민 엘튼은 하나님이 그를 축복하시고 번영하게 하시고 안전하게 귀환하도록 그를 위해 기도해주시기를 부탁합니다." 또 하나의 증서는 다음과 같다. "앤 윌리엄스는 해산에서 안전하게 지켜주신 것에 대해 하나님께 감사를 드리고 배를 타고 외국에 간 남편을 위해 기도해주시기를 부탁합니다." 세 번째 증서는 이러하다. "바다에서 돌아온 토마스 다이아몬드는 하나님의 긍휼로 인해 하나님께 감사를 드리고 싶습니다."[40]

기도 메모 또는 목록(Bill)을 목사에게 건네주는 이 관습은 개인적인

---

38 *Diary* (ed. M. Halsey Thomas), I, 108.
39 *Op. cit.*, I, 59. The entry is for March 26, 1685.
40 *Diary of Cotton Mather*, ed. W. C. Ford, I, 65–66, 1.

간구들을 목사의 기도에 포함시킴으로 예배를 민주화하는 유익을 갖고 있었다. 청교도들에게 거부된 잉글랜드국교회의 유익은 예배를 인도하는 사제의 기도에 응답을 할 수 있는 것이었다. 청교도 회중들은 단지 수동적으로 듣다가 끝에 "아멘"을 부언함으로만 기도에 참여했을 뿐이다. 존 카튼은 다음과 같이 단언했다.

> 목사의 기도는 그들의 기도이다. 목사의 기도 사항은 그들의 모든 기도들의 사항이다. 목사의 기도 형태는(나는 그들이 참여할 수 있는 외적인 형태를 말하는 것이다) 그들의 기도 형태이다.[41]

미국 청교도들이 채택한 이 새로운 관습이 바로 같은 시기에 영국에서도 사용되었다는 사실은 흥미롭다. 이 사실은 리처드 백스터(Richard Baxter)의 설교를 듣기 위해 1689년 11월 10일에 런던의 양로원 근처의 한 강당에서 드리는 비국교도 예배에 참석한 스코틀랜드의 감독교회 (Episcopal Church: 잉글랜드국교회가 스코틀랜드에서는 감독교회로 불리워졌음-역주) 사제 로버트 컬크(Robert Kirk)의 기록에서 알려졌다. 거의 무심하게 그는 다음과 같이 설명한다. "그 다음에 목사는 마음이 괴롭고 아픈 사람들과 여행을 하려고 하는 사람들의 기도들을 읽고, 자신이 기도를 드린 다음 교황제도에 관한 설교를 했다." 회중들은 자신들을 위한 목사의 간구 또는 다른 사람들을 위한 목사의 중보기도를 바라는 내용을 종이에 적어 갸름한 구멍을 낸 막대기에 끼워 목사에게 전달했다.[42]

---

41 *A Modest and Cleare Answer* (London, 1642), 47.
42 이 정보의 출서는 Donald Maclean, *London at Worship* (Manchester: The Presbyterian Historical Society of England, 1928), 16이다. 편집자는 현재 어딘버러 대학교 도서관에 있는 Robert Kirk의 작은 수첩의 수서(手書)에서 일련의 흥미 있는 인용들을 취했다.

3. 기도의 형태

뉴잉글랜드에서뿐만 아니라 옛 왕국에서도 청교도들이 평이한 설교를 좋아했다는 것은 상식적인 사실이다. 그들의 성실에 대한 열망과 하나님의 뜻에 대한 완전한 복종과 일치하여 그들의 기도도 동일했을 것이라고 상상할 수 있다. 특별히 그들의 즉석기도들은 인쇄되는 일이 드물었는데 그들이 어떻게 기도했는지를 우리가 어떻게 알 수 있을까? 우리의 정보는 훨씬 독특한 기도들에 대한 세평들에서 그리고 잉크리즈 매더(Increase Mather)와 같이 훌륭하게 구성된 자신의 기도들 중 일부를 일기에서 상기했던 사람들에게서, 그리고 나중에 자세히 인쇄된 목사 안수식에서 드린 중요한 기도들에서 얻는다.

뉴잉글랜드의 최초 목회자들 중에 토마스 후커의 기도들이 그 간결성과 감정적인 고조와 결론들로 인해 두드러졌다고 알려진다.[43] 존 노튼 목사는 기도에서 적절성과 질서정연함이 뛰어나 젊은 목사들의 스승이 되었다. 존 카튼은 다음과 같이 자랑했다.

> 심지어 젊은 목사들까지도 우리의 첫째되는 사역인 기원과 기도와 중보기도와 감사를 드리면서 모든 내용을 절대로 한 기도에서 두 번 반복하지 않을 뿐만 아니라 때로 한 시간이 훨씬 넘는 시간 동안 그들의 가장 비판적인 청중까지도 마음이 들지 않는다고 불평할 수 있는 것이 전혀 없고 매우 교화를 받았다고 고백할 수밖에 없다. 이처럼 열렬하고 내용이 풍부하면서도 바른 방식으로 자신들의 영혼을 전능하신 하나님께 쏟아

---

43 C. E. Hambrick-Stowe, *the Practice of Piety*, 106f.

붓는 것을 뉴잉글랜드는 제시할 수 있다.[44]

뉴잉글랜드 목회자들의 공적 기도의 다른 특성들은 그 엄청난 길이와, (만일 창작력이 풍부하고 흥미가 있다면 내용이 풍부하다고 묘사될 수 있으나 지루하고 따분하면 장황하다고 밖에 묘사될 수 없는) 절대로 성경적인 어휘와 표현이었다. 뉴잉글랜드의 죠지 허버트(George Herbert)라고 할 수 있는 시인 목사 에드워드 테일러가 분명히 감동적이며 은유적인 생동력 있는 기도를 드렸을 것이라는 사실은 상상할 수 있다.

그런데 18세기의 도래와 뉴잉글랜드의 개척과 함께 설교에서 발견되는 기풍과 어휘의 새로운 우아함이 기도에도 슬며시 들어왔다. 이 시대에 예배를 엄숙한 의미로 생각하는 것에서 기쁨으로 보는 변화가 일어났고 본성과 은혜 간의 초기의 괴리 대신에 하나님이 지으신 작품의(성경을 보충하는) 묵상으로부터 심오한 기쁨을 느끼게 되었다. 이 새로운 태도는 보스턴의 밴자민 콜맨 목사의 『우리 공적 집회에 나타나는 신앙적인 예배의 희락에 대한 설교』(A Discourse of the Pleasure of Relig-ious Worship in Our Publick Assemblies, Boston, 1717)에서 가장 잘 표현된다. 설교자가 극찬하는 기쁨은 그의 본문인 시편 122:1, "사람이 내게 말하기를 여호와의 집에 올라가자 할 때에 내가 기뻐하였도다"에서 추론된다. 그가 다음과 같은 찬사를 할 때 하나님의 주권은 회중의 영화(glorification)에 비해 이차적인 것처럼 보인다.

여기 그들의 생활 중에 가장 의롭고 엄숙한 활동 가운데 하나

---

44 Cotton Mather(alias "Piscator Evangelicus"), *Johannes in Eremo. Memoirs relating to the Lives, of the Ever-Memorable Mr. John Cotton…Mr. John Wilson… Mr. John Davenport…and Mr. Thomas Hooker*(Boston, 1695), 38, cited in Hambrick-Stowe, *op. cit.*, 106f.

가 되고, 하나님과 서로에 대한 사랑을 확인하고, 각각 자기 자신과 모든 그의 형제의 영원한 구원을 증진하는 최고의 체제 안에 있는 우수한 사람들이 있습니다. 여기 가장 훌륭한 친구들, 사람들 중에 가장 훌륭하고 가장 위대하고 가장 지혜로운 사람들이 함께 모여 있습니다. 그들 안에는 거룩하신 하나님의 성령이 계시고, 그들은 천사의 기질을 소유하고 있고 천국의 틀(frame) 안에 있습니다. 이 가장 고상하게 사용된 자, 인간이면서 천사이고 육체에 있으면서 육체 밖에 있기도 하는 영들은—높으신 하나님에 대한 사랑과 찬송과 경배 가운데 하나가 되어 하나님과 가장 완전하게 닮고 하나님께 가장 만족을 드리면서 살고 있는 것입니다! 형제들이여—어떻게 해서든지 손에 손을 잡고 천국으로 갈 수 있습니다!⁴⁵

교회에서 위선을 피하려는 제1세대 토마스 쉐퍼드의 첫 번째 관심은 어떻게 된 것일까? 보스턴의 상류사회에 원죄(original sin)의 교리가 완전히 사라진 것일까? 이 우아하고 말쑥한 회중에게 이미 날개가 돋아난 것일까?

제2세대의 지도자 잉크리즈 매더가 성찬식(the Lord's Supper)에서 드린 기도로 되돌아 가는 것이 안전하다. 이 기도는 언약의 소망을 다음과 같이 진술한다.

예수 그리스도 안에서 하늘에 계신 우리 아버지 하나님이시여, 우리는 당신께서 우리의 하나님이심을 고백하였고, 이제

---

45 *Op. cit.*, preface "To the Reader."

우리는 당신께서 우리를 당신의 백성이라고 승인하셨음을 아나이다.

왜냐하면 당신께서는 우리에게 당신의 아들을 주셨고, 그분과 함께 모든 것을 우리에게 주실 것이기 때문이니이다.

아버지 하나님이시여, 우리는 당신께서 당신의 언약, 곧 새 언약을 따라 우리의 범죄들을 용서해주시기를 당신께 겸손하게 간구하나이다.

당신의 언약의 은혜는 우리의 약점들이 우리의 무거운 짐이라는 것을,

당신께서 알고 계시기 때문에 우리에게 죄로 돌리시지 않는다는 것이니이다.

우리는 우리 기도의 응답을 여기에 의존하나이다.

만일 그것이 사실이 아니라면 우리는 기꺼이 거절당하겠나이다.

그러나 마음을 살피시는 당신께서는 우리 안에 그러한 영을 창조하셨음을 아시나이다.

비록 우리가 어떻게 행해야 할지 모르나, 우리는 모든 죄에서 해방되기를 원하고 당신의 모든 명령들에 거룩하고 완전한 순종을 바치기를 원하나이다. 아버지시여, 아버지시여, 우리를 당신의 자녀들로 삼아 주소서.[46]

이 기도의 단순성과 그리스도의 희생으로 봉인된 하나님의 약속들에

---

46 Hambbrick-Stowe, *op.cit.*, 106 이 하는 이 기도를 시적 형태로 배열했다. 그의 자료는 ed. Hall, "The Autobiography of Increase mather," *Proceedings of the American Antiquarian Society, New Series,* 71(1961), 316-17이다.

대한 의존과, 주기도문의 중심적인 관념의 반영은 이 기도를 가장 감동적으로 만든다. 매일 드리는 기도 가운데 피조물들을 영적인 의미로 해석하고, 사물들, 사람들 또는 사건들을 무심히 관찰하다가 교훈들을 이끌어내게 된 사람이 바로 뛰어나 제3세대의 목사, 곧 잉크리즈 매더의 아들 카튼 매더였다. 종종 이 기도들은 절규 형태를 취했고, 이 절규 가운데 그는 하나님께 도우심을 구하는 간결한 호소들을 말했다. 그의 『일기』(Diary)의 4쪽 정도에 그런 사건들과 적절한 절규적인 기도가 기록되어 있고 그중의 약간은 다음과 같은 도표 형태로 기록되어 있다.

내가 본 사람들	절규들
우리를 위해 조각된 귀부인	주여, 저 사람 위에 당신의 은혜와 위로를 풍성하게 조각하소서
아름다운 여인	주여, 저 사람의 영혼을 당신의 언약들로 아름답게 하소서
매우 화려한 복장	주여, 저 사람에게 겸손한 마음을 주시고, 그녀의 마음이 당신이 보시기에 매우 값진 장식들에 마음을 두게 하소서
의사	주여, 저 사람이 그의 실천 생활에서 성공하게 하시고 그 영혼의 모든 불안을 고치시는 주님이신 당신께로 가져 오게하소서.[47]

카튼 매더는 거리에서 지나가는 사람들을 볼 때에도 "수많은 사람을 위해 기도하려고 노력했다. 그들은 자신들을 위한 이 은밀한 바램의 기도가 하늘에 전달된 후에도 내가 그 기도를 한 것을 전혀 모른다"고 부

---

[47] Op. cit., 81-82.

언한다.[48] 이 절규들도 도표 형태로 정리된다.

내가 본 사람들	절규들
키 큰 남자	주여, 저 사람에게 기독교 신앙의 높은 곳에 이르는 것을 허락하소서, 그가 많은 사람보다 더 높이 하나님을 경외하게 하소서
흑인	주여, 저 불쌍한 영혼을 당신의 아들의 피로 희게 씻으소서
말에 탄 남자	주여, 당신의 피조물들이 저 사람을 섬기고 있나이다. 그가 자신을 만드신 분을 섬기도록 도우소서
내 옆을 지나가며 나에게 주의를 기울이지 않는 남자	주여, 저 사람이 주 예수 그리스도께 바른 주의를 기울이도록 도우시기를 당신께 기도드리나이다
내가 듣기에 나에 대해 매우 비난조로 그리고 모욕적으로 말한 사람	주여, 그 사람을 나의 영혼과 똑같이 복주시고 아끼시고 구원하소서. 그 사람이 주님의 모든 구원 가운데 나와 교제하게 하소서[49]

이 절규들은 간단하고, 간혹 지나칠 정도로 단순하다. 그러나 이 절규들 중 어떤 것들은 혹시 교만해질 수도 있는 상황에서 목회자이자 영국학술원의 특별 회원인 카튼 매더가 부당한 모욕을 말없이 받고 자신을 중상하는 자들을 용서하는 법을 알고 있었다는 것을 보여준다. 그 강력한 활기와 변화와 빈도에 있어 헤라클레스와 같은 그의 기도 규칙보다 더 끈질긴 것은 없을 것이다.

카튼 매더의 영적 생활의 성실과 열의와 감정적 강도는 그가 자신의 영적 생활을 증진하기 위해 사용한 기법들의 다양성과 짝을 이루었다.

---

48 *Ibid.*, 83.
49 *Ibid.*, 83-84.

이 기법에는 묵상, 금식, 은밀한 기도, 철야, 경건한 절규, 피조물들에 대한 매일의 영적 해석 그리고 시편 찬송이 포함되었다. 로버트 미들카우프는 다음과 같이 보고한다.

> 그는 그의 생 대부분 동안에 하루 여섯 시간을 예배를 위해 구별했다. 그리고 그가 사망하기 4년 전부터는 이 예배 시간을 일곱 시간으로 늘렸다…때로 그는 서재 바닥에 엎드려 있었고, 수시로 그는 먹지도 자지도 않고 지냈다.

이것으로도 충분하지 않다. 그는 40세부터 "밤을 새기까지, 또는 철야로 기도와 찬송을 하며 주님께 매달렸다."[50]

청교도주의의 가족 영성 훈련은 잉크리즈 매더의 아내이며 카튼 매더의 어머니인 마리아 매더의 기도에 의해 훌륭하게 예증된다. 잉크리즈 매더는『모든 일에 하나님의 뜻을 순종하고 따르는 것에 대한 설교』(*A Sermon Concerning Obedience and Resignation to the Will of God in Every Thing*, 1714)의 머리말을 쓰면서, 그가 자기 자녀들에게 보내는 편지에서 아내의 죽음을 회상하며 자신이 영국에서 뉴잉글랜드의 영적 사업에 몰두했던 4년 동안 아내가 남편과 가족과 국가를 위해 수많은 날들을 하루종일 금식과 기도로 보냈다는 아내의 개인적인 기록을 발견했고 말하였다.

그는 이 기록들 중에서 그녀가 자신의 간구와 중보기도에 대해 남긴 기록의 요약을 인용한다. 그녀는 1688년 12월 17일에 다음과 같이 기록했다.

---

50 *The Mathes: Three Generations of Puritan Intellectuals*(New York: Oxford University Press, 1971), 205-06. For the vigils, see the *Diary,* I, 421-22.

나는 혼자 묵상의 금식일을 지키면서 하나님께 지금 영국에 있는 나의 가장 사랑하는 분을 도와주사 그가 하나님을 위해 그리고 하나님의 뉴잉글랜드 이스라엘을 위해 공헌할 수 있기를 구했고, 그와 사무엘이 안전하게 우리에게로 다시 돌아올 수 있기를 구했고, 하나님이 주님의 사역 가운데 나의 사랑하는 아들 카튼을 풍성히 축복하시고 그의 가족을 늘려주시기를 구했고, 나의 모든 자녀들이 나다니엘의 죽음을 통해 하나님과 더 가까워질 수 있기를 구했고, 그의 죽음의 원인이었던 죄가 사해지기를 구했습니다. 그리고 나는 오늘 이 묵상의 금식을 끝까지 지킴으로 기도의 큰 응답을 주실 것을 인해 하나님께 겸손하게 감사를 드립니다.[51]

그 후의 어떤 경우에 그녀는 다음과 같은 기록을 했다.

나의 아들 나다니엘이 오랫동안 육체의 연약함으로 앓았던 것은 주님의 기쁘신 뜻이었습니다. 나는 자주 하나님께 그 아이의 회복을 위해 기도하며 주님이 그 아이의 봉사를 받아주시기를 구했습니다. 그러나 거룩하신 하나님이 이 어린 나무가 하나님께 영광을 돌리는 많은 열매를 맺는 때가 이르기 전에 잘리우는 것이 적절하다고 보셨습니다. 그렇지만 그 아이는 큰 은혜의 증거를 남겼고, 그의 재능을 다해 하나님을 섬기기 원했습니다. 나는 그 아이가 하나님의 거룩하신 기쁨으로 만

---

51 *Op. cit.*, iii.

족을 얻으며 안식하기를 간절히 바랍니다.⁵²

이 인용문들에서 우리는 비범한 영성을 보는 것이 아니라, 하나님과 남편을 사랑하고 아들의 상실을 감수(resignation)와 소망으로 받아들인 착하고 책임있는 한 청교도 여인의 기도 생활을 본다. 어린이의 사망율이 높았던 시대에 이런 일은 흔히 볼 수 있는 죽음이었고, 믿음으로 위로를 얻는 전형적인 인내였던 것이 분명하다. 전형적인 것이 아닌 것은 그녀가 남편이 부재했던 4년 동안 한 목사의 대가족을 꾸려나가며 기도 생활을 유지할 수 있었던 능력이었다. 그녀의 믿음은 아들인 카튼 매더의 열광적인 특성을 지닌 기도 생활과 대조적으로 고요하고 잔잔했다.

4. 기도의 자세

진실한 마음, 열정, 끈기, 겸손, 회개, 하나님의 규례들에 대한 완전한 의존, 질병과 사망에 대한 감수 그리고 믿음, 소망, 사랑이라는 세 가지 신학적 미덕들의 실행을 강조하는 청교도주의의 내적 기도 자세에 대해서는 많이 알려져 있다. 대조적으로 청교도 기도의 외적 자세에 대해서는 거의 알려져 있지 않다. 로마가톨릭 교도들과 잉글랜드국교도들은 예배 때 기도하며 무릎을 꿇었다. 그러나 존 녹스가 1552년판 공동기도서의 "유해한 예배 규정"을 포함시키는 것에 대해, 성찬식에 무릎을 꿇는 것이 그리스도의 육체적 임재에 대한 신앙을 나타내는 것

---

52 *Ibid.*, iii-iv.

이 아니라고 단언한 이래 청교도들은 무릎을 꿇은 것을 불건전한 의식들 중의 하나로 거부했다. 그러나 사적인 침상의 기도에서 무릎을 꿇은 것은 승인했다.

아마 예수님을 따라 하늘을 바라보며 서는 것이 통상적인 기도의 공적 자세였던 것으로 보인다. 존 카튼은 이 자세를 추천하는 근거로 예수님이 하늘을 우러러 보셨던 두 경우—요한복음 11:41과 17:1—를 인용한다.[53]

굴종의 날과 마찬가지로 사람들이 자신의 죄를 고백할 때의 자세는 우리가 본 것처럼 세왈 판사가 살렘 마녀 재판에서 자신의 악한 역할을 고백할 때 분명하게 나타난 바와 같이 허리를 굽혔을 것이다.

5. 평가

마지막으로 이 청교도들이 세속을 버리고 운둔하지 않으면서 가시적인 성도들이 되겠다는 결심을 한 것에 우리는 깊은 감명을 받게 된다. 그들은 카튼이 천거한 바와 같이 "품위 있게 율법주의적인 태도나 세상적인 허식이나, 육체적인 아름다움을 꾸미지 않고 신령한 순박함과 질서 가운데 덕을 세우며" 살기 위해 열심히 노력했다.[54] 진실로 그들 중 많은 사람은 자신들이 다시 과거의 악한 상태로 되돌아가려는 유혹들과 낙담과 응답 없는 기도에도 불구하고 계속 하나님과 진지한 대화를

---

53 *The True Constitution of a Particular Visible Church Proved by Scripture* (London, 1642), 6.

54 *Doctrine of the church and its Government To Which is Committed the Keys of the Kingdom of Heaven*, 3rd edition,(London: B. Allen and S. Satterthwaite, 1644), 8.

가졌다.⁵⁵ 쉐퍼드는 모든 신자의 제사장직이 중요한 이유가 "때때로 그리스도인은 타인들에게 거의 선을 행하지 못할 수도 있으나, 그럼에도 불구하고 그는 하나님께 드리는 기도 가운데 자신을 위해 씨름하기 때문이다"라고 현명한 인정을 했다.⁵⁶

뉴잉글랜드 청교도의 개인, 가정, 교회의 기도 생활은 감탄할 만하지만 그들은 세 가지 단점이 있다. 신학적으로 하나님의 선민으로 그들은 성도들의 견인, 즉 자신들의 구원의 확실성을 믿었다. 그러나 토마스 쉐퍼드, 사무엘 세왈, 카튼 매더와 같이 다양한 인물들에서 볼 수 있는 것처럼 그들의 경험적인 불안은 그들의 구원에 대한 소망을 약화시키고 열광적이며, 외관상 절망적으로 보이는 기도 생활을 낳게 했다.⁵⁷

이 불안과 결합된 것이 강력하고 우울한 죄의식이었다. 즉 이 원죄(original sin)와 본죄(자범죄: actual sin)의 의식은 그리스도인의 생활을 지배해야 하며, 믿음에 의한 칭의, 하나님의 용서에 대한 확신 그리고 영생의 약속에 의해 솟아나는 찬미와 감사를 압도했다.

또한 따분한 교훈주의(didacticism)도 종종 목사의 기도를 특징지웠다. 교훈주의가 습관적이 될 때, 즉 두 명의 목사가 예배를 집행하면서 첫 번째 목사가 설교에서 강조한 점들을 두 번째 목사가 다시 기도에서 강조할 때 따분해지는 것이다. 세왈은 1710년 8월 20일의 일기에 자기 아들 죠셉이 설교를 했다고 자랑스럽게 기록하고, 이어 "오후에 펨버튼 씨는 그의 기도에 죠셉의 설교 중 많은 부분을 되풀이했다"고 덧붙

---

55 Thomas Hooker는 하나님이 기도에 응답하시지 않는 것처럼 보이는 이유들에 대해 훌륭한 논문을 썼다. 그것은 "The Soules ingrafting into Christ"로 *Redemption*: *Three Sermons*, 1637-1656 (Gainesville, Fla.: Scholars' Fascimiles & Reprints, 1956), 116-17과 171에 나온다.

56 *Works,* III, 328.

57 Shepard는 자살을 매우 진지하게 계획했었다. Works, I, 327을 보라.

인다.⁵⁸ 긴 기도와 긴 설교가 종종 익히 알려진 내용을 되풀이 함으로 이러한 멸시를 낳게 한 것이 분명하다. 청교도들이 거부했던 잉글랜드 국교회 공동기도서의 짧은 기도문(collect: 본기도, 집도)과 화답(response)은 어쨌든 나름대로의 경건 형태에 대한 심리적 우월성을 가지고 있었다.

그럼에도 불구하고 영국과 뉴잉글랜드의 청교도들은 그들의 공적 및 사적 경건 활동에서 기도 생활의 목적 및 사적 경건 활동에서 기도 생활의 목표들에 대한 존 오웬의 다음과 같은 선언을 성취했다는 정당한 자랑을 할 수 있었다.

> 우리는 신자들이므로 하나님의 이름을 거룩하게 하고, 주 예수 그리스도에 속해 있음을 고백하고 보증하며, 우리의 가장 거룩한 믿음 안에서 우리 자신을 증진하며, 우리 서로 간의 사랑을 증거하고 확인해야 한다.⁵⁹

청교도들은 쉐퍼드와 같이 "나는 하나님과의 화합을 최대 행복이라고 생각한다"⁶⁰고 말할 수 있었고, 카튼과 같이 "선한 기도와 악한 생활은 절대로 화합할 수 없다"⁶¹고 말할 수 있었다.

---

58 *Diary* (ed. M. Halsey Thomas), I, 643.
59 *The Works of John Owen,* ed. W. H. Golold, Ⅳ, "A Brief Instruction in the Worship of God"(London, 1851), 455.
60 *Works,* Ⅲ, 407; entry for May 8, 1641.
61 *First John,* 392.

The Worship
of the American Puritans

1629-1730

7장

성례

다른 모든 개신교와 마찬가지로 미국 청교도에게도 두 가지 복음적인 성례가 있었으니 곧 세례(baptism)와 주의 만찬(the Lord's Supper)이었다. 이 두 가지 성례는 각각 그리스도의 죽음과 부활을 선포하고 죄의 용서와 영생의 약속이라는 은사를 주었다. 성례들을 나타내는 청교도의 용어는 "언약의 봉인"(the seals of the Covenant)이었다. 이 용어는 영국의 청교도 신학자 리처드 십스에 의해 대중화된 것이고 그에게서 차용된 것이었다. 십스는 세례가 하나님의 약속들에 대한 확실한 봉인임을 강조했고, 이 용어가 네 가지 의미를 갖고 있다고 분석했다.

첫째, 언약의 봉인은 어떤 왕의 형상이 봉인의 밀랍 위에 찍혀지는 것과 똑같이 각인(impression)이라는 것이다. 즉 언약을 맺은 사람은 이렇게 하나님의 소유로 인을 받는 것이다.

둘째, 언약의 봉인은 병사가 자기 부대의 휘장(insignia)을 다는 것과 같이 뚜렷한 표적이다.

셋째, 더 나아가 언약의 표적은 가축에 낙인을 찍는 것과 같은 소유자, 또는 소유의 표적이다.[1] 실제로 토마스 후커는 성례를 "하나님의 양 떼의 낙인, 하나님의 종의 제복"으로 묘사했다. 그리고 그는 "성례의 많은 목적들 중에 이것이 한 가지 목적이니, 곧 성례는 낙인이며 하나님이 우리의 양떼와 밖에 있는 자들을 구별하는 표이다"라는 부언했다.[2]

넷째, 십스에 따르면 봉인의 의미는 진정성을 입증하는 문서들에서 발견되는 승인(ratification) 또는 검인(certification)이다. 이 분석은 훌륭하지만 한 가지 본질적인 결함이 있다.

1. 세례

위에서 언급한 분석은 언약 속에 있고 세례로 봉인된 사람들이 구원에서 떨어져 나갈 수 없는 하나님의 영원한 선민(選民)이라고 암시하는 듯하다. 비록 뉴잉글랜드의 청교도들이 선민의 견인 교리(doctrine of the perseverance)를 믿었지만 그들의 목사들의 일기들과 개인의 회심들에 대한 기사들은 그들의 신분에 대해 그들의 마음 깊은 확실성이 없었음을 보여준다. 사실상 역설적으로 확신에 대한 불안은 확신을 위한 준비를 요구했다.[3] 그리고 모순되게도 교회와 성례를 위선의 오염으로부터 구

---

1 *The Complete Works of Richard Sibbes*, D.D., ed. A. B. Grosart (Edinburgh, 1862) 3,458, from *Commentary on Second Corinthians*.

2 Thomas Hooker, *A Survey of the Summe of Church Discipline, Wherein, the Way of the churches, of NEW-ENGLAND is warranted out of the Word, and all Exceptions of Weight which are made against it answered*. (London, 1648), Part 3, Chapter 2, 8.

3 Michael McGiffert, *God's Plot: The Paradoxes of Puritan Piety, Being the Autobiography & Journal of Thomas Shepard* (Amherst: University of Massachusetts Press, 1972)를 보라. McGiffert는 청교도의 기풍이 "불안과 확신 중 하나"였다고 말한다(Introduction, 10). Shepard 자신이 저주를 받은 천명 중 한명 만이 구원을 받을 것이라고 믿었던 것이 놀랄 일이 아니다 (*The Sincere Convert: Discov-ering The Small number of true Beleevers, And the great difficulty of Saving*

하여 그리스도의 규례들의 순수성을 유지하려는 열망은(어쨌든 신자 자신이 획득되는 것이 아니라 하나님께로부터 주어지는 은사인) 구원하는 은혜의 경험이라는 요구를 충족시킨 각 회중의 소수에 의해 또는 스토다드파(Stoddardean) 방식으로 성찬에 참여하는 경험에 의해 회심할 수 있을 것이라는 소망으로 나아오는 모든 사람을 허용함에 의해 성례의 가치가 떨어지는 결과가 되었다.

두 가지 대안 중 어느 것도 성찬에 더 많은 참여나 더 큰 이해에 이르게 하지 못했다. 청교도의 성례 교리의 난해성은 브룩스 홀리필드(E. Brooks Holifield)에 의해 다음과 같이 훌륭하게 요약되었다.

> 이와 같이 청교도들은 세례를 하나님의 은사와 불확실한 신학적 문제 모두로 생각했다. 그들은 성례의 유익들과 측량할 수 없는 하나님의 뜻을 결합시키려는 시도에 있어 본질적인 양의성(兩義性)을 극복할 수 없었다.[4]

정신과 감각의 이분법도 역시 청교도 전통에서 성례들을 가치절하시키는 원인이 되었다. 이 청교도 전통은 감각들에 의해 파악되는 대상들을 창조주의 반영으로 평가하는 구체적인 피조물들에 대한 신학의 이해(appropriation)로 17세기 말에서야 겨우 부분적으로 극복되었다.

청교도들의 순박성과 성경에 대한 충실 가운데 성례들을 제정했다는 초기의 기사들 중에는 이 규례들을 오염으로부터 보호하고자 한 사람

Conversion, 4th edition 〈London, 1649〉, 98). Edmond Morgan, Visible Saints, 7c는 이 역설을 적절하게 요약했다. "확실히 하기 위해 그는 불확실해야 한다."

4 E. Brooks Holifiedld, *The Covenant Sealed: The Development of Puritan Sacramental Theology in Old and new England, 1570-1720* (New Haven, Conn.: Yale University Press, 1974), 48.

들에게 닥칠 미래의 어려움들의 어떤 조짐도 없다. 토마스 레치포드의 『명백한 조치, 또는 뉴잉글랜드에서 온 소식』(*Plaine Dealing, Or, News from New-England*, 1642)은 이 법칙의 예외이다. 그는 세례가 안식일 오후 설교 다음에 베풀어졌다고 기록한다.

> 세례를 받을 사람이 있으면 설교 후에 세례식을 거행한다. 세례식은 목사나 교사에 의해 가장 탁월한 장소에서 집행된다. 그곳은 장로석 아랫쪽에 있는 집사석이다. 목사는 보통 교회와 부모에게 세례에 대한 훈계의 말을 하고 세례식 전후에 기도를 한다. 세례는 물로 씻거나 물을 뿌림으로 집행된다. 부모 중에 한 명이 교회에 속해 있으면 그 자녀는 세례를 받을 수 있다. 세례는 성부와 성자와 성령의 이름으로 베푼다. 보증인(surety)은 요구되지 않는다.[5]

"보증인"이란 대부, 또는 대모(sponsors)를 말한다. 청교도 세례에서는 보증인이 폐지되었다. 그 이유는 언약은 부모와 그들의 자녀에 대한 것이고 부모들만 그들의 자녀의 영적 양육과 훈계의 책임을 지기 때문이다. 같은 책에서 아주 정확하게 그는 언약을 소유하기 위한 선행조건으로서 회심의 경험을 요구하는 것이 "20세에" 세례 받지 않은 대다수 뉴

---

[5] *Op. cit.*, 18. *The Way of the Churches of Christ in New England*(1645), 68에서 John Cotton의 짧은 묘사가 특별히 대부를 거부했다는 사실은 주목되어야 한다. "부모가 자기 자녀를 세례를 받게 하는 것은 자기의 언약의 권위에 의한 것이지 대부나 대모에 대한 하나님의 언약의 권리에 의한 것이 아니다(왜냐하면 대부나 대모와 그들의 대자에 대한 하나님의 언약 같은 것은 없기 때문이다). 그러므로 우리는 세례에 대부나 대모를 **빼야** 한다. 사도가 주님의 성찬에서 애찬을 제외시킨 것과 같이 대부나 대모는 모두 주님의 제도에 대한 추가물이다"(고전 11:23, 24).

잉글랜드인들의 결과를 낳게 됨을 예언했다.[6]

성례(세례, 성찬)를 영적으로 훌륭한 사람에게만 제한시킨 것은 순결한 교회의 증거로 의도되었을 것이나 그 결과는 대다수의 사람들과 매우 많은 회중들에게 성례를 자신들과 관계가 없는 일로 보이게 만들고 말았다. 그들은 설교를 듣고 기도와 찬송에 참여했으나 그들 자신과 그들의 자녀들은 성례를 받을 수 없었던 것이다. 각 교회의 중생하지 못한 사람들이 자녀에게 교회 회원권과 세례를 받을 권리를 물려 줄 수 있으나 중생받지 못한 사람들은 성찬에 참여할 수 없게 한 "중간 방식의 언약"(Half-Way Covenant)은 바로 이 다채로운 엘리트들의 인색함에서 나온 것이었다. 이 절충안은 1657년의 목회자 회의와 1662년의 총회의 결과였다.[7]

다른 두 가지 가능한 조치들도 제시되었으나 다수에게 훨씬 더 불쾌한 조치들이었다. 그중 하나는 중생하지 못한 사람들에게 교회의 특권들에 대한 권리를 인정하지 않는 것이었다. 이것은 각 교회에 완전한 회원들로 이루어진 작은 소수집단(tiny minority)들을 만들고자 하는 것으로, 이에 대해 영국의 청교도들은 이미 미국에 있는 형제들을 비난하고 있었다. 또 다른 대안은 사실상 장로교회와 잉글랜드국교회가 이미 행하고 있는 것으로 후에 스토다드(Stoddard)가 역설했던 바로, 비록 중생하지 못했을지라도 예의 바른 생활을 하고 기독교 교리를 교육받은 모든 사람에게 회원의 완전한 권리를 허용하자는 것이었다. 이 대안은 순결한 교회의 가시적 성도(visible saints)라는 청교도 원칙의 완전한 포기를

---

6   *Op. cit.*, 39.

7   Robert G. Pope, *The Half-Way Covenant: Church Membership in Puritan New England* (Princeton, N. J. : Princeton, University Press, 1964)를 보라.

의미했기 때문에 거부되었다.[8]

중요한 중간 방식의 결정이 다음과 같은 말로 확증되었다.

> 믿음의 교리를 이해하고, 이에 대한 그들의 동의를 공적으로 고백하고, 수치스러운 생활을 하지 않으며, 교회 앞에서 자기 자신과 자신의 자녀를 주님께 맡기고, 교회에서의 그리스도의 통치에 복종하는 언약을 교회 앞에서 하고 소수에 속하여 입회가 허락된 교회 회원들의 자녀들은 세례를 받을 수 있다.[9]

이 언약적 교회론은 세례의 가치 절하의 원인이 되었다. 왜냐하면 교회의 회원 자격은 그들의 자녀를 포함하며 세례에 우선하는 언약을 부모가 승인하는 데 좌우되는 것이기 때문이다. 따라서 세례가 교회의 회원이 되는 것으로 간주될 수 없고 또한 입회의 성례로 간주될 수 없는 것이다. 그리핀호를 타고 미국으로 가고 있을 때 카튼은 세례 의식의 적절한 배경은 "안정된 회중"이라고 확신했기 때문에 자신의 갓난 아들에게 세례를 주지 않았다. 후에 그는 세례라는 수단에 의해 세례 받은 사람들을 교회 회원이라고 가정하는 것을 비평하는 영국의 비평가들을 비평했다.[10] 세례가 교회 언약에 종속한다는 이론은 당연히 심각한 실제적 문제들을 야기시켰다. 부모들이 언약의 교회의 회원들이면 자녀는 그 언약 안에 있는가?(우리가 본 바와 같이 중간방식의 언약에서는 부모에 대한 중생의 요구가 생략되었다.) 부모는 교회 회원이 아니나 조부모는 중생한 경우

---

8 세 가지 가능한 전략들의 토의에 대해서는 Williston Walker, *The Creeds and Platforms of Congregationalism* (Boston: Pilgrim Press, 1960), 245-50을 보라.

9 Williston Walker, *op. cit.*, article 5, 314.

10 E. Brooks Holifiedld, *op. cit.*, 145.

그 조부모가 손자를 세례 받게 하고 싶어할 때 허용될 수 있는가? 종들과 양자들도 교회 언약에 속한 것으로 간주될 수 있는가?

거기에는 분명히 토론과 헌신 사이에, 즉 성례의 효과 및 가치(은혜의 도구 또는 단순한 교육적 기념)에 대한 논의와 두 성례를 목사 단독으로 집례했던 의식절차 사이에, 끊임없는 투쟁이 있었다. 세례의 가치에 대해 1648년에 대부분의 뉴잉글랜드 목사들이 동의할 수 있었던 것은 부모가 언약하고 세례를 받은 어린이들이 "중생의 은혜를 얻을 수 있는 희망이 더 많다"는 것이었다.[11]

세례의 허용에 대해 분쟁은 계속되었다. 잉크리즈 매더(Increase Mather)는 1680년에 이르러 『성경과 고대(교회)의 제도에 의해 주장되고 입증되는 유아세례의 신령한 권리』(*The Divine Right of Infant Baptism Asserted and Proved from Scripture and Antiquity*)라는 제목의 논문을 발표했다. 그는 칼빈, 불링거, 베자를 유아세례의 권위자로 인용하며 다섯 가지의 주요 논증들을 전개한다.

첫째, 언약과 언약의 봉인이 공존해야 하며, 고린도전서 7:14이 그리스도를 믿는 부모를 가진 자녀들의 연합적인 거룩을 단언한다고 주장한다.

둘째, 그는 하나님의 제도에 의해 가시적 교회의 회원인 모든 사람은 세례를 받을 자격을 가지고 있다고 주장한다.

셋째, 그는 제자들은 세례를 받을 자격을 갖고 있으며 일부 어린이들은 제자들이라고 주장한다.

넷째, 그는 세례에 의해 알려진 내적인 은혜를 소유하는 사람들은 외적인 표적을 소유할 자격이 있다고 주장한다.

---

11   Williston Walker, *Creeds and Platforms*, 224.

다섯째, 그는 신자들은 세례를 받을 자격이 있고 일부 유아들은 신자라고 단언한다. 그의 이 주장은 세례 요한이 모태로부터 성령이 충만했다는 사실과 예수님의 어린 아이들에게 자신에게로 나아오라는 초청에 의해 입증된다. 또한 그는 만일 구약의 신자들의 자녀들에게 할례를 받을 권리가 있었다면 신약의 신자들의 자녀들도 세례를 받을 권리가 있어야 한다는 견해를 전개한다. 이 주장들은 새롭지는 않은 것이었지만 힘차고 명확하게 제시되었다.

12년 후에 잉크리즈의 아들 카튼 매더(Cotton Mather)는 유력한 상인이며 보스턴 제일교회의 장로인 존 리처드(John Richard)에게 긴 편지[12]를 쓸 필요가 있다고 생각했다. 그는 "기독교 신앙의 교육을 받은 정통적인 사람들에게 우리 주님의 세례를 집행하는 그들은 자신들이 효력있는 회심을 소유하고 있다는 간증과 함께 더 나아가 성찬을 받기 위해 스스로를 준비하기 위해 자신들의 학습(study)에 대한 발표를 해야 합니다"라고 부언했다. 그는 분명히 그런 사람들을 중생하지 못한 것으로 생각하지 않았다. 그리고 그는 많은 사람이 악마에 의해 마술로 세례를 받는 때에, 자신이 그들에게 교회 회원의 가장 큰 특권인 성찬을 받은 수단으로 세례를 베푸는 데 있어 태만하지 않고자 했다.

우리는 사무엘 세왈 판사의 일기에서 세례식에 대한 두 가지 짧은 기록으로 세례라는 주제를 끝내고자 한다. 첫 번째 기록은 그의 아들 존의 세례식에 대한 기록이고, 두 번째 기록은 그의 아들 조셉 목사에게서 세례를 받은 손자의 세례식에 대한 것이다. 1677년 4월 8일의 일기에는 다음과 같이 기술되어 있다.

---

12 *Selected Letters of Cotton Mather*, ed. Kenneth Silverman (Baton Rouge: University of Louisiana Press, 1971), 46-50. 이 편지는 1692년 12월 14일로 되어 있다. 이 인용은 46-47에 나오는 것이다.

안식일, 아침에 폭풍우가 있었고 오후에는 바람이 거셌지만 맑게 개이고 햇빛이 나다. 오후에 설교를 약 절반쯤 했을 때, 산파(midwife)인 엘리자베스 위든이 제3교회에 유아를 데리고 왔다. 대처 씨가 설교를 했다. 설교와 기도 후에 대처 씨는 스코투우 선장의 사촌과 그 아기를 위해 기도했다. 그 다음에 내가 그 아기 이름을 존이라고 짓고 대처 씨가 성부와 성자와 성령의 이름으로 그 아기에게 세례를 주었다. 하나님 아버지와 아들을 보내주시는 주님[성령]께서 그리스도의 피로 씻어주시며 그것을 확신시켜 주실 것이다.[13]

일기의 두 번째 기록은 그의 6일 된 손자가 세례를 받았던 42년 후였다(1719년 7월 19일 기록).

프린스 씨가 오전에 설교를 했고, 세왈 씨가 오후에 사도행전 2:39로 설교를 했다. 그리고 그의 아들 조셉이 그 아이를 품에 안고 세례를 주었다. 토마스 페어웨더, 존[ ], 그리고 세왈 씨의 나무를 패는 일을 하는 에디오피아인 토비의 딸 그레이스도 세례를 받았다. 그리하여 그리스도 안에서 모두는 하나가 되었다.[14]

---

13 *Diary*(ed. M. Halsey Thomas, 1973), Ⅰ,41-42.
14 *Ibid.*, 925. 1719년 7월 19일 기록. 판사의 딸 쥬디트가 세례를 받은 1690년 8월 24일에 일기는 다음과 같은 자세한 내용을 기록한다. "나는 나의 작은 딸의 이름이 쥬디트라고 공표하고 세례를 받기 위해 윌라드 씨에게로 그 애를 데리고 올라갔다. 윌라드 씨가 세례를 주며 상당한 양의 물을 그 애에게 부었지만 그 애는 전혀 울지 않았다."(*Op. cit.*, Ⅰ, 264.)

세례에 대한 모든 논쟁들에도 불구하고 경건의 수준은 높았다. 사무엘 세왈 목사(the Reverend)는 흑인 소녀의 아버지 동의하에 소녀 그레이스와 동시에 자신의 백인 아들을 세례를 받게 했다. 잉글랜드국교회의 세례식과는 달리 대부가 존재하거나 지명되지도 않았다는 사실을 주목해야 한다. 왜냐하면 세례의 자격은 오직 중생한 부모로 말미암는 것이었기 때문이다. 추가할 것은 존 카튼(John Cotton)의 시대에서 카튼 매더와 사무엘 세왈의 시대에 이르는 동안 세례 의식에 어떤 실제로 어떤 중요한 변화가 있었는지 미심쩍다. 어린이에게는 삼위일체의 이름으로 얼굴에 물을 뿌리고, 그 아이가 주님의 양육과 주님을 경외하는 가운데 성장하고, 회개와 믿음으로 교회의 완전한 회원이 되기를 기도했다.

세례 예식의 기초가 되는 신학은 토마스 후커의 시대에서 사무엘 윌라드의 시대까지 거의 변하지 않았다. 후커는 두 가지 성례가 "공적으로 베풀어져야 하고, 엄숙한 집행과 동반하는 말씀의 설교가 있어야 한다"는 점에 있어 똑같다고 주장한다.[15] 그는 세례를 "우리의 그리스도께로 입회하고 접목하는 성례이다…따라서 은혜의 언약의 불변성으로 인해 세례는 한번 집행되고 절대로 다시 반복되지 않는다. 세례는 영원한 언약이다"[16]라고 정의한다.

보스턴 제3교회 또는 남부교회의 교사이며 1726년, 사후에 저서 『신학대전』(A Compleat Body of Divinity)을 출판한 사무엘 윌라드에게 있어 성례들은 여전히 은혜의 언약의 봉인이었다. 세례는 영적인 의미를 갖고 있는 외적인 표적이라는 것이다. 그에게 있어 물로 씻음은 은혜의 언약 공동체로 들어가는 입회식이고 유대인의 할례 의식의 직접적인 대체였

---

15 *A survey of the Summe of Church Discipline*(1648), 28-29.

16 *Op. cit.*, 30.

고, 따라서 유아세례를 위한 근거였다.[17] 초대 교회가 세례 지망자들에게 물을 뿌리는 대신 물에 잠겼던 사실을 인정하며 그는 기독교가 추운 지역으로 전파됨에 따라 물을 뿌리는 것이 세례 집행의 일반적인 방법이 되었다고 설명한다. 그의 성례에 대한 이론의 유일한 특징은 성례들이 그리스도의 다른 규례들과 구별되는 가시성 또는 감각적 특성에 대한 강조이다. 또한 그는 성례들이 그리스도에 의해 제정되고 인정되었고 성령에 의해 능력을 받으며, 성례들이 전달하는 은혜는 집행하는 사람의 상태에 의해 제한을 받지 않는다는 어거스틴의 견해를 지지했다. 분명히 윌라드에게 있어 성례들은 은혜를 기념하는 것일 뿐만 아니라 은혜를 전달하기까지 함으로 그 가치에 있어 단순히 교육적인 것 이상이었다.[18]

2. 성찬에 대한 기록들

세례가 입회의 성례로 간주되었다면 성찬은 계속적인 양육의 성례였다. 청교도의 성찬식에 대한 뉴잉글랜드의 최초 기록은 비판적인 잉글랜드국교도 토마스 레치포드의 기록과 청교도의 아버지, 존 카튼의 기록이다.

레치포드의 기록은 다음과 같다,

---

17 *A Compleat Body of Divinity* (Boston, 1726), 848. E. B. Lowrie의 *The Shape of the Puritan Mind: The Thought of Samuel Willard* (New Haven: Yale University, 1974), 3, 18에 따르면 이 책은 칼빈의 『기독교 강요』만큼 길게 13회로 이루어진 마라톤 강의 시리즈로서 1688년에 시작하여 1710년 Willard의 사망까지 계속되었다고 한다. 이 대저서는 웨스트민스터 소요리문답에 대한 250개의 해설 강의로 이루어져 있다!

18 *Op. cit.*, 837-42.

성찬은 한 달에 한 번 있는데 대개 2주 전에 예고된다. 그날이 되면 다른 사람들(성찬을 받지 못하는 사람들은)은 가고 나머지 사람들은 모두 교회에 남는다. 가는 사람들의 수보다 성례를 받는 사람들의 수가 훨씬 적다. 목사들과 다스리는 장로(ruling elders)들은 식탁 앞에 앉고 나머지 사람들은 자기 좌석 또는 긴 의자에 앉는다. 사람들은 일어서서 두리번거리지 않으면 목사가 봉헌을 하는 것을 볼 수 없다. 가르치는 장로(teaching elders, 즉 목사—역주)들 중의 한 명이 기도를 하고 제정의 말씀에 따라 떡과 포도주를 축복하고 봉헌한다. 다른 가르치는 장로는 모든 신도가 성찬을 받은 다음 기도를 하는데, 다음 성찬식에는 이 순서가 바뀐다…그리고 목사들이 큰 접시에 놓인 떡을 주요 직분자들에게 건낸다. 그들은 떡을 들고, 모든 사람이 다 먹을 때까지 접시를 서로 건낸다. 같은 방식으로 잔도 모두가 다 마실 때까지 서로 돌린다. 그 다음 시편을 찬송하고 짧은 축도로 집회를 해산한다.[19]

레치포드는 비청교도인 자신이 그처럼 주의깊게 보호되는 이 예배에 대해 어떻게 알게 되었는지를 설명하며 다음과 같은 부언을 한다.

보스턴에서는 교회에 속하지 않은 사람이라도 누구나 원하면 들어가서 성례 집행을 볼 수 있다. 그러나 이 지역의 교회에 속하지 않은 사람은 회중의 허락이 없으면 아무도 이곳에서 성례를 받을 수 없다. 성례를 받으려면 그는 다스리는 장로들

---

[19] *Plaine-Dealing: Or, Newes from New-England*(1642), 16-17.

중 한 사람에게 찾아가 신청을 해야 한다. 그러면 그 장로는 성례를 시작하기 전에 그의 이름을 회중에게 제출한다.[20]

레치포드는 청교도 성찬식의 단순성과 청교도의 말로 "가시적 성도"가 아닌 모든 사람에게 성찬을 금한다는 사실과 평신도 직분자들이 떡과 포도주를 다른 평신도들에게 건넨다는 사실에 인상을 받았다. 그는 비록 자세히 설명하지는 않지만 앉아서 성찬을 받는 자세를 언급했다. 봉헌된 성찬을 무릎을 꿇고 받아온 잉글랜드국교도로서 이 사실은 분명히 그를 놀라게 했을 것이다.

3년 후에 『뉴잉글랜드의 그리스도 교회들의 길』(The Way of the Churches of Christ in New England, 1645)에 기술된 존 카튼의 기록은 성찬 의식의 다섯 가지 특징을 강조한다. 곧 앉아서 받는 자세, 공관복음서에 기록된 그리스도의 모범을 따라 떡과 포도주의 구별된 축복, 성찬식 집행을 목사들에게만 제한함, 회개와 믿음 또는 다른 교회에서 유사한 확인을 하는 편지들로만 성찬을 허용하는 조건 그리고 완전히 즉석에서 하는 기도들이다.

> [여기서 앉는 자세는] 최후의 심판 때에 그리스도와 함께 앉는 자들인(눅 22:27~30) 교회 회원들의 특권으로 설명된다. 이 말씀은 우리로 하여금 성찬식에 무릎을 꿇는 것을 인간이 고안한 숭배로 보게 할 뿐만 아니라 그리스도의 제도에 대한 인간의 침해이며 하나님의 의도의 일부를 축소하고 또한 성찬에서

---

20 *Ibid.*, 17. Lechford는 자신의 진실을 입증하기 위해 같은 쪽에 다음과 같은 난외 주를 추가한다. "일단 나는 문 밖에 서서 안을 기웃거리며 성찬 집행을 살폈다. 또한 나는 그 교인들 중 몇 명과 매우 특별하게 확실한 관계를 갖고 있었다."

제시되는 교회의 영광과 위로의 일부를 축소하는 것으로 보기까지 한다.[21]

이 구절에 대한 주석에서 스티븐 메이어는 무릎을 꿇는 것을 거부함이 우상숭배를 피하는 것이라는 사실은 더 이상 문제거리가 아니며, 앉는 자세는 그 나름의 상징적인 의미를 갖고 있다고 말한다. "초기 청교도들은 앉든지 서든지 자세는 중요하지 않다고 생각했던 반면에 카튼에게는 그것이 중요했다."[22] 의미심장하게도 거부된 옛 상징은 다른 혁신적인 상징으로 대치되었다. 합당하지 못한 사람들로부터 성찬을 주의 깊게 보호하는 것은 카튼의 동일한 책의 앞 부분에서 설명되었다.[23]

다음은 청교도의 성찬식 집행에 대한 카튼의 가장 자세한 기록이다.

성찬식 때에 목사는 떡을 들고 축사하고 모든 사람에게 그들을 위해 고난을 겪으신 그리스도의 몸으로 그 떡을 받아 먹으라고 명했다. 목사는 스스로 떡을 먹고 식탁(table) 앞에 그와

---

21 *The Way of the Churches of Christ in New England*(1645).

22 *The Lord's Supper in Early English Dissent* (London: Epworth Press, 1972), 89-90. 군주주의자인 John Archer에 나오는 상징의 기원에 대해서는 나의 저서 *Worship and Theology in England*, II, 208 이하를 보라.

23 *Op. cit.*, 5: "그러나 기독교회에서 태어난 우리 모두는 우리의 유아기 때 세례를 받는데, 세례를 받은 어린이들은 그들의 세례 시에 그들의 부모들 또는 다른 사람들이 그들을 대신하여 고백하고 약속한 그들의 회개와 믿음의 고백을 그들 스스로 공적으로 입증하고 확인할 때까지는, 질서가 바른 교회들에서 성찬에 참여하는 것이 허용되지 않는다. 그러므로 유아세례를 받은 경건한 그리스도인들의 단체가 유아세례를 받은 사람들을 교회원으로 받아들이기 전에 똑같은 회개의 고백을 하게 하지 않는 것은 불합리하다고 생각할 수 없다. 왜냐하면 그들이 어릴 때 세례를 받기 전에 다른 사람들이 그들을 대신하여 죄의 고백을 했고 또한 모든 장성한 사람들은 성찬 참여의 허용에 앞서 죄의 고백을 항상 하기(또는 마땅히 해야 하기) 때문이다." 성찬 참여가 허용되는 다른 교회 회원들에 대한 신중한 조건들에 대해서는 Cotton의 *The Keys of the Kingdome of Heaven* (1644), 17을 보라.

함께 앉은 모든 사람에게 준다. 그리고 식탁에서 떡은 집사들에 의해 그들 옆에 앉은 사람들에게 건네지고 목사는 식탁 앞의 자기 자리에 앉아 있었다.

그들이 모두 떡에 참여한 다음 그는 같은 식으로 잔을 들어 마태복음 26:27; 마가복음 14:23; 누가복음 22:17에서 성찬의 제정을 묘사하는 복음서 기자들의 설명대로 그리스도의 모범을 따라 새롭게 감사를 드렸다(축사했다). 복음서 기자들은 모두 떡과 포도주가 함께 축사된 것이 아니라 각각 구별하여 축사되었다고 나타낸다. 즉 먼저 떡을 따로 축사하시고 그 다음에 포도주를 축사하셨다는 것이다. 그 이유가 무엇인지는 주님 자신께서 아시고 계시기 때문에, 우리는 무시할 수 없다. 즉 그리스도 자신께서 특별히 행하신 엄숙한 축사는 분명히 전체 모임에게 떡에서만이 아니라 포도주에서도 초자연적이며 특별한 축복을 다시 기대할 것을 요구하신 것이다. 그리고 주님은 이것을 우리도 행할 것을 바라실 것이다.

성찬식 후에(마 26:30에 따라) 감사의 찬송을 부르고 축도로 폐회했다.[24]

목사가 먼저 떡과 포도주를 스스로 받은 다음, 목사에게서 떡과 포도주를 받은 집사들이 분배했다는 사실을 주목해야 한다. 레치포드의 기록에는 이 점에 있어서 명백하지 않았다. 또한 성찬은 매월 규칙적으로 집행되었는데 이 사실은 웰드가 확인한다.[25]

---

24 *The way of the Churches*, 68.
25 *A Brief Narration of the Practices of the Churches* in New England(1651), 8에서 Weld는 "비록 우리는 어떤 정한 시간에 얽매이지 않지만 보통 한 달에 한 번 성찬식을 갖는다. 그러나

카튼 매더가 자신의 저서 『뉴잉글랜드 형제들을 위한 가르침의 규칙』(Ratio disciplinae fratrum Nov-anglorum)에서 성찬 의식을 매우 자세하게 묘사했을 때인 1726년에 그 의식은 크게 달라지지 않았다. 그는 성찬을 위한 준비와 생생한 경건의 증거를 요구하는 허용의 조건들에 대해 광범위한 고찰을 한다. 나는 가능한 한 자주 카튼 매더 자신의 말을 사용하여, 성찬 의식의 규정들을 요약 강조해 보고자 한다.

정규 예배 순서가 종결되고 "성찬 참여자(the communicant)들과 약간 떨어져 이곳 저곳으로 흩어져 성찬 예식을 참관하고자 남은 독실한 사람들을 제외한" 나머지 사람들은 떠나갔다. 우리는 여기서 1등급의 그리스도인들과 2등급의 그리스도인이 존재한다는 것을 알게 된다.[26]

의식(rite)[27]은 목사가 강단에서 성찬 탁자로 내려옴으로 시작된다. "성찬 시 탁자에는 대개 집사들을 위해 설계된 좌석 앞에 그리고 모든 성찬 참여자들 앞에 성찬의 떡과 포도주가 차려지고 집사들은 그 앞에 대기하여 서 있는다." 성찬을 받기 원하는 다른 교회에서 온 회원들의 이름이 불리워진 다음 어떤 교회의 목사들은 성찬의 준비로 성찬 참여자들을 훈계한다. 고대교회에 불렸던 수르숨 코르다(Surum Corda, 이것은 "마음을 드높이"라는 가사로 된 찬송임-역주)에 해당하는 짧은 찬송을 부른 후에 목사는 누가복음이나 바울 서신에서 성찬 제정의 기록을 성례의 근거로 읽거나 "또는 조금씩 암송한다." 떡에 대한 그리스도의 언급에 이를 때 "목사는 쉽게 뗄 수 있도록 그 앞의 접시에 덮개를 열고 놓여있는 떡덩이에 손을 댄다(또는 접시를 들어 자기 앞으로 가져간다)." 한편 성찬 참

적절한 이유가 있으면 종종 관례를 바꾼다"고 기술한다.

26 *Ratio disciplinae fratrum Nov.-anglorum*, 97.

27 *Op. cit.*, 97-101, in which the rete of the Lord's Supper is described in detail.

여자들은 서 있고, 목사는 또 떡을 가져 사례하시고"라고 말한 다음, 성찬이 상기시켜 주는 복음의 진리들에 대해 감사기도를 드리고, 떡과 성찬 참여자들에 대하여 축복한다. 침묵 가운데 또는 목사가 "사색에 도움이 되는 글들"(pathetic thoughts)[28]을 갖고 있는 적절한 성경 구절들을 추가하며 떡을 떼는 작업이 이어진다. 그 다음에 목사는 봉헌된 떡을 스스로 들어 먹고, 떡이 담겨진 접시를 집사들에게 건네 주고 집사들은 그 접시를 성찬 참여자들에게 전달한다. 집사들이 성찬 탁자로 돌아온 다음 목사는 분배에서 빠진 사람이 있으면 손을 들라 하고 그들에게 떡을 전달하게 한다. 그리고 마지막으로 집사들이 떡을 받는다.

그 다음에 목사는 "거룩한 식탁 위의 포도주 병과 손잡이가 달린 큰 컵에 담겨 있는 포도주의 잔을 들고 '우리 주 예수 그리스도가 이와 같이 잔을 드사 사하시고'"라고 부언한다. 이때 성찬 참여자들은 두 번째 기도를 드리기 위해 일어서고, 목사는 "병에서 포도주를 잔에 부어 채우며" 주님의 말씀을 낭송한다. "이 잔은 내 피로 세운 새 언약이니 이것을 행하여 마실 때마다 나를 기념하라." 그리고 여기에 목사는 "그러므로 가장 은혜로우신 주님의 이름으로 나는 여러분께 이를 먹고 마시고, 이 일을 행하며 주님을 기념하시기를 부탁합니다"라는 말을 부언한다. 목사가 먼저 마신 다음 집사들은 포도주를 성찬 참여자들에게 분배한다. 그리고 모든 사람이 포도주를 받은 것이 확인될 때 그들도 포도주를 마신다. 목사가 택한 시편 한 편을 성찬 참여자들이 찬송하고(어떤

---

28 간결한 훈계 또는 격려가 어떤 것이었는가에 대한 대략적인 추정은 Sewall 판사가 런던의 비국교회 목사인 Samuel Annesley 박사가 집행한 한 성찬식에 참여한 경험에 대한 기록에서 발견할 수 있을 것이다. "우리의 차례에 목사님은 '우리의 향이 그 향기를 내야 합니다'라고 말씀했고, 나에게는 '그리스도의 죽음을 기억하십시오'라고 말씀했다." (*Massachusetts Historical Society Collections*, 5 〈Boston: published by the Society, 1879〉, 253-54).

교회들에서는 읽었다), 목사는 "하나님께 대한 가장 고양된 감사와 이 규례에 의해 봉인된 새 언약의 축복들에 대해 확신으로 이루어지는" 세 번째 기도를 드린다. 카튼 매더는 "이 성찬식 때 어떤 목사들은 종종 모세나 엘리야와 매우 유사한 심령으로 기도한다고 말해도 좋을 것이다"라고 논평한다. 그 다음에 "연보" 또는 헌금이 이어진다. 집사들이 이 헌금을 모아 가난한 사람들에게 분배하고 일부는 성찬식의 비용(expenses)으로 남겨 놓는다. 마지막으로 목사는 축도를 하고 집회를 해산시킨다.

성찬 제정 기록의 낭독, 이중 봉헌 그리고 초기 의식들의 단순성은 계속 유지되었으나 성찬을 받는 사람의 수는 상당히 증가하였고, 모두 성찬을 받았는지 물을 필요가 없게 되었을 것이다. 그러나 분위기는 달랐다. 의식을 묘사하는 말이 상당히 형식적인 특징을 나타내게 되었다(예를 들어 "eucharistical"⟨감사례⟩, the mysteries"⟨신비성례⟩, "holy table"⟨거룩한 식탁⟩, "consecration"⟨봉헌⟩). 이 경향은 카튼 매더의 현학적인 태도에서 기인된 것일 수도 있으나 또한 잉글랜드국교회 사제들처럼 태도에 있어 성직자다워지려는 바람에서 기인된 것일 수도 있다. 그리고 세 번의 기도는 아마 하나님께로 나아감에 있어 바람직한 이상이었던 것같다. 그러나 성찬식의 구조는 본래대로 남아 있었고 기도들은 여전히 즉석기도였다.(청교도 예배의 다른 곳에서는 매우 희귀한) 극적인 의식의 가장 중요한 순간들—떡을 떼고 포도주를 붓는 순간들—은 그 희귀성 때문에 더 뚜렷하게 두드러졌을 것이며, 따라서 구속의 극적 희생을 표현했을 것이다.

3. 성찬 신학

뉴잉글랜드의 청교도들이 받아들인 성찬 신학은 때로는 쯔빙글리 신학 같기도 하고 또 어떤 때는 더욱 선명한 칼빈 신학 같기도 하다. 성찬 신학의 기념에 대한 강조는 강력하지만 절대로 부재하시는 주님에 대한 기념은 아니다. 성찬 신학에서 상당히 관념적으로 쯔빙글리는 정신적인 식사를 믿음과 연관시켰다. 대조적으로 칼빈의 성찬 신학은 성찬에 그리스도의 임재와 그리스도의 몸의 지체들의 주님과의 불가사의하고 영적이며 비육체적일 뿐만 아니라 신비적이기까지 한 연합을 강조했다. 칼빈에 의하면 성찬은 성령의 능력을 통해 신실한 신자들과 연합하시는 승천하신 주님의 제공(an accommodation)이며, 인간의 이해를 초월한다. 청교도들은 성찬의 성례를 은혜의 언약의 봉인으로 생각했다. 그러나 칼빈에게 있어 성찬은 그리스도 자신의 약속된 임재의 봉인이었다.[29] 청교도의 성례 신학은 약할 때는 초기 쯔빙글리주의가 되고, 강할 때는 칼빈적 접근이 된다.

청교도의 성례 신학의 약점들은 몇 가지 요소들로 인한 것이었다.

첫째, 그중의 한 가지 요소는 영적인 것들과 물질적인 것들 간의 완고한 이분법이다. 이것이 물질적인 성례가 은혜를 전달하는 가능성을 받아들이지 못하게 하고 성례를 단지 교육적인 표적으로 간주하는 결

---

[29] 성찬에 대한 Zwingli의 가르침에 대해서는 Walther Koehler, *Zwingli und Luther: Ihr Streit über das Abendmahl nach seinen politischen und religiosen Beziehungen*, 2 vols (Gütersloh, 1924~1954), and Ernst Bizer, *Studien zur Geschichte des Abendmahlsstreits im 16. Jahrhundert*(Gütersloh, 1940). 성찬에 대한 Calvin의 가르침에 대해서는 Wilhelm Niesel, *Cavins Lehre von Abendmahl*, (Munich: Chr. Kaiser Verlag, 1935) and Ronald S. Wallace, *Calvin's Doctrine of the Word and Sacrament* (Edinburgh: Oliver and Boyd, 1953), chapters XII-XVI. Luther, Zwingli, Calvin의 성찬 의식서들의 영어 번역과 개론들에 대해서는 Bard Thompson, *The Liturgies of the Western Church*, 9th printining (Philadelphia: Fortress Press, 1980), 95-126, 185-210을 보라.

과가 되었다. 이 요소는 예를 들어 윌라드가 인식한 바와 같이 언약의 봉인이 실제적으로 은혜를 제시하며 따라서 은혜를 전달한다는 인식에 의해 부분적으로 극복되었다.

둘째, 약점의 원인이 된 두 번째 요소는 성찬 때 그리스도의 임재에 대한 집중을 약하게 하고 의식의 심리적 유익들이나 효과들에 더 집중한 것이었다. 이 경향은 종종 카튼 매더의 해석들에서 종종 나타나는 바와 같이 과도한 주관주의의 원인이 되었다.

셋째, 1635년에 성찬에 참여 허용의 조건으로 구원의 은혜의 경험에 대한 요구가 결과적으로 극적인 내적 회심이 성찬이라는 객관적 현실의 빛을 잃게 한 것이었다. 더 이상 교회는 칼빈의 정의와 같이 세 가지 특징(복음이 설교되고, 세례와 성찬이라는 복음의 성례들이 집행되고, 권징〈치리, discipline〉이 행사되는 곳)을 소유하는 것으로 정의되지 않았다. 이로 인해 주관주의와 회고적 시각을 강조하는 요소들이 강화되고, 객관주의적 경향과 성례에 그리스도의 동시적이며 유효한 임재가 축소되었다.

성찬의 평가를 약화시킨 네 번째 요소는 성례를 둘러싼 높은 벽이었다. 이 벽은 많은 잠재적 성찬 참여자들에게 매우 심각한 불안을 야기시켰다. 왜냐하면 그들의 기독교 교리에 대한 지식, 그들의 믿음과 회개의 실재 그리고 그들의 회심의 은혜 경험이 모두(그들이 여성들이면 사적으로, 남성들이면 공적으로) 부정되었기 때문이다. 이런 것들은 그들이 교회 언약을 낭독하고, 완전한 회원이 되어 성찬을 받을 수 있게 되기에 앞서 제거해야 할 엄청난 장애물들이라는 것이었다. 기묘하게도 궁극적으로 성례에 보다 큰 중요성을 부여하도록 기여한 것은 바로 17세기 말에 성찬에 대한 다른 견해들의 지지자들 간의 계속적인 논쟁과 이의 제기였다.

이 논쟁에서 주로 세 가지 견해가 주장되었던 것으로 보인다.

첫째, 성찬 참여자의 내적 자세가 가장 중요하다는 것으로, 이 견해는 필연적으로 초점을 성찬 의식의 객관성과 성찬에서 그리스도의 임재를 다른 곳으로 돌리게 했다.

둘째, 성찬이 허용된 소수의 회중에 의해 괴로움을 당한 사람들의 반발로 성찬 자체가 회심의 의식이라고 주장한 것이었다. 이 견해는 매사추세츠 서부의 솔로몬 스토다드에 의해 강력하게 선포되었고, 동일한 강력함으로 잉크리즈 매더와 카튼 매더 그리고 시인 목사 에드워드 테일러에 의해 이의가 제기되었다.

셋째, 이 시기의 성례 지침서들에서 재확인된 것으로 성례 효력의 기초가 바로 성례에 임하시는 그리스도의 신비한 임재라는 것이었다.

거의 말할 필요도 없이 이 주장들 중 아무도 로마가톨릭의 화체설(transubstantion)에서 주장되는 그리스도의 육체적 임재를 지지하지 않았다. 두 번째 그룹과 세 번째 그룹은 그리스도의 권능으로의 영적 임재(spiritual presence)를 지지했다. 그리고 이것은 능력설(virtualism: 이 단어는 학자에 따라 실질존중설, 실제주의, 효험주의, 능력주의 등으로 번역하기도 함-역자)으로 알려져 있다. 첫 번째 그룹은 기념설(memorialism)로 방향 전환을 했으나 사실상 신자들의 심령에 전달되는 그리스도의 영적 임재를 믿었고, 임재의 객관성을 의심하고 내향성을 강조했다. 첫 번째와 세 번째 그룹을 구별하는 일은 항상 가능한 것이 아니었다. 그러나 이 두 그룹은 모두 세 번째 그룹과 대립했다. 성찬을 받기 위해 나아가거나 준비할 때의 불안은 목회자와 평신도 모두에게 뚜렷하게 나타났다.

쉐퍼드(Shepard)의 일기는 1642/3년 1월 23일에 그가 "자신이 믿는가 그렇지 않는가에 대해 마음에 큰 근심을 갖고 있었음"을 보여준다.

"왜냐하면 나는 이 성찬 성례에서 그리스도를 뵈었지만 이 성례는 분명히 믿는 자들을 위한 것이었기 때문이다."[30] 1643년 4월 10일에 그는 죄가 그 안에서 그리스도에 대한 사랑을 억누르고 지배하고 있는가에 대해 자신과 긴 논쟁을 하며 합리적인 근심이 그를 괴롭힌다. "또한 그 다음에 나는 그리스도가 어떻게 성례에 임재하시면서 천국에 머무르실 수가 있는가 하는 의문을 제시했다." 이 의문은 "하늘에 계신 그리스도는 자신의 성령에 의해 스스로를 결합하실 수 있고 분명히 결합하심으로 성례에 임하시고 그와 같이 영혼과 영으로 들어오사 영적으로, 그러면서도 현실적으로 십자가에 못박히신 자신을 영혼에 전달하신다"는 것을 이해함으로 해결되었다.[31] 같은 해 7월 10일에 하트포드에서 그는 "이 성례가 이르렀는데도 나의 심령이 주님의 임재를 느끼지 못할 때, 나는 하나님과 나의 영혼 사이를 막고 있는 나의 죄악들을 인해 마음속으로 통곡하기 시작했다"고 기록한다.[32]

가시적 성도라고 주장할 때 자신이 위선자인가 아닌가, 그리고 만일 자신이 위선자라면 하나님이 보복을 하시지 않을까 하는 생각으로 두려움이 일어나기도(created) 했다. 초기 목사들이 성찬의 식탁과 성찬의 결과들에 울타리를 침으로 권징을 행하면서 소유했던 엄격성이 많은 사람에게 성찬에 참여하지 못하게 한 것이 틀림없다. 프란시스 힉긴슨(Francis Higginson) 목사는 "거룩한 것을 개에게 주지 말라"는 그리스도의 말씀에 대해 설교를 하고 기다리는 성찬 수령인들에게 성례를 집행하려고 할 때 모든 사람에게 수치스럽고 비열한 삶을 살고 있는 것으로

---

30 *God's Plot*, 154.
31 *Op. cit.*, 172.
32 *Op. cit.*, 181.

알려진 한 사람을 발견하고, 그가 전체 회중이 만족할 만한 회개를 고백해야만 성찬을 허락할 것이라고 말했다. 힉긴슨은 그 사람에게 물러가라고 요청했다. 그러자 그는 시키는 대로 했으나 "힉긴슨 씨에 대해 격노와 미움이 가득한 채로 물러갔고 또한 양심의 공포로 병이 났다. 그가 병으로 누워있는 동안 그에게 회개를 시키려고 애쓰는 착한 사람들의 심방도 받았으나 그의 오랜 동료들은 찾아와서 힉긴슨 씨를 해하겠다고 협박했다. 이 불쌍한 자는 며칠 동안 계속 복잡한 심정으로 지내다가 마침내 '그는 망할 놈이다. 그런 놈은 영원히 지옥에 빠져버려라'고 저주를 했다. 그는 이렇게 울부짖으며 죽었다. 그리고 이 사실은 모든 사람에게 알려졌다."[33]

쉐퍼드의 경우와 같이 자기 성찰이 고민으로 바뀐 주목할 만한 경우로 젊은 사무엘 세왈이 성찬식에 나아갈 때의 근심들을 상고해 보아야 할 것이다.

> 나는 주님의 식탁에 앉을 수 없었다. 그러나 나는 내가 그냥 달아나 버리면 다음 시간에 성찬식에 부적격하게 될 것이 두려워서 떠나고 싶었지만 머물러야겠다고 생각했다. 나는 이때 보다 더 큰 불신을 경험한 적이 없었다. 나는 애당초 예수 그리스도와 같은 분이 없다는 것을 믿지 않으면서 믿음 없이 이 성례에 나아왔기 때문에 그리스도에 대한 모욕으로 죽음을 당할까봐 두려웠다. 그렇지만 나는 그리스도가 이 성례가 끝나기 전에 나 자신을 희미하게라도 감지하게 하시기를 간절히 바랐지만 아무것도 느끼지 못했다. 그러나 그때 나는 더 훌륭

---

33 Cotton Mather, *Magnalia Christi Americana*, Ⅰ, Bk. iii, 324-25.

하게 행하기 위해 다음 성찬일이 오기를 간절히 바랬던 것 같았다. 그 결과 나는 그전 어느 때보다 더 많이 대처 씨의 기도와 설교로 나의 심령을 여러 번 감동하셨던 하나님을 찾도록 엄청난 자극을 받았다. 주님은 내가 전에 성령을 탄식하시게 한 것을 용서하시고 나의 마음과 영혼을 다하여 주님을 사랑하도록 나의 심령을 할례하셨다(circumcise).[34]

4. 성찬을 위한 준비

우리는 앞에서 성찬을 받으려고 하는 사람들을 허락하기에 앞서 그들의 믿음과 도덕과 회심 경험에 대하여 행하는 끈덕진 심사를 언급한 바 있다. 이 관념(abstraction)도 예증될 필요가 있다. 이때 영국의 청교도들은 믿음과 회개의 증거를 요구했던 반면에 회심의 경험은 거의 요구하지 았던 것 같다. 그러나 흥미 있는 사실은 이 추가적인 요구가 매사추세츠의 비분리적인 청교도들에게서 발생하여 플리머스, 코네티컷, 뉴헤븐을 거쳐 영국으로 되돌아갔다는 에드문드 모건(Edmund Morgan)[35]의 주장이다. 여기에서 우리는 뉴잉글랜드 청교도의 자주성뿐만 아니라 그 혁신적인 힘에 대한 명확한 실상을 본다.

하버드대학의 학장이었고 1668년에 사망한 조나단 미첼(Jonathan Mitchel)목사는 성찬에 참여 허용을 위해 필요불가결한 것으로서 회심의 검사의 중요성을 강조하는 데 특별히 면밀했다. 카튼 매더에 의하면 그

---

34 *Diary* (ed. M. Halsey Thomas), Ⅰ, 40.
35 *Visible Saints: the History of a Puritan Idea* (New York: New York University Press, 1963; republished Ithaca, N. Y.: Cornell University Press, 1965), 33, 63-66.

는 일련의 "제안들"을 기술했는데 그중에 여섯 번째 제안이 회심에 대한 진술이나 그와 동등한 진술을 하는 데에서 필요한 것으로 결정적이다. 그는 다음과 같은 말을 함으로 이 제안의 실마리를 푼다. 즉 신앙의 원리들에 대한 교리적 지식과는 별도로 "적극적인 경건이 분명히 나타나는" 생활 방식도 요구되며 "교리적인 지식뿐만 아니라 그에 병행하는 실천적인 또는 영적으로 지식을 보여주는 효과적인 소명의 필수요소들에 대해" 말할 수 있어야 한다는 것이다. 그 다음에 여섯 번째 제안은 다음과 같이 이어진다.

> 그러므로 대부분 우리 교회들에서 통상적으로 사용되는 회심의 사역에 대한 진술 또는 그와 어느 정도 동등한 진술은 완전한 성찬식을 위해서나 성찬의 허용을 위해서 불가피하다. 동등한 진술이 있지만 다음과 같은 경우는 동등한 진술 이상이다.
> 1. 질문들에 대한 대답 방식으로 회심의 필수 요소들에 대한 설명이 제시될 때
> 2. 진지하고 엄숙하고 훌륭한 신앙고백이나 참회, 즉 어떤 사람이 자신의 죄와 비천함과 그리스도의 절대적인 필요성에 대해 예민한 자기 자신을 이해와 애정으로 분명하게 표현하고 선언하며 의와 생명을 얻기 위해 약속 안에서 그리스도를 믿고 또는 자신을 그리스도께 던지며 모든 악한 길을 끊고 새로운 순종의 길에서 하나님과 동행하며 또는 비록 그가 과거의 사건들이나 경험들을 진술하지 못하더라도 자신의 영혼에 영향을 주고 있는 어떤 특별한 진리, 고찰 또는 성경들을 지적할 때

3. 어떤 사람이(오랫동안 인정을 받은 복음의 사역자나 뛰어나게 거룩한 다른 그리스도인과 같이) 은사나 은혜에 있어 탁월하다고 알려질 때이다.[36]

목사들은 성찬 참여자들이 철저한 자기 분석을 통해 양심적으로 성찬을 받기 위해 준비를 하여 하나님의 은혜의 도우심을 받아 삶을 개선시킬 계획을 제시할 것을 기대했다. 목사들 자신들도 광범위하고 엄격한 자기 분석 가운데 철저하게 성찬을 위한 준비를 했다. 이러한 목사들의 준비는 쉐퍼드와 위글스워드의 일기들에서 볼 수 있으며 또한 조나단 미첼의 경우에서도 볼 수 있다. 카튼 매더의 확인에 의하면 조나단 미첼은 2개월마다 갖는 성찬식 전날 하루종일을 금식하며 준비했다고 한다.[37]

카튼 매더는 자신의 아버지 잉크리즈와 마찬가지로 구원 경험의 진술을 매우 강조했는데, 1697년에 이르러서는 이러한 경험을 전체 회중 앞에서 말하는 것이 얌전하고 수줍은 사람들에게는 많은 경우에 있어 너무 가혹한 요구라고 느꼈다는 사실은 흥미 있다. 그 가혹한 요구의 결과는 "일부 진실로 은혜를 받은 사람들이 성찬에 참가하기 위해 자신을 드러내는 것을 기피하게 했다…."[38] 이어 그는 리처드 백스터(Richard Baxter)가 많은 목사들을 만나본 결과 그 중에 자신의 회심의 시기와 방식에 대해 답변할 수 있었던 사람은 단지 한 사람에 불과했다는 보고를

---

36 *Magnalia*, II, Bk. iv, 83.
37 *Op. cit.*, II, Bk. iv, 74-75. 또한 *The Diary of Michael Wigglesworth*, ed. Edmund S. Morgan (New York: Harper & Row, 1946), 76을 보라.
38 *Ecclesiastes: the Life of the Reverend & Excellent Jonathan Mitchel* (Boston, 1697), 6, Epistle Dedicatory.

상술하고, 매더 자신도 이렇게 말한다. "진심으로 나도 내가 신실해지기 시작한 날과 연도를 모른다고 답변할 수밖에 없다." 매더의 현명한 판단은 이러하다.

> 따라서 교회들이 성찬을 받는 모든 사람에게 그런 진술을 기대하는 것은 비성경적이고 비합리적이다. 그럼에도 불구하고 주님의 성찬을 허용함에 있어 방종이라는 다른 극단에 대해 주지시키는 것은 중요하다.[39]

카튼 매더와 대다수 매더와 같은 생각을 하는 목사들은 아마 솔로몬 스토다드의 반동으로 성찬 수령을 위한 요구들을 더 엄격하게 했던 것 같다. 솔로몬 스토다드는 이러한 요구들을 모두 완화하고, 현존하는 규칙들 하에서는 극소수만이 성찬 참여자가 될 수밖에 없다는 사실과 두 가지 신학적 근거로 자신의 입장을 세웠다. 그 두 가지 신학적 근거란 인간은 진실한 성찬 참여자와 위선적인 성찬 참여자 간의 차이를 알 수 없다는 사실과 성찬은 그 자체가 회심의 의식이라는 확신이었다. 성찬이 회심의 의식이라는 생각은 원래 유명한 청교도 변호사 윌리엄 프라인(William Prynne)이 언명한 것이었다.

여러 가지 이유로 매더 부자와 그들을 따르는 사람들은 중생하지 못하는 자들이 성찬에 참여하는 것을 막고자 했다. 그들은 성찬을 오염되지 게 보존하고, 그들의 뛰어난 조상들의 전통들을 유지하며, 중간 단계의 회원들을 성례에서 제외시킴으로 그들이 매우 난처하게 되어, 성찬을 사모함으로 궁극적으로 목사들의 설교를 통해 하나님이 그들의

---

39 *Ibid.*

영혼을 일깨워 주심으로 성찬을 받도록 하기를 원했다.

그러나 스토다드는 중생한 사람을 확인하는 것은 오만한 일이고, 스스로 회심했다고 생각하도록 조장하는 것은 현명치 못한 일이라고 생각함으로 이 계획을 거부했다. 부룩스 홀리 드는 다음과 같이 논평한다.

> 스토다드가 비록 그의 적대자들의 고상한 성례관을 공유하지는 않았지만 그도 역시 18세기가 시작에 따라 성례 문제들에 대한 뉴잉글랜드의 관심이 널리 보급되고 집중되었을 것이라는 것을 확인하는 데 기여했다.[40]

5. 성례의 문예부흥?

브룩스 홀리필드는 성찬 지침서 출판의 놀라운 확산 그리고 매더 부자의 제자들과 스토다드의 제자들 간의 논쟁―그리고 사람들의 감각적인 영성화―이 축적되어 "성례의 문예부흥"을 일으켰다고 주장했다.[41] 여기에 이 주장을 확증하는 네 번째 요소로 성찬식의 더 빈번한 집행에 대한 요구를 추가할 수 있을 것이다. 이에 반해 같은 시기에 발생한 성찬에 대한 점증하는 무관심을 나타내는 중대한 부정적인 논증이 있다. 이 긍정적이며 부정적인 다양한 요소들을 이제 상고할 순서가 되었다.

성찬이 회심의 의식인가 아닌가에 대한 길고 뜨거운 논쟁의 결과 중 하나가 분명히 성찬 지침서들이 놀라운 양으로 빈번하게 출판되었다는

---

40 *The Covenant Sealed*, 224.
41 *Op. cit.*, 제7장 이 장은 "The Sacramental Renaissance"라는 제목을 갖고 있다.

것이다. 홀리필드는 뉴잉글랜드의 출판사들이 인쇄를 시작한 후 51년 동안 성례의 묵상들에 대한 한 권의 책도 나오지 않았으나 그 다음 38년 동안 뉴잉글랜드 출판업자들이 21권의 독자적인 지침서들을 만들어 냈다고 지적한다.[42] 영국의 비국교파에서 나온 자료들을 가지고 뉴잉글랜드에서 재출판된 이 많은 지침서들 중에 두 가지를 상고해 볼 가치가 있다. 그중 하나가 1665년과 1727년 사이에 21판을 찍어낸 토마스 둘리틀(Thomas Doolittle)의 『성찬에 대한 논문』(Treatise concerning the Lord's Supper)이고, 또 하나는 20년 동안 8판이 나온 매튜 헨리(Matthew Henry)의 『성찬 참여자를 위한 안내서』(Communicant's Companion)이다.

둘리틀은 다음과 같은 주장을 한다.

> 성례들은 우리를 이해시키기 위한 안경이며 우리의 기억을 위한 기념비이다. 우리가 그 눈에 보이는 표적들을 통해 우리가 숙고하며 눈에 보이지 않는 표적들을 인식하고 상기할 수 있다. 여기에서 떡, 곧 굶주린 영혼을 채우는 생명의 떡과, 목마른 영혼을 만족하게 하고 힘없는 영혼의 기운을 북돋아 주는 포도주가 있다.[43]

이 해석의 강점은 성찬이 확인하는 세 가지 시제를 다음과 같이 강조하는 것이다.

> 이 성례는 우리 주님의 고난을 여러분에게 기억시키는 기억의

---

[42] Op. cit., 198.

[43] Treatise concerning the Lord's Supper, 9. 여기서 사용된 편집본은 1817년에 Edinburgh에서 출판된 것이다.

표적(signum rememorativum)이다. 이 가운데 주님은 여러분의 양심을 살피시고 자신이 여러분을 위해 죽으셨음을 확인하실 것이다. [과거] 그리고 이 성례는 증명의 표적(signum demonstrativum), 즉 주님의 사랑의 증명이다. 이 성례 가운데 주님은 자신이 여러분을 사랑하신다는 것을 확인하실 것이다. [현재] 또한 이 성례는 예언의 표적(signum prognosticum), 즉 여러분의 미래의 영원한 행복에 대한 예언이다. 이 성례 가운데 주님은 여러분이 분명히 그 행복에 참여할 것이라고 확인하실 것이다. 그런데도 여러분은 이 성례를 소홀히 여길 것인가?[44]

매튜 헨리의 『성찬 참여자를 위한 안내서』는 수많은 청교도 논문들의 특징인 동기들에 대한 자세한 분석을 따르지 않는다. 그의 책은 성찬이 "기념(commemorating) 의식, 고백(confessing) 의식, 나눔(communicating) 의식, 그리고 언약(covenanting) 의식으로 정해졌다"[45]는 인식에 있어 분명히 칼빈주의적이다. 그는 다음과 같은 진술로 기념설을 명백하게 거부한다.

하나님은 이 의식에서 우리에게 약속의 진리를 확인하실 뿐만 아니라 우리의 현재의 상태와 능력에 따라 성령을 통해 약속하신 선한 것들을 우리에게 전달하신다. 곧 하나님은 이렇게 말씀하신다. 주 예수 그리스도를 받으라. 그리스도 예수 그리스도와 용서, 그리스도와 평화, 그리스도와 은혜, 그리스도와

---

44 *Op. cit.*, 27.

45 *The Communicant's Companion*, (London, 1704), 16.

천국을 받으라. 만일 너희가 복음에 제시된 조건들로 나아오면 이 모든 것은 너희의 것이다라고.[46]

이것은 성찬의 의미에 대한 기쁘고 가슴 벅찬 선언이었다.

이에 비해 카튼 매더의 성찬에 대한 논문들은 완곡한 표현이다. 그러나 윌라드(Willard)의 『성례들에 대한 묵상들』(*Sacramental Meditations*, Boston, 1711)은 매튜 헨리의 저술과 같이 활기차며 성례들에 대한 극적이며 감각적인 접근을 설명하는 새로운 시각을 보여준다. 윌라드에게 있어 성찬은 기독교 공동체의 유지와 양육을 나타내는 성례적 표적이며 "그리스도와 그의 신부인 교회 간의 상호적인 부부애"를 가장 훌륭하게 나타내는 것이었다.[47] 성례들을 통해 나타나는 하나님의 은혜는 어떤 고유적인 속성으로 전달되는 것이 아니라 성례 가운데 성령의 역사를 통해서만 전달되는 것이다. 그러나 윌라드의 가르침에 있어 독특한 것은 그 예증적인 특성이다.

떡은 그리스도의 몸을 나타내는 데 적절하게 어울린다. 왜냐하면 떡이 사람의 육체적 생활의 기본적인 양식인 것처럼 그리스도는 인간의 영적 생활의 기본적인 양식이기 때문이다. 포도주는 자연스럽게 "상쾌하고 즐거운 생활"을 상징한다. 즉 포도주가 육체를 즐겁게 하는 것처럼 그리스도는 자기 백성의 마음과 영혼을 즐겁게 하신다. 요약보다는 정확한 인용이 요지를 더 생생하게 전달할 것이다.

일부 지방들에서 포도주는 음료로 사용되며, 더 특별하게는

---

46 *Op. cit.*, 27

47 *Op. cit.*, 167.

잔치와 결혼식 그리고 큰 접대에 보다 귀한 음료로 간주되어 풍부하게 사용되었다…포도주는 강심제로서 마음을 위로하고 신실한 사람의 원기를 회복시키고 힘든 일로 허약해졌을 때 마시면 심신을 상쾌하게 한다…포도주는 사람에게 담대함과 용기를 주고 공포를 몰아내는 데 그것은 정신을 활기차게 흥분시킴으로 이루어지는 것이다…포도주는 말을 하지 않는 사람들이 입을 열어 말을 하게 할 것이다…포도주는 외상에 사용된다. 상처들을 소독하기 위해 사람들은 포도주를 갖고 다녔다.[48]

그는 이 요소들과 그리스도의 역사 간에 일련의 자연스러운 유사성들을 발견함으로 그의 가르침은 효과적이다. 그러나 그는 성찬의 효력(efficacy)이 그런 것들에 있는 것이 아니라 하나님이 은혜를 전달하도록 정하심에 있다고 주장한다. 더 나아가 그는 이 성례가 "큰 신비로서 여기에 참여하여 실제로 그 맛을 경험해 본 사람 외에는 아무도 분명하게 이해할 수 없다"고 주장한다.[49] 그리스도의 십자가와 부활을 전달하기 위해 자연스러운 세상의 상징을 신학적으로 사용함에서 윌라드는 그리스도의 인간의 능력에 맞추신 겸손하신 적응을 본다. 이것은 그리스도의 성육신과 마찬가지로 진정한 케노시스(kenosis), 즉 겸손하게 자신을 비우심이라는 것이다. 이런 유형의 사고 중 한 가지를 예를 들어 볼 필요가 있을 것이다.

---

48 *Op. cit.*, 13-16.
49 *Op. cit.*, 21.

떡은 곡식을 가루내어 물과 불을 사용하여 준비하지 않으면 만들어지지 않는다. 그리스도는 우리의 영혼이 먹고 살 수 있는 양식이 되시기 위해 우리의 죄를 대신하여 매를 맞으시고 하나님의 진노의 불로 태움을 당하셨다. 그러므로 그리스도는 우리가 먹고 살아가기에 적절하게 되셨다.[50]

윌라드의 산문은 거의 시적이다. 이 사실은 왜 정통적인 칼빈주의의 성찬에 대한 해석이 뉴잉글랜드의 시인이며 목사인 에드워드 테일러의 시를 칭송하는지를 시사한다. 한편의 시를 봄으로 17세기의 마지막 10년과 18세기 초에 뉴잉글랜드에서 성찬이 얼마나 중요하게 되었는지 충분히 알 수 있다. 주의 만찬에 대한 그의 두 편의 『준비의 묵상들』 (Preparatory Meditations)은 그가 매사추세츠 주, 웨스트필드(Westfield) 변경 개척지의 목사였던 1685년과 1725년 사이에 쓰여졌다. 다음의 싯구는 제2편의 묵상, 곧 No.111, 고린도전서 10:16 "우리가 축복하는 바 축복의 잔, 그리스도의 몸에 참예함이 아닌가?"에 대한 묵상에 나오는 것이다.

신인양성(theandrik)의 완전한 피와 몸이 충분한 배상과 비싼 값을 치루고 이 황금 식탁 위에 놓여, 신령한 음식이 되었도다.
하나님의 성도들은 누구나 와서 이 양식을 살 수 있도다. 주님의 피와 몸이 이루신 만족과 효력은 얼마나 선하고 얼마나 풍성한가?
그때에 이 식탁에서 흘러나오는 효력들을 찬송할지어다. 바르

---

50 *Op. cit.*, 11.

고 신령하게 이 식탁의 음식을 먹는 자들은, 반드시 신령한 수확을 얻을 것이다. 이 음식은 봉인(seal)을 더해 주실 것이라.

이 묵상은 다음과 같이 끝이 난다.

주여, 나의 영이 당신의 음식을 먹음으로 내 속의 신생아가 자라나게 하소서
당신의 성찬 식탁에서 나를 기르시고 당신의 피와 몸을 풍성하게 전달하소서.
신령한 떡과 포도주를 베푸시는 당신의 식탁은 나의 영혼을 활기차게 성장시키시사 당신에 대한 찬양이 흘러나오게 하시리로다.[51]

이 시는 육체적인 음식보다는 영적인 음식을 강조하며, 역시 은혜의 언약의 인치심인 "활기"를 주는 효과도 강조한다.

엄숙한 성찬 의식은 죄의 용서와 영생을 얻는 성찬 참여자들에게 기쁨만을 주는 것이 아니라 그리스도가 치루신 대가를 생각하며 슬픔도 주었다. 이제 이에 대해 설명해 보고자 한다.

긴 얼굴에 미소는 띠어본 적이 없는 것처럼 보였던 항상 근엄한 잉크리즈 매더가 성찬식 때는 그의 엄숙한 표정이 사라졌다고 한다. 왜냐하면 로버트 미들카우프에 따르면 "그는 자기 교회에서, 특별히 성찬식 때에만은 마음이 누그러졌기" 때문이라는 것이다. 그러나 그는 종종 성

---

51 *The Poems of Edward Taylor*, ed. Donald E. Stanford(New Haven, Conn.: Yale University press, 1960), 287-88.

찬식에서 울었는데 이 눈물은 슬픔의 눈물이 아니라 행복의 눈물이었다. 왜냐하면 그는 역사 전체에 있어 가장 완전한 행동이 보여주는 최고의 겸손을 상기했기 때문이었다.[52]

사무엘 세왈도 성찬식 때 감동을 받고 눈물을 흘렸다. 1688년 1월 26일, 주일의 그의 일기는 다음과 같다.

> 나는 뉴베리 교회의 성찬 식탁 앞에 앉았다. 요한계시록 5장의 찬송을 불렀다. "사람들을 피로 사서"라는 말씀에 나는 울음이 터질 것 같았다. 나는 그리스도가 우리를 가치 없는 자로 취급하셔야 마땅한데도 불구하고, 협상(bargain)이 이루어졌을 때 우리를 버리시지 않고 자신의 피를 내놓으시겠다고 동의하신 일이 이상하게 생각되었다. 그것은 놀라운 일이었다.[53]

벤자민 콜맨은 『우리 공적 집회의 신앙적 예배의 희락에 대한 설교』(*A Discourse of the Pleasure of Religious Worship in our Publick Assemblies*, Boston, 1717)에서 성찬의 기쁨을 강조한다. 그는 윌라드가 했던 것처럼 그리스도가 교회에 베푸시는 "부부애"에 대하여 자세히 설명한다.

> 여기에 포도주 잔치가 열리고, 은혜의 주권이 제시됩니다…행복한 사람들이 기쁨으로 결혼식을 하는 것처럼 성도들에게 성찬식은 그리스도의 식탁에 앉는 기쁨이며, 또한 항상 그러한

52　*The Mathers: Three Generations of Puritan Intellectuals* (New York: Oxford University Press, 1971), 95. 또한 ed. Michael G. Hall, "The Autobiography of Increase Mather," *Proceedings of the American Antiquarian Society*, New Series, 71(1961), 318도 보라.

53　*Diary* (ed. M. Halsey Thomas), Ⅰ, 161.

기쁨이 되어야 합니다…성찬식이 여러분의 혼인복이 되고 그리스도 안에서 그리고 그리스도의 사랑의 기억 가운데 여러분의 영혼의 기쁨이 되도록 하시기를 바랍니다.[54]

콜맨은 이어 기쁨이 넘치는 격려의 잔치에서 아가서의 감정을 포함시키기까지 한다.

그리스도의 식탁에서 여러분은 그의 사랑의 깃발(Banner) 아래 있습니다. 그러므로 거룩한 영혼들은 그리스도의 식탁에서 그의 사랑 가운데 위로를 얻을 것입니다. 성찬은 사랑의 잔치입니다. 그러므로 하나님께 대한 사랑의 감정은 가장 기쁜 감정이 되는 것입니다.[55]

최초로 성례의 경건을 명확하게 개발한 사람들이 바로 뉴잉글랜드의 신앙적인 지도자들이었다는 사실은 분명히 의미심장하다. 초기의 지도자들은 성찬식을 더 자주 가져야 한다고 주장하지 않았다. 예를 들어 매사추세츠의 총독이 리처드 매더에게 성찬식을 신약교회처럼(행 20:7) 매 주일 거행해야 하지 않겠느냐는 조언을 했을 때 매더 목사는 그것이 바람직하지만 필수적인 것은 아니라고 생각했다.[56] 이 생각은 보스턴 사람들이 원하면 매 주일 보스턴의 네 교회들 중의 한 교회의 성찬식에

---

54 이 설교는 *Sermons Preached at the Lecture in Boston…to which is added A Discourse from Psalm CXX.* 1에 첨부된 것이다. 이 설교는 133-63까지 이어진다. 이 인용은 157에 나오는 것이다.
55 *Op. cit.*, 158.
56 John Winthrop, *The History of New England form 1630 to 1649*, ed. James Savage (Boston, 1853), 1:399.

참여할 수 있기를 바란 세왈 판사의 열망과 대조된다. 이 계획은 1705년 9월 10일 그의 일기에 기록되어 있다.

> 저녁에 나는 알렌 씨에게 카튼 씨의 시대와 윌슨 씨의 시대에 그랬던 것처럼 성찬식이 4주에 한 번씩 있었으면 좋겠다고 말하러 갔다. 알렌 씨는 브리헴 장로, 코프 장로, 마리슨 집사, 허바드 집사와 함께 막 집에서 나오는 길이었다. 나는 그들에게 다시 들어가기를 부탁하고 그들에게 나의 마음을 열었다. 허바드 씨를 제외한 모든 사람은 윌슨 씨의 시대에 어떠했는지를 분명히 기억했고 또한 데이븐 포트 씨가 와서 그는 뉴헤븐에서 그렇게 했기 때문에 변경을 하고 싶었던 것으로 보였다. 그 다음에 나는 쿠크 씨에게로 갔다. 그와 쿠크 부인도 변화를 기억했고 나의 제안을 싫어하는 것 같지 않았다. 나는 펨버튼 씨와 대화를 하면서, 주일에 주님의 성찬을 갖는 것이 그리스도께 대해 경의를 표하는 것이며 보스턴에 큰 특권이며 명예가 될 것이라고 말했다. 이제 우리는 월삭들을 지킬 필요가 없다. 월삭에 대한 존중은 모세의 몽학선생과 함께 끝이 난 것이다(갈 3:24). 이 성례를 매월 초하루에만 행하고 나머지 안식일들은 항상 들러리만 선다는 것은 기묘한 일이다.[57]

이 변화로 두 달에 한 번씩 성찬식을 행하는 대신 세왈의 교회에서는 한 달에 한 번씩 성찬식을 집행하게 되었다. 최초에 존 카튼과 토마스 레치포드가 기록한 통례적인 월 1회의 성찬식으로 뉴잉글랜드를 복귀

---

[57] *Diary* (ed. M. Hasey Thomas), Ⅰ, 528.

하게 했다. 그러나 이것은 아직 매주 성찬식을 집행하기를 바랐던 칼빈의 소망과는 먼 것이었다. 사실상 칼빈의 소망에도 불구하고 매주 성찬의 거행은 제네바 교회도 동의하지 않았다.[58]

통례가 없으므로 더 빈번한 성찬식을 바라는 이 열망이 얼마나 널리 퍼졌고 또 얼마나 지속했는지 또는 세왈과 그의 지지자들의 소망이 단지 예외에 불과했던 것인지를 설명하는 것은 불가능할 것 같다.

1680년과 1720년 사이에 광범위하고 심오한 "성례의 문예부흥"이 있었다는 견해를 받아들이는 것을 어렵게 하는 두 가지 요인이 있는 듯하다. 그중 덜 중요한 이유는 매더 부자와 스토다드 그리고 그들의 지지자들 간에 성찬의 허용조건에 대한 논쟁이 성례에 대한 관심을 더 높였을 것이라는 견해가 타당하다는 것이다. 이 논쟁 자체로 인해 예민하고 신중한 사람들이 성례를 경시하고, 로미오의 집안과 줄리엣의 집안의 싸움에 대해 환멸을 느낀 어떤 사람이 말한 것처럼 "당신 두 집 모두에 재앙이 있으라"고 저주했을 것이라고 주장할 수 있다. 그러나 스토다드와 같이 성찬을 회심의 의식으로 간주함으로 성찬을 중생하지 못한 사람들도 참여할 수 있는 설교의 수준으로 축소하여 성찬의 가치와 함께 장벽들을 낮춤으로 성찬이 더 이상 영적 귀족들의 의식이 아니라 대중을 위한 식사가 되었다고 주장할 수도 있다.

가정적인 문예부흥의 정당성에 대한 더욱 진지한 의심은 논쟁하는 양진영을 주도하는 뉴잉글랜드의 목사들에 의해 표현된 바와 같이 같은 시대에 성찬에 대한 심각한 태만과 무관심까지 있었다는 증거에 의

---

58 *The Institutes*, Bk. IV, Section 43, paragraph 3 첫 부분을 보라. "성찬이 교회에서 매우 자주, 한 주에 한 번씩 차려진다고 하더라도 엄청난 의식들을 제거하기 위해서는 가장 적절히 집행되어야 한다"(*The Library of Christian Classics*, Vol. XXXI⟨1961⟩), Ford Battles, 1421의 번역.

해 제기된다. 1690년에 카튼 매더는 그의 저서 『성찬 참여자를 위한 안내서』에서 "우리 중의 수많은 사람이 날로 주 예수님의 식탁에 등을 돌리는 것을 보는 것은 통탄할 일이다"라고 불평한다.[59] 1707년에 사무엘 스토다드는 『하나님의 예배를 태만히 여기는 용서할 수 없는 죄』(The Inexcusableness of Neglecting the Worship of God)를 저술했다. 그의 전기작가 랄프 코프맨(Ralph J. Coffman)에 따르면 이 저서는 성찬의 회심시키는 능력에 대한 가정이 부당했다는 공적 고백이었다. 왜냐하면 성찬에 참여하는 제한들을 제거한 후에 그 자신의 회중의 4분의 3이 성찬에 참여하고 싶어하지 않게 되었기 때문이었다.[60]

또한 보스턴 브래틀 스트리트 교회에서 좀 더 진보적인 교인들은 더 성례에 참여하고 싶어하지 않았다. 그들의 목사인 벤자민 콜맨은 성찬식 전에 『부모와 장성한 자녀들은 성찬에 함께 참여해야 한다』(Parents and grown Children should be together at the Lord's Table)는 제목의 설교를 했다. 이 설교에서 그는 하나님이 유대인들에게 유월절을 지키시라고 정하신 것과 같이 그리스도는 "이를 행하여 나를 기억하라"는 긍정적인 명령으로 그리스도인들에게 성찬식을 하라는 의무를 지워주셨다고 주장한 다음, 다음과 같이 회중을 혹평했다. "우리는 그리스도인들이 이 규례를 태평하게 경시하고 부주의하게 지키면서 하는 변명에 대해 무엇이라고 생각하거나 말할 수 있을까요?"[61]

그러나 부인할 수 없는 사실은 성례의 의미와 적절성을 설명함에 있어 새로운 감각적 접근이 과거에 뉴잉글랜드의 목사들이 성례들을 평

---

59 Op. cit., 62.
60 Coffman, Solomon Stoddard (Boston: Twayne Publishers, 1978), 134f. 그러나 Stoddard의 저서의 목적에 대한 이 해석은 평론가들에 의해 크게 비판을 받아 왔다.
61 Op. cit., 8.

가하기 위해 절대 필요한 진지성을 가지고 표적들과 상징들을 해석하는 것을 거의 불가능하게 했던 영과 육체의 이원론과 이분법을 극복하는 데 기여했다는 것이다. 18세기 후기에 조나단 에드워즈는 성찬 참여를 허용받기 전에 중생의 필요성을 재강조하고, 성찬에서 그리스도와 그의 백성의 신비적 결합의 실재에 대한 확신으로 인해 그의 조부 솔로몬 스토다드와 갈라섰다.

그러나 우리 시대에까지 성찬식의 집행과 성찬의 의미에 대한 이해는 불변한다. 즉 성찬식이 수난 전야에 주님 자신께서 내리신 명령을 주님의 규례대로 단순하고 순수하게 순종하고 있는 것이라고 신약성경의 근거들에 의해 증명된다는 강력한 확신이 항상 존재한다. 또한 이 충성은 최후의 만찬에서와 마찬가지로 이중의 봉헌으로 표명된다. 그리고 세례에서 물로 씻음을 나타내는 물뿌림, 그리고 성찬에서 구속의 큰 희생과 구속자들의 잔치를 나타내는 떡을 뗌과 포도주를 따름의 극적이며 예언적인 상징도 축소되지 않는다. 그러나 세례와 성찬의 허용은 일반적으로 신중하게 성찬의 중요성과 성찬에 참여를 위해 필요한 준비를 지적하며 제한되었다. 성찬의 경우에 있어 기념적인 면이나 깊은 감사의 면은 절대로 망각되지 않았으니 바로 이것이 진정한 감사의 성찬(eucharist)인 것이다. 신비적인 면은 난점들을 교묘하게 피해가며 해석하는 과도한 현학적인 설명들에 의해 종종 빛을 잃었지만 절대로 완전히 상실되지는 않았다.

17세기가 끝남에 따라 점점 그리스도와 함께 나누는 잔치가 지배적이었다. 그러나 영원한 종말론적 잔치의 예시는 드물었다.[62] 비록 교회

---

[62] 중요한 한 가지 예외는 Increase Mather의 *A Discourse Concerning the Danger of Apostasy*, 56이다. 여기에서 그는 땅에서의 성찬을 역사의 종말에 그리스도의 옆에 앉아서 심판을 하는 가시적 성도들을 예시하는 것으로 인식한다. 성찬을 언급하는 중요한 구절은 "새 예

에 있어 하나님의 선민으로서의 "가시적 성도들"의 연합이라는 의미는 강력했으나 성도들의 교제라는 의미는 약했다. 그리스도인의 죽음 후의 생명에 대한 소망의 회복은 성찬 의식에서 강하게 강조되지 않았고 (비록 부활과 승천이 성찬에 그리스도의 임재에 의해 전제되었으나 십자가가 부활의 빛을 잃게 했다), 그리스도의 희생과 연결된 것처럼 교회의 희생에 대한 의미는 존재하지 않았다. 그러나 "거기에는 신령한 떡과 포도주로 당신의 식탁은 나의 영혼을 활기차게 소생시키리로다…"라고 노래한 에드워드 테일러와 완전한 동의가 있었다. 성찬(the communion)은 기독교 윤리의 박차와 성화의 자극이라는 역할을 절대로 멈추지 않았다.

루살렘의 예표와 상징"이다.

The Worship of the American Puritans

1629-1730

8장

결혼식과 장례식

비록 신실한 부모들의 자녀는 탄생 직후 입회의 성례로 세례를 받았으나 언뜻 볼 때 청교도들은 의식들을 거의 행하지 않는 것으로 보였다. 심지어 세례에서도 청교도들은 기름, 촛불, 십자가 그리기 등을 생략함으로 의식을 축소시켰고, 잉글랜드국교회의 세례 후 의식인 "여성들의 산후 감사예배"(The Churching of Women)를 제거했다. 그 이유는 이에 대한 성경의 근거가 없기 때문이었다. 결혼식과 장례식의 경우에 있어 피상적으로 받게 되는 느낌은 교회적인 또는 아마 신앙적인 중요성도 갖고 있지 않는 것으로 보였다. 왜냐하면 애초부터 결혼식은 예배당에서 목사에 의해 거행되지 않고 가정에서 판사에 의해 거행되었기 때문이다. 또한 뉴잉글랜드의 초기 시대의 장례식에 허례허식의 자취가 전혀 없었고 가정에서나 묘지에서나 예배를 드리지 않았으므로 "매장"이라고 묘사하는 것이 가장 좋을 것이다. 이러한 간소화 또는 심지어 방심(vacuity)이라고까지 할 수 있는 태도가 진정한 것인지 또는 외견상인 것인지는 설명을 요구한다.

1. 결혼식

청교도들이 성(性)에 대해 결벽했기 때문에 교회보다는 가정에서 판사가 주례하는 결혼식을 고집했다고 생각될지 모른다. 그러나 에드먼드 모건은 "간단하게 말해 청교도들은 가식적으로 남녀관계에 양전한 체하는 사람들이 아니었고 금욕주의자들도 아니었다. 그들은 웃는 법을 알고 있었고 사랑하는 법을 알고 있었다"[1]고 단언함으로 이 오해를 뒤집는다.[2]

17세기 중반의 존 카튼(John Cotton)과 18세기 초기의 사무엘 윌라드와 같은 선도적인 신학자들은 정신적 연애관과 로마가톨릭의 여성의 독신생활을 부부애보다 더 높이 평가하는 것을 비웃었다. 젊은 시절에 존 카튼은 육체의 의무를 거부하는 결혼 생활을 "분별 없는 열심"으로 평가했다. "왜냐하면 그것은 '사람이 독처하는 것이 좋지 못하니'라고 말씀하신 성령의 지시를 따르는 것이 아니라 분별 없는 마음의 지시를 따르는 것이기 때문이라"는 것이다.[3] 그는 "가톨릭의 독신생활의 우월성에 대한 자만"에 대한 혐오감을 두 번 표현했다.[4]

영국의 시인 조지 허버트(George Herbert)와 가장 유사한 미국인 에드

---

1 *The New England Quarterly*, XV, (1942), 591-607에서 그의 논설 "The Puritans and Sex"를 보라. 그리고 *The Puritan Family: Religion and Domestic Relations in Seventeenth-Century New England*, 개정판(New York: Harper & Row, 1966)을 보라.

2 *The Puritan Family*, 64. Rovert Middlekauff는 Morgan의 견해를 다음과 같이 수정했을 것이다. "그들(청교도들)은 삶의 육체적인 면의 필요성과 정당성을 인정했다. 그러나 그들은 정당성이 문제가 아닐 때에도 육체의 즐거움을 칭송하지는 않았다"(*The Mathers: Three Generations of puritan Intellectuals* 〈New York: Oxford University Press, 1971〉, 202.).

3 *A Meet Help: Or, a Wedding Sermon preached at New-Castle in New England*, June 19, 1694 (Boston, 1699), 15.

4 *A Compleat Body of Divinity* (Boston, 1726), 125 and 608 f.

워드 테일러 목사는 자신의 한 책에서 부부 중 일반적인 성적 관계에 대한 거부는 "하나님이 독신의 은사를 주지 아니하셨음에도 불구하고 인간에게 필요불가결한 혼인의 모든 위안을 부인하고 멋대로 그 위로를 짐승적인 욕망으로 돌리는 것이라"고 기술했다.[5] 결혼생활 중 청교도의 성적 쾌락에 대한 유일한 자제는 성적 쾌락이(선지자 존 카튼의 말로) "과도하여" 신앙적 의무에 지장을 초래할 때였다.[6] 예를 들어 공식적인 금식일에 성적 관계를 거부해야 하며 또한 만일 성적 관계로 인해 남편이나 아내가 신앙적인 의무들을 이행할 때 하나님을 덜 사랑하게 되면 그때도 거부해야 한다.[7]

17세기 청교도의 뉴잉글랜드는 사실상 결혼식이 많은 사회였다. 모든 사람은 성년에 이르자마자 바로 결혼하는 것으로 여겼다. 상황이 이러했기 때문에 과부나 홀아비는 대개 배우자의 사망 후 바로 재혼했다. 헨리 로렌스(Henry W. Lawrence)는 연구는 훌륭하지만 인습타파적인 한 책에서 뉴잉글랜드의 청교도들이 "단기간씩 여러 차례 결혼하는 일부일처제"(serial monogamy, 연속결혼, 축차단혼)를 실천했다고 주장한다.[8] 리처드 매더는 단지 18개월 동안 홀아비로 지낸 후 재혼했다. 그런데 그의 아들 잉크리즈 매더(Increase Mather)는 아버지의 부인들이 모두 아버지를 지지했고 아버지도 그들을 매우 사랑했다고 말한다.

---

5 이 원고는 Massachusetts Historical Society의 도서관에 있다.

6 John Cotton은 *A Practical Commentary upon the First General Epistle of John* (London, 1656), 126에서 "과도한"(inordinate)이란 형용사를 하나님께 드려야 할 사랑보다 우선하는 부부간의 사랑에 사용한다.

7 이 단락에 나오는 인용문 3에서 6까지는 E. S. Morgan의 논설 "The Puritans and Sex"에서 인용한 것이다.

8 Henry W. Lawence, *The Not-Quite Puritans* (Boston: Little, Brown, 1928), 84-85.

> 외부의 고통들 중 가장 아버지를 괴롭혔던 일은 여러 해 동안 아버지가 향유하신 외부적인 위로와 축복이었던 사랑하는 아내의 사망이었다…아버지는 1년 반 동안 홀로 지내다가 다시 한번 자신의 상황을 바꾸어, 하나님의 훌륭한 사람이라고 마땅히 여김 받는 존 카튼 씨의 경건한 미망인과 재혼하였다. 그리고 하나님은 분명히 그녀의 남은 생애 동안 그녀를 아버지의 축복과 위로로 삼으셨다.[9]

이보다 더 짧은 간격으로 재혼하는 일도 있었다. 예를 들어 1621년에 뉴잉글랜드에서 아내가 중병으로 사망한 에드워드 윈슬로우는 플리머스 청교도의 첫 번 겨울의 질병 희생자인 윌리엄 화이트의 미망인 수잔나와 재혼했는데,[10] 새 아내는 단지 3개월 동안 과부였고 새 남편의 홀아비 생활은 2개월도 안되었다.[11] 결혼과 출산은 분명히 새 이민지의 황무지를 경작하는 데 필요한 일손을 공급하기 위해 필요불가결한 부분이었다. 실제로 몇 세대 동안 남성의 독신과 여성의 독신은 강력하게 저지되었다(여성은 덜했지만). 1637년에 코네티컷 식민지는 독신 남성이 받게 될 처벌을 정의하는 법을 통과시켰다.

> 결혼을 하지 않았거나 종을 소유하지 않은 공무원이 아닌 젊은 남자는 그가 사는 지역의 동의를 먼저 얻고 매주 20실링의

---

[9] *The Life and Death of the Reverend Man of God, Mr. Richard Mather, Teacher of the Church in Dorchester* (New England, 1670, 1974년에 William J. Scherck의 서문과 주들을 포함하여 재발행).

[10] *William bradford, Of Plymouth Plantation, 1620-1647,* new deition of Samuel Eliot Morison (New York: Knopf, 1952), 86.

[11] Lawrence, *op. cit.,* 62–63.

벌금을 내지 않으면 단독으로 집을 소유하지 못한다.

한 가족의 가장이 어떤 젊은 남자에게 자기 가족과 함께 거하도록 거처를 제공하거나 초청을 하려면 그가 거하는 해당 지역 주민들의 허가를 받고 매주 20실링의 벌금을 낼 것을 명한다.[12]

이 법률은 사회적 신분을 소유한 독신 남성들의 출현에 의해 야기되는 사회적 위험들을 방지하기 위한 것이었다.

성에 대한 결백성이나 결혼의 중요성에 대한 판단 결핍이 청교도들의 단순한 의식의 원인이 아니라고 한다면 그들의 단순한 의식의 원인은 어떻게 설명되어야 할까? 네 가지 요인을 고려해야 할 것이다.

첫째, 가장 중요한 요인인 성경적 요인이다.

둘째, 분리주의자들(이들은 독립교회주의자들의 거북한 조상들이었다)과 청교도들(그들의 좀 더 평판이 좋은 후계자들)이 먼저 홀랜드, 그 후에는 플리머스 식민지에서의 전통들과 영국과 뉴잉글랜드에서의 이 전통들에 대한 확인이다.

셋째, 라무스주의(Raminsm: Peter Ramus<1515-1572>, 프랑스 인문주의자, 1561년부터 개신교를 신봉하다가 바돌로매 학살 때 사망함. 그의 학설을 라무스주의라 함-역주)가 또한 고려해야 할 요인이다.

넷째, 비록 방어되기는 했지만 반 잉글랜드국교회적인 요소를 고려해야 한다. 청교도 자손들은 예배와 의식에 있어 그들의 모교회를 로마와 함께 비난했다.

우리는 앞에서 존 카튼이 창세기 2:18, "여호와 하나님이 가라사대 사람의 독처하는 것이 좋지 못하니 내가 그를 위하여 돕는 배필을 지으

---

[12] *Ibid.*, 65.

리라 하시니라"를 인용하여 혼인 상태보다 독신이 우월하다는 로마가톨릭의 주장에 대한 청교도의 확실한 논박으로 성경적 요인을 언급한 것을 보았다. 청교도들에게 있어 성경에 기록된 창조주의 명령보다 더 높은 권위는 있을 수 없었다. 또한 바로 이 기본적인 본문이 출산이나 간음의 회피보다는 동반자 정신을 결혼의 첫째되는 목표와 목적으로 간주함을 정당화하는 이유이다.[13] 혼인의 이 두 가지 다른 목적도 역시 성경적인 정당성을 갖고 있다.[14] 그러나 에드워드 6세의 제1기도서[1549]와 제2기도서[1552]에 분명히 나타나는 바와 같이[15] 잉글랜드국교도들에게 있어서는 결혼의 생식적인 목적, 즉 출산이 첫째였으나, 청교도들에게 있어서는, 비록 결혼의 다른 두 가지 목적의 종속적인 타당성을 인정하였으나 동반자 정신이 우선권을 갖고 있었다.

청교도들은 결혼이 종교적 또는 교회적 예식이 아니라 일반 예식이라고 믿는 데 있어 그리고 교회 결혼식을 위한 성경적 근거가 없다는

---

13 James T. Johnson, "English Puritan Thought on the Ends of Marriage," *Church History*, 38(December, 1969), 429를 보라.

14 출산에 대한 본문은 창 1:27-28, "하나님이 자기 형상 곧 하나님의 형상대로 사람을 창조하시되 남자와 여자를 창조하시고 하나님이 그들에게 복을 주시며 그들에게 이르시되 생육하고 번성하여 땅에 충만하라, 땅을 정복하라…"이다. 간음을 피하는 것에 대한 본문은 고전 7:9, "만일 절제할 수 없거든 혼인하라 정욕이 불같이 타는 것보다 혼인하는 것이 나으니라"이다. 그러나 Johnson은 영국의 청교도들이 결혼의 가장 중요한 목적으로 고독을 제거하는 동반자 정신의 우선권을 단언함에 있어 상당한 독창성을 갖고 있었다고 생각한다. 왜냐하면 이 우선권은 Erasmus와 같은 문예부흥시대의 인본주의자들이 이미 고려했던 것이기 때문이다. Margaret Todd도 "Humanists, Puristans and the Spiritualized Houshold," *Church History*, 49(1980), 18-34에서 그렇게 확인한다. 이 참고문에 있어 나는 과거의 제자인 Mary Doyle Morgan의 신세를 졌다.

15 결혼 예배와 관련된 부분은 다음과 같다. "(결혼의) 이유는 첫째, 여호와를 경외함과 훈육과 하나님을 찬양하며 양육되는 자녀의 출산이다. 둘째, 결혼은 죄의 치유책으로 그리고 간음을 피하기 위해 정해졌다. 곧 결혼한 사람들이 결혼생활 가운데 자신을 그리스도의 몸의 더럽혀지지 은 지체들로 지키면서 순결하게 살도록 하기 위함이다. 셋째, 부부가 함께 행복할 때나 역경에서나 상대에게서 얻어야 하는 상호 교제와 도움과 위로를 위함이다."(The First Prayer Book of Edward VI, 1549).

확신에 있어 영국의 분리주의자들인 그린우드와 바로우를 따랐다. 그린우드는 1587년 고등법원에 출두하여 결혼식이 목사의 의무에 속하지 않는다고 주장한 최초의 영국인이었다.[16] 바로우는 "나는 외국인이거나 토착인들이거나 모든 사람 중에 가장 학식이 많은 사람이 구약성경과 신약성경에서 결혼식이 교회의 활동이라는 사실을 발견하는 사람을 만나보기를 간절히 바란다…"라고 요구했다.[17]

장차 플리머스의 청교도들이 살던 네덜란드에서 목회를 했던 존 로빈슨(Jonh Robinson)이 그의 저서 『분리의 정당성』(Justification of Separation)에서 "거의 이십여 권에 이르는 성경의 여러 책들과 아홉 가지의 명확한 이유들이 결혼과 장례 의식이 목회자에게 속한 교회의 활동이 아니라 일반 예식이므로 일반 예식으로 행해져야 한다는 것을 입증하는 근거가 된다"고 말했다.[18] 칠튼 파웰(Chilton L. Powel)은 1647년 보스턴의 피터 호바트(Peter Hobart) 목사의 경우에 나타난 것처럼 친밀한 청교도 목사가 사회적으로 중요한 결혼식에서 설교를 하는 것과 같은 더 큰 역할을 맡아달라는 초청을 받았을 때 판사들이 언짢아 했고 실제로 금지시키기까지 했다고 말한다. 그리고 그 이유는 "성직자들이 그런 때 설교를 하여 결혼식을 의식화하는 영국의 관습이 도입되는 것을 행정관리들이 반가워하지 않았기" 때문이라는 것이다.[19]

---

16 Benjamin Brook, *The Lives of the puritans* (London, 1813), 2:35.
17 Robert Barrow, *A Brief Discoverie of the False Church* (Dordrecht, 1591), 160. Leland H. Calson은 Penry, Barrow, Greenwood와 같은 엘리자베스 여왕 시대의 분리주의자들에 대한 훌륭한 현대적 비평서들을 제작했다. 그리고 Barrington Raymond White는 *The English Separatist Tradition: from the Marian Martyrs to the Pilgrim Fathers* (London: Oxford University Press, 1971)에서 분리주의자들에 대해 훌륭한 설명을 한다.
18 Chilton L. Powell의 논설, "Marriage in Early New England," *The New England Quarterly*, 1(1928), 325에서 인용함.
19 *Ibid*., 326. Powell의 자료는 John Winthrop의 *History of New England* (1853 ed.), II: 182임.

판사들이 결혼식을 집행하게 된 기원은 네덜란드와 뉴잉글랜드의 플리머스에서의 분리주의자들의 실행에서 찾는다. 윌리엄 브래드포드는 플리머스에서 있었던 첫 번째 결혼식을 묘사하며 이 사실을 명백히 나타낸다.

> 그들이 살았던 저지대의 찬양할 만한 관습에 따르면 결혼식은 민간의 일이며…성경의 룻기 4장과 가장 일치하고 목회자들의 직무로 맡겨졌다는 사실이 복음서 어느 곳에서도 발견되지 않으므로 판사들에 의해 행해지는 것이 가장 바람직하다고 생각되었다…그리고 이 실행은 그들 중에서만 지속된 것이 아니라 이 시대 이 지역들의 모든 유명한 그리스도의 교회들에 의해 지켜졌다. 주후 1646년.[20]

페리 밀러가 지적한 바와 같이 청교도들은 라무스(Ramus)의 영향력있는 논리를 그의 저서『두 가지 차원의 논리학』(Dialecticae Libri Duo, 런던, 1669)에서, 또는 라무스의 해석자들인 리처드슨(Richardson)이나 다우네임(Downame)의 책을 읽고 그 영향을 받아 그들의 여러 가지 사상들을 형성했다.[21][22] 그의 논리를 인간 상호관계들에 적용함으로 청교도들은 질서의 하나님이 인간 사회를 상호관계들 가운데 배열하셨기 때문에

---

20 *History of Plymouse Plantation*, 1620-47, ed. Worthington C. Ford, 2 vols. (Boston, 1912), I:218-9.

21 Perry Miller의 *The New England Mind: The Seventeenth Century* (Cambridge, Mass.: Harvard University Press, 1937), *passim* 그리고 특별히 111-239를 보라. 관련된 사상에 대한 더 간결한 소개로는 Edmund S. morgan, *The Puritan Family*, 개정판(1966), 21-24을 보라.

22 Alexander Richardson은 *The Logician Schoolmaster, or a comment upon Ramus Logick* (London, 1657)을 썼고, George Downame은 Commentarii in P. *Ramis Dialecticam* (London, 1669)을 썼다.

통치자와 국민, 남편과 아내, 부모와 자녀, 주인과 종과 같이 대개 한 편이 다른 한 편에게 종속한다는 주장을 할 수 있었다.

부모와 자녀의 관계와 같이 어떤 자연적인 관계는 비자발적인 반면에, 어떤 관계들은 개인들의 자발적인 행동에 의존하며 어떤 관계들은 약정(contract) 또는 심오하고 의미심장한 신학 술어인 "언약"(covenant)에 기초한다. 교회의 회원들과 그들의 자손의 관계가 개개인이 교회 집회에서 언약을 낭독하거나 서명을 함으로 비준되는 그리스도와의 언약관계인 것처럼 결혼도 하나님 앞에서 남편과 아내 간의 자유로운 언약 관계로 인정되었다. 그러므로 청교도의 결혼 의식은 비록 단순하고 간소하며, 심지어 아무것도 없는 모습이기도 했으나 심오한 신앙 활동이며, 창조주이시고 구속자이시며 거룩하게 하시는 분이신 하나님 앞에서 엄숙하게 이루어지는 언약이었다. 따라서 단순한 결혼식 배후에는 청교도의 신정국인 뉴잉글랜드에서 결혼한 대부분의 사람들에게 낯익은 완전한 청교도의 언약신학이 존재하는 것이다.

청교도와 잉글랜드국교회의 논쟁은 엘리자베스 여왕 시대부터 시작되었고 세 가지 "유해한 의식들"(noxious ceremonies) 중의 하나로 결혼 반지의 사용에 대한 반대를 포함했다(이와 함께 성찬에서 무릎을 꿇는 것과 세례 시에 아기에게 십자가 표시를 하는 것에 대한 반대도 포함되었다).[23] 신령한 결혼식 예배에서 잉글랜드국교도들은 오직 하나님께만 예배를 드려야 함에도 불구하고 "나의 몸으로 당신을 예배합니다"(With my body I thee worship)라는 있을 수 없는 부당한 문구도 사용했다. 게다가 결혼식에 성찬식을 행하는 것까지 허용함으로 청교도들은 잉글랜드국교도들이 로마

---

23 나의 저서 *The Worship of the English Puritans* (London: Dacre Press, 1948), 61-67과 *Worship and Theology in England, From Cranmer to Hooker, 1534~1603* (Princeton, N. J.: Princeton University Press, 1970), 70, 267을 보라.

가톨릭의 형식으로 본질적으로 민간 의식(civil ceremony)을 교회의 성례로 거의 끌어올리고 있다고 생각했다. 청교도들이 결혼 반지를 반대한 이유가 비성경적인 요구이기 때문만이 아니라 제임스 존슨(James T. Johnson)의 견해처럼 그것이 노예를 상징하기 때문이었다는 주장도 비록 불분명하지만 가능하다.[24]

이제 "이 단순한 청교도의 의식들이 어떠한 것이었는가?"라는 질문을 묻고 답변하기에 적절한 때에 이르렀다.

첫째, 결혼을 하는 한 쌍은 "적어도 결혼 관계에 들여가기 8일 전에 그들이 사는 지역의 공적 장소와 공적 모임에서" 자신들의 의사를 공포해야 했다.[25] 판사는 그들의 결혼을 승인하기에 앞서 비밀 결혼, 중혼 또는 강제 결혼을 방지하기 위해 이 "결혼 예고"가 공포되었다는 증거를 요구했다. 에드문드 모건에 의하면[26] 뉴잉글랜드의 기록에 결혼 언약이 남아 있지 않기 때문에 그 특성으로 제시될 수 있는 것은 추측이 전부라는 것이다. "당시에도 지금과 마찬가지로 약속들은 구두로 이루어졌다. 비록 청교도들은 모든 결혼의 공적 기록을 강조했지만 언약 자체는 전혀 기록하지 않고 단지 언약을 했다는 사실만 남겼다." 만일 그 언약의 특징을 추측하고자 한다면 우리는 두 가지 선택을 할 수 있다. 즉 장로교 체제로부터 독립교회로의 일탈을 허용하는 1644년 웨스트민

---

24 James T. Johnson, "English Puritan Thought on the Ends of Marriage," *Church History*, 38 (1969), 435를 보라. 그는 청교도의 결혼 목적들 중에 동반자 정신의 우월성을 훌륭하게 주장하지만 사회 제도에서 여성들의 남성들에 대한 종속을 무시했으며, 또한 반지가 노예 신분을 상징했다는, 또는 노예 신분과 동등했다는 청교도의 근거자료를 전혀 인용하지 않는다.

25 이 인용문은 1640년 4월 10일에 코네티컷 식민지에서 통과된 법률로 Alden T. Vaughan 의 *The Puritan Tradition in America, 1620~1730* (New York: Harper & Row, 1972), 181에 제시된 것이다.

26 *The Puritan Family*, 30.

스터 의회 예배모범(the Parliamentary Directory)을 참조하거나, 또는 제2세대의 잉크리즈 매더가 아버지 리처드 매더나 장인 존 카튼이 말하는 제1세대의 결혼에 대해 듣고, 그의 아들인 제3세대 카튼 매더(Cotton Mather)에게 전한 것에 대한 카튼 매더의 기억을 참조하는 것이다.

전자는 우리로 하여금 결혼 서약에서 "이 회중 앞에서"라는 말을 배제하게 한다. 왜냐하면 뉴잉글랜드의 결혼식은 교회(the church) 또는 공회당(meetinghouse)에서 하지 않았기 때문이다. 이 경우에 언약은 다음과 같았을 것이다. "나 아무개는 당신 아무개를 나의 아내로 맞이하여…하나님이 죽음으로 우리를 갈라놓으실 때까지 당신의 사랑하고 신실한 남편이 될 것을 하나님 앞에서 약속과 언약을 합니다." 아내는 "하나님이 죽음으로 우리를 갈라놓으실 때까지 당신의 사랑하고 신실하고 순종하는 아내"가 될 것을 하나님 앞에서 약속했다.[27]

1686년 이전에 현대의 결혼식에 유사한 "결혼의식"(espousals)이 있었는데 카튼 매더는 여기에 대개 목사가 "초청되어 이 행사에 대한 설교를 했다"고 지적한다.[28] 그리고 그는 이 의식이 그 자신의 시대에는 완전히 사라졌다고 부언한다. 카튼 매더에 따르면 결혼의식에서는 행정관리가 가정에서 주례를 하며 결혼을 하는 남녀에게 언약을 맺게 하고 그들을 위해 기도를 드리기도 했다고 한다. 그리고 카튼 매더는 앞에서 언급된 피터 호바트의 경우와는 달리 "그러나 만일 목사가 참석했다면 대개 그에게 적어도 기도들 중 한 번 정도는 요청되었다"라고 말한다.[29] 그러나 이 결혼의식은 웨스트민스터 예배모범의 순서와 가까웠든지, 또는 카튼 매

---

27 *Reliquiae Liturgicae,* ed. Peter Hall, Vo. Ⅲ: *The Parliamentary Directory* (Bath: Binns and Goodwin, 1847), 64.

28 *Ratio disciplinae* (Boston, 1726), 112.

29 *Ibid.*

더가 말하는 순서와 가까웠든지 간에 간소했고 허례허식적이 아니었고 극히 단순했다.

최초의 헌정들이 폐지되고 왕립 정부가 확고하게 수립된 1686년 이후부초터 결혼 의식은 점차적으로 사회의 정교화 가운데 복잡하게 발전했고 목회자들에게 결혼의식을 집행하는 자격이 주어졌다. 그러나 이 자격은 그들이 목회하는 지역에서만 주어졌다.

결혼의식 집행이 행정관리에게서 목회자에게로 이전되는 것을 용이하게 했던 원인은 아마 1686년 이후 생겨난 결혼의식(espousals)이었을 것이다.[30] 행정관리나 목회자들이나 이 변화에 강력히 반대하지 않았던 것으로 보인다. 사무엘 세왈 판사의 재혼을 그 자신의 아들 죠셉 세왈 목사가 주례했다.

한 세기 동안 발전한 교회에서의 장엄한 결혼식 예배에 대한 자세한 기록은 카튼 매더의 『뉴잉글랜드 형제들을 위한 가르침의 규칙: 초대교회의 규례를 점철시키고 교훈적으로 반영한 뉴잉글랜드 교회들에게 고백되고 실천된 규례에 대한 충실한 보고서』(*Ratio Disciplinae Fratrum Nov-Anglorum: A Faithful Account of the Discipline professed and practised in the Churches of New England with Interspersed and Instructive Reflections on the Discipline of the Primitive Churches*, Boston, 1726)에 나온다.[31] 여기에는 다음과 같은 내용이 포함된다.

- 결혼을 하나님의 규례로 인정하는 목사의 기도

---

30 E. S. Morgan, *The Puritan Family*, 32는 이 제안을 하고, 그의 논설, "Light on the Puritans from John Hull's Notebooks," *The New England Quarterly*, XV (1942), 95–101에서 Peter Thacher가 한 약혼 설교를 설명한다.

31 *Op. cit.*, 113–17.

- 결혼을 하는 한 쌍에게 그들이 하나님 앞에서 하는 언약에 관한 간단한 지시. 여기에는 그들에게 "그러므로 그대들의 마음과 함께 서로 손을 잡으라는 요청이 이어진다."
- 사랑과 존경을 표현하는 형태의 언약이 목사에 의해 신랑에게 공식적으로 진술되고, 신부에게도 유사하게 진술되는데 여기에는 순종의 추가적인 요구가 제시된다.
- 언약에 대한 동의가 표현되면 목사는 다음과 같은 공식적인 선언을 한다. "이제 나는 하나님의 법과 이 지역의 법에 따라 그대들이 결혼하였음을 선언합니다. 하나님이 결합한 것을 인간은 떼어놓을 수 없습니다."
- 부부에 대한 마지막 축도.

서문의 규정은 다음과 같이 진술한다. "결혼식 날이 이르면 신랑은 신부와 약간의 수행자들을 데리고 목사에게 와서 그들의 적법한 공포의 증명서를 제출한다. 여기에는 반드시 읍사무소 서기가 동반되어야 한다." 목사의 신랑에 대한 지시와 선언은(신부에 대한 지시와 선언도 유사함) 잉글랜드국교회의 결혼의식을 부분적으로 생각나게 하는 형태를 취한다. 목사가 신랑에 대하여 하는 말은 다음과 같다.

이제 그대는 그대가 손잡고 데려온 사람을 아내로 맞이합니다. 천국의 은혜에 의지하여 그대는 두 사람이 함께 이 땅에 사는 동안, 마치 교회가 우리 주 예수 그리스도의 영광스러운 복음의 공언자가 되는 것과 같은 관계로 그녀를 존경하고 그녀를 부양하고 그녀를 대우하기로 약속합니다. 그대는 크신 하나님과 이 증인들 앞에서 이 약속을 합니다.

그 다음 목사는 결혼 기록을 읍사무소 서기에게 돌려준다. 경건이 더 해졌음에도 불구하고 초기의 결혼식 형태와의 유사성은 결혼 반지 사용의 금지에서 나타나는 바와 같이 분명하게 나타난다.[32]

사무엘 세왈 판사의 일기는 후기 뉴잉글랜드 결혼식들을 생생하게 밝혀주고 결혼식이 즐거운 행사였다는 것을 보여준다. 또한 그의 일기는 결혼식에서 장례식으로 진전된 한 슬픈 사건을 보여준다. 이 사건은 1682년 11월 9일 목요일에 일어났다.

> 나의 사촌 다니엘은 존 홀 경, 사무엘 호웰 경 그리고 토마스 브래틀 선장 집의 큰 홀에 가득 찰 정도로 모인 많은 사람 앞에서 앤 쉐퍼드 여사와 결혼했다. 브래틀 선장과 브래틀 여사가 자기 집을 두 사람을 위해 제공했다. 윌라드 씨가 기도로 시작하여 토마스 쉐퍼드 씨가 기도로 끝을 마쳤다. 그가 기도하고 있을 때, 사촌 사베이지가 어머니 홀과 아내를 동반하고 들어왔다. 잠시 후 우리는 케익을 먹고 포도주와 맥주를 마음껏 마시고 다시 홀로 들어와 노래를 불렀다. 노래를 부르고 있을 때 브래틀 여사가 기절을 했다…우리는 급히 주방에서 의자를 결혼식장으로 가져다가 그녀를 눕혔다. 그리고 얼마 후 노부인의 시체가 신부의 침대에 안치되었다….[33]

---

32 Cotton Mather는 다음과 같이 기술한다(Ibid., 115-16). "결혼 반지에 대한 많은 강조는 지난 시대에 있었고, 아직도 다른 지역에서는 강조되고 있다. 로마가톨릭의 의식들 중에는 사제가 결혼 반지에 비는 축복 형태가 있다… 우리는 뉴잉글랜드의 결혼식에는 반지가 전혀 의식에 들지 않는다고 밖에 말할 수 없다."

33 *Diary*, ed. M. Halsey Thomas, (New York: Farrar, Straus & Giroux, 1973), I, 53.

2. 장례식

고인을 위한 의식의 발전은 결혼식의 발전과 크게 유사했다. 간단히 말해서 매장식에서 장례식으로의 점진적인 변천이라고 묘사될 수 있다. 더욱이 초기에 분리주의자들의 행한 모범의 영향은 영국 청교도들의 모범의 영향만큼이나 두 가지 특별한 의식들에 강력하게 작용했고 잉글랜드국교회의 전통으로부터의 의도적인 이탈에서와 마찬가지로 의식의 간소성에 있어 성경의 근거를 강조했다.

분리주의자들은 결혼식의 경우에서와 마찬가지로 매장식의 특성을 종교적이라기보다는 일반적인 의식으로 생각했다. 바로우는 『거짓 교회의 간단한 폭로』(A Briefe Discoverie of the False Church)에서 이 문제를 일괄적으로 다룬다. 그는 "하나님의 책에서 죽은 사람들을 매장하는 것이 목회자의 직무에 속했고 레위 제사장직에 있어 시체나 시체에 관련된 무엇이나 접촉하는 것은 오염이었다"는 근거를 발견할 수 있었다. 바로우는 또한 가난한 사람들에게 비싼 장례복과 다른 여러 가지 용구들을 요구하는 데에 대해서도 이의를 제기했다. 특별히 그는 고인에 대한 많은 찬사들에 특징적으로 나타나는 위선을 통렬히 비난했다. "결론적으로(비록 그가 지옥의 심연에서 탐식하는 자와 같이 거함에도 불구하고) 사제가 찬사들을 떠벌리는 기도와 장황한 설교는 결국 미사여구로 죽은 사람이 살았을 때 고약한 수전노였더라도 무덤 속에서 더 훌륭한 그리스도인으로 만드는 것이라고 생각된다." 또한 바로우는 "교회에서 모든 일이 끝난 다음 그들은 값비싸고 호사스러운 잔치로 함께 모인다. 과연 이것이 훌륭한 기독교인의 애도(mourning)인가?"라고 한탄했다.[34]

---

34 Op. cit., 126 f., cited in the L. H. Carlson edition of *The Writings of Henry barrow, 1587-1590*

이 반론들은 뉴잉글랜드의 청교도들에 의해 다시 주장되었다. 그러나 그들의 가장 큰 반론은 모든 시체를 "영생으로의 부활에 대한 확실하고 분명한 소망으로" 장사한다는 공동기도서의 비성경적인 보장에 대한 것이었다. 이것은 악당들을 위한 면허장에 불과한 보장이었다.

유명한 분리주의자 사무엘 이튼(Samuel Eaton)의 장례식에 대한 묘사에 따르면, 많은 그의 추종자들이 무덤까지 따라와서 그의 시체를 무덤에 묻고 기도나 찬사나 권유의 말을 하지 않고 단지 무덤을 밟아 다졌다고 한다.[35] 옆에서 바라본 모든 잉글랜드국교도들은 분명히 이 매장을 훌륭한 장례라기보다는 귀찮은 것을 묻어버리는 것이라고 생각했을 것이다.

장례식에 대한 뉴잉글랜드의 최초 기록은 1642년에 잉글랜드국교도 비평가인 토마스 레치포드가 기록한 것이다. 그의 묘사는 청교도의 장례식을 분리주의자의 장사와 거의 구별하지 않는 것 같다. 레치포드는 그 초기 시대에 예배와 의식이 없는 장례식은 너무 인습 파괴적이라고 기술한다.

> 장례식에서는 아무것도 읽혀지지 않고 장례 설교도 하지 않고, 단지 모든 이웃 또는 많은 사람이 종소리를 듣고 모여들어 엄숙하게 고인을 무덤으로 옮기고 그가 매장되는 동안 옆에 서 있는다. 목회자들은 대개 참석한다.[36]

인간의 본성은 정적인 것을 싫어한다. 그래서 뉴잉글랜드의 장례식

(London, 1962), 495 f.

35 Champlin Burrage, *The Early English Dissenters in the light of Recent Research* (Cambridge, Mass.: Cambridge University Press, 1912), Ⅱ, 326 f.

36 *Plaine Dealing: Or, Newes form New-England* (London, 1642), 94.

들은 준비와 치장에 있어 최초의 정착자 세대가 놀라고 아마 충격을 받았을 방식으로 변모했다.

웨스트민스터 예배모범도 미신적이거나 덕을 세우지 못하는 폐해들을 피하기 위해 간소한 장례식을 주장했으나 만일 목회자들이 참여하면 조객들에게 "그들의 의무를 기억시켜주는 것"을 허용했다. 장례식에 대한 일반적인 규정은 다음과 같았다. "어떤 사람이 이 세상을 떠났을 때 장례일에 고인의 시체를 예의 바르게 집에서 지정된 매장지까지 옮겨 의식 없이 그곳에 즉시 매장하도록 하라." 이 단순성은 "시체가 놓인 곳에서…시체 옆에서 또는 시체를 향해 기도를 하는" 경우의 폐해들이 구체적으로 정당화되며, 또한 "무덤에 가서 기도하고, 낭독하고, 찬송하는 행위는 큰 폐해가 되어왔고, 고인에게 전혀 유익이 없고, 살아있는 사람들에게 여러 가지로 유해한 것이 입증되었기 때문에 그런 일들은 폐지되어야 한다."[37]

그러나 뉴잉글랜드 청교도의 장례식은 심지어 절망적으로 슬픈 상황들에서도 분리주의자들의 장례식처럼 황량하지 않았다. 록스베리의 사무엘 댄포드 목사는 1659년에 전염병으로 희생 된 그의 세 명의 자녀의 시체를 옮기기 직전 집에서 권고의 말을 했다. 장례식에서 한 것으로 알려진 첫 번째 기도도 역시 매장 전에 집에서 드린 것으로 사무엘 세왈에 의해 기록된 것이다. 여기에는 윌슨 목사가 1685년에 데드햄의 윌리엄 아담스 목사의 장례식에 드린 기도가 나와 있다.[38] 장례 설교를 장례일에 하는 것은 허용되지 않았으나 곧 장례 후 주일이나, 다음 강

---

37 *Reliquiae Liturgicae*, Vol III: *The Parliamentary Directory*, 72-73. 이 Directory는 1644년에 최초로 출판되었다. Middleburgh의 영국 청교도들의 예배서들과 장례 지시서들에 대해서는 *Worship of the English Puritans* (London: 1948)를 보라.

38 *Diary* (ed. M. Halsey Thomas), Ⅰ, 444.

의일이나 평일에 장례 설교를 하는 것이 관습이 되었고 결국(17세기 말에는) 장례일 저녁에 하게 되었다. 유명한 사람들을 칭송하는 장례 설교들을 출판하는 것도 관습이었다. 장사 후 주일에 한 것으로 알려진 첫번 설교는 1646년에 존 카튼이 존 올리버의 사망에 대해 한 설교였다.[39] 최초로 기록된 무덤가에서 한 찬사는 1701년 1월 15일에 세왈 판사가 돌아가신 자신의 어머니께 드린 즉흥적이며 감동적인 감사와 존경의 말이다. 이 찬사는 그 애절한 문학적 표현으로 인해 인용할 가치가 있다. 사람들이 무덤을 덮을 준비를 하고 있을 때 판사는 다음과 같은 말을 했다.

> 잠깐 내가 우리의 사별의 슬픔 가운데 하는 말을 용납해주십시오. 우리는 이 성도가 바람직한 삶을 살고 애통 가운데 죽은 행복한 사람임을 바라보며 위로를 얻습니다. 어머님은 사랑하는 남편, 곧 나의 사랑하는 아버님과 54년 동안의 칭송받으실 만한 삶을 사셨습니다. 돌아가신 후에도 어머님은 아버지와 떨어져 계실 수 없으실 것입니다. 그래서 우리는 고인을 이곳에 모신 것입니다. 어머님은 하나님의 말씀과 예배와 성도들을 진정으로 부단히 사랑하는 분이셨습니다. 그리고 어머님은 자신과 타인들을 위해 땀흘려 양식을 준비하라는 신령한 명령에 항상 근면의 기쁨으로 복종하셨습니다. 이제 그분의 무한하게 자비로우시고 인자하신 주님은 모든 수고와 땀으로부터 완전히 해방시키시고 어머니께 더 고귀한 일을 맡기셨습니다.

---

39 Gordon E. Geddes, *Welcome Joy: Death in Puritan New England* (Ann Arbor: University of Michigan Research Press, 1981), 113을 보라.

존경하고 사랑하는 나의 친구들과 이웃들이여! 사랑하는 나의 어머님은 나를 위해 셀 수 없이 많은 자상한 사랑을 베푸시면서도 절대로 많다고 생각하지 않으셨습니다. 그래서 내가 한마디도 대답하기 전에 수천 가지 말을 나에게 해주시곤 하셨습니다. 그러므로 이제 어머님이 말이 없게 되신 때 내가 어머니를 대신하여 감히 한마디를 했다고 아무도 나무라지 않을 것이라고 생각합니다![40]

세왈이 그의 일기에 이 찬사를 기록한 다음 "추기(追記, note): 나는 격정과 눈물로 인해 거의 말을 할 수 없었다"라고 한 부언은 약간 놀랍다.

18세기에 이르러 더욱 관례적이 되고 더욱 정교해진 장례 설교들, 또는 상가에서 읽혀졌고 종종 관에 붙혔던 과장된 애가들의 성경적 근거를 찾는다면, 요나단을 위한 다윗의 애가에서 발견된다. 장례 설교는 고인의 가족의 요청으로 가족에게 건네져서 그들의 경비로 출판되었다. 이 설교들은 애도, 죽음의 준비, 거룩한 삶의 보상인 천국의 기쁨 그리고 하나님의 도우심으로 고인의 미덕들을 본받으라는 권고와 같은 주제들을 포함했다. 애가의 융성과 인기는(처음에 애가들은 손으로 옮겨 썼으나 후에는 인쇄를 하여 회람하였다) 뉴잉글랜드의 간소한 장례식들이 깊은 슬픔을 표현하고 조절하기에 불충했다는 것을 분명히 보여준다. 부언할 것은 억제되고 거짓이 없는 찬사들이 청교도 성인전(聖人傳, hagiography)의 효시였다는 것이다.

뉴잉글랜드에서 최초로 장례 설교를 한 사람은 1672년에 앤 메리슨

---

40 Diary (ed. M. Halsey Thomas), Ⅰ, 444.

의 장례식에서 설교한 제임스 피치(James Fitch)였다.[41] 보수파들은 애가를 바람직하게 여기지 않았다. 그러므로 잉크리즈 매더는 그의 아버지가 영국에서 장례 설교를 한 것을 기록하면서 "그러나 살아있는 사람들에게, 죽음, 부활, 장차 임할 심판 등의 상황에 적합한 진리들을 가르쳤을 뿐이었다"라고 부언한다.[42] 18세기의 초기 30년 동안 장례 설교의 출판은 엄청난 증가를 보인다. 즉 처음 10년 동안은 15편, 20년째에는 60편 그리고 30년째에는 76편으로 증가되었다.[43]

첫째, 뉴잉글랜드인들이 상중(喪中)에 느꼈던 슬픔의 원인은 세 가지였다. 분명히 격심한 상실감－"보이지 않는 손길의 감촉에 대한 갈망과 아직 남아있는 음성"－이 있었다.

둘째, 상실감에 더하여 자녀의 죽음에서 느껴지는 하나님의 심판에 대한 죄책감이 있었다. 아들 헨리가 며칠 밤 동안 고통으로 신음하다가 세상을 떠났을 때 세왈은 장례 직후, "주님이 나의 모든 죄악에 대해 인자하게 나를 낮추셨도다. 그리고 그 방법은 나의 아들에 대한 나의 이상을 꺾어버리는 것이었도다"라고 기록했다.[44]

셋째, 또 다른 슬픔의 원인은 청교도 신학 자체로 말미암는 것이었다. 청교도 신학은 자신의 구원이나 타인의 구원에 도움을 줄 수 없는 인간의 부패를 강조했고, 측량할 수 없는 하나님에 의한 소수의 선택과 다수의 거부를 믿었고, 구원에 대한 회의를 구원을 위해 불가결한 준비

---

41 *Peace the End of the Perfect and Upright* (Boston, 1673).

42 Increase Matehr, *The Life and Death of that Reverend Man of God, Mr. Mather* (Cambridge, Mass., 1670), 50-51

43 Geddes, *op. cit.*, 173. 고인을 치켜 세우는 위험은 *Peace the End of the Perfect and Upright* (Cambridge, Mass., 1672), 1로 출판된 Anne Mason의 장례식에 한 James Fitch의 설교의 머리말에서 Joshua Scottow가 강조했다.

44 *Diary* (ed. M. Halsey Thomas), Ⅰ, 93.

로 요구했다.⁴⁵ 게다가 구원의 문제는 일반적 부활 때까지 불확실한 채로 남아있는 것이었다. 이에 대하여 느끼는 공포는 레오나드 호어(Leonard Hoar)의 설교, "사망의 찌르는 것"(The Sting of Death, Boston, 1680)에 훌륭하게 요약되었다.

> 그러므로 이 땅의 모든 거민이 죽게 될 때, 죄의 무거운 짐, 견딜 수 없는 하나님의 진노, 지옥의 공포, 위험의 가까움, 구원의 어려움, 이 모든 것이 벌거벗은 영혼에게 적나라하게 드러날 것이다.⁴⁶

청교도 관습들에서 상을 당한 사람들이 가졌던 가장 큰 좌절감은 아마 그들이 죽은 영혼을 위해 전혀 아무것도 할 수 없다는 무력감이었을 것이다. 반면에 로마가톨릭은 죽은 자들을 위한 미사와 기도를 사람들이 이용할 수 있는 특권으로 연속의 중간 상태에서 보내는 시간을 줄여 천국으로 가는 길을 빠르게 할 수 있는 것이었다. 그러나 이 로마가톨릭의 위로를 청교도는 얻을 수 없었다. 또한 이 사실은 개개인의 신자들에게 무거운 책임을 부과하는 것이었다. 왜냐하면 케이드 토마스(Keith Thomas)가 관찰한 바와 같이 "이제 모든 개인이 자신의 대차 대조표(balance-sheet)를 간직하지 않으면 안 되었고, 더 이상 후손들의 기도에 의해 자신의 죄를 속죄할 수 없게 되었기" 때문이었다.⁴⁷ 만일—알미

---

45 David E. Stannard, *The Puritan Way of Death: A Study in Religion, Culture, and Social Change* (New York: Oxford University Press, 1977), 83 f를 보라.

46 Stannard, *ibid.*, cites this reference.

47 *Religion and the Decline of Magic* (London: Weidenfeld and Necolson, 1971), 603.

니안주의(그리고 아마 예비주의〈preparationism〉)[48]의 침입 전에—그들이 대부분의 청교도들이 그러했던 것처럼 예정론자들이었다면 그들은 영혼의 궁극적인 운명이 미리 결정되었다고 믿어야 했고, 따라서 그들은 그 운명을 바꾸기 위해 전혀 아무 일도 할 수 없었던 것이다. 이 상황에서 장사가 간소했고, 후에 그들이 고인을 정당하게 칭송하고 가족과 친구들을 위하는 데 훨씬 더 공을 들이게 된 것은 놀라운 일이 아니다.

18세기가 도래함에 따라 장례식의 영향(impressiveness)과 비용에 현저한 발전이 있었고 간혹 장례식들은 극도의 사치와 낭비에까지 이르게 되었다. 낭비의 발전을 살펴보고자 한다면(수의, 관, 무덤을 파는 비용 또한 조문객들을 위한 음료까지 포함하여) 영국 화폐로 12실링에서 2파운드 사이의 비용이 들었던 살렘의 한 장례식과 영국 화폐로 6백 파운드 이상의 경비가 든 1717년 웨이트스틸 윈드롭(Waitstill Winthrop)의 장례식(결국 그의 재산 20%를 낭비한)을 비교해 보기만 하면 된다.[49] 이 관행이 청교도에게 기대되는 검약과 간소화라는 미덕과 너무 모순되었기 때문에 1721년에 매사추세츠 주의회는 다음과 같은 전문(前文)이 있는 한 법률을 통과시켰다. "최근(이 지역의 환경들이 매우 눈에 띄게 모든 종류의 검약을 요구하는) 몇 년간 장례 비용이 특별히 스카프를 나눠주는 데 있어 매우 사치스러워져서 이 지역 이미지를 손상시키고 있고, 많은 가족들을 빈곤하게 만들고 있다."[50] 특별히 스카프 사치는 20파운드의 벌금을 부과하여 금지시켰다.

---

48 회심하는 은혜의 선물을 받도록 신자를 준비시키는 관행들에 대해서는 Norman Pettit의 훌륭한 연구, *The Heart Prepared: Grace and Conversion in Puritan Spiritual Life* (New Haven, Conn.: Yale University Press, 1966)를 보라.

49 Geddes, *op. cit.*, 142 and Alice M. Earle, *Customs and Fashions in New England* (New Yourk: Scribner's Sons, 1893), 376.

50 Lawrence, *The Not-Quite puritans*, 178.

사치는 고급 관리나 판사들의 장례에만 두드러졌던 것이 아니라 모순되게도 불필요한 낭비를 비판했던 유명한 목사들의 장례식에서도 두드러졌다. 그런 경우들 중의 하나가 카튼 매더였다. 카튼 매더는 『그리스도인의 장례』(*A Christian Burial*, Boston, 1713)에서 뉴잉글랜드 장례식의 커져가는 낭비벽을 규탄했다. 그러나 그 자신의 장례는 1728년에 화려한 행진으로 치루어졌다. 매더의 동료인 기(Gee) 목사가 슬피 애도하는 행렬의 선두에 서고, 교회와 회중의 집사들이 사회적 계급에 맞추어 뒤를 따랐다. 휘장은 보스턴 최고의 목사 여섯 명, 곧 벤자민 콜맨, 피터 대처, 죠셉 세왈, 토마스 프린스, 존웹 그리고 토마스 쿠퍼가 들고 갔고 "고인 가족 중 몇 명의 지위가 높은 사람들이 교대로 관을 나르는 일을 맡았다." 고인의 친지들이 애도하며 뒤를 따랐고 그 뒤를 부총독 윌리엄 덤머, 상원 의원, 하원 의원이 따랐고, 그들의 뒤를 "목사들, 판사, 상인, 학자, 그리고 중요한 남녀 주민들"이 좇았다. 행열이 묘지를 향해 갈 때에 이르는 길거리는 내내 사람들로 붐볐고 창문마다 슬픔에 찬 구경꾼들로 가득 찼다."[51] 애도객들의 수와 명성은 카튼 매더가 받았던 존경을 반영했다.

낭비는 검은 의상, 모자, 긴 양말을 필요로 하는 상복으로부터 기인하였다.[52] (희거나 검은) 스카프, 장갑, 반지를 장례식에 초청한 사람들에게 보내는 것이 관습이 되었고 장례식 후에 애도객들이 먹어치우는 음

---

51 Cotton Mather의 장례 행렬 장면의 이 재현은 Gordon E. Geddes의 *Welcome Joy*, 136-37 에 나오며, *The New England Weekly Journal*, February 16, 1728과 Sewall의 그 전날 일기에 근거한다.

52 John Bailey 목사는 1691년에 아내가 죽었을 때, 상복(코트, 반바지, 긴 양말, 모자)와 검은 크레이프 천을 사서 모자에 사용했다. 이 상복의 가격은 8파운드가 넘었다. Geddes, *op. cit.*, 120을 보라. 그의 근거는 *Comprising East Congregational and Precinct Affairs 1697 to 1737*과 *Record Book of the Pastors 1686 to 1819* (Boston: David Clapp & Son, 1906), IV, 177 이다.

식, 포도주, 맥주의 비용이 커졌다. 관은 종종 양질의 나무로 만들어 천을 두르고 사망한 해를 표면에 작은 못으로 그려 박았다. 그리고 때때로 조문객들의 애가 가운데 관을 보(mort-cloth)로 덮었다.[53] 추가적인 비용은 시체를 방부 처리하는 것이었다. 뉴잉글랜드의 초기에는 시신을 대개 사망 후 2~4일 내에 매장했기 때문에 방부 처리가 필요 없었으나 17세기의 마지막 수 년과 18세기 초 30년 동안에 이 관행은 통상적이 되었다.[54] 처음에는 대개 걸어서 묘지로 행진했으나 1730년대에 이르자 보스턴에서는 유지들을 위해 검은 말과 마차를 빌려 사용하는 것이 관례가 되었다.[55] 마차들은 행열의 후미를 따라갔다.

장갑과 스카프는 대개 아마포로 만들었으나 보다 사치스러운 경우에는 장식술이 달린 실크로 만들었다. 세왈은 1697년 3월 29일에서 1704년 7월 2일까지 스물 아홉 번 장례식에 참석하여 26개의 스카프, 13개의 반지 그리고 5개의 장갑을 받았다고 기록한다.[56] 보스턴 북부 교회의 목사 앤드류 엘리오트(Andrew Eliot)는 장례식에 참석하여 받은 장갑의 수를 기록하는 것으로 유명했는데, 32년 동안 3천 개의 장갑을 모았다가, 결국 영국 화폐 600~700파운드에 해당하는 가격으로 보스턴의 여성 모자 제조 판매인들에게 팔았다고 한다.[57] 유명한 사람이 사망한 경우 그 가족은 고인의 친지들에게 많은 장갑과 반지를 보낼 것으로 기대되었다. 이 장례 선물들은 장례식의 기념물일 뿐만 아니라 장례식의

---

53 Stannard, *The Puritan Way of Death*, 113.
54 Stannard, *op. cit.*, 116은 세왈이 그의 일기에(II, 1020-1021) 마치 시체를 방부 처리하는 것이 진기한 일이 아닌 것처럼 이 문제를 담담하게 언급하며 그의 딸이 "창자를 빼내고 싶지 않다"고 말했다는 것을 지적한다.
55 Geddes, *op. cit.*, 135.
56 *Diary*(ed. M. Halsey Thomas), I, 469-70.
57 Earle, *Customs and Fashions in New England*, 374-75.

참석을 권하는 암시이기도 했다.

카튼 매더는 이 행동들을 경건하게 사용해 보려는 전형적인 시도를 했다.

> 나는 장례식에서 나에게 주는(장갑, 반지 또는 스카프의) 예품들을 전혀 걸치고 싶지 않지만 "주여 나로 하여금 나의 죽음을 준비하게 하소서"라는 간구를 하며 걸치고자 노력한다. 또는 나는 "주여 내가 죽을 때 살아있는 사람들에게 기억할 가치가 발견되게 하소서"라고도 기도한다. 나는 보통 장례식에 참석하는 대부분의 사람들보다 두드러진 역할을 하기 때문에, 나에게 다른 사람들보다 더 훌륭한 선물을 주는 것을 특별히 장례식에서 거룩한 행동으로 경건과 유용성의 예증과, 장례식에서의 신앙의 모범의 의무를 요구하는 것으로 보고자 한다.[58]

장례 예식(the ritual)은 한 세기 동안 약간 변한 반면에 절차 의식(ceremonial)은 애도의 행진, 즉 영구차를 따라가는 조문객들, 휘장을 들고 가는 사람들 그리고 엄격한 서열의 조문 행열을 포함하여 엄청나게 정교해진 것으로 보인다. 가장 가까운 친지들이 행열의 선두에 서는데 아내의 장례식에는 남편이 혼자 앞서 가고, 남편의 장례식에서는 아내가 가까운 남성 친지의 부축을 받으며 앞서 갔다. 카튼 매더의 장례식에서 본 바와 같이 친지들의 뒤를 이어 다른 조문객들도 사회적 계급의 엄격한 순서에 따라 행진했다. 정부 관리와 군대 지도자의 경우에는 무

---

58 *Diary* 8:96. Dikran과 Ann Tasjian이 *Memorials for Children of Change: The Art of Early New England Stonecarving* (Middletown, Conn.: Wesleyan University Press, 1974), 28에서 인용함.

장한 군대가 묘역까지 동반하여 가서 고인에게 경의를 표하는 조총 사격을 했다. 1671년에 윌리엄 아담스(William Adams)는 11개 보병 중대를 수행하고 총독 대리 윌로비(Willoughby)의 장례식에 참석하여 조총 사격뿐만 아니라 나팔과 북으로 주악을 울리기까지 했다.[59]

뉴잉글랜드 장례식의 이 모든 의식과 복장과 장식 그리고 사치의 발전을 보며 우리는 "뉴잉글랜드인들의 장례식과 청교도의 후예들인 영국의 비국교도들의 비교적 절제되고 수수한 장례식이 그처럼 현저하게 다른 이유가 무엇인가?"라는 질문을 하지 않을 수 없다. 데이비드 스타나드(David Stannard)의 다음과 같은 말은 아마 간결하지만 포괄적인 답이 될 수 있을 것이다.

> 그들(청교도들)은 죽음을 대할 때 그들의 영국의 조상들이 전혀 마주치지 못했던 무엇인가와 마주쳤던 것이 분명한 것 같다. 그들이 마주쳤던 것은 그들 자신이었으며 또한 부족한 취약성에 대한 그들의 깊은 의식이었다.[60]

많은 요인이 이 취약성을 설명하는 데 도움이 된다. 여기에는 아무리 많은 비탄의 설교(jeremiads)에 의해서도 변화시킬 수 없었던 회심의 수의 감소, 즉 언약을 하는 교회 회원들의 수의 감소, 옛 정통적 경건주의에 맞서는 합리주의의 증가, 팽창하는 도시들에서 증가하는 물질주의와 세속주의, 칼빈주의자들의 감소와 알미니안주의자들의 증가, 새로운 왕령들에 의해 허용되는, 아니 그보다는 요구되는 종교적 충성의 차

---

59 The "Diary" of William Adams(Massachusetts Historical Society Collections, 4th series, 1〈1852〉), 8–22. Geddes, *op. cit.*, 12에 인용

60 Stannard, *op. cit.*, 117–18.

이, 그리고 청교도주의가 너무 빈약하고 너무 인습타파적이라고 느꼈던 일부 사람들에게 잉글랜드국교회가 예배와 의식 모두에서 갖고 있는 것처럼 보인 매력 등이 포함된다. 이 모든 것들이 청교도 신정 국가를 창설하려고 했던 그들의 오래된 칼빈주의적이며 독립교회적인 정통성의 견고한 배타주의를 분쇄했던 요인들이다.

장례식의 문제에서 새로운 감성을 대표한 새로운 구도가 가장 생생하게 나타난다. 이 새로운 구도를 라저 지프(Larzer Ziff)는 죽음에 관한 경고적 시각에서 감상적 시각으로의 변화라고 칭했다.[61] 지프는 "감상적"(sentimental)이라는 말로 "그들이 감정에 소유했던 즐거운 느낌에 의한 신령한 진리들의 확인"을 의미한다. 존 플라벨(John Flavel)은 하나님의 계시와 구원론적 명령들에 의해 요구되는 변화들에 더 쉽게 동화할 수 있는 피조물들에서 교훈을 발견했다고 말하는 그의 책들에서 이 감정을 권했다. 브룩스 홀리필드는 18세기 초기에 대해 다음과 같이 기술한다. "뉴잉글랜드의 신앙에 새로운 상징적 자각이 일어났고…피조물들의 영성화는 모든 자연을 명상적 생활의 도구로 변화시켰다."[62]

죽음에 대한 변화된 태도를 나타내는 하나의 설명은 고든 게데스(Gordon E. Geddes)에 의해 제시된다. 그에 의하면 17세기 청교도들은—그들의 무덤 위에 그려진 해골에서 나타나는 바와 같이—죽음을 육체의 붕괴와 동일시했던 반면에 18세기의 그들의 후계자들은—해골에 대신하여 묘석 위에 새겨진 영혼의 형상에서 볼 수 있는 바와 같이—죽음을 영혼의 해방으로 생각했다.[63] 18세기 청교도들의 생각에 취할 점이 있

---

61 *Puritanism in America: New Culture in an New World* (New York: Viking Press, 1973), 253.
62 *The Covenant Sealed: The Development of Puritan Sacramental Theology*, 1570-1720 (New Haven, Conn.: Yale University Press, 1966), 196.
63 *Welcome Joy*, 191-92.

을 수도 있지만 뉴잉글랜드의 묘석들에 대한 알란 루드윅(Allan I. Ludwig)의 훌륭한 연구 "조각상"(Graven Images)은 이전의 영혼 형상들의 예증을 제시한다.[64]

게데스는 더 나아가 회심에 대한 강조의 증가와 함께 설교들은 죽음과 천국을 위한 준비를 더 강조하고 지옥의 불타는 구덩이 뒤에 매달린 범죄자들에 대한 묘사는 덜 강조하게 되었고, 따라서 (벤자민 콜맨과 같은) 합리주의자(카튼 매더와 같은)와 경건주의자가 모두 죽음의 공포들을 축소하고 죽음을 성도들의 모험으로 전환하게 되었다고 주장한다.[65] 제2세대의 중요한 인물의 견해를 보여주는 한 우연한 사건이 이 생각을 뒷받침해 줄 것 같다. 윌슨 워커(Willson Walker)에 의하면(마크 트웨인의 죽음같이) 그의 죽음이 크게 과장되었던 잉크리즈 매더가 1719년 9월 이후 건강이 약해짐으로 집에만 있도록 제한되었을 때 다음과 같은 일화가 있었다고 한다.

> 그는 자신의 주님 앞에서의 안식이 가까워온다는 생각으로 점점 즐거워하는 것 같았다. 런던에 있는 그의 친구 토마스가 계속 "살아있는 사람들의 땅"에 남는 게 어떠냐고 질문했을 때 그는 다음과 같은 메시지를 보냈다. "싫다고 그에게 전해주시오. 나는 그곳으로 가겠습니다. 이 불행한 세상은 죽어가는 사람들의 땅입니다. 진정으로 살아있는 사람들의 땅은 바로 천

---

64 Graven Images: *New England Stonecarving and Its Symbols* (Middletown, Conn.: Wesleyan University Press, 1966), 18-52와 176-424. 이 쪽들은 묘소의 상징들을 철저하게 분석한다.

65 Geddes, *op. cit.*, 191.

국인 것입니다."[66]

묘석에 새겨진 그림의 증거는 감정의 변화들을 반영한다는 점에 있어서 그리고 무엇보다 장례 예식(ritual)과 의식(ceremonial)이 매우 초라할 때 시각적인 상징들이 필요했다는 것을 반영한다는 점에 있어 특별한 의의가 있다. 제사는 우상숭배이기 때문에 할 수 없었고 고인이 땅속으로 사라지는 마지막이 너무 처량했기 때문에 묘석의 그림이 그 공허를 매꾸는 것은 필연적이었다. 장례 후에 잔치가 이어진 것도 놀라운 일이 아니었다. 비록 카튼 매더가 "고인이 우리 눈 앞에 있던 바로 그 방에서 어떻게 우리가 종종 그처럼 천박할 수 있는가?"[67]라고 방종을 개탄했지만 우울한 상황에 활기를 주기 위해 럼주와 포도주와 과자가 필요했다.

비석 조각술은, 비록 종종 무의식적이었지만 쓸쓸한 장례식에 대한 대중의 일종의 항의로서 설교는 추상적으로 선포되었지만 이것은 종말론적 상징으로 돌 위에 선명하게 반영하였다. 형상은 제한되었으나 상징들은 죽음에서 부활까지 광범위했다. 초기에 죽음의 상징들은 모래시계 그리고 가장 크게 공포를 나타내는 것으로 촛불을 끄고 있는 해골들과 같은 시간의 상징들과 연결되었다. 이러한 상징들 중 가장 최초의 것은 매사추세츠 하버힐(Haverhill)의 1668년의 한 묘석에서 발견된 날개가 달린 형상인데 아마도 영혼의 형상을 나타내는 것으로 보인다.[68] 그 후 약 1690~1691년부터 묘석들에는 물시계와 죽음의 화살들을 갖고

---

66 *Ten New England Leaders* (New York: Sliver Burdett, 1910), 212.
67 *The Christian Funeral* (Boston, 1713), 20.
68 Allan Ⅰ. Ludwig, *Graven Images*, Plate 209.

있는 작은 도깨비들이 새겨졌으나 1710년 이후로는 다시 나타나지 않는다.

죽음의 상징들에 이어 묘석들에 부활의 상징들이 나타난다. 승리의 화관들—무덤에서 솟아나는 꽃들—이 1697~1698년에 보스턴에 나타나기 시작한다. 비둘기들이 깃들인 생명의 나무들은 1725년과 1729년 사이에 나타나고, 1718년과 1725년 사이에는 십자가들(처음에는 꽃이 핀 십자가)이 나타난다. 부활을 나타내는 매우 고대의 상징인 공작은 1703년에 매사추세츠 퀸시(Quincy)에 나타나는데 여기에는 두 마리의 공작을 모래 시계 좌우에 위치해 놓고 있다. 영혼이 하늘로 날아가는 상징은 1732년 로데 아일랜드(Rhode Island) 지방에 나타난다. 여기에서는 일단의 천사들이 영혼을 아브라함의 품으로 호위해 가고 있다. 매사추세츠 찰스타운(Charlestown)의 1710년의 한 비석은 한 영혼이 호리병박 같은 모양으로 만들어진 나무잎 장식 꼭대기의 한 줄기를 빨고 있는—아마 포도주를 마시고 있는 듯한" 모습을 묘사한다.[69] 이러한 상징은 흔히 볼 수 있는 것으로 성찬을 천국 잔치와 연결하는 것이다.

뉴잉글랜드 청교도의 상상력이 그들의 묘석에 새로운 상징들을 고안해냈다는 것은 확실하다고 할 수 있다. 피터 베네스(Peter Benes)는 자주 묘사된 날개 달린 해골들이 영국에서는 죽음의 상징이었지만 뉴잉글랜드에서는 죽음의 상징이 아니라 죽음으로 인해 육체에서 해방된 영의 상징들이라고 설득력 있게 주장한다. 이 주장은 해골들의 표현에서의 상당한 다양성을 설명해주는 듯하다. 그리고 해골들의 종종 미소를 띠는 얼굴들은 때때로 만화식이고 어떤 경우에는 고인들의 초상이기도 했다. "관습적으로 영의 표상은 핵심 상징(해골, 기하학적 도형의 얼굴 또는

---

[69] *Ibid.*, 165.

명백한 인간의 얼굴)으로 이루어졌고, 여기에 이차적인 상징이 한 개나 또는 쌍을 이루어 첨부되었다. 이 이차적 상징들은 날아오르는 것(새의 날개, 박쥐의 날개, 깃털들), 영생(다이아몬드, 하-트, 책, 나무), 광채(태양, 후광 또는 빛의 표시들), 또는 하늘(태양, 별, 행성들)을 나타냈다"고 베네스는 기술한다.[70]

이렇게 죽음 후에 인간의 영의 운명에 대해 증가하는 즐거움이 있었으니, 이것은 독창성과 다양성과 선명성으로 특징지워지는 미국 청교도의 상상력에 의한 창작품이었다. 이제 알란 루드윅의 관찰에 의거한 발언으로 끝을 맺는 것이 좋을 듯하다.

> 청교도의 장례 예술은 후대의 간담을 서늘게 한 내세관 뿐만 아니라 열정의 깊은 가락과 신비적 상징주의 가운데에서의 선천적인 희열도 보여준다.[71]

장례 예식(ritual)과 의식(ceremonial)을 위한 제도적 장치가 불충분한 곳에서 사람들이 종교적인 그림의 상징을 보충함으로 그 불충분함을 보상했다는 사실을 깨닫는 것은 유익한 일이다.

---

[70] *Masks of Ortheodoxy. Folk Gravestone Carving in Plymouth County, Massachusetts, 1689-1805* (Amherst: University of Massachusetts Press, 1977), 45.

[71] *Graven Images*, 5.

The Worship
of the American Puritans

1629-1730

9장

임직식

　독립교회나 회중교회는 자신들의 민주적의적 구조를 자랑해왔는데 이 구조가 그들의 뉴잉글랜드 교회에서보다 더 명확하게 입증되는 곳은 없다. 엄격하게 말해서 각 독립교회는 군주주의적 권세, 귀족주의적 권세 그리고 민주주의적 권세의 결합이다. 자신의 몸인 교회의 창설자이시며 계속적으로 능력을 주시는 선지자, 제사장 그리고 왕으로서의 그리스도와의 관계는 분명히 황제의 겸손한 백성들로 교회 회원들을 거느리고 있는 군주주의적이다. 교회의 지도자들인 목회자의 권세는 귀족주의적이다. 그러나 새로운 교회의 창설, 어떤 사람에게 목회자가 되라는 권유, 교회 회원들을 입회시키거나 퇴출시키는 데 있어 교회 회원 대다수의 찬동이 있어야 한다는 사실은 귀족주의의 예외이고 또한 이 점에 있어 민주주의이다. 실제로 뉴잉글랜드에서 목사들은 지역 교회의 회원들에 의해 임직되었다. 그리고 교회들이 더욱 성직 중심화된 것은 뉴잉글랜드의 제2세대 말에 이르러서부터였다.

1. 교회의 설립

우리에게 자세한 정보가 있는 1636년의 데드햄 교회의 설립과 1642년의 워번(Woburn) 교회의 설립 과정을 고찰하면 알 수 있는 바와 같이 교회들의 민주주의는 그 설립에서 가장 명확하게 나타난다.

한 교회의 모임은 소수의 설립 위원들에 의해 착수되었는데 데드햄 교회의 경우에는 "우리가 그러한 역사를 위한 확실한 은혜와 적절한 은사들에 있어 최선의 소망을 갖고 있었던"[1] 열 명의 설립 위원들이었다. 리처드 매더 목사에 의하면 한 교회를 세우는 데 필요한 수는 일반적으로 "약 8명 내지 9명"이었다.[2] 통상적인 관계는 이 미래 교회의 열심 있는 핵심들이 정규적으로 모여, 금식과 기도 후에 서로에게 자신들의 은혜의 경험을 나타내고, 마지막으로 그들이 알고 있는 어떤 독실한 사람을 자신들의 목사로 초청하기로 동의하는 것이었다. 또한 그들은 다시 금식과 기도 후에 그들이 전에 그리스도께 그리고 서로에게 대한 맹세의 표현으로 작성했던 언약을 엄숙하게 인정할 날도 정했을 것이다. 그 다음에 이웃 교회들의 목사들에게 자문을 얻은 후에 치안 판사 앞에서 그들은 자신들의 교회가 정당하고 참되게 모였다는 확인과 인정을 받았다.

데드햄 교회의 창립에서 볼 때 교회 창립이 손 쉬운 일이 아니었던 것은 명백하다. 미래의 목사와 교회 회원들은 몇 달에 걸쳐 "충분하게

---

1 데드햄 교회의 기원과 역사에 대한 정보를 얻고자 한다면 Kenneth A. Lockridge의 *A New England Town, The First Hundred years: Dedham, Massachusetts, 1636~1736* (New York, 1970), Chapter 2를 보라.

2 E. Emerson의 *Letters from New England: The Massachusetts Bay Colony, 1629-1638* (Amherst: University of Massachusetts Press, 1976), 202에 나오는 Richard Mather가 1636년 6월 25일에 William Rathband와 Mr.T.에게 보낸 편지.

함께 대화하고 의논을 하며" 준비했다. 이 기간 동안에 각 개인은 하루를 택해 종일 기도하며, "자신의 영적 상태를 다른 사람들에게 공개하고 하나님께 대한 회심의 방법과 우리의 영혼에 나타나신 주님의 그 후의 행동들과 현재의 하나님의 사랑이나 그 사랑의 부족에 대한 이해를 진술했다."[3]

에드워드 존슨은 워번 교회의 설립을 묘사하며 다음과 같이 말한다. "올바른 뉴잉글랜드의 사람이 유능한 목사 없는 생활을 하는 것은 마치 대장장이가 불없이 자신의 철을 다루는 것처럼 이상한 일이다. 그래서 워번 교회의 창립자들은 토마스 카터라는 이름의 젊은이와 몇 번의 예비 모임을 가졌다. 그는 워터 타운의 그리스도의 교회에 속한 존경할 만한 경건한 사람이고 그리스도의 건전하고 유익한 진리들을 가르치는 재능이 있었는데" 특별히 금식기도일에 그들 가운데에서 자신의 은사들을 발휘했다.[4]

드디어 1642년 6월 24일에 모임의 날이 이르러 그들은 8명의 매사추세츠 목사들과 함께 오전 8시에 모였다. 그리고 그 절차들은 심스(Syms) 목사에 의해 주관되었는데 그는 "약 4~5시간 동안 설교와 기도를 진행했다." 그 다음 치안 판사 잉크리즈 노웰 앞으로 "사람들은 차례로 앞으로 나와서 먼저 주님이 자신의 성령의 역사를 통해 자신의 말씀의 설교와 섭리들 가운데 자신들의 비천한 영혼들을 위해 행하신 일을 고백했다." 다른 교회들에서 온 목사들이 그들에게 질문을 해보고 만족했을 때 "그들을 동지로 받아들이겠다고 선언하고, 그들은 언약문을 기록하

---

3 C. Hambrick-Stowe가 *The Practice of Piety* (Chapel Hill: University of North Carolina Press, 1982), 127에 인용한 *Dedham Church Records*, 5, 10.

4 *The Wonder-Working Providence of Sions Saviour in New-England* (London, 1654), William Frederick Poole의 역사적 서론을 첨부한 편집판 (Andover, Mass., 1867), 177.

여 읽음으로 자신들의 언약을 선포했다."⁵ 3개월 후에 토마스 카터는—이 부분을 주의하라—두 명의 그 교회 회원이 그의 머리에 손을 얹고 "우리는 그대 토마스 카터를 이 그리스도의 교회에 목사로 임명하노라"고 말함으로 그들의 목사로 임명되었다.⁶

워번 교회의 창립에 대해 설명하려면 언약이 인용되어야 한다. 왜냐하면 언약은 새 교회의 조직과 규율을 하나로 묶는 띠였기 때문이다. 그 언약은 다음과 같이 이어진다.

> 신약성경은 규칙에 따라 주님의 날, 하나님과 하나님의 백성 앞에서 주님이 주 예수 그리스도의 교회로 받아주시기를 진실로 바라며 모인 우리는, 우리가 이러한 고귀한 은혜를 받기에 다른 모든 사람 중에 가장 무가치하고 어떤 선한 일을 행하기에 가장 무능하다고 인정합니다.
>
> 우리가 전에 하나님의 예배와 다른 일들에서 행한 모든 신성모독들로 인해 우리 자신을 증오하며, 속죄를 얻기 위해 오직 주 예수 그리스도께만 의지하고 우리의 이후의 모든 행로의 인도를 얻기 위해 주님의 은혜의 능력에만 의지합니다. 이곳에서 주님 앞에 있는 것과 같이 그리스도 예수의 이름으로 우리의 심령 깊은 곳으로부터 함께 동의하는 것은 주님의 은혜를 통해 먼저 우리의 왕이시며 제사장이시며 선지자이신 주 예수님께 우리 자신을 드리고 모든 일에 주님께 온전히 복종하며 그와 함께 주님 안에서 그리스도의 한 몸으로 서로 복종

---

5 *Ibid.*, 178.

6 *Ibid.*

하며 복음의 모든 규례 가운데 동행하며 모든 일에 있어 서로 사랑하며 섬길 것입니다.

또한 이 모든 일이 있어 주님이 항상 선하신 은혜를 통해 말씀으로 우리에게 전하시기를 기뻐하시는 주님이 우리에게 주신 현재의 빛에 따라 또한 앞으로 주실 빛에 따라 동일한 언약 가운데 나타나는 모든 오류들과 분열들(schisms)을 끊고 또한 복음에 계시된 복된 규례들에 반하는 모든 위반들을 끊고, 특별히 세상의 일에 대한 무절제한 사랑과 추구를 끊겠나이다. 모든 교회는 동일한 말씀을 소유하고 있지 않나이다. 왜냐하면 그 말씀들이 동일한 형태의 말씀이 아니기 때문이니이다.[7]

비록 행사를 위해 만들어진 것이지만 이 시대의 전형적인 문학적 표현인 이 교회 언약의 두드러진 특징들은 살펴볼 만한 가치가 있다. 이 교회 언약은 회개와 믿음—중생의 전제 조건들—으로 시작하며 구원을 위해 그리스도에 대한 완전한 의존을 확인한다. 이어 이 교회 언약은 그 신실성을 단언하고("우리 심령 깊은 곳으로부터"), 그리스도의 모든 규례를 함께 준수할 것을 약속한다. 마지막으로 이 교회 언약은 현재 계시되었고 앞으로 계시될 하나님의 말씀을 따르기로 동의한다. 이 약속의 단순성과 신실성과 엄숙성은 특별히 이것이 신학자들의 작품이 아니라 평신도들의 작품이기 때문에 더욱 인상적이다.

---

7 *Ibid.*, 179. 마지막 말은 언약의 부분일 수도 있고 또는 이 역사의 저자 Captain Edward Johnson의 편집적인 추가일 수도 있다. 초기 1629년의 살렘의 언약은 단순하게 모든 교회 언약들의 진수를 요약한 것이다. "우리는 주님과 언약하고 서로 언약합니다. 우리는 주님이 자신의 복된 진리의 말씀에서 기쁘게 우리에게 자신을 계시하신 대로 주님의 모든 길에 동행하기로 하나님 앞에서 맹세합니다."(Willistion Walker, *The Creeds and Platforms of Congregationalism* 〈Boston: Pilgrim Press, 1960〉, 116). 이 언약은 1636년에 상당히 확대되었다.

토마스 웰드(Thomas Weld)가 『뉴잉글랜드 교회들의 관행들에 대한 간단한 서술』(*A Brief Narration of the Practices of the Churches in New-England*)을 출판한 1651년에 이르러 교회 설립의 체계가 완전히 정리되었다. 그가 열거하는 단계들은 다음과 같다. 제일 먼저 교회를 시작하고자 하는 사람들이 사적으로 모여 서로의 영적 상태를 살펴보고 "서로의 은혜의 진리에 대한 사랑을 판단함으로" 만족을 얻는다.[8] 그 다음에 그들은 치안판사와 인접한 교회들에 자신들이 교회를 창립하려는 의도와 그들이 공적으로 모이고자 하는 날을 알린다. 여기에서 그들은 세 가지 목적을 갖는다. 즉 그들이 복음을 부끄러워하지 않는다는 것을 나타내고, 그리스도 안의 형제들의 조언과 기도를 구하고, 그 형제들이 자신들을 살펴보고 보다 편안한 마음으로 자신들을 공동체 가운데로 받아들이도록 하기 위함이다.

그 다음에 모임의 날의 시간은 주로 금식과 기도로 사용된다. 그 후에 위임을 받은 한 설립 회원이 다른 회원들에게 공적으로 자신들의 심령에 은혜의 역사를 표현함에 있어 자신을 따르라고 요청한다. "그 다음에 그 자신이 신앙의 모든 원칙들에 대한 자신의 믿음의 고백과 자신의 그리스도를 향한 효과적인 선언과, 하나님이 그날에 자신의 영혼에 어떻게 은혜의 역사를 이루셨는가(즉 그들이 주장하는 죽음의 역사로부터의 회개와 하나님을 향한 신앙) 하는 고백을 시작한다." 그 다음에 그들 모두는 자신의 신앙고백을 하고 은혜의 역사를 설명한다. 그리고 이웃 교회들에서 온 파견자들은 그 내용들에 대한 질문을 한다.

이 날의 절정은 "그들이 신성하고 엄숙한 언약, 곧 약속과 고백을 할 때이다…이 언약에 의해 그들은(그리스도의 도우심을 통해) 주님 앞에서 거

---

[8] Weld, *A Brief Narration of the Practices fo the Churches in New-England* (London, 1651), 2.

룩한 모든 의무를 행함에 있어서 하나님의 교회답게 함께 행하며 하나님에 따라 모든 자신들의 언약을 제시하면서 서로에 대한 모든 형제 사랑과 신실히 행할 것을 서로 동의한다. 그 다음에 이 언약을 회중 앞에서 읽은 다음 서명을 하거나 구두로 자신들의 동의를 증언한다."[9]

마지막으로 다른 교회들의 대표자들은 그 교회의 창립 회원들을 동지로 받아들이겠다고 선언하고 그들을 하나님께 맡기고 "기도 드리고 하나님을 찬양하고 시편찬송을 하고 축도를 드린 다음 모임을 해산한다."[10]

전체 진행의 민주주의적인 특성 외에 가장 인상적인 것은 새 교회의 진정한 헌장인 언약(covenant)의 의의이다. 이 언약은 세 가지 특성을 갖고 있다.

첫째, 이 언약은 자발적인 것이며 작은 평신도 모임에 의해 주의깊은 토의와 동의 후에 이루어지는 것이다.

둘째, 신조(creed)와는 달리 언약은 역사적인 또는 심리적인 서약 이상이다. 곧 언약은 그리스도의 모든 규에 있어 순수하게 그리스도를 따르겠다는 마음과 생각과 의지의 지지이다.

셋째, 언약은 모든 미래의 회원이 그리스도 안에서 하나님의 변화시키는 은혜의 언약의 증거자 즉 위선을 피하는 "가시적 성도"가 되어야 한다는 것을 보여준다.

---

9 *Ibid.*, 2-3. 이 언약을 언급하면서 Weld는 난외 주에서 John Cotton의 *The Way of the Churches of Christ in New England* (London, 1645), 8을 자신의 근거로 인용한다.

10 *Ibid.*, 3

2. 교회 임직자들의 임직식

목사 임직식의 최초 기록은 존 카튼(John Cotton)과 토마스 레치포드에게서 나온다. 레치포드는 1642년에 뉴잉글랜드의 임직식을 다음과 같이 묘사한다.

> 그 다음에 그들은 앞에서 말한 직원들의 임직식을 위한 다른 날(교회 설립과는 다른 날)을 정하고, 공식적인 금식 기도일에 행해지는 임직식에 직임자들을 안수할 사람들을 임명한다. 목사나 장로들이 있는 곳에서는 그들이 새 직원들을 안수하고, 없는 곳에서는 목회자가 아니라도 그들 중에 인망이 있는 가장 중요한 사람들 두세 명을 임명하여 안수하게 한다."[11]

3년 후에 출판된 카튼의 설명은 더 자세하지만 결국 레치포드의 정확성을 확인하는 것이다.

> 그러므로 교회들 중 어떤 교회에 이 임직자들이 없을 때 그 교회의 형제들은 자신들 중에 어느 정도의 자격을 갖춘 사람들을 찾는다. 만일 그 교회가 자체 내에서 그런 인물을 발견할 수 없으면 그들은 다른 교회에 사람을 보내어 적절한 인물을 구한다. 그리고 각 교회는 서로 돕는 것을 자신들의 의무로 생각하고 스스로에 대해 편견을 갖지 않고 자신들이 도울 수 있는 일을 한다…그들은 추천되어 오는 사람들을 어느 정도 시

---

[11] *Plaine Dealing*: or, *Newes from New-England* (London, 1642), 3.

간을 두고 심사를 한다…왜냐하면 훌륭한 재능이 있는 사람이 모두 정직하고 선한 심령을 갖고 있지 않으며 또한 모든 선한 심령이(아무리 완전하게 자격을 갖추었다고 하더라도) 선한 사람들 모두의 마음에 드는 것이 아니기 때문이다. 모든 열쇠가 모든 자물쇠를 열 수 있는 것이 아닌 것처럼 모든 사람의 은사가 모든 사람의 덕을 세울 수 있는 것은 아니다…(임직식) 날은 원칙에 따라 금식과 기도와 말씀 설교를 하며 마치 굴종의 날처럼 지킨다. 그날을 종결할 때가 이르면 그 교회의 장로들(만일 장로가 있다면) 중의 한 명이, 만일 장로가 없다면 그 교회의 가장 근엄한 형제들 중에서(그날의 행사를 지휘하도록 자체적으로 임명받은) 한 명이 일어서서 교회에게 아직도 그들이 그들의 목사 또는 교사 또는 다스리는 장로로 그들이 전에 동의한 사람을 택할 의사를 계속 갖고 있는지 질문한다…그는 계속하여 집회의 다른 사람들에게도 동의를 묻는다…모든 것이 명백하다는 것을 알았을 때 그는 교회의 모든 형제에게 만장일치로 손을 들어 그의 선택을 선언하라고 청한다. 그렇게 한 다음 그는 선택을 받은 당사자에게 그가 그 소명을 받아들일 것인지를 묻는다…그 다음에 그는 그 교회의 장로들과 함께(만일 장로가 있다면 장로들과 함께, 만일 없다면 자체에 의해 대리자로 임명된 두세 명과 함께) 주 예수의 이름으로 안수하여 그를 그 직분에 임명한다. 그 다음에 여러 교회들의 장로들이 등장하여 택함을 받고 임명된 임직자가 행한 그날의 의무들에 그리고 그의 선택과 인명에 있어 그 교회의 순서 절차에 하나님이 함께 하셨음을 진술하고, 장로들 중의 한 명이 나머지 모든 사람을 대표하

여 모든 집회에 모인 사람들 앞에서 동지의 자격을 그에게 부여한다.[12]

이 절차는 잉글랜드국교도들과 장로교인들 모두를 놀라게 했을 것이다. 왜냐하면 잉글랜드국교도들은 감독들이 임명을 하는 직책을 맡기를 요구했을 것이며 장로교인들은 목사들의 단체에 의한 임직식을 주장했을 것이기 때문이다. 영국에서 감독들에게 박해를 받았던 청교도들은 감독들에 의한 임직에 찬성하지 않았으며 또한 그들은 각 교회의 독립성을 존중했으며 또한 존 밀턴과 같이 "새로운 장로(presbyter)는 확대된 옛 사제에 불과하다"고 믿었기 때문에 장로의 집단적 군주 체제를 경험하고 싶지 않았다.

장로교 신학자들의 비평적 견해에 있어서도 독립교회의 교회론은 마땅히 지지되어야 했다. 필사본으로 배포되고 있던 카튼의 『그리스도 교회들의 길』(The Way of the Churches of Christ)을 비판한 사무엘 루터포드(Samuel Rutherford)의 『장로들의 정당한 권리』(Due Right of Presbyteries)에 대한 답변에서 토마스 후커가 독립교회의 교회론을 변호했다. 후커의 이 저서는 『교회 권징의 요약적 개관』(A Survey of the Summe of Church-Discipline)으로, 이 책은 1645년에 장로교와 침례교의 공격(attacks)에 맞서기 위해 매사추세츠 캠브리지에서 개최되었던 뉴잉글랜드 목사들의 집회를 지지하기 위해 저술되었다.[13] 후커는 그의 『개관』 서언에서 독립교회 교회론의 원리들에 대한 감탄할 만한 정도로 간결하고 설득력 있는 진술을 명확하

---

12   Cotton's *The Way of the churches of Christ*, 39-41.

13   이 배경은 Willistion Walker의 *The Creeds and Platforms of Congregationalism*, 141에 묘사된다. 후커의 작품의 초고는 영국으로 가다가 침몰한 배에서 사라졌고 불완전한 사본이 저자의 사후에 친구들에 의해 출판되었다는 사실을 주지할 필요가 있다. 그러나 그의 사상의 요지는 1645년 Combridge Platform에 포함되었다.

게 말한다.

여기에서 그는 교회들의 회의 또는 "협의회"(consociation)가 특별한 지역 교회들을 충고하거나 인정하거나 또는 경고하는 사례를 제시한다. 예를 들어 "가시적 성도들만이 유일하게 순수하고 적절한 관심 사항으로써 가시적 교회는 이들이 모인 것이어야 한다. 따라서 연합이란 가시적 성도들의 외관적 형태이다." 심지어 그는 담대하게 "총체적 요체(Totum essentiale)로서의 교회는 직분들보다 우선하며, 우선해도 된다"고 단언하기까지 한다. 결론적으로 "임직식은 선거에 우선하지 않는다. 임무가 없는 목사의 임직식은 있을 수 없다. 즉 신도들 없이 목회자를 세우는 임직식은 없다는 것이다." 그러므로 "임직식이란 한 직임자를 이미 전에 소명받은 직분에 엄숙하게 임명하는 것일 뿐이다."[14]

일단 새 교회가 구성되면 그 교회는 직원들을 찾아야 한다. 초기에는 직원들을 설립 회원들 중에서 찾는 것이 관례였다. 웰드는 그들 중에 직책을 맡기에 적합한 후보자들이 없을 때 "그들은 추수를 하시는 주님께 다른 곳으로 자신들을 인도하시기를 구했다"고 말하고, ("대개 한 교회에 결합된 사람들은 그런 직책을 맡을 만한 사람을 그들 중에 갖고 있기 때문에") 외부에서 찾는 일은 희귀했다고 지적한다.[15]

그러면 이 직임자들은 누구였고 그들의 임무는 무엇이었을까? 웰드는 신약성경의 사도, 선지자, 복음 전도자들은 교회가 시작될 때 있었던 비상적(extraordinary) 직분자들로서 이후 세기들에는 그 후계자들이 없다고 지적한다. 이어 그는 통상적(ordinary) 직분자들을 두 종류의 장로, 곧 가르치는 장로와 다스리는 장로라고 부언한다. 가르치는 장로도

---

14 Walker, *op. cit.*, 143-45.

15 Weld, *op. cit.*, 3.

두 종류라고 부언한다. 가르치는 장로도 두 종류로서, 곧 목사와 교사이다. 목사의 임무(duty)는 "훈계에 전념하는 것"이고 교사의 직무(office)는 "교리에 관해 가르치고 성경을 해설하고, 오류들을 논박하는 일 등에 열중하는 것"이다. 다스리는 장로의 임무는 "집회들의 질서를 유지하고 교회 전체의 생활과 교제를 보살피고 각 집을 심방하여 모든 사람이 선하게 살고 있는지를 살펴서 가르치는 장로들이 말씀과 교리에 전념하도록 하는 것"이다. 웰드는 그들이 모두 협력하고 교회를 다스리고 "교회를 위한 모든 사항들을 은밀하게 준비하고 교회에 들어오는 모든 사항들을 관찰하고 원숙하게 하여 공식적으로 제출해야 한다"고 부언한다.[16]

마지막으로 집사의 과업(task)는 세 가지 방식으로 교회의 재정을 관리하는 것이다. 그들의 책무는 가난한 지체들의 필요한 것들을 공급하되 "친절한 마음과 주의 깊은 손으로 교회 창고에서 가난한 사람들이 평안과 위로를 얻는데 필요한 것들을 공급하는 것"이다. 또한 집사들은 목사의 생계와 성찬 주일에 떡과 포도주로 주님의 식탁을 꾸미는 준비도 해야 한다. 요약해서 집사의 임무는 다음과 같다.

> 교회의 창고에
> 부지런히 모으고
> 신실하게 지키고
> 신중하게 나누어

그들에게 맡겨진 일인 식탁들, 곧 주님의 식탁과 목사의 식탁

---

16 *Ibid.*

과 가난한 사람들의 식탁을 준비하는 것이다.[17]

또한 여집사들도 있었다. 여집사들은 "자비를 베푸는 일, 특별히 병든 사람들을 돌보는 일에 기쁘게 전념할 수 있는" 교회의 과부들이었다.[18] 교회 직임자들의 다양한 임무 그리고 교회 회원들과 그들의 자녀들의 영혼과 육체에 대한 교회 직임자들의 배려는 그들이 언약에서 확언한 공적인 책임이 단순한 입술만의 봉사가 아니라 심오한 현실이었음을 증명해준다.

1648년의 캠브리지 강령(the Cambridge Platform, 메사추세츠 주 캠브리지에서 나온 강령으로 뉴잉글랜드 교회의 권징 강령으로 채택된 것임. 이 강령은 리처드 매더에 의해 씌여졌고 그 서문은 존 코튼이 썼다. 웨스트민스터 총회의 진술들에 찬성하고 회중교회 교회 조직에 대해 정의했다-역주)은 뉴잉글랜드에서의 20년의 경험에 따라 목사들의 의무를 보다 자세하게 설명한다. 목사의 직무들은 다음과 같이 정의된다.

> 목사와 교사의 직무는 다른 것같다. 목사의 특별한 업무는 권면에 전념하며 지혜의 말씀을 관리하는 것이다. 한편 교사는 교리에 전념하며 지식의 말씀을 관리한다. 그리고 그들은 똑같이 소명을 받은 임무인 언약의 인침들(성례들)을 집행해야 하며 또한 역시 똑같이 책임을 맡은 말씀의 적용인 견책(censure)과 설교도 행해야 한다.[19]

---

17 *Ibid.*, 4.
18 *Ibid.*
19 Walker, *op. cit.*, 211.

캠브리지 강령은 또한 임직이 목회자 계급에 의해 향유되는 영구적 신분이 아니라고 주장한다. 그 반대로 임직이란 "국가에서 관리를 임명하는 것과 마찬가지로 이미 자격을 소유한 사람이 선거에 의해 어떤 위치와 직분을 엄숙하게 받는 것이다."[20] 따라서 "임직은 선택에 선행하는 것이 아니라 선택의 결과인 것이다." 만일 어떤 목사가 다른 교회를 섬기고자 한다면 재임직식이 불가결하다. 이런 일이 있을 때 우리는 막을 수 없다. 그러나 그의 임직식에서 다시 그를 안수해야 한다."[21] 캠브리지 강령은 임직식에서는 금식 후에 안수와 기도만이 필요하다고 단언한다. 안수는 지역 교회의 장로들이 담당하는데 "장로들이 없는 교회들에서는 그 교회에 의해 바르게 선택된 형제들 몇 명이 임직식에서 안수를 행해야 한다." 이 절차는 직임의 실질적 내용인 선거가 가장 중요하므로 좀 덜 중요한 활동인 임직식에 반드시 장로들이 있어야 할 필요가 없다는 주장에 의해 지지된다.

지역 교회에 "가시적 성도들"의 연속성을 유지하기 위해 새로운 회원들을 허용하는 책임에 대한 깊은 고려가 전체 장로들의 단체에 의해 제시되었다. 그리하여 지망자들의 기본 교리들과 기독교 신앙의 윤리적 요구들에 대한 이해와 그들의 은혜의 경험을 질문하는 것뿐만 아니라 그들의 생활 방식에 대한 조사(investigation)가 신중하게 수행되었다. 오직 이 방법으로만 교회의 존재를 정당화하는 교회의 실질적인 순수성이 유지될 수 있고 그리스도의 규례들에 대한 교회의 충성에 대한 확증이 제시될 수 있다는 것이었다. 그러나 캠브리지 강령은 이 검사(examination)가 가혹하게 행해져서는 안된다고 주장한다. "신실하지만

---

20 Walker, *op. cit.*, 215.

21 Walker, *op. cit.*, 217.

연약한 그리스도인이 배제되거나 낙심하지 않도록 하기 위해 사랑과 동정이 사용되어야 한다."[22]

교회의 순결을 보존하기 위해 "견책"(censure)도 지지되었다. 사적인 범죄는 관련된 당사자들이 서로 용서함으로 화해할 수 없을 때 경고로 대처했다. 그러나 만일 그 범죄가 공적이고 덜 악질적이거나 형사적인 범죄이기까지 하다면 출교(excommunion)를 했다. 왜냐하면 교회는 "그로 하여금 자신의 죄를 분히 여겨 주 예수님의 날에 그의 영혼을 치유하기 위해 범죄자를 거룩한 공동체에서 축출할 수 있기"때문이다.[23] 그 다음에 교회는 영적인 문제들과 일반적인 문제들에 있어, 자연적이며 가정적인 관계 외에는 그 범죄자와 모든 접촉을 끊어야 한다. 견책의 목적은 범죄한 사람으로 하여금 수치를 느끼게 하여 회개하고 궁극적으로 신앙 공동체의 교제에 재합류하도록 하는 것이다.

앞에서 본 바와 같이 장로는 금식, 기도, 안수 그리고 아마 초청을 받아 참석하는 그 지역 교회 또는 교회들의 대표자에게서 동지로서의 인정을 받은 후에 임직되었다. 그러나 집사들은 좀 더 간단한 형식 절차를 거쳐 직분을 받았다. 존 카튼은 "우리의 집사 소명에 있어 우리는 장로들의 임직식에서 사용되는 것처럼 금식과 기도로 엄숙하게 그들을 임명할 필요가 없다고 생각한다"고 설명했다.[24] 집사들의 임직식에는 다른 교회들에서 온 방문자들도 없었고 교회 회원들이 사전 금식을 요청하지도 않았다는 것이다. 세왈 판사는 45년 후에 거행된 의식도 역시 단순했음을 묘사한다.

---

22 Walker, *op. cit.*, 229.

23 *The Way of the Churches*, 42.

24 *The Diary of Samuel Sewall*(M. Halsey Thomas의 편집), I, 82-83, 1685년 11월 8일 기록.

오후에 윌라드 목사가 우리의 형제 데오 루스 프라리를 집사직에 임명했다. 1월 11일에 그의 수락이 선언되었고 오늘 다시 선언되었다. 오후 12시에 회중에게 이 사항이 제출되었다. 그 다음에 교회에 반대의 말을 할 사람이 없는지 묻고, 표결을 한 다음 그를 강단으로 불러서 그의 머리에 안수하며 "내가 그대를 집사로 임명하노라…"고 말하고, 그에게 책임을 맡겼다. 그 다음에 기도를 하고 시편 84:2을 찬송했다.[25]

치리하는 장로들과 집사들이 모두 임직되었으며, 기도와 안수로, 즉 목사들을 임직하는 것과 동일한 의식으로 구별되었다는 것은 의미심장하다. 이것은 만인제사장(the priesthood of all believers)을 가장 완전하게 성취하는 표현이었다.[26]

3. 목회자가 중심이 된 임직식(안수식)

17세기가 지나가고 사무엘 루터포드와 찰스 헬(Charles Herle)과 같은 영국의 장로교인들이 신약성경이 임직식을(같은 목회자인) 장로의 활동으로 생각하고 있다고 주장함으로 미국의 청교도들을 혼란에 빠뜨렸기 때문에 평신도들은 점차적으로 목사들의 임직식에서 빠지게 되었다. 평신도에 의한 임직식이 일찍부터 목회자에 의한 임직식으로 바뀌었다고 주장함으로 과거를 숨기려는 카튼 매더(Cotton Mather)의 시도에서 우

---

25 *Magnalia Christi Americana*, II, Bk. v, 208.

26 *Ibid.*

리는 그의 혼동을 명확하게 볼 수 있다. 그는 다음과 같은 부정확한 주장을 한다.

> 목회자에 의한 임직식은 매우 일반적이었기 때문에 우리는 태초 이래 우리 중에만 있는 희귀하고 천박한 임직식을 버리고 우리 교회들의 모든 임직식은 오직 장로들의 손에 의해서만 운영했다….[27]

18세기 초의 매더의 견해는 "안수로 그들이 성직 수임을 받으며, 이 성직 수임에 의해 하나님의 교회 전체에 목사의 반열에 들은 것으로 인정된다…"고 주장했던 대다수의 견해였다.[28]

목회자에 의한 임직식이 언제 시작되었는지 확실하게 말하기는 어렵다. 그러나 평신도에 의한 임직식에 대한 이의들을 나타내는 분명한 실례들이 있고 이전 교회에서 받은 임직이나 심지어 다른 나라에서 받은 임직으로 충분하므로 다시 임직을 할 필요가 없다는 요구도 있었다. 임직식의 성직 중심화의 시작은 1672년 데드햄 교회의 목사 윌리엄 아담스의 임직식에서 나타난다. 한 이웃 교회의 목사가 그에게 "권고"를 했고—즉 그에게 하나님과 하나님의 백성에 대한 그의 엄숙한 책임을 다짐했고— 그 교회의 두 명의 청교도 지도자가 안수를 했고 또 다른 목사가 새롭게 임직받은 목사에게 동지로 받아들임을 선포했다. 이 임직식은 분명히 목회자와 평신도에 의한 혼합된 임직식이었고 따라서 특

---

27 *Ibid.*
28 *Ibid.*, 207-08.

성의 변질이었다.²⁹

완전히 성직화된(clericalized) 임직식의 최초의 기록은 1681년 밀턴에 나타났다. 성직 수임자 피터 대처(Peter Thacher)는 그의 일기에 이 일을 다음과 같이 기록했다.

> 1681년 6월 1일. 오늘 나는(가장 부족함에도 불구하고) 밀턴의 교회 목사로 임직했다. 나의 본문은 디모데후서 4:5이었다. (잉크리즈)매더 목사님이 표결을 하셨고, 고령의 엘리오트 목사님, 토리 목사님, 윌라드 목사님이 안수하셨다. 토리 목사님이 권고를 주셨고, 윌라드 목사님이 동지로 받아들이는 선언을 하셨다. 우리는 시편 24편을 찬송하고 내가 축도를 했다.³⁰

평신도에 의한 임직식이 노르위치(Norwich)에서는 1661년까지, 스트라트포드(Stratford)에서는 1665년까지(후에 잉글랜드국교도들이 조롱했던 유명한 "가죽 장갑" 임직식)³¹ 계속되었지만 비목회자에 의한 임직식에 대한 불만은 1650년부터 일어나고 있었던 것으로 보인다.³² 존 베일리(John Bayly)는 1686년에 영국에서 워터 타운으로 왔는데 10월 6일의 그의 취임식은 안수 없이 행해졌다. 이것은 그가 영국에서 전에 행한 임직식을 유효한 것으로 간주하고 새로운 임직식을 요구하지 않았다는 것을 나

---

29 "Memoir of the Rev. William Adams," *Massachusetts Historical Society Collections*, 4th series(1852), I, 20–21.

30 Thacher "Diary," MS I, 212(Massachusetts Historical Society, Boston에 소장된 타이프 원고).

31 David D. Hall, *The Faithful Shepherd: A History of the New England Ministry in the seventeenth Century* (Chapel Hill: University of North Carolina Press, 1972), 221.

32 .William B. Sprague, *Annals of the American Pulpit; Or, Commemorative Notices of Distinguished American Clergymen of Various Denominations* (New York, 1857), I. 202.

타낸다. 세왈 판사의 이 날의 일기는 "베일리 씨가 워터 타운에 임직했으나 독립교회 사람들처럼 하지 않았다"고 간결한 논평을 하고 있다. 윌리엄 브래틀(William Brattle)은 1696년 캠브리지 교회의 자신의 임직식에서 다스리는 장로가 "안수하지 말 것"을 요구했다.[33] 벤자민 콜맨은 영국에 있을 때 보스턴의 새로운 교회의 목사로 요청을 받고 1699년에 영국의 비국교도들에게 임직을 받는 매우 진기한 방법을 취했다.[34] 이와 같은 행동들은 캠브리지 강령에 의해 인정된 임직식의 요구들이 제3세대에는 무효했다는 것을 나타낸다.

뉴잉글랜드 목사들의 성직주의(sacerdotalism)와 구별된 계급 의식의 발전은 자세히 기록되어 있는 1685년의 카튼 매더의 임직 예배, 1713년의 사무엘 세왈의 임직 예배 그리고 1746년의 사무엘 쿠퍼의 임직 예배를 비교함으로 알 수 있다.

카튼 매더는 1685년 5월 13일에 제2교회에 모인 보스턴의 대 회중 앞에서 자신이 총 3시간 동안 설교와 기도를 했고, 저녁 예배에 자신의 임직식을 거행했는데 그의 아버지 잉크리즈 매더(Increase Mather)가 기도와 (행 13:2에 대한)설교를 했고, 두 명의 다른 목사들(이들은 윌라드 목사와 알렌 목사였다)이 자신에게 안수했다고 자신의 일기에 기록했다. 권고(charge)는 그의 아버지가 담당했고 인디언의 사도 존 엘리오트 목사가 악수 를 했다. 다행히 종이 쪽지에 기록되 일기에 풀로 붙혀진 권고가 남아 있다. 이 권고는 임직식의 엄숙성과 목사의 권위와 의무들을 생생하게 묘사하고 있으므로 인용할 만한 가치가 있다.

---

33 *Diary* (ed. M. Halsey Thomas), I, 222.

34 *Ibid*.

우리가 안수하는 그대는 목회자의 사역(ministry)과, 그리스도의 교회에 목자(pastor)의 직분으로 소명을 받았으므로 우리는 하나님과 주 예수 그리스도 앞에서 그리고 택함을 받은 천사들 앞에서 그대가 주 안에서 받은 목회직에 유념하여 그 직분을 성취할 것, 성령이 그대를 감독자로 삼으신 하나님의 모든 양 떼를 먹일 것과 하나님께 인정을 받아 부끄러울 것이 없는 일꾼으로 자신을 나타내고자 노력할 것, 말씀을 읽는 것과 묵상과 권면과 교리에 전념할 것, 믿음과 성령과 순결과 사랑과 생활 방식에 있어 믿는 자들의 모범으로 나타나고자 노력할 것을 권고합니다.

만일 그대가 이 권고를 지키면 우리는 만군의 여호와께서 그대에게 자신의 옆에 서 있으며 이 시대의 엄숙한 증인들인 여호와의 거룩한 천사들 중에 한 자리를 주심으로 하나님과 예수 그리스도를 특별히 섬기도록 그대를 엄숙하게 구별하실 것이라고 그대에게 선언합니다. 또한 그대가 그렇게 행하면, 주 예수님께서 나타나실 때 그대도 주님과 함께 영광 중에 나타나게 될 것입니다. 그때에 목자장이신 그분께서는 그대에게 절대로 시들지 않는 영광의 면류관을 주실 것입니다.[35]

세왈 판사는, 1713년 9월 16일에 그의 아들 조셉 세왈이 아버지를 자랑스럽게 여기며 보스턴 남부 교회에 목사로 세워지는 임직식을 기록한다.[36] 카튼 매더가 기도로 시작했고 조셉 세왈이 고린도전서 3:7, "그런

---

35 .*The Diary of Cotton Mather* (ed W. C. Ford), 2 vols. (Boston: Massachusetts Historical Society, 1911-1912), I, 99. *The Diary of Samuel Sewall* (ed. M. Halsey thomas), I, 726.

36 *The Diary of Samue Sewall* (ed. M. Halsey thomas), I, 726.

즉 심는 이나 물주는 이는 아무것도 아니로되 오직 자라나게 하시는 하나님 뿐이니라"로 설교했다. 이 큰 집회에 아홉 교회가 대표들을 보냈다. 그리고 그 나머지 인사들은 다음과 같은 세왈의 요약에 열거된다.

> 열두 명의 목사들이 강단 뒤, 탁자 앞에 앉았다. 펨버튼 목사가 뉴잉글랜드의 임직식의 정당성과 역사를 설명하는 당당한 설교를 하고 나서, 이어 관례대로 이 사람을 임직하는 데 반대하는 사람이 있는가 물었다. 거수 표결을 하고 회중들이 자리에 앉은 다음 장로들과 사절들이 보스턴의 목사들이 안수하기를 간절히 바라고 있다는 선언을 했다. 잉크리즈 매더 박사, 카튼 매더 박사, 벤자민 워드워드 목사, 에벤에절 펨버튼 목사 그리고 벤자민 콜맨 목사가 안수했다. 그 다음 펨버튼 목사가 기도하고 임명을 한 다음 훌륭한 권고를 했다. 그 다음에 잉크리즈 매더 박사가 훌륭한 연설을 하고, 악수를 한 다음 기도했다. 펨버튼 목사가 시편 3장과 20장 찬송을 인도하고 이제 임직한 사람이 축도로 폐회를 했다.[37]

평신도(layman)가 참여했다는 언급이 전혀 없다. 전체 회중은 자리에 옹기종이 앉아 있고 견고한 밀집대형의 성직자(clergy)들이 강단 뒤 탁자에서 위엄있게 내려다보고 있는 것이다. 성직자들은 분명히 구별된 특권 계급인 것이다.

우리는 다행스럽게도 사무엘 쿠퍼가 보스턴 브래틀스트리트교회의 목사직에 임직한 1746년 5월 21의 예배를 재현하는 데 필요한 모든 기

---

37 *Ibid.*

록들을 갖고 있다.[38] 세왈 목사(Mr. Sewall)의 권고는 3쪽에 달하므로 중심 부분의 요약과 처음과 끝을 인용하는 것으로 만족할 수 밖에 없다. 세왈 목사의 권고는 다음과 같이 시작한다.

> 이제 우리가 안수하려고 하는 그대는 복음을 전도하는 목회사역(ministry), 이 교회의 목사직(pastoral office)에 소명을 받고 그것을 받아들였으므로,
> 우리는 그리스도의 이름으로 그리고 그리스도의 권위로 그대를 영원한 복음의 사역자와 이곳의 양떼의 목사로 임명하니, 이제 그대는 하나님의 노종, 복음 안에서 하나님 아버지와 아들을 섬겼던 고인된 당신의 아버지를 대신하여 이 목회직무를 맡게 되었습니다. 우리는 하나님 앞에서 그리고 자신의 나라와 함께 임하실 때 산 자와 죽은 자를 심판하실 주 예수 그리스도 앞에서 그대가 주님께 받은 이 사역을 완수할 것을 권고합니다. 그대 자신에 대해 유념하고 또한 성령이 그대를 감독자로 삼으신 모든 양떼에 대해 유념하고 주님이 자신의 피로 사신 하나님의 교회를 먹이시오. 이 일을 위해 기도와 말씀의 사역에 계속 전념하시오.[39]

그 다음에 의무들이 열거되는데 여기에는 모든 사람을 위해 기도하

---

[38] 이 서류의 완전한 제목과 묘사는 다음과 같다. "하나님의 택하심을 받고 목사의 사역에 소명을 받아 기쁘게 자신을 드린 사람: 1746년 5월 21일, Boston, Brattle-Street의 그리스도의 교회에서 거행된 Reverend Mr. Samuel Cooper의 목사직 임명식에서 73세의 선배 목사 Benjamin Colman D. D.가 한 설교, 여기에 Rev. Dr. Sewall의 권고와 Rev. Mr. Prince의 악수례가 추가 됨"(Boston, 1746).

[39] *Op. cit.*, 28.

고 말씀을 설교하고 양떼를 축복하고 세례와 성찬의 성례들을 집행하고 교회의 권징(discipline)을 시행하고 양떼의 상태를 알고 말씀을 읽는 데 열심을 내고 아무도 나이 어림을 멸시하지 못하게 하고 신자들의 모범이 되라는 권고가 포함되며, 마지막으로 "예수 그리스도의 선한 군병 같이 어려움을 참으라"는 권고를 한다.[40]

권고의 결론은 완전히 성 바울의 서신들에게 이끌어낸 신약성경 교훈들의 모자이크인데, 이것은 당시 뉴잉글랜드의 임직식[41]에서 거의 공식이 된 것이었다.

> 이제 우리는 그대에게 다시 하나님의 양떼를 먹이라고 말합니다. 그들을 감독하되 억지로 하지 말고 기쁘게 하시오. 부정한 이익을 얻으려고 하지 말고 즐거운 마음으로 하시오. 하나님의 기업(heritage) 위에 군림하지 말고 양떼의 모범이 되시오. 그러면 목자장께서 나타나실 때 그대는 시들지 않는 영광의 면류관을 받게 될 것입니다.[42]

프린스 목사가 행한 악수례도 역시 통례적인 방식으로 설교와 수반되었다. 이 설교는 이웃 교회들의 목사들과 대표들 편에서 본 이 임직식에 대한 승인을 표현하는 것으로 시작하였고, 계속하여 이 목사들의

---

40 *Op. cit.*, 28-30. 이 요약은 거의 완전히 원래의 말이다.

41 이 권고는 1722년 William Waldon 목사의 임직식에서 Dr. Increase Mather가 한 권고에 거의 동일한 말로 발견되며 Cotteen Mather의 *Love Triumuphant, A Sermon at the Gathering of a New Church, And the ORDAINING of their PASTOR in the North Part of Boston, May 23, 1722, With Copies of other Things Offered in the Publik Actions of that Solemn Occasion* (Boston, 1722), 33-35에 포함되었다.

42 *One Chosen of God*, 30.

형제 관계를 표현하고, "우리가 이웃의 그리스도의 사역자에게 도움을 주는 것이 마땅하므로 우리는 당연히 그대에게 관심을 갖고, 당신을 유념하고 우리의 기도, 조언, 권고 그리고 그밖의 모든 형제의 사랑과 관심과 돌봄으로 그대를 도울 것이라"는 약속을 했다.[43] 그 다음에 프린스는 이때야말로 동일한 체제로 이웃한 이 교회와 다른 교회들 간에 존재하는 자매 관계를 명백히 할 기회라고 말한다.

> 그럼으로써 우리는 우리를 알고 있는 모든 사람 중에 존재하는 독립교회제도(Independency) 방식을 피하고 우리의 상호 안전과 힘과 유익을 위해⋯더 바람직한 회중교회(Congregational Churches)라는 이름을 보존하게 될 것입니다.[44]

확대해 가는 보스턴 시의 증가하는 문화, 세련, 부 그리고 포용력을 포함하여 장로교인들의 비판과 감독교회 임직식의 더 멋지게 보이는 인상, 이 모든 것이 18세기 중엽의 임직식을 좀 더 위엄있고 우아하게 하는 데 기여했던 것은 분명하다. 광야에서 살기 위해 생명을 걸고 위험한 바다를 건 던 사람들이 행한 초기 임직식의 단순성, 진지성 그리고 평신도적인 특성은 안정되고 비교적 풍요한 한 세기 후의 목사들의 전문가 기질과 세련성과 분명하게 대조를 이룬다. 초기의 언어는 기능적이었던 반면에, 후기의 언어는 형식적이며 그들의 조상들이 거부했던 공동기도서의 언어처럼 거의 의식적이며 훨씬 더 장황했다.

청교도 목회자들의 증대하는 성직주의(sacerdotalism)에 대해 설명을 할

---

43 *Ibid.*
44 *Op. cit.*, 31-32.

때, 회중들의 경건이 쇠하는 것처럼 보이고 이 시대에 분명하게 나타난 목회자와 평신도 간의 경건함의 쇠퇴는 하나님의 말씀과 하나님의 사자들에 대한 존경이 줄었기 때문이라고 생각한 제2세대의 우려를 고려해야 한다. 그리하여 그들은 자신들의 직분이 "특별한 회중의 소명으로만이 아니라 사도적 계승으로 맡겨진 것이기도 하다"라고 재정의했다.[45]

목회자의 증가된 영향력(power)은 세 가지로 나타났다.

첫째, 앞에서 언급한 바와 같이 목사들은 그들의 회중에 의해서가 아니라 오직 다른 목사들에 의해 임직되었다.

둘째, 개혁교회 대회(the Reformed Synod)가 교회 회원 지망자들이 구원의 은혜에 대한 간증을 지역 교회 회원들에게 하는 대신 목사들에게 하는 것을 허용했기 때문에 목사들은 교회 회원의 허용에 더 큰 지배력을 행사하게 되었다.

셋째, 목사들은 성례들을 더 엄숙하게 집행했을 뿐만 아니라 반복하고 있는 교인들에게는 화목이 회복될 때까지 세례와 성찬식을 보류하는 권리까지 부여받았다. 결과적으로 전문화된 임직식은 더욱 이상해졌고 심지어 비공식적인 임직식까지도 생겨났다.

45　Harry S. Stout, *The New England Soul: Preaching and Reigious Culture in New England* (New York: Oxford University Press, 1986), 107.

The Worship
of the American Puritans

1629-1730

건축 양식

    청교도들이 자신들의 성소(sanctuary)를 칭한 명칭 — "예배당"(공회당, meetinghouse) — 은 매우 의미심장했다. 이 용어는 윈드롭이 그의 1631/2년 3월 19일자 일기에 매사추세츠 돌체스터에 세워진 예배를 드리기 위한 건물의 언급에서 최초로 사용했다. 이 용어는 두 가지 이유에 있어 적절했다. 청교도들이 반대한 잉글랜드국교도들에게 "교회"(church)는 건물(building)을 의미했으나 청교도들에게 있어 교회는 절대로 건물이 아니라 그리스도인들의 공동체, 곧 그리스도의 몸을 의미했다. 선구자 목사들 중의 한 명인 리처드 매더는 "성경에는 교회라는 표현을 공적 집회장에 적용할 수 있는 정당한 근거가 없다"고 단언했다.[1] 예배당은 그들이 하나님을 만나는 장소였다.

    예배당은 신학적 의의 외에 공동체가 마을 집회를 하는 정치 시설 역할을 했고, 또한 — 초기에는 — 화약을 저장해 놓고 보초들이 지붕 위의 작은 탑에서 적의 접근을 관찰하는 군사 요새 역할도 했다. 따라서 예배

---

[1] Noah Porter, *The New England Meeting House* (New Haven Conn.: Yale University Press, 1953), 5에서 인용함.

당은 거룩한 의미와 세상적 의미 모두에 있어 만남의 집이었다. 이 어원적인 요소는 다음과 같이 주장하는 18세기 초의 한 기록에 표현된다.

> 예배당은 그 이름이 나타내는 바와 같이 마을 사람들이 짓고 마을 사람들의 소유로 되어 모든 공적 모임들을 가졌던 장소였고 안식일과 "강의일"에는 공적 예배에 사용되었다. 예배당은 사람들이 회의, 선거, 그밖의 공적 집회들을 했던 사회의 정치 시설이었고 또한 국가에 군사적 위급 사태가 있어 지체 없이 완전무장하고 모이라는 경보가 울릴 때 사람들이 집결했던 비상 집합장소이기도 했다.[2]

스타일스(H. R. Stiles)는 자신들의 조상들이 영국에서 예배했던 건물들은 예배당으로서 본질적인 성스러움을 전혀 갖고 있지 못했다고 주장한다. 왜냐하면 그들은 비국교도들이었기 때문에 그들이 영국에서 예배했던 장소들은 "비밀 집회소들"이었고 "단지 공적 목적을 위한 시설들과 같은 것들"이었기 때문이라는 것이다.[3]

2　Sherman W. Adams, ed. H. R. Stiles, *The History of Ancient Wethersfield, Connecticut* (1908), II, 219. 이 인용은 Henry Stiles가 편집한 기록에서 나오는 것이다. 그러나 주의회와 마을 집회들이 모였던 보스턴의 예배당에서 연방 정부가 새로 지은 건물도 이전함으로 상징되는 교회와 국가의 분리가 보스턴에서 1650년대 초에 두드러지게 타나났다는 사실을 주목해야 할 것이다. B. Rutman의 *Winthrop's Boston: Portrait of a Puritan Town, 1630-1649* (Chapel Hill, University of North Carolina Press, 1965), 276을 보라.

3　*History of Ancient Wethersfield*, II, 219.

1. 예배당의 기원

　뉴잉글랜드 청교도 예배당의 기원을 확실하게 말하는 것은 두 가지 이유로 인해 어렵다.
　첫째, 예배당에 대한 많은 기록들이 사라졌고, 상당히 복원되어 뉴잉글랜드에 남아있는 예배당은 매사추세츠 힝햄(Hingham)의 "쉽 미팅 하우스"(Ship Meeting House)라는 매우 초기의 예밖에 없기 때문이다.
　둘째, 우리가 유럽의 개신교 성소들 중 어떤 것이 뉴잉글랜드의 청교도들에게 영향을 주었는지 모른다는 이유이다. 뉴잉글랜드 청교도들 중에 1623년에 하나님의 말씀의 설교를 위해 높은 강단과 두 개의 거대한 발코니를 훌륭하게 설계하여 지은 차렌톤(Chare-nton)의 위그노 개신교도의 성전(temple)을 본 사람이 있었을까? 청교도 중의 일부가 뉴잉글랜드를 향한 대이주에 합류하기 전에 박해를 피해 피난처를 찾았던 네델란드에 개혁교회들의 흰 회칠을 한 단순성을 그들이 모방했을까? 마리안 코드 도넬리(Marian Cord Donnelly)가 시사하는 것처럼[4] 영국의 시장사무실(market-halls)의 형태와 기능과 위치의 어떤 영향을 받았을까? 또는 극소수의 단순한 영국 청교도 교회들의 영향을 받았을까? 아니면 그들의 단순히 잉글랜드국교회들을 모방하는 것을 고의적으로 피하기 위해 가정 집들을 확대한 것일까? 분명히 그들은 최대로 잘 들리게 하기 위해 긴 벽을 배경으로 하여 강단(pulpit)을 설치하는 방법을 사용했다.
　그러나 이 방법은 공식적으로 개신교파가 되어 과거에 가톨릭 성당들을 개조한 많은 국가들에게 사용된 것이었다. 분명히 잉글랜드국교

4　*The New England Meeting Houses of the Seventeenth Century* (Middletown, Conn.: Wesleyan University Press, 1948), 7, 107f. 1792년 5월 6일판.

회들도 경우에 따라 예배 집회 외에 사용되기도 했다. 분명히 차양이 달린 지붕과 박공들(gables)이 있는 시장사무실들의 정치적이며 상업적인 목적의 두 가지 용도가 미국 예배당들의 건축에 영향을 주었을 것이다. 그러나 이 영향들 중 어느 것도 증명될 수 없다. 그리고 청교도들이 잉글랜드국교회들을 접수하여 대개 본당에서 예배를 드렸고 때로는 더 큰 교회들의 성당 안치소에서 다른 집회를 갖기도 했던 크롬웰의 호민관 정치시대와 공화국 시대에는 사실상 영국에 청교도 건물이 없었고, 유럽의 30년 전쟁(1618~1648년 동안 유럽, 특히 독일 지역을 중심으로 일어난 신·구교 간의 전쟁-역주)은 사실상 모든 개신교식 건물 건축을 멈추게 했기 때문에 앞에서 말한 건물들의 축적된 영향이라는 주장은 매우 믿기 어렵다. 따라서 매우 검소하지만 놀랍게 실용적인 뉴잉글랜드 청도교의 예배당도 후에 영국의 비국교들이 모방한 진정으로 토착적인 산물이라는 주장이 상당히 옳은 것 같다.

2. 예배당의 발전

최초의 예배당들에 대해서는 거의 알려진 것이 없다. 처음에 선구자들은 집에서, 아마 그들의 목사들의 집에서 예배를 드렸을 것이다. 그 다음 단계는 판자를 켜서 지은 일시적인 예배당이었을 것이다. 이 예배당에는 초가 지붕을 덮었고, 말뚝을 둘러 박았을 것이다. 이런 건물은 인디언의 공격 가능성으로부터 그들을 보호해줄 만큼 충분히 튼튼하게 지어졌고 또한 부근의 숲에서 재료를 얻어 쉽게 지을 수 있다는 장점을 갖고 있었다. 이 조잡한 예배당들에는 아마 강단이 없었고 거친 긴 의

자를 좌석으로 사용했을 것이다.

뉴런던이라는 마을의 기록은 1652년 7월 8일에 "오바댜 브루엔이 예배당의 지붕을 짚으로 덮기 위해 마을 사람들의 손을 빌렸고 휴 칼킨과 랄프 파커가 비용을 치루었다"는 것을 보여준다.[5] 프레데릭 켈리(J. Frederick Kelly)는 "천이나 기름 종이로 막은 작은 창문들을 통해 희미한 빛이 들어왔다. 왜냐하면 유리는 귀하고 비싸서 처음에는 사용할 수 없었기 때문이었다"라고 상상한다.[6] 이 최초의 원시적인 건물들은 오래 쓰려고 지은 것이 아니라 단지 더 훌륭하고 튼튼한 예배당을 지을 수 있을 때까지 일시적으로 사용하기 위한 것이었다. 예를 들어 하트포드에 최초로 지은 조잡한 예배당은 단지 4년 동안밖에 사용되지 않았다.

마리안 코드 도넬리가 채택한 시간 체제(time frame)에 따르면 첫 시기의 예배당들은 1630년과 1642년 사이에 지어졌고 대이주와 일치한다. 매사추세츠의 29채, 코네티컷과 롱아일랜드의 6채를 포함하여 40채의 예배당이 지어졌다. 네 도시는 그들의 예배당을 두 번째 건물로 대체했다.[7] 이 초기의 건물 대다수가 1932년 12월 24일에 언급된 캠브리지 예배당과 같이 정사각형이었던 반면에 이웃 록스베리의 예배당은 거의 분명히 직사각형이었다.[8]

가장 최초의 것으로 알려지며, 1638년에 지어진 데드햄 예배당의 규모는 최초의 예배당들이 적었다는 것을 보여준다. 데드햄의 예배당은 길이가 36피트이고 폭이 20피트이고 높이가 12피트이며, 초가 지붕이

---

5   J. Frederick Kelly, *Early Connecticut Meeting Houses* (New York: Columbia University Press, 1948), I, Introduction, XXX.

6   *Ibid.*, 7.

7   Donnelly, *The New England Meeting Houses*, 13f.

8   *Ibid.*, 44.

었다. 이 예배당은 1646년에 확장되었고 1651년에 종을 달기 위해 탑이 추가되었고 1658년에는 화랑(gallery)이 만들어졌다. 이 최초의 예배당은 1672년에 두 번째 건물로 대치되었다. 마리안 도넬리가 추측으로 그린 데드햄 예배당의 외부도는 중간에 문이 있고 양면에 두 짝의 여닫이 창이 달린 마름모꼴의 창문들 그리고 초가지붕을 보여준다. 1643년에 지은 서드베리 예배당의 추측도도 데드햄의 건물과 같다.

  이 건물들은 고도로 기능 위주였다. 직사각형의 건물들에 강단은 아마 북쪽 벽에 위치했고 문은 따뜻한 남쪽으로 났고 중간의 통로는 남녀를 갈라 놓았을 것이다. 강단 앞에는 성찬대(communion table)가 있었을 것이다. 이 건물들의 주된 취지는 편의, 검소 그리고 가정적이었고 상징의 사용은 용인되지 않았다. 이 세 가지 목적의 건물들은 철저하게 실용적이었고 기능 본위적이었다.

  중간 시기의 예배당들은 미국 정착자들의 신앙 생활을 영국에서 열망적으로 지켜보고 있었고 우리가 앞에서 기술한 바와 같이 세 명의 미국 사역자들이 영국의 웨스트민스터 총회에서 활동하기 위해 초청을 받았던 때로서 상승하는 청교도들에게 있어 가장 희망적이었던 시기인 1643과 1660년 사이에 건축되었다. 이 기간 동안에 41개의 예배당들이 세워졌는데 그중 29개는 새로운 회중들을 위한 것이었고 12개는 옛 건물을 교체한 것들이었다. 그리고 27개는 매사추세츠에 세워졌고, 6개는 코네티컷에, 4개는 롱아일랜드에, 3개는 뉴햄프셔에, 1개는 매인에 세워졌다.[9] 이 건물들 중에 5개는 정사각형이었고 7개는 직사각형이었고, 또 다른 4개는 아마 직사각형이었던 것으로 알려진다. 이 건물들이 절대로 잉글랜드국교회들이나 로마가톨릭 교회들처럼 십자형이나, 강

---

9 *Ibid.*, 45.

단이 동쪽을 향하고 입구가 서쪽을 향하도록 지어지지 않았다는 것은 의미심장하다. 1660년에는 뉴잉글랜드에 적어도 80개의 예배당들이 있었고 그중 16개에 베란다가 있었는데, 그중 4개는 - 돌체스터, 입스위치, 메드필드 그리고 매사추세츠의 뉴베리 - 처음부터 베란다를 갖고 있었던 것으로 보인다.[10]

중간 시기의 예배당들은 어떻게 생겼을까? 마리안 도넬리는 매사추세츠 서드베리의 두 번째 예배당의 가상적 도형을 제시한다. 이 예배당은 길이가 40피트, 폭이 24피트, 높이가 24피트로 분명히 첫 번째 건물보다 더 많은 회중을 수용하도록 지어졌다. 이 예배당의 지붕은 초가지붕 대신 거의 확실히 널판지로 덮혀 있었고, 벽은 박공벽이었다. 긴 벽에 두 개의 문이 있었고 아마 그 맞은 편에 강단이 있었던 것같다. 마름모형의 유리를 끼운 2단의 유리창들이 빛을 통하고 있었다. 그러나 중간 시기에 또 다른 형태의 예배당도 있었다. 이 예배당은 높은 단이 얹혀 있고 그 위에 종탑이 솟아 있는 피라미드형 우진각 지붕(hip roofs)으로 된 정사각형 건물이었다. 최초로 알려진 이런 유형의 건물로는 코네티컷 하드포트에 1640년에 세워진 예배당이었다. 그러나 1640년에 매사추세츠 캠브리지에, 1656년에는 매사추세츠 워터 타운에 그리고 1657년에는 뉴햄프셔, 포츠마우스에 유사한 건물들이 지어졌다.[11]

도넬리의 연대기에 따르면 말기는 1661년에서 1700년까지이다. 이 기간 동안에 122개의 예배당이 세워졌는데 그중 52개는 새로운 건물이고 58개는 본래의 자리에 세워진 두 번째 건물이었다. 한편 11개는 세 번째 건물이고 1개는 네 번째 건물이었다. 70개는 매사추세츠에 세워

---

10 *Ibid.*

11 *Ibid.*, 46.

졌고, 37개는 코네티컷에, 5개는 메인에, 5개는 롱아일랜드에, 3개는 뉴햄프셔에, 2개는 로드아일랜드에 세워졌다. 정확한 규격이 알려진 바에 의하면 39개는 정확하게 직사각형이며, 6개는 직사각형에 유사한 모양이었던 반면에, 14개는 정확하게 정사각형이며, 1개는 정사각형에 유사한 모양이었을 것이다.[12]

이 시기는 확신의 시기가 아니었고 성경 국가의 운명은 쇠퇴하고 있는 것처럼 보였다. 1662년의 중간 형태의 언약(the Half-Way Covenant)은 세례를 받은 부모들(비록 그들이 구원의 은혜를 체험하지 못했고 교회의 정회원들이 될 수 없고 성찬식에 참여할 수 없었으나)의 자녀들이 세례 받는 것을 허용했다. 영성의 열정이 더 적어졌고, 목사들은 비탄적인 설교를 하며 경건을 회복시키고자 노력하고 있었다. 성직자들에 의한 정치적 통제도 약해지고 있었다. 왜냐하면 코네티컷과 뉴헤븐 식민지는 1662년에 왕의 칙허장에 의해 연합되었고, 매사추세츠는 회중교회의 회원 외에도 선거권을 주라는 요구와 인구가 증가함에 따라 더 큰 예배당과 더 나은 건물이 요구되었다.

거의 모든 이 예배당들은 남쪽에 출입문이 있었고 맞은편인 북쪽에 강단이 있었다. 잉글랜드국교회가 좁은 동쪽에 제단을 세우고 동쪽을 향하는 예배 형태를 폐기함으로 동쪽에 공간이 생겨서 그곳에 여분의 신도석과 발코니를 지을 수 있었고 음향 효과가 더 좋아졌다. 발코니들은 이 시기의 25개의 다른 경우의 설계들에도 베란다가 추가되었다. 계단으로 올라가는 포치(porches)는 1661년에 매사추세츠, 뉴베리의 예배당들, 1669년에는 보스턴 제3교회, 1680년에는 코네티컷, 스트라트포드의 예배당들의 이용도를 높였다. 8개의 예배당들은 포치에 가외의

---

[12] *Ibid.*, 64-65.

박공(gables) 또는 지붕창(dormer windows)을 추가했고 12개의 다른 예배당들은 지붕 위에 종탑 또는 감시탑(watch turret)을 지었다. 보다 큰 예배당들은 작은 탑과 난간이 있는 우진각 지붕에 의해 특징을 이루었다.[13] 이 시기의 예배당들의 두드러진 특성은 크게 증가된 규모였다.

17세기 뉴잉글랜드에서 가장 큰 예배당은 올드사우스교회(the Old South Church)로 알려진 붉은 벽돌 건물인 보스턴 제3교회였다. 이 예배당은 1669년에 세워졌고 1729년에 부수었다. 이 예배당은 길이가 75피트이고, 폭은 남쪽, 동쪽, 서쪽의 포치들을 빼고 거의 51피트였다. 주간지인 「보스턴 위클리 뉴스레터」(Boston Weekly News-Letter)에 실린 이 예배당의 해체에 대한 기사는 그 크기와 그 우아함을 생생하게 전달해 준다.

> 지난 1월 28일 금요일은 이 도시의 사우스교회와 회중들이 그들의 옛 예배당을 해체하고 같은 장소에 세워질 새 벽돌 예배당을 세우는 일을 위해 금식 기도일로 지켰다. 이 달의 둘째 주일이었던 지난 주일은 그들의 옛 예배당에서의 마지막 집회였다. 그 옛 예배당은 60년 동안 서 있던 것이었다. 월요일에 일꾼들이 창문, 신도석, 강단 그리고 아래층과 발코니의 좌석들을 해체했다. 화요일 오전에는 종각, 포치, 계단, 발코니를 부수었고, 오후에는 지붕 양끝들로부터 널판들을 벗겼다. 약 5시쯤 그들은 단숨에 건물 나머지 부분을 북편 뜰 쪽으로 무너뜨렸다. 그리하여 예배당은 완전히 산산조각으로 무너지게 되었다.[14]

---

13 *Ibid.*, 65-66.
14 Issue of March 6, 1729.

이 교회의 긴 면에는 세 개의 박공이 있고 지붕 위에는 거대한 중앙탑이 네 개의 기둥 위에 얹혀 있었다. 네 개의 기둥의 각 모퉁이에는 뾰족탑이 있고 수탉 모양의 풍향계가 그 위에 있었다. 그리고 지붕과 세 개의 포치들은 함석으로 씌워졌다.

비록 상당히 수선되고 확장되었지만 유일하게 남아있는 이 시기의 예배당은 1681년에 지은 매사추세츠 힝햄(Hingham)의 두 번째 건물이다. 이 예배당의 별명인 "옛 배"(Old Ship)는 뒤집힌 배와 유사하고 그 지역의 배를 만드는 목수가 조립했을 수도 있는 대들보들에서 유래된 것으로 생각된다. 원래 이 예배당은 길이가 55피트, 폭이 45피트, 높이가 21피트였고 가파른 4면의 우진각 지붕이 덮혀 있었다. 이 예배당에는 한 면과 양 끝에 발코니들이 있고 강단은 북쪽 벽에 위치했다. 마리안 도넬리가 추측으로 그린 그림은 양 끝에 문이 있는 남쪽 벽, 2단의 마름모 유리 창문들, 천정의 창문 그리고 난간으로 둘린 풍향계가 달린 원뿔 지붕의 탑을 보여준다.[15]

네 번째 시기인 18세기는 점점 더 우아해지고 심지어 현란해져서 결국 폭이 좁은 한쪽 끝에 뾰족탑들이 있고 반대편 끝에(조각과 때로 술잔 형태로 호화롭게 장식된) 강단으로 특징지워지는 잉글랜드국교회와 유사한 형태로 복귀함으로 예배당이 회중교회로 되는 발전을 보게 된다. 이 변화의 시작은 1699년에 세운 보스턴의 브래틀 스트리트 교회의 건축 형식에서 볼 수 있다. 몇 가지 요인들이 이 변화를 설명해 준다. 그중에 인간의 노력을 강조하는 알미니안주의가 점점 널리 퍼지고, 증가하는 합리주의가 정통적인 경건을 약화시킴으로 교회의 언약 개념을 강조하는 칼빈주의 신학에 대한 신뢰의 상실이 한 가지 요인이었다.

---

15 *Op. cit.*, Figure 25.

감독교회, 침례교회, 장로교회의 등장으로 – 모두 자신들의 교회 건축이 허용됨으로 – 교파적 다원주의는 청교도의 정통성과 정통적 관계의 확립을 약화시켰다. 인구의 증가는 뉴잉글랜드가 더 이상 광야의 변경이 아니라는 것을 나타냈다. 부유한 교인들은 보다 넓은 도시들에 교회 건물의 위엄과 안락과 세련을 요구했다. 그리하여 마침내(런던 대화재 후에) 크리스토퍼 렌 경(Sir Christopher Wren)의 영향을 보여주는 영국의 건축학 책자들은 "청각적 교회들"을 설계하는 것들이었기 때문에 청교도 전통에 속한 사람들의 마음을 끄는 미국식 설계에 심오한 영향을 끼쳤다.[16] 이니고 존스(Inigo Jones)와 깁스(Gibbs)의 설계들이 1727년에 출판되었고 1736년에는 다섯 가지 이치(the Five Order)에 대한 하프페니(Halfpenny)의 작품이, 1755년에는 팔라디오(1500년대의 이탈리아 건축가) 양식의 건축 형식에 대한 웨어(Ware)의 책이 출판된 것은 의미심장하다. 이들은 원형 지붕과 다발 창문(cldustered windows)과 주랑현관(porticoes)뿐만 아니라 장식 기둥(pilasters)과 판벽 널(paneling)에 있어서 고전적 구조에 대해 어렴풋이 나마 감지하게 해줌으로 예배당 건축자들의 표현 형식을 확대시켜 주었다.

예배당에서 회중교회로의 전환을 설명하는 데 도움이 되는 또 한 가지 중요한 요인은 그 발전이 뉴잉글랜드에서 교회와 국가의 공식적 분리와 대략적으로 동시 발생한 것이었다. 결과적으로 이 분리는 이중적 용도의 건물 대신 특징적으로 교회적인 건축 형식의 발전을 고무했

---

16 엄격하게 청교도적인 건축 양식이 종결된 이유들의 분석에 대해서는 Richard C. Austin의 출판되지 않은 타이프 원고, "The meetinghouse of Colonial New England as an Expression of Puritan Theology", 114 f를 보라 이 신학학사 논문은 1959년에 Union Theological Seminary에 제출된 것으로 출판할 만한 가치가 있다. 이 논문은 New York City의 Union Seminary Library에서 찾을 수 있다.

다.[17] 회원들이 "가시적 성도들"의 독립적 공동체로 살 것을 언약했던 "모이는 교회"(gathered church) 의식이 더 이상 존재하지 않았다. 그리하여 1800년에는 과거의 가정적인 검소함, 가식이 없는 간소함 그리고 기능주의(functionalism)가 완전히 사라졌다.

우아한 새 예배당들 중의 하나가 재능이 뛰어난 한 어린이의 상상력에 어떠한 감명을 주었는지는 1762년에 지은 코네티컷 리치필드의 두 번째 예배당에서 예배를 드린(아마 약 1825년경) 하리에트 비처 스토우(Harriet Beecher Stowe)의 향수적인 회상에서 볼 수 있다.

> 나의 어린 눈으로 볼 때 우리의 옛 예배당은 경외를 일으키는 것이었다. 나에게 예배당은 노아의 방주와 솔로몬의 성전에 매우 근사하게 생긴 것처럼 보였다…2열의 창문들, 위에 거대한 나무 환풍기(quirls)가 있는 문들, 종각, 동편 끝의 돌출, 뾰족탑과 종, 이 모든 것이 스트라버그 대성당 만큼 숭고한 감정을 일어나게 했다. 그리고 내부도 역시 인상적이었다. 나의 눈에 높은 벽에 긴 철장대에 꿰어 목사님의 머리 위에 걸려있는 순무같이 생긴 닫집(canopy)은 얼마나 멋지게 보였는지 모른다. 그리고 그것이 떨어지면 목사님(그녀의 유명한 아버지 라이맨 비쳐⟨Lyman Beecher⟩)이 어떻게 될까 하고 내가 얼마나 걱정을 했는지 모른다 그리고 내가 강단 양 옆의 불타는 것처럼 붉은 튤립과 천사를 상상시키는 잎사귀들의 조각 그림과 정면에 정확하게 삼각형의 잎사귀들의 정확한 간격 사이에 정확하게 삼각형의 포도송이들이 뚜렷하게 조각되어 있는 것을 보고 얼마나

---

17 나는 이 제안에 있어 과거의 제자인 Reverend Brett P. Morgan의 신세를 졌다.

경탄했는지 모른다. 큰 정사각형의 신도석은 일종의 난간으로 나뉘어져 있었다⋯그러나 우리 예배당의 자랑거리는 음악이라는 신비한 활동의 기쁨을 누리는 사람들의 자리인 성가대석이었다. 그들은 예배당의 3면을 두르는 발코니에 소프라노, 앨토, 테너, 베이스의 인도자와 협력자들이 앉아 있었다.[18]

18세기의 예배당들은 증가하는 인구와 대각성운동(the Great Awakening)에 의해 일어난 신앙생활의 갱신과 확대에 조화시키기 위해 훨씬 더 커졌다. 발코니들이 처음부터 당연하게 건축되었고 2단의 창문들이 있는 벽들을 관통하고 있었다. 창문들은 이제 마름모형의 창틀이 달린 두 짝 여닫이 창 형태가 아니라 직사각형의 유리를 끼운 더 큰 이중 창문들이었다. 어떤 경우들에는 팔라디오식의 창문들이 강단 뒤나 남쪽 벽의 출입문 위에 건축되었다. 발코니로 인해 높은 강단의 출현이 불가피했다. 높은 강단은 닫집이 있는(canopied) 울림방지판으로 건축되어 돌출되어 있었다. 강단 자체는 장식 판자로 만들었고 종종 조각이 되어 있었고 뉴햄프셔의 산다운(Sandown) 예배당에서처럼, 강단으로 올라가는 인상적인 계단이 달린 손잡이 없는 잔 형태였다. 정사각형 건축 양식은 사라지고 직사각형 건축 양식으로 대체되었다. 뾰족탑이 있을 때는 건물의 긴 면 한쪽 끝에 위치했고 그 탑은 측면 출입길로 사용되었다. 모든 세부적 구조들은 프레데릭 켈리(J. Frederick Kelly)가 "조지 왕조의 강건성"(Georgian robustness)이라고 칭하는 바를 보여준다.[19]

---

18 *Harriet Beecher Stowe: The Story of My Life*, 그녀의 아들, Edward Stowe와 그녀의 손자 Lyman Beecher Stowe의 작 (Boston: Houghton Mifflin, 1911), 28-30. 이 책은 자서전적인 *Memoirs of Harriet Beecher Stowe*를 사용한다.

19 *Op.cit.*,I,Introduction,xxxi.

3. 위치와 내부 설비

가시적으로만이 아니라 기능적으로 상징적으로 예배당은 종종 청교도 지역의 중심에 위치했고 대개 고지(高地), 또는 언덕에 세워졌다.[20] 예배당은 보통 남쪽을 향하여 가장 자주 사용되는 문이 바람을 피할 수 있었다. 대략 1635년경으로 추정되는 윈드롭의 문서들 중에는 다음과 같이 선언하는 "마을들의 배열에 대한 소론"(Essay on the ordering of towns)이라는 저자 미상의 문서가 있다. "첫째로 사방으로 6마일의 마을의 광장을 정하라. 가옥들은 특별히 모든 회의의 중심이 될 예배당을 중심으로 질서있게 세우라…".[21]

안소니 가반(Anthony Garvan)은 계획되고 있는 마을에 처음 정착하는 사람들은 그곳에 예배당과 목사의 집을 위해 중심에 약간의 토지를 떼어두었다고 말한다. 그리하여 예배당의 뜰은 마을의 사방의 교차로에 위치하여 공원과 공유지를 향하거나 또는 단지 공유지만을 향했을 것이다.[22] 예를 들어 코네티컷, 뉴하멘의 초기 마을 설계에서 볼 수 있는 바와 같이 예배당은 신앙적인 이유와 정치적인 이유에 있어 공동체의 중심점이었다.[23]

예배당의 건설은 공동체의 과업이었다. 최초의 예배당들은 가까이에 있는 재료들로 지어졌다. 예를 들어 매사추세츠 롱미도우(Longmeadow)

20　Richard C. Austin, *op. cit.*, 53. Jack Greene and J. R. Pole, *Colonial British America*, 92와 James T. Leman의 논설 "Spatial Order: Households in Local Communities and Regions"에서 지적되는 바와 같이 예외들이 종종 있었다.

21　*Withrop Papers*, III, 181–82. Donnelly, *op. cit.*, 17에서 인용 .

22　*Architecture and Town Planning in Colonial Connecticut* (New Haven, Coon.: Yale University Press, 1951), 46.

23　This appears as Figure 19 in Donnelly, *op. cit.*

의 마을 기록들은 다음과 같이 이 사실을 나타낸다. "투표에 의한 결정, 즉 이미 확보된 목재가 허용된다면 예배당은 38평방 피트로 지을 것이다. 그러나 만일 재목이 너무 모자라서 그렇게 지을 수 없다면 약간 줄일 것이다."[24] 매사추세츠 힝햄(Hingham)의 두 번째 예배당이 1681년에 건축될 때 143가정이 영국 화폐로 총 430파운드를 기부했던 것처럼 마을에서 예배당을 짓기로 투표에 의해 결정되었을 때 마을 전체 주민에게 세금이 징수되었다. 세금 명세서는 부자와 가난한 사람들이 그들이 재산에 따라 세금을 내었던 것을 보여준다.[25] 예배당의 골격과 지붕이 세워지는 것은 공동체 전체의 즐거운 사건이었으므로 남자들은 노동을 제공했고 여자들은 식사와 음료수를 마련했다. 에바 스피어(Eva Speare)가 전하는 일화는 이런 때의 즐거움을 보여준다. 플리머스의 예배당을 세울 때 마을의 여인들이 예배당의 뾰족탑을 짓기 위한 모금을 하자 데이비드 웹스터 대령은 마룻대 위에 물구나무 서서 6피트의 키를 뻗으며 "내가 여러분의 뾰족탑이 되겠오"라고 소리쳤다고 한다.[26]

마을 설계를 위한 기술과 솜씨가 요구되었지만 소위 "좌석에 명예를 주는 것"—즉 신분에 따른 좌석 배치—에도 기술과 솜씨가 요구되었다. 이것은 이 목적을 위해 임명된 위원회의 민감한 과제였다. 스타일스(Stiles)는 다음과 같이 기술한다.

> 남성이나 여성이 그가 거하는 사회에서 소유하는 평가는 예배

---

24 Ola E. Winslow, *Meetinghouse Hill, 1630-1783* (New York: Macmillan, 1952), 53에 인용.

25 Edmund W. Sinnott, *Meetinghouse and Church in Early New England* (New York: McGraw-Hill, 1963), 32.

26 *Colonial Meetinghouses of New Hampshire* (State of New Hampshire: Daughters of colonial Wars, 1938), 32.

당에서 그에게 또는 그녀에게 배당되는 좌석에 의해 매우 명백하게 밝혀졌다. 우리가 어떤 뉴잉글랜드 마을의 기록들에서 발견한…이 과정의 가장 완전한 일람표는 1717년 3월에 웨더스필드의 좌석 배치 위원회에 제시된 지시에 공식적으로 나타난다. 이 지시서는 다음의 "발달 근거"에 따라 사람들의 좌석을 배치하라고 지시한다. 즉 나이, 가문의 명성, 공적으로 책임있는 위치, 경건한 성향, 재산, 특별한 공헌이다.[27]

이런 사항들을 결정하는 일의 복잡성은 1729년에 세워진 코네티컷 워티베리 예배당의 두 번째 건물이 13가지 등급 또는 "품위"로 나누어진 26스퀘어의 신도석들을 포함했다는 사실에 의해 예증된다.[28] 가장 존경받는 신도석은 강단과 가장 가까운 좌석들이고 가장 덜 존경을 받는 신도석은 발코니의 가장 먼 좌석으로 여기에는 아이들, 흑인들 그리고 희귀한 경우로 인디언들이 앉았다. 남자들은 대개 목사가 회중을 향할 때 그의 우측에 있는 좌석들에 앉았던 반면에 여자들은 그의 좌측에 앉았다. 남자와 여자는 넓고 큰 샛길(the broad or great alley)로 알려진 넓은 중앙 통로로 분리되었다. 코네티컷 길포드(Guilford)의 새 예배당의 좌석을 배치하는 위원회에 "남자와 여자가 예배당 신도석에 함께 앉게 하라"는 지시가 주어졌을 때 그것은 큰 혁신이었다.[29] 레오나드 베이컨(Leonard Bacon)에 의하면 어린 이들은 예배당 문까지는 부모를 따라오나 부모와 함께 앉지 못하고, 헌금위원의 관리하에 자리를 배정 받았다.

---

27 *Op. cit.*, I, 222.
28 Kelly, *op. cit.*, I, Introduction, XXViii.
29 *Ibid.*, 172.

젊은 미혼 남성들은 한 쪽 발코니에 앉았고 젊은 미혼 여성들은 반대쪽 발코니에 앉았다. 그리고 군인들은 문 근처의 발코니 양편에 앉았다.

먼 시골 지역들에서 지금도 볼 수 있는 것처럼 최초의 예배당의 가구와 설비들은 매우 단순했다. 레오나드 베이콘은 뉴헤븐의 최초의 예배당에 대해 추측하며 다음과 같이 기술한다.

> 강단 바로 앞에 그리고 회중을 향하여 다스리는 장로들의 높은 좌석이 있었고 그 옆에는 조금 낮게 성찬대 뒤로 집사들의 좌석이 있었다. 신도석이나 장의자들은 없었고 그냥 평범한 걸상들이 있었을 뿐이었다.[30]

그리고 그는 중앙 통로 양 옆에 9개의 좌석이 있었는데 각각 6명이 앉을 수 있는 것이었고, 또한 5개의 좌석이 비스듬이 놓여 있었고, 이 좌석들보다 짧은 또 5개의 좌석들이 있었다. 그리고 이 비스듬한 좌석들 사이의 옆 문 사이의 벽을 따라 5개의 좌석이 있었고 옆문 뒤에 6개의 좌석이 있었다고 부언한다. 우리는 1655년의 뉴헤븐 예배당의 가구가 매우 특별하지 않았다고 추측할 수 있다. 왜냐하면 동년 1월 11일에 "(좌석이 부족하여 중앙통로가 벽돌, 등 없는 걸상, 작은 걸상으로 가득차 자유로운 통행을 방해하므로) 좌석들의 양끝과 중앙통로의 양 옆에 작은 벤치들을 만들어 어린이들로 앉게 하기로 결정되었기" 때문이다.[31]

힝햄의 올드슈 예배당을 지은 1681년에 좌석 배치는 더 복잡해졌다.

---

30 *Ibid.*, Introduction, xxviii, Bacon의 *Thirteen Historical Discourses, on the Completion of Two Hundred Years from the Beginning of the First Church in New Haven* (New Haven, Conn.: Durrie & Beck, 1839), 48 f를 인용함.

31 Kelly, *op. cit.*, Ⅱ, 5.

에드문드 시노트(Edmund Sinott)는 우리로 하여금 신도석의 점유자들을 상상할 수 있게 해준다.

> 예배당에는 중앙통로 양 옆에 7개의 벤치들이 2열로 있고 각 벤치에는 9~10명이 할당된다. 그리고 북쪽에는 9개의 보다 짧은 좌석들이 있는데 분명히 다른 사람들에 비해 우측 각도였다. 여성들의 좌석 맨 앞, 분명히 강단과 인접한 좌석은 힝햄의 최초의 목사 미망인 피티 호바드 여사와 두 번째 목사의 부인 존 노튼 여사에게 할당되었다.
> 아랫층과 발코니의 맨 앞 좌석들은 특별하게 평가되었다. 그런데 그 좌석들의 할당을 위한 근거가 부의 정도만이 아니었다는 것은 흥미롭다. 곧 아랫층의 첫좌석에서 우리는 분명히 세금을 제일 많이 내는 다니엘 쿠싱과 그 다음으로 세금을 많이 내는 윌리엄 히이세이 그리고 두 명의 재산가, 나다니엘 베이커와 "농부"인 토마스 링컨을 발견한다. 그러나 여기에는 죠슈아 호바트 대위, 에드문드 호바트, 토마스 호바트 그리고 존 커틀러 의사도 앉아 있었던 이들은 모두 비교적 낮은 세금을 내는 사람들이므로 다른 이유로 존경을 받은 사람들이었다. 아마 존 커틀러는 그의 직업으로 인해 존경을 받았을 것이다.[32]

칸막이 신도석 또는 "잠자는 울타리"(sleep pens)가 예배당에 도입된 것은 18세기 이후였다. 이곳에는 간혹 필기용 선반이 갖추어져 가장들이

---

[32] *Op. cit.*, 33.

설교를 메모하여 자녀들과 종들의 설교의 이해와 경험을 묻고 가르칠 수 있게 했다.

고통을 참는 청교도들이 심지어 가장 추운 겨울에도 예배당에 어떤 형태의 난방도 하지 않았다는 견해는 일반적인 생각이지만 틀린 것이다. 도넬리는 일찌감치 1638년의 매사추세츠, 살렘의 예배당 확장을 위한 계약에 "길이가 12피트이고 건물 위로 4피트가 솟는 굴뚝"을 명기했음을 지적한다.[33] 또한 도빌리는 그 후 뉴욕주의 사우드앰프톤(Southampton)에서 각 가정에 "매 안식일에 차례로 불을 피우고 누가 다음 당번인지 알려주라"는 지시가 주어졌다는 증거를 제시한다.[34]

또한 코네티컷 킬링워스(Killingworth)의 창립 회중의 "양 끝에 이중의 굴뚝이 있는" 예배당을 짓기로 결정했다는 기록도 있다.[35] 굴뚝이나 난로가 없는 예배당들에 여인들은 때로 머프 속에 뜨거운 돌을 갖고 오는 경우도 있었고 한편 남자들은 종종 뜨거운 돌을 자루에 넣어가지고 와서 그 위에 발을 올려 놓았다. 어떤 경우에 교인들은 휴대용 난로를 사용하기도 했다. 그러나 이러한 난방 장치가 없는 경우 겨울에 예배를 드리는 사람들은 오전 예배와 오후 예배 사이에 목사관이나 가까운 여인숙의 난로에서 몸을 따뜻하게 했던 것이 분명하다.[36]

뉴잉글랜드 예배당의 발전 기간 동안 항상 강단은 우위를 유지했다. 강단을 대개 북쪽 예배실의 긴 면 중앙에 위치시킴으로 강단에서 가장 멀리 있는 사람들도 하나님의 말씀의 설교를 명확하게 들을 수 있게 하

---

33 *Op. cit.*, 16, the Essex Institute Press가 1868-1934년에 출판한 Massachusetts의 도시 기록들 3 vols, I, 81을 인용함.

34 *Ibid.*, *The first book of records of the town of Southampton* (Sag Harbor, N. Y., 1874), I, 37을 인용함.

35 Kelly, *op. cit.*, I, 247.

36 *Ibid.*, Introduction, xxviii.

였다. 그러나 18세기 말에 잉글랜드국교회 형식으로 직사각형 예배실의 짧은 면에 강단을 위치시키는 경우도 있었다. 발코니의 등장으로 강단은 더욱 높아졌다. 예를 들어 뉴햄프셔의 산다운(Sandown) 예배당에서 강단의 성경은 발코니의 바닥면보다 2피트 위에 위치함으로 설교자의 머리는 1층에 앉은 사람들의 머리보다 6~7피트 높았고 발코니에 앉은 사람들의 머리보다는 4.5피트에서 6.5피트 높았다. 따라서 모든 사람이 설교자를 볼 수 있었고, 특별히 설교자의 위에 공명판이 있는 경우 모두 그의 말을 들을 수 있었다. 비상징적인 튤립꽃들이 상징적인 포도송이들과 결합된 리치필드의 실례를 해리에트 비처 스토우가 언급한 바와 같이 예배당의 장식이 극소화되는 곳에서는 장식이 강단에 집중되었다. 어떤 강단들은 3단으로 되어 있었으나 대개 2단이었다. 설교자가 제일 높은 단을 차지하고 아래 단은 일반 행사 때에 사회를 보거나 신앙 문답을 가르치는 데 사용되었다. 그리고 3단이 있는 경우에 세 번째 제일 낮은 단은 설교를 기록하는 교회 서기나 운율 시편들을 선창하는 사람이 사용했다.

    모든 예배당의 강단 정면에는 간소한 성찬대가 놓여 있었다. 존 카튼(John Cotton)은 성찬식이 엄숙한 예배 의식이고 헌신한 그리스도인의 특전이며, 자신이 관장하는 목회자로서 떡을 (그 다음에는 포도주를) 축사하고 "직접 떡을 먹은 다음, 자신과 함께 성찬대 옆에 앉은 모두 사람들에게 떡을 분배하고, 성찬대에서 집사들에게 건네어 그들 옆 좌석에 앉은 사람들에게 건네게 하고, 목사는 성찬대 옆 자기 자리에 앉아 있었다"고 주장한다.[37]

    이 인용문은 성찬대가 초기 예배당에서 중요한 가구였음을 분명히

---

[37] *The Way of the Churches of Christ in New England* (London, 1645), 68.

나타낸다. 그러나 분명히 18세기의 예배당들에서 성찬대는 중요성이 감소되어 종종 하나의 선반으로 작아졌다. 산다운 예배당에는 매우 우아한 잔 모양의 강단과 인상적인 층계가 있었으나 강대상 정면에 있는 선반은 성찬대로 사용해야만 했다. 이 사실은 이 중요한 성례가 소수의 교인들을 위해 드물게 거행되는 하나의 행사적 의식으로 격하되었음을 나타낸다. 또한 이런 현상이 희귀한 것이 아니었다.

코네티컷의 밀포드(Miford) 회중교회 창립 250주년 기념사에서 비들(J. A. Biddle) 목사는 이 1728년에 두 번째로 지은 이 웅장한 예배당의 내부가 극히 소박하여, 강단 앞에 집사들의 좌석이 있는데 "이 좌석에 성찬대로 사용되는 접어 여는 문(leaf)이 붙어 있다"고 지적했다.[38] 단지 경첩이 달린 선반 또는 접어 여는 문으로의 성찬대의 축소는 거의 확실히 성찬대의 의의에 대한 시각적 축소에 동반되었다. 카튼 시대의 성찬식은 능력설(virtualism), 즉 그리스도가 영적으로 이 의식에 임재하신다는 확신을 표현했다. 축소주의 신학(reductionist theology)은 기념설(memorialism)로 가장 잘 묘사되었다. 즉 과거에 십자가에 달리셨다가 이제는 부활하신 주님의 임재라기보다는 십자가에 달리셨던 그리스도에 대한 회상이라는 것이다.

세례의 의미에 대한 이와 유사한 축소는 영국 교회에서 사용되었던 돌 세례반(font)을 거부하고 강단에 붙은 작은 고리에 놓여지는 백랍 또는 은수반을 설치한 데서 분명하게 나타난다.[39] 더 나아가 세례는 회심을 했을 때(또는 구원의 은혜에 대한 경험이 있을 때) 기독교 공동체로 입회하는 의미심장한 상징이 아니라 교리적 이해와 의로운 생활과 함께 교회

---

38 Kelly, *op. cit.*, I, Introduction, xxxiii는 이 연설을 인용한다.
39 *Ibid.*, xli.

회원 자격을 얻는 데 중요한 부수적 요구가 되었다. 따라서 건축 양식 자체는 세속성의 증가와 경건의 감소를 나타내는 것이었다.

감소된 성찬식에 참여하는 것에 대해서뿐만 아니라 설교할 동안에 자는 사람들에 대한 불평이 늘어나게 된 것은 놀라운 일이 아니다. 더욱이 교회에서 소란을 피우는 남자 아이들이 예배를 방해했기 때문에 예배 시간에 정숙을 유지하는 책임을 주로 맡는 직원의 임명이 불가피했다. 1721년, 코네티컷의 플레인필드 예배당은 뒷 좌석의 소란으로 인해 시끄러웠다. 그리하여 헌금위원 한 사람을 발코니에 배치하여 어린이들의 행동을 감시하고 그들이 창문을 열거나 어쩌다가 유리를 깨뜨림으로" 교회에 손해를 입히는 것을 막았다. 그는 "어떤 사람이 웃거나 어울리지 않는 행동을 하여 안식일을 모독하는 것을 볼 때 그를 불러 책망했다."[40] 그의 또 한 가지 임무는 자는 사람들을 깨우는 것이었다. 이를 위해 그는 끝에 혹이 달린 긴 장대를 휘둘며 위반자들을 그 장대로 쿡쿡 찔렀다. 버몬트에서 이 무기는 길이가 10피트였고 한쪽 끝에는 조는 남자들에게 사용되는 묵직한 혹이 달려 있었다. 다른 한쪽에는 자고 있는 여인들에게 부드럽게 사용하기 위한 여우 또는 토끼 꼬리가 달려 있었으며 자는 한 사람을 사납게 공격했던 베몬트의 한 헌금위원은 장로들에게서 주의를 들었으며 "좀 더 신중하게, 그리고 성급하지 않게" 장대를 사용하라는 지시를 받았다. 그들의 거칠게 잠을 깨우는 방식은 회중들을 불안하게 했다.[41]

또 한 가지 색다른 예배당 직원이 있는데 살펴볼 가치가 있다. 그는 안식일에 북이나 나팔 또는 종으로 사람들에게 예배를 드리도록 부르

---

40 *Ibid.*, Ⅱ, 132.

41 Elise Lathrop, *Old New England Churches* (Rutland, Vt.: Tuttle Publishing, 1938), 159.

는 책임을 맡은 사람이었다. 시간에 맞추어 그는 예배당 지붕의 난간이 달린 탑으로 올라가 그곳에서 소집을 알렸다. 물론 그는 일반적인 위급 사태에도 경고를 말할 수 있었다. 예를 들어 인디언들이 공격을 할 때와 같은 경우였다. 코네티컷 뉴헤븐 예배당에서 예배를 드리라고 알리는 소집 명령은 1640년에서 1681년까지는 건물 위의 탑에서 북을 쳐 알렸고 그 후에 북은 종탑의 종으로 바뀌었다.[42] 같은 주의 윈드솔 예배당에서는 1656년에 예배의 호출을 북과 나팔 소리로 알렸다.[43]

4. 건축 양식의 신학적 함축성들

단순하게 예배당의 소박함을 주장하거나 예배당의 본질적 요소들은 그 역사 전체를 통하여 세 가지-곧 강단, 성찬대 그리고 좌석-였다는 것을 지적함으로 건축 양식의 신학적 함축성들을 피해나가기는 쉬울 것이다. 이런 주장은 어느 정도까지는 사실이나 충분하지는 못하다. 소박성은 건축 양식에서뿐만이 아니라 설교 형식에서도 발견되는 것으로 곧 인간의 발명품이나 장식을 자랑함에 의해서가 아니라 순종으로 하나님께 영광을 돌리는 것이었다.

안소니 가반(Authony Garvan)과 같이 할 수 있는 한 로마가톨릭의 건축 양식, 상징주의, 의식에서 이탈함에 기초하고 또한 웨스트민스터 예배 모범이 명백하게 요구하지 않는 장식은 전혀 추가하지 않는 것에 기초하여 "부정적인 건축 양식"을 고안해 냈다고 말하는 것만으로는 충분

---

42 Kelly, *op. cit.*, Ⅱ, 7.
43 *Ibid.*, 303.

하지 않다(그는 웨스트민스터 예배모범이 요구하는 형식이 잉글랜드국교회들에서 사용된 것으로 독립교회 또는 장로교회 청교도들에 의해 차용되었다고 지적한다). 그러나 가반은 뉴잉글랜드의 예배당들이 미국 황무지에 대한 무심한 또는 사려 없는 반응으로 형성된 것이 아니라 "본격적인(full fledged) 개신교 미학"의 결과였다고 부언한다. 또한 그것은 유럽에서 한 세기 동안의 설계의 결과이기도 했다.[44]

리처드 오스틴(Richard C. Austin)의 견해에 의하면 평이한 형식에는 비의례적인 예배실 설계, 이동가능한 성찬대, 착색하지 않은 유리창, 2층 형태의 외관 또한 낮은 천정과 정교한 강단이 포함되었다. 곧 개신교인들은 플리머스 필그림들의 교회 건물들 외에는 대이주 때까지 교회 건물이 없었던 뉴잉글랜드에서 새롭게 출발할 수 있는 기회를 얻었던 것이다.[45]

청교도 건축 양식의 미학은 신학적으로 통제를 받았다. 그러므로 해리 스타우트가 단언하는 바와 같이, "교회—신자들이 모인 집단—가 모든 것을 의미하기 때문에 건물은 아무 의미가 없었다"라는 말은 절대로 부정적인 것이 아니다.[46] 청교도의 고려 사항들은 다음과 같다.

첫째, 강단을 성경에 나타나는 하나님의 말씀의 보좌로 만드는 것이 성경적인 순종이라는 주장이었다. 청교도 예배당의 역사 전체를 통해 높은 강단이 지배를 하였던 이유와, 그 초점이 붉은 또는 녹색의 벨멧 쿠션 위에 놓인 성경이었던 이유가 바로 이것이었다. 강단과 성경의 중

---

44 "The Protestant Plain Style before 1630," *Journal of the Society of Architectural Historians*, IX (1950), 13.

45 Austin, *op. cit.*, Chapter II.

46 *The New England Soul: Preaching and Religious Culture in New England* (New York: Oxford University Press, 1986), 14.

심적인 위치는 성령이 마음에 확신시키시는 하나님의 계시를 들음에 의해 하나님의 백성이 창조된다는 사실을 입증한다. 잉글랜드국교회에서도 설교가 중요했으나 성찬(Holy communion)은 훨씬 더 중요했다. 잉글랜드국교회에 제단(altar)이 중앙에 있고 성경 낭독대(lectern), 강단(pulpit) 옆에 위치하는 이유가 바로 그 때문이었다. 그러나 청교도는 말씀의 성례들보다 말씀의 우월성을 표현하고 싶었다.

둘째, 청교도들은 예수 그리스도의 생명, 희생의 죽음, 부활 그리고 승천에 의해 비준되고 성령을 자신의 택한 백성에게 보내시겠다고 하신 예수 그리스도의 약속의 성취에 의해 확인된 은혜의 언약의 백성이 되는 것에 큰 강조를 두었다. 성례들은 이 언약 관계의 표적들이었다. 곧 이 언약 관계는 세례에서 신실한 사람들의 자녀들에게로 확대되있고 성인들을 위해서 성찬식 때마다 갱신되었다. 다른 가족과 마찬가지로 하나님의 가족도 더 큰 집인 하늘의 집 외에 또 하나의 집을 필요로 했다. 건축 양식은 자연스럽게 가정적이 되었는데, 왜냐하면 이곳을 하나님이 거하시는 성전이라고 생각하지 않았기 때문이다. 더욱이 "희미한 종교적인 빛"이 아니라 채색이 안된 투명한 유리창문을 통해 비치는 충분한 조명은 언약 백성들로 하여금 서로를 보면서, 서로를 돕겠다고 약속한 그리스도인들로서 상호의존을 즐거워할 수 있게 했다. 또한 종종-예배당에 단 한 개만이 있는-상부가 둥근 창문은 강단의 둥근 모양의 기초부(base)와 결합하여 설교자와 성경을 위한 타원형 윤곽, 곧 완벽한 집중점을 형성했다.[47]

셋째, 좁은 한쪽 면에 뾰족탑이 있고 다른 한쪽 면에는 강단이 있는 -따라서 음향효과는 덜 중요하게 된-교회다운 건물들을 지으려는 마

---

[47] Richard C, *op. cit*., 64에 의한 주장

을들 간의 경쟁과 함께 위풍과 안락이 지배하는 예배당의 더 따뜻한 벽을 따라 주요 인사들의 편의를 제공하기 위한 칸막이 신도석 또는 "잠자는 울타리"의 등장은 경건의 심각한 하락을 예고했다. 청교도의 후예들은 잉글랜드국교회의 양식, 우아성, 장식을 모방함으로 자신들의 조상들과 그들의 유산을 저버렸다.

우리는 그들이 청교도 사상을 가진 아일랜드의 대주교 제임스 어셔(James Ussher)와 그들 자신의 역사가 카튼 매더(Cotton Mather) 박사의 경고를 망각했다는 결론을 내릴 수 밖에 없다. 이 두 사람의 경고는 모두 카튼의 『그리스도의 미국에서의 위대한 성취』(Magnalia Christi Americana)에 실려 있다. 어셔는 다음과 같이 회상한다.

> 박해 시대에 경건한 사람들은 종종 헛간들이나 그와 유사한 미천한 장소에서 모였다. 왕이 있는 곳은 그곳이 비록 초라한 초가집일지라도 어디나 궁전인 것과 같이 하나님의 백성이 그곳에 있으므로 그 미천한 장소들은 공적인 장소였다.

여기에 카튼 매더는 다음과 같이 덧붙여 말한다.

> 이제 이곳보다 하나님이 더 기쁘게 받으실 만한 예배를 드릴 수 있는 곳은 없다. 공적 예배를 위한 장소들을 예비하고 수리하는 것은 우리에게 예배를 요구하시는 문제에 대한 순종의 활동이다…그러나 이 장소들을 극장식의 장식으로 꾸미는 것은 진정한 그리스도인의 사회 정신을 풍기지 않는 것이다.[48]

---

48 *Op. cit.*,(London, 1702), Bk. V,54.

1726년에 매더는 뉴잉글랜드의 거의 모든 마을에 대해 다음과 같이 자랑했다.

> 우리가 천박하고 화려하고 극장 같은 장식들로 꾸며지지 않고 기독교 예배의 순박성과 어울리게 하나님의 예배를 위해 정숙하고 기품있는 집을 소유하고 있다고 말할 수 있다.[49]

그러나 그 하나님을 예배하기 위한 집들이 더 기품있고 더 우아해질수록 그들은 분명히 덜 순박하고, 덜 검소하고 덜 청교도적이 되었다.

훨씬 후인 애큐메니칼 시대의 관점에서 볼 때 우리는 윌리엄 로드 대주교 시대에 잉글랜드국교회의 위험은 아름다움에 대한 경외가 윤리적 의무의 대용물이 되었던 것이고, 청교도 건축 양식의 위험은 상상력의 둔감과 빈곤이 소박함과 검소함으로 혼동되어 주님의 그림을 백지로 만들어 버렸던 것이라고 가정할 수 있다.

---

49 *Ratio Disciplinae Fratrum Nov. Anglorum* (Boston, 1726), 5.

The Worship
of the American Puritans

1629-1730

11장

결론
세 가지 분석적 시각

    이런 유의 연구는 범위를 넓혀 미국 청교도 예배를 세 가지 시각, 곧 회고적 시각, 비교적 시각, 그리고 평가적 시각으로 관찰함으로 결론을 내리는 것이 좋을 것이다.

    첫 번째 시각은 역사와 역사의 원인들에 나타나는 중요한 변화들에 대한 회고적 관찰을 포함할 것이다.

    두 번째 시각은 같은 시기 동안 영국과 뉴잉글랜드의 청교도 예배에 대한 대서양을 횡단하는 비교가 될 것이다.

    세 번째 시각은 청교도 예배의 강점들과 약점들에 대한 광범위한 분석적 평가가 될 것이다.

    공적 예배의 변화들을 상술함에 있어 주요 정보 자료는 카튼 매더 (Cotton Mather)의 『뉴잉글랜드 형제들을 위한 가르침의 규칙』(*Ratio disciplinae fratum Nov-Anglorum*, 1720)이다. 이 책은 매우 의미심장한 부제, "초대 교회들의 규례에 대한 유익한 숙고들을 간간이 추가한 뉴잉글랜드 교회들에서 실행되는 규례에 대한 신실한 기록"(*A Faithful Account of the Discipline practised in the Churches of New England With Interspersed and Instructive Reflections on the*

Discipline of the Primitive Churches)을 갖고 있다.[1] 이 책의 가치는 카튼 매더, 즉 이 지역의 자랑스러운 역사가이자 런던 왕립 학술원의 특별 회원이었을 뿐만 아니라 그 시대에 매사추세츠 베이 식민지에서 가장 뛰어난 성직자였던 그의 박식한 정통적 보수주의(the orthodox conservatism)에 있다. 발전들에 대한 그의 진술들은 많은 경우에 있어 특별히 그 진술들이 보스턴 브래틀 스트리트 교회의 보다 자유주의적인 집단에 관한 것이거나 또는 노스앰프톤의 자유주의적인 조처들의 선구자인 솔로몬 스토다드에 관한 것일 때 다른 주요 자료들과 대조될 것이다.

1. 정규적인 주일 예배의 변화들

카튼 시대에는 어떤 성경 구절에 대해 필요에 따라 수시로 해설을 하는 것이 의무였다. 해석이 없는 교훈은 없었다. 연속 설교가 관례였으며 설교자들이 성경에서 주제를 택하는 대신 성경 전체의 책들을 연속적으로 설교하던 때에, 이러한 해석은 당연했다. 또한 애초부터 여러 교회들에 두 명의 성직자, 교사와 목사가 있었던 때에 특별히 잉글랜드 국교회로부터 청교도주의의 이탈이라는 새로운 경험 가운데서 그 근거로 성경적 정당성을 요구할 때, 해석의 필요성이 항상 강조되었던 것은 당연한 일이었다.

한편, 성경의 한 장을 택하는 대신 본문 한 절을 택하는 새로운 설교법이 성경 한 절로 설교하는 핑계가 될 수도 있었던 반면에, 이 설교법은 설교자가 중심 주제를 택하고 성경의 여러 부분들로 그 주제를 예증

---

[1] Cotton Mather의 *Ratio disciplinae*는 보스턴에서 출판되었다.

할 수 있게 하는 보상적인 유익도 갖고 있었다. 이러한 설교법은 더 짧은 설교들이 생겨나게 한 부수적인 원인일지도 모른다. 그러나 카튼 매더에 의하면 좋은 잉글랜드국교회의 관례(precedent)를 갖고 있는 이 새로운 방법을 "많은 사람이 바라기는 했지만 그렇게 널리 사용되지는 않았다."[2]

초기에는 설교자들이 강단에 설교 메모를 갖고 올라오는 일이 드물었다. 사람들은 설교자가 기도와 설교 모두에 즉흥적으로 유창할 것으로 기대했다. 그러나 18세기 초에는 만일 설교자가 메모에 매달리지만 않는다면 설교 메모를 사용할 수 있었다. 카튼 매더는 설교자와 메모와의 일반적인 관계를 다음과 같이 설명한다. 즉 "설교자들이 메모에 집착함으로 설교의 활력을 잃거나 둔하게 하지 않으려고 해야 한다. 때로 화살이 활에서 발할 때는 활을 쳐다보아야 하지만 화살이 날아가는 동안에는 활에만 눈을 고정시키지 말라"는 것이다.[3]

최초의 미국 청교도들은 주기도문을 로마가톨릭이나 잉글랜드국교회 식으로 예배로 모일 때마다 반복하는 기도라기보다는 기도의 모범으로 생각했다. 아마 주기도문은 1699년에 브래틀 스트리트 교회에서 최초로 규정된 기도문으로 사용된 듯하다. 그러나 그 교회에서 발표된 유명한 『선언문』(Manifesto)에 열거된 요구 사항들에 주기도문은 들어 있

---

[2] *Op. cit.*, 64. 그렇지만 Mather는 성구들이 해석없이 "많은 우리 교회들에서" 읽혀진다고 인정한다. 그는 청교도 교회들이 이에 대한 명확한 전통이 없고, 많은 설교들이 이미 많은 성경을 포함하고, 또한 많은 성경 구절들이 공적으로 낭독하기에 적합하지 않다는 이유로 해석없는 성구 낭독을 반대한다. 그러나 그는 John Cotton이 신 31:11-13과 27:14-26에 대한 그의 판단에 근거하여 해석 있는 성구 낭독에 찬동했다고 지적한다.

[3] *Op. cit.*, 61. Cotton Mather는 *Manductio ad Ministerium* (Boston, 1726), 106에서 이 문제를 더 자세히 다루었다. 여기서 그는 강단에 메모를 가지고 올라가는 목사들이 청중들에 의해 "당신은 스스로 아무것도 기억하지 못하면서 어떻게 당신이 전하는 것을 우리에게 기억하라고 요구할 수 있는가?"라는 정당한 항의를 받았다고 주장했다. 그는 설교자의 중요한 태도로서 쾌활함과 진지함을 강조한다.

지 않았다.⁴ 어쨌든 카튼 매더는 자기 시대의 예배에 주기도문의 사용을 언급하지 않고 다음과 같은 주장으로 비의례적인 기도를 강력하게 지지한다.

> 목사들은 그들이 맡고 있는 사람들이 자신들이 택한 적절한 표현으로 기도하면서 자신들의 상태를 말하는 것이 필요불가결한 은사이며 복음 사역의 활동이라고 판단한다…우리 목사들은 이 은사의 체계를 확대함으로 양떼들로 하여금 기도서가 그들에게 뚜렷한 위해가 된다는 것을 깨닫게 하는 조처를 취한다.⁵

이로부터 한 세기 후에 교회 음악의 특성에 상당한 진보가 있었다. 비록 미국의 교회들이 그들의 사촌격인 영국의 비국교도 이삭 왓츠(Issac Watts)를 따라 시편 찬송가에서 일반 사람들이 작곡한 찬송가로 전환(왓츠는 "나의 저자〈다윗〉에게 그리스도인 같이 말하라고 가르치는 것"이라고 주장한다)⁶한 것보다는 느렸지만 『베이 시편서』(the Bay Psalm Book)가 마련한 소수

---

4   보스턴 Brattle Street Church의 목사이며 *A History of the Church in Brattle Street, Boston* (Boston, 1851)의 저자인 Samuel Kirkland Lothrop은 다음과 같이 진술한다. "내가 나의 선배에게서 전통으로 받은 것은 이 교회의 목사가 매 주일 예배의 어떤 부분에서 주기도문을 한 번 외울 것을 기대 또는 요구 받는다는 것이다. 그래서 나도 항상 이 규칙을 지키자면 나는 이에 대한 아무런 근거도 발견하지 못했고 단지 전통으로 생각할 뿐이다. 이 전통이 나에게까지 이른 것은 목사에게서 목사에게로 전해졌던 것이라고 생각한다." 1699년에 이 교회에서 발행된 유명한 Brattle Street *Manifesto*는 20-26쪽에 이 역사에 대해 다시 나타냈고 또한 Alden T. Vaughan이 편집한 *The Puritan Tradition in America, 1620~1730* (New York: Harper & Row, 1972), 329-33에도 다시 나온다.

5   *Ratio disciplinae*, 46-47.

6   이 인용은 Watts의 *The Psalms of David imitated in the language of the New Testament and applied to the Christian State and Worship* (London, 1719)에 나온다. Burder가 편집한 *Complete Works* (London, 1810), IV, 119를 보라.

의 곡조는 때에 알맞게 추가되었다. 또한 어떤 교회들은 의미와 조화를 모두 해치는 한 구절씩 선창을 하는 따분한 관례를 폐지하고 시편서들을 마련해 놓기도 했다.[7] 교회 음악의 개혁은 약 1720년 경부터 뉴잉글랜드 교회들에서 일어난 것으로 보이는데 목회자(clergy)들이 이 개혁을 주도했다. 음악 학교들이 설립되었고 이곳에서 교회 찬양대들을 배출했다.[8] 최초의 청교도들은 교회 찬양대가 회중들의 심령과 음성으로 하나님을 찬양하는 특권을 갈취한다고 생각했었다.

2. 성례 집행의 변화들

세례와 성찬식의 실제적인 집행에서의 변화는 거의 없었으나 성찬을 받는 준비와 마찬가지로 성례들의 허가에도 중요한 발전들이 있었고, 또한 두 가지 성례 모두에 제시되는 극적이며 예언적인 상징성에 대한 이해가 증가되었다.

기묘하게도 성찬식에 있어 유일한 변화는 개선이라기보다는 퇴보였다. 두 가지 예언적인 표징(sign)들은 그리스도의 몸이 십자가 위에서 찢기신 사실을 생생하게 생각나게 하는 것으로서의 떡을 뗌과, 세상의 죄

---

7   Cotton Mather, *Ratio disciplinae*, 52-53. 또한 Peter Thacher, John Danforth와 Samuel Danforth가 공동으로 저술하여 1723년에 출판한 *An Essay Preached by Several Ministers…as to…Cases of Coscience Concerning The Singing of Psalms in Publike Worship of God…*도 보라. 이 작품은 1722-23년 1월 30일에 청교도 예배 음악의 문예부흥의 표시로 교회 협의회에 전달되었다.

8   Ezra Hoyt Byington, *The Puritan in England and New England*, 제4판,(New York: Franklin, 1972), 151-52. 곡조들은 Ravenscroft에서 차용했다. 인기 있는 곡조들은 Litchfield, Canterbury, York, Windsor, Cambridge, St. Davids's, Martyrs, Hackney, 그리고 물론 the Old Hundredth였다.

를 대신하는 속죄 가운데 쏟으신 구세주의 생명의 피를 나타내는 두 번째 표징인 포도주를 따름이다. 떡을 뗌과 포도주를 따름은 모두 존 카튼(John Cotton)에 의해 단호하게 주장되었다. 떡을 뗌은 "이것은 너희를 위하는 내 몸이니"[9]라고 하신 주님의 선언이기 때문에 생략될 수 없다. 또한 사도행전에 기록된 바와 같이 초대 교회는 성찬식을 "떡을 뗌"이라고 칭했다.[10] 존 카튼은 포도주를 부을 뿐만 아니라 떡을 뗌을 위한 이유들을 다음과 같이 설명한다.

> 성찬식에서 뗀 떡과 부은 포도주를 받는 것은 나를 위해 상하신 그리스도의 몸과 나를 위해 흘리신 그리스도의 피를 받는 것의 표징이며 인침(seal)이다.[11]

매우 기묘하게도 최초의 청교도 전통을 유지하기를 가장 열망했던 카튼 매더가 포도주를 붓는 행동에는 근거가 없다고 단언하고, 다음과 같이 거칠게 그 행동을 부정하면서 빗나갔다.

> 포도주를 따르는 행동은 당연히 성례의 활동들 중의 하나가 아니다. 그러므로 만일 탁자 위에 이미 포도주가 채워진 큰 컵이 놓여 있다면 그것으로 충분하다….[12]

---

9 고전 11:24 많은 고대 문서들에 의하면 비록 이 구절이 "이것은 너희를 위하는 내 몸이니"(This is my body which is for you)로 번역되나 선행하는 단어들은 klasmos", 즉 예수님에 의해 예증적이며 예언적인 표현으로 행해졌던 떡을 뗌을 가리킨다.

10 행 2:42, 46

11 1668의 보스턴 판의 *Spiritual Milk for Babes in either England*, 14는 원래 1646년에 London에서 출판되었다.

12 *Ratio disciplinae*, 100.

성찬식이 집행된 빈도에 대해서는 일관성이 발견되지 않는다. 우리는 성찬식의 집행이 목사의 관심에 크게 좌우되었다는 인상을 받는다. 1630년대에 성찬식은 언약을 한 교회 회원들의 최고의 특권으로 매월 행해졌다(존 카튼은 "적어도 한 달에 한 번"이라고 말했다).[13] 카튼 매더의 시대에는 전혀 원칙이 없었다. 그는 다음과 같이 기술한다.

> 초대 교회와 마찬가지로 교회에는 성찬식에 대해 보편적으로 언명된 횟수가 없다. 어떤 교회들은 4주일에 한 번씩 성찬식을 갖고, 어떤 교회들은 6주일에 한 번, 어떤 교회들은 8주일에 한 번씩 또 어떤 교회들은 매월 첫 주일에, 어떤 교회들은 매월 마지막 주일에 한번 성찬식을 갖는다. 어떤 교회들은 오후 예배 끝에 성찬식을 하기도 하지만, 대부분은 오전 예배 끝에 성찬식을 행한다. 그리고 목사들은 비상 사태를 판단하는 것과 마찬가지로 횟수를 변경할 자유를 소유한다.[14]

그러나 성찬을 받는 데 있어 바른 준비에 대한 관심은 존재했다. 카튼 매더는 이에 대해 약간 자세하게 설명한다.

> 대부분의 지역들에 그리스도인들이 성찬을 준비하기 위해 일주일 중 어떤 날 사적인 모임들을 갖고 있다. 그리고 종종 목사가 그 모임들 중 어떤 곳에 참석하거나 또는 아마 공적 강의를 하기도 한다.[15]

---

13 *The Way of the Churches of Christ in New England* (London, 1645), 68.
14 *Ratio disciplinae*, 95.
15 *Ibid.*, 97.

우리는 이미 앞에서 두 가지 성례 모두에 대한 허용을 관대하게 하기 위한 긴 투쟁이 있었다. 세례에 더 쉽게 접근하는 최초의 조짐은 중간 방식의 언약에서 나타났다. 여기에서 기독교 신앙에 대해 충분한 지식을 갖고 있고 존경할 만한 생활을 하는 세례를 받은 부모들은 비록 회심을 하지 않았더라도 그들의 자녀들이 세례 받는 것이 허용되었다. 그런 자녀들은 결국 그리스도의 구원의 지식에 이르러, 교회 모임 앞에서 이 경험을 만족스럽게 진술하고, 언약을 하고 나서 성찬식에 받아들여지게 되었다. 그러나 이런 일은 매우 희귀하게 일어났다. 그래서 세례에서 성찬식까지의 장애물들을 통과하는 사람들의 극미한 비율에 당혹한 비교적 자유주의적인 목사들은 기독교 원리들에 대한 지식과, 추문 없는 예의바른 생활을 제외한 다른 장애물들을 제거하라고 주장했다.

급진적인 혁신자는 솔로몬 스토다드였다. 그는 누가 진정한 그리스도인지는 목사나 지역 회중들이 알 수 없고 오직 하나님만이 아시므로 위선자들이 성찬식에 참여하는 것을 막는 무오한 방법이란 존재하지 않으며, 실제로 많은 훌륭한 그리스도인들이 자신들의 은혜의 경험을 공적으로 진술하는 것을 싫어하기 때문에 장애물들이 그들을 성찬식으로부터 가로막고 있다고 주장했다. 더 나아가 그는 성찬 자체가 감동을 주는 은혜의 수단이므로 "회심의 규례"로 바꿈으로 성공할 수 있다고 주장했다.

스토다드는 1677년의 한 논쟁적인 설교에서 이 방법을 제안했고 1679년의 개혁회의(the Reforming Synod) 앞에서 이 견해를 변호했다. 그의 견해는 잉크리즈 매더(Increase Mather)에 의해 그 회의에서 뿐만 아니라 1677년의 매사추세츠 의회에서의 설교에서 공격을 받았다. 잉크리즈 매더의 견해는 스토다드의 제안을 받아들이면 가시적 성도들에게만 성찬을 허용하는 뉴잉글랜드의 전통적인 제한을 상실하게 된다는 것이었다. 스토다드의 자신의 이론에 대한 가장 정교한 변명은 그의 『학식이 있는 사람들에게 호소함』(Appeal to the Learned)에 제시되었다. 이곳에서 그는 다음과 같이 단언했다.

> 이 규례(성찬식)는 그 자체의 속성에 있어 사람들을 회심시키는 고유의 경향을 갖고 있다. 여기에서 사람들은 죄를 용서하시기 위한 그리스도의 죽음의 필요성과 충분성을 배울 수 있다. 여기에는 십자가에 달리신 그리스도의 애절한 제의가 있다. 여기에는 만일 사람들이 그리스도께로 나아오면 구원을 받을 것이라는 언약의 인침이 있으니 이야말로 그리스도께 나아옴의 안전을 확신시키는 위대한 수단인 것이다.
> 모든 규례들은 그 규례들을 받는 사람들의 구원의 유익을 위한 것이다. 상찬 제정사(institution)에서 볼 때 이 규례는 비록 회심하지 않았지만 가시적인 성도들에게 적용되어야 하는 것이다, 따라서 이 규례는 그들의 구원의 유익을 위한 것이며, 결과적으로 그들의 회심을 위한 것이다.[16]

1690년 경에 스토다드는 심지어 그의 비판자들에게까지도 영향력을 갖고 있었다. 왜냐하면 이 해에 카튼 매더의『성찬 참여자들을 위한 지침서』(Companion for Communcants)는 성찬식에 참여하는 데 확신이 절대적으로 필요하지 않으며, 성찬에 참여하고자 하는 사람은 자신의

---

16 Op. cit., 25. 청교도 창시자들에게 있어 "비록 회심하지 않았으나 가시적 성도들"이란 완전한 모순으로 생각되었을 것이다.

영혼에 영향을 끼친 설교와 성경 구절에 대해 목사에게 메모를 써서 제출하거나 개인적으로 알려주기만 하면 된다고 허용함으로 상한 갈대도 그리스도께 용납되기를 기대할 수 있게 되었기 때문이었다. 1726년에 매더는 성찬식의 허용에 있어 상이한 교회들의 다양한 태도들을 인정했다. 그는 허용 전의 모든 심사가 전혀 신약성경의 근거가 없다고 믿는 목사들도 있는 반면에 "믿음의 정당성을 증명하기에 매우 사실적이며 믿을 만한 고백이 우리에게 그 믿음의 유익들이 봉인되는 성찬식에 있어 적절하다"고 동일한 강경성을 가지고 단언하는 목사들도 있다고 말한다. 매더 자신은 두 번째 집단에 속하여 "경험적인 경건"도 검사되어야 한다고 믿었다.[17] 장애물들을 낮추었어도 심지어 스토다드 자신의 교회에서까지도 결과적으로 성찬식에 더 많은 참여가 이루어지지 않았다는 실망적인 말을 하지 않을 수 없었다. 아마 많은 사람은 성찬식에 전혀 무관심하였던 반면에 또 어떤 사람들은 성찬을 선택을 받은 사람들에게 제한하는 데 너무 열심이었고 선택을 받은 사람들(the elect)을 명사들(the elite)과 혼동하였던 것으로 보인다.

교회 회원 자격의 장애들을 낮추는 일은 매더와 스토다드 간의 논쟁에 의해 그 과정이 촉진되기는 했지만 훨씬 더 빨랐다. 1680년대 이전에 이미 정회원권을 얻고자 하는 여성 지망자들은 목사에 의해 개인적으로 심사를 받거나 자신들의 진술을 제출하여 읽게 할 수 있었다. 1678년에 보스턴 제3교회는 숫기가 없는 사람들이 자신의 영혼의 상태에 한 개인적인 간증을 제출하는 것을 허용했고, 1685년에는 회원들이 회원의 자격들을 논의하는 권리를 폐기하기로 표결했다. 같은 해에 찰스타운 교회는 "사람들이(자신들이 진술을 스스로 소리내어 읽는 것이 유익하다

---

17 *Ratio disciplinae*, 95.

는 것이 변함없이 증명되었기 때문에) 나중에 자신의 진술들을 낭독할 것"을 표결했다. 비록 이런 변화들이 과정에 있어서는 중요했지만 데이비드 홀(David. D. Hall)에 의하면 이런 변화들은 정회원이라는 범주의 철폐, 즉 솔로몬 스토다드가 이미 시작한 조처를 나타내는 암시들이었다.[18]

영국과 미국의 수많은 논문들에 의해 제시된 성찬을 위한 준비와 성찬의 의미와 가치에 대한 무시할 수 없는 모든 토의와 훌륭한 교훈들과는 별도로 성찬식은 뉴잉글랜드에서 과거에 항상 그러했던 것과 같이 매우 자주 행해졌던 것으로 보인다. 그러나 아마 칼빈의 후예들이 쯔빙글리의 논쟁에서 승리하였고 기념설(또는 그레고리 딕스〈Gregory Dix〉가 칭하는 바와 같이 "실재적인 부재의 교리"〈the doctrine of the real absence〉)은 능력설(virtualism) — 성찬에 그리스도의 실재적인 영적 임재에 대한 확신 — 보다 덜 일반적이었던 것으로 보인다.

그러나 가장 인상적인 것은 17세기 후반에 성례의 영성이라는 특성에 있어서의 변화이다. 전에 이 특성은 과도할 정도로 주관적이며 내적이었고 그 특성의 옹호자들은 무한하시고 불가시적인 하나님과 유한하고 가시적인 피조물 간의 어떤 교제의 가능성을 의심하는 것 같았다. 이 새로운 접근법을 브룩스 홀리필드(E. Brooks Holifield)는 "감각의 경건"(the piety of sensation)이라고 칭하고 이 새로운 접근법의 발전으로 이끈 많은 요인들의 영향을 정확하게 강조한다. 그는 "이 접근법은 자연신학에 대해 확대되는 관심, 새로운 묵상 습관들, 설교학의 발전들 그리고 성례적 경건이 모두 공동 이상, 곧 가시적 성도의 회복을 향해 집중되

---

18 *The Faithful Shepherd, A History of the New England Ministry in the Seventeenth Centruy* (Chapel Hill: University of North Carolina Press, 1972), 205-06. Hall은 절차상의 변화들을 자세히 기록하고 역사적 입증들을 보충한다.

었다"고 주장한다.[19] 뉴잉글랜드 목사들 중 성찬의 상징적 의의를 가장 생생하게 그린 사람은 에드워드 테일러와 사무엘 윌라드였다.

3. 특별 의식들에 있어서의 변화들

정규적인 또는 성례적인 의식들에서 가장 극적인 변화들이 일어난 것이 아니라 임직식, 결혼식, 장례식과 같은 특별 의식들에서 일어났다.

임직식은 지도권의 거의 완전한 성직화에 이른 목사들의 전문성의 발전에 대한 증거이다. 최초에 뉴잉글랜드의 청교도 교회들은 지역 교회에 의해 어떤 사람을 선발 또는 선택하는 것을 임직식보다 더 중요하다고 생각했고, 선발은 평신도만의 활동이었다. 그리하여 목사들이 새로운 목회지의 초청을 수락할 때 재임직이 요구되었다. 토마스 후커는 그의 두 가지 진술에서 이 원칙을 분명하게 계통을 세워 말했다. 한 가지는 "결과가 원인에 따라 좌우되는 것과 같이 임직식은 사람들의 적법한 표결에 따라 좌우되었고, 표결에 의해 철저하게 집행되었다"는 것이고, 두 번째 진술은 "특정한 임무가 없는 목사의 임직식, 즉 사람들이 없이 그를 목사로 삼는 임직식은 절대로 존재하지 않는다"는 것이다.[20]

임직식은 점점 더 형식적이 되었고 임직식의 주요 참여자들은 1681년에 밀턴 교회에서 있었던 피터 대처의 임직식에서 볼 수 있는 바와 같이 성직자들이 독점하게 되었다. 피터 대처의 임직식은 엄격한 네 가

---

19 *The Covenant Sealed*: *Puritan Sacramental Theology, 1570-1720* (New Haven, Conn.: Yale University Press, 1974), 137.

20 *A Survey of the Summe of Church Discipline*, Part 2, 41 and 66. These positions were affirmed in the Cambridge Platform of 1645.

지 과정에 따라 행해졌다. 표결에 이어 임직식이 진행되자, 4명의 목사들이 임직자를 안수하였고, 그중 한 목사가 기도 가운데 성령의 도우심을 기원했다. 그 다음에 토리 목사가 임직자에게 그의 책임을 상기시키는 권고를 했고 윌라드 목사가 이웃 교회들에 의한 인정을 상징하는 악수례를 주관했다. 마지막 축도(blessing)는 새 목사가 담당했다.[21] 초기 절차들의 이 완전한 파기는 그후 계속되었는데 이 의식에 있어 유일한 평신도의 기여는 교인들의 표결이었다. 찰스 햄브릭 스토우가 지적하는 바와 같이 이러한 임직식의 성직화는 지역 교회 회중들이 목사 지망자들을 목사로 임직시키기를 꺼리게 만들어 어떤 경우에는 목사 예심이 수년 동안 계속되기도 했다.[22]

작지만 의미심장한 변화 한 가지는 매우 힘든 정서적 경험인 임직식에서 임직자가 "직접 설교하는 것"을 면하게 해준 것이었다. 다행스럽게도 임직식은 시대가 경과하면서 짧아졌다. 카튼 매더는 "오늘날 임직식의 설교들은 대개 간결하고 짧다. 그러나 전에는 충분하고 풍성했다"고 기술한다.[23] 매더 자신이 임직식 전의 아침 예배에 총 3시간 동안 설교와 기도를 했고 다른 보스턴 목사들이 경쟁적으로 신령한 마라톤식 연설을 했던 것을 생각할 때 간결한 설교를 하는 사람이 지혜로운 사람이며 간결한 설교가 매우 필요했다는 것을 알 수 있다.[24]

증대하는 성직화는 필연적으로 목사들이 결혼과 장례 의식에서 보다 큰 역할을 담당하는 원인이 되었다. 결혼식에서 목사들은 판사들을 대

---

21 Thacher's "Diary", MS. I, 212(typescript of the Massachusetts Historical Society, Boston)를 보라.

22 *The Practice of Piety: Puritan Devotional Disciplines in Seventeenth-Century New England* (Chapel Hill: University of North Carolina Press, 1982), 129.

23 *Ratio disciplinae*, 33.

24 *The Diary of Cotton Mather*, 99f.

신하였고 장례식에서 목사들은 과거에 그들의 극미한(때로는 무언의) 역할을 확대했다.

과거에 법원 또는 가정에서 행해졌던 결혼식이 후에는 예배당에서 행해졌고 때로 가정에서 행해지기도 하였으나 항상 목사가 주례를 맡았다. 카튼 매더는 북아메리카 영국 식민지들이 최초 이민 때에 "결혼식은 항상 판사에 의해 행해졌다. 판사는 양 당사자에게 결혼 언약을 시켰을 뿐만 아니라 그 행사에 적절한 기도를 하기까지 했다"고 말한다. 이어 그는 전문가의 우려를 나타내어 "그러나 만일 목사가 참석하면 대개 적어도 한 번은 기도를 드리는 것으로 기대되었다"고 부언한다. 그리고 그의 과장된 방식으로 목사가 드리는 기도는 "결혼식에 가장 적절한 축복의 기도이다"라고 단언한다.[25]

모든 변화들 중에 가장 두드러진 변화는 장례식에서 일어났다. 원래는 매장을 하러 묘지까지 관을 따라 걸어간 후에도 영혼의 가는 길을 위한 기도나 조문객들을 위로하는 기도도 드리지 않고 단지 침묵만이 있었다. 이러한 관습은 아마 고인의 운명이 이미 하나님에 의해 결정되었으므로 기도가 무효하다는 결정론적 신학으로 인한 것이라고 밖에는 설명할 수 없을 것이다.

장례 의식(ritual)과 예식(ceremonial)이 모두 매우 정교해지게 되었다. 카튼 매더는 다음과 같이 기술한다. "뉴잉글랜드의 많은 마을들에서 목사는 고인의 장례식에 참석하기 위해 온 사람들에게 어울리는 기도들을 드린다. 그리고 어떤 경우에 목사들은 묘지에서 짧은 설교를 하기도 한다. 그러나 어떤 곳에서는 이 기도와 설교 모두를 완전히 생

---

25 *Ratio disciplinae*, 111–12.

략하기도 한다."²⁶ 상가에서 최초로 기도가 드려진 시기는 1685년이었다. 그리고 최초로 발언된 송덕문(eulogy)는 1701년에 기록되었다.²⁷ 그러나 카튼 매더의 짧은 설명은 장례식의 준비들과 장비들의 엄청난 발전을 지적하지 않고 있다. 또한 그는 잔치를 벌이기 위해 고인의 집으로 돌아오는 것이 관례가 된 사실을 언급하지 않는다.²⁸

이 마지막 여정 의식에 대한 전반적인 태도는 급진적인 형태로 바뀌었다. 라저 지프(Larger Ziff)는 이 태도를 경계적인 태도에서 감상적인 태도로의 변천, 이 세상의 헛됨을 상기시키는 자리에서 위로의 자리 또한 어느 정도 신앙심을 빙자한 방종으로의 변천으로 분류한다.²⁹

비록 최초의 청교도 이주자들은 모든 죽은 자의 삶이 아무리 명예롭지 못했을지라도 "영생으로 부활할 것이라는 확실한 소망 가운데" 무덤에 맡겨지는 잉글랜드국교회 장례 의식적인 특성을 강력하게 반대했음에도 불구하고 그들의 18세기 초의 후계자들은 그러한 고려 사항들을 경시했다. 고인에 대한 찬사가 설교의 공통적인 부분이었고, 고인의 추억에 바쳐졌고 가족의 비용으로 인쇄되었고, 메시지는 장례식 밤에 설교되었다. 더욱이 장갑과 반지뿐만 아니라 애도의 스카프와 망토까지 장례에 참석할 고인의 친지와 친척들에게 보내졌다. 이 참석자들은 교대로 무덤까지 관을 날랐다. 그러나 일부 더 부유한 장례들의 경우처럼 깃털로 장식한 말들이 영구차를 끄는 때는 사람들이 관을 운반할 필요가 없었다.³⁰

---

26 *Op. cit.*, 117.
27 *Sewall's Diary* (ed. M. Halsey Thomas), I, 449.
28 David E. Stannard, *The Puritan Way of Death* (New York: Oxford University Press, 1977), 113f.
29 *Puritanism in America: New Culture in a New World* (New York: Viking Press, 1973), 253.
30 Stannard, *op. cit.*, 113f.

이 새로운 감수성은 죽음의 상징들이 불멸의 표적들에 밀려 물러난 묘비들에 조각된 상징들에 의해 특징지워진 것과 마찬가지로 가족 묘지들을 준비하는 관습에 의해서도 특징지워졌다. 간단히 말해서 뉴잉글랜드의 초기의 매장이 한 세기도 안되어 완전히 성숙된 장례식으로 바뀐 것이다.

4. 변화의 몇 가지 원인들

뉴잉글랜드 청교도 예배의 형식과 의식에 이런 변화가 일어난 원인들은 무엇이었을까?

첫째, 우리가 살펴본 바와 같이 한 가지 원인은 목사들 자체 가운데에서 발전하고 있었던 점증하는 전문가 기질이었다. 그들이 결혼식과 장례식이라는 좀 더 일반적인 의식들에서 대서양 건너편에 있는 잉글랜드국교회에서 그들과 같은 자격을 갖고 있는 사람들을 모방하고 있는 것 같이 보였던 것은 아마 불가피하였을 것이다. 왜냐하면 청교도 목사들은 뉴잉글랜드 식민지들의 "국교" 목회자들(established clergy)이었기 때문이다.

같은 종류에 속하는 요인 한 가지는 교회 정책에 있어 연합이 필요하다는 생각이 점점 증가하게 된 것이었다. 이러한 연합주의는 17세기의 마지막 10년에 영국에서 회중교회와 장로교회가 일시적으로 연합함으로 가속화되었다. 이러한 움직임은 토마스 영향하에 보다 통제된 체제에 있었던 하트포드 식민지 교회들의 협의회에서 훨씬 이전에 나타난 바 있었다. 그러나 연합주의는 임직식의 형식화로 더 확산되었다. 왜냐하면 임직식에서 임직자의 이웃 교회 목사들이 주역을 맡으면서 자연스럽게 교회 회의가 이루어질 수 있었기 때문이다. 그리고 이 교회 회의에서 그들은 공동의 문제들을 해결하기 위한 공동의 교리적이며 실제적인 기준을 마련할 수 있었다. 이 모든 과정들은 성직자들을 평신도들과 멀어지게 하는 경향이 있었으므로 성직자들은 상류의 그리고 거의 제사장 계급에 속하는 특권층으로 발전했다.

둘째, 변화를 일으킨 또 한 가지 요인은 뉴잉글랜드에 증가하는 신앙의 자유가 독립교회가 아닌 다른 형태의 교회들을 요구하게 된 것이다. 1660년 영국의 왕정복고 후 북아메리카의 감독제 교회들을 묵인할 수밖에 없었다. 그리고 1688년의 명예혁명(the Glorious Revolution) 후에는 침례교회와 퀘이커 교도들을 묵인해야 했다. 실제로 결혼과 장례에 있어 좀 더 형식적인 의식과 정교한 예식은 감독제 교회 형식의 모방이 발전한 것으로 보인다.

셋째, 변화의 요인은 성례들을 회중 전체에서 더욱 쉽게 접근할 수 있게 한 것이었다. 왜냐하면 성찬을 받을 수 있는 사람들이 세례 교인들 중 극히 작은 비율에 불과했기 때문이다. 이미 1699년에 보스턴에 네 번째로 세워진 회중교회인 브래틀 스트리트 교회의 추종자들은 성례들의 접근을 자유화했다. 그들은 창립 선언문에서 다음과 같이 언명했다.

> 우리는 그리스도에 대한 믿음과 순종을 고백하는 사람들과 그들의 자녀들에게 세례를 허락한다. 우리는 신앙고백을 한 그리스도인이 우리에게 어떤 어린이를 소개하면서 하나님이 그 어린이에게 기독교 신앙 가운데 생명과 재능을 주시기를

> 바라며 그 어린이가 교육받는 것을 살펴보겠다고 약속하면
> 그 약속에 근거하여 세례를 거부하지 않을 것이다.[31]

더 나아가 허용과 거부가 완전히 목사에게 맡겨졌다. 이 교회는 또한 성찬식의 참여를 위한 어떠한 공적이나 사적인 진술 행동의 요구도 거부했다.

> 그러나 우리는 그들의 경험들에 대한 어떠한 공적 진술도 강요하려고 하지 않는다. 그렇지만 어떤 사람이 이런 진술을 해야 한다고 양심이 부담을 갖고 있으면 하도록 할 것이다. 왜냐하면 우리는 만일 목사가 그 사람이 우리의 성찬식에 참여할 만하다고 공적으로 선언하고, 적절한 시기에 그를 소개하면 그것으로 충분하다고 생각하기 때문이다.[32]

토마스 프린스(Thomas Prince)는 보스턴의 남부 교회에 임직한 1718년에 많은 수의 세례인들과 소수의 성찬식 참여자 간의 불균형에 대해 경종을 울리는 설교를 했다. 단지 14퍼센트만이 성찬대를 둘러싸고 있는 장애물들을 넘는다는 것이었다. 그는 다음과 같이 주장했다.

> 기록들을 볼 때 이 교회는 1669년 5월 12일에 창립한 것으로 생각됩니다. 그런데 거의 50년이 되는 창립 이후를 살펴보면 세례를 받은 사람은 약 5천 명 정도였으나 성찬에 참여하는 사람은 겨우

31　*The Puritan Tradition in America*, ed. Alden T. Vaughan, 331.

32　*Ibid*.

7백 명 내외에 불과합니다.³³

이 뉴스와 관련된 더 중요한 사실은 어떤 마을의 많은 구성원들이 심지어 세례도 받지 않았을 때 성찬 참여자들은 훨씬 더 적어진다는 것이다. 데드햄의 마을 기록들에 대한 케네스 로크리지(Kenneth Loc-kridge)의 연구들은 이 사실을 밝히고 있다. 그는 1644년과 1653년 사이에 태어난 어린이들 중 80퍼센트가 세례를 받았으나 1651년과 1664년 사이에 태어난 어린이들은 단지 40퍼센트만이 세례를 받았다는 사실이고, 1661에 이르렀을 때에는 교회 회원의 수가 지방세 납부자 남성들 중 56퍼센트로 감소했다는 사실을 발견했다.³⁴ 이 악화하는 상황은 분명히 회심을 시키는 설교를 하라는 요구, 또는 세례와 성찬의 허용 기준들을 완화하라는 요구를 불러 일으켰을 것이다. 보수주의적인 목사들은 회심을 시키는 설교라는 전략을 주장했고 자유주의적인 목사들은 성찬의 허용 기준들을 완화하는 전략을 주장했다.

넷째, 변화의 또 한 가지 원인은 보스턴에서 발전한 도회지적 감각과 항구인 보스턴의 증대하는 세계주의 그리고 인구가 증가하는 다른 도시들이 보스턴을 모방하는 것이었다. 이 현상은 딸이 장갑을 끼고 성찬을 받은 것에 대한 세왈 판사의 책망과, 카튼 매더 목사가 가발을 쓴 것에 대한 세왈 판사의 혐오와 같은 다양한 표현들에서 또는 팔라디오식 창문, 세 부분으로 된 발코니, 커텐을 친 신도석 그리고 외부의 탑과 뾰족탑들과 같은 더 우아한 교회 건축 양식과 시설들의 발전에서 볼 수

---

33 *A Sermon Delivered by Thomas Prince, M. A. on Wednesday October 1,1718 at his Ordination to the Pastoral Charge of the South Church in Boston* (Boston, 1718), Dedication, 3.

34 Lockridge의 에세이 "The History of a Puritan Church, 1637-1736"은 Alden Vaughan과 J. Bremer가 편집한 *Puritan New England* (New York: St. Martin's Press, 1977), 97 f에서 나온다.

있다. 뿐만 아니라 기도와 설교에 있어서도 하나님과 사람들에 대한 태도가 더 정중해졌고 언어는 더 세련되고 우아해졌다.

다섯째, 중요한 신학적 변화도 있었다. 17세기 말에 알미니안주의가 살며시 기어 들어와서 목사가 구원을 받을 수 있는 천 명의 사람보다 더 크다고 주장했을 뿐만 아니라 하나님과 협력을 하는 더 큰 신분(소위 신인협력설〈synergism〉으로 알려진)이라는 주장도 허용했다. 이와 동시대에 일어난 신학적 경향이 바로 자연세계(natural world)에 끼쳐지는 신적 영향력의 증거에 대한 인정이었다. 그리하여 하나님의 우월성보다 내재성이 더 강조되게 되었다. 이 모든 내적 변화들은 외적인 행동의 합리화와 세련을 요구하는 것이었다.

게다가 뉴잉글랜드의 신앙 공동체는 같은 믿음과 정책을 갖고 있는 영국의 신앙 공동체의 관계에 있어 새롭고 중요한 불화를 가지고 있었다. 혁명의 시기에 북미의 해안들에 처음 상륙할 때 청교도들은 이곳에 가시적 성도들의 공동체로 이루어진 새롭고 거룩한 국가(새 예루살렘 또는 적어도 새 가나안)를 세우는 것에 대해 민감한 의식을 갖고 있었다. 왕이나 고위 성직자나 심지어 새로운 장로에 의해서도 속박을 받지 않으며 자라나고 있는 청교도주의의 발전에 대한 카튼의 보고서를 영국인들은 미래의 물결로 보며 열심히 읽었다.

그러나 단지 한 세대 후에 이 지역은 더 이상 영국인들의 주목의 대상이 아니었다. 왜냐하면 역사는 뉴잉글랜드를 비켜가 버렸고, 승리로 의기양양했던 영국의 청교도주의는 1662년에 이르자 박해 받는 비국교도의 교의가 되고 말았기 때문이다. "황무지를 향한 사명"으로 일어났던 큰 기대들은 한 쓸쓸한 집으로 끝이 났다. 약속의 땅은 단지 대영제국의 한 식민지, 그것도 멀리 떨어진 식민지에 불과한 것이 되고 만 것이었다. 다니엘 불스틴(Daniel Boorstin)에 의하면 이 결과로 최초의 청교도들은 마침내 섭리(providence)에서 교만(pride)으로, 신비(mystery)에서 정복(mastery)으로 이동했다고 한다.[35] 앨런 심프슨(Alan Simpson)은 뚜렷하게 나타나는 결과적인 환멸을 다음과 같이 느꼈다.

> 영국의 여러 가지 사건들의 진행이 처음에는 뉴잉글랜드의 방식을 청교도 정신의 역행으로 격하시키고 나중에는 지방적인 시대착오로 격하시켰을 때 옛 세계를 위한 등대로서의 새 세계라는 그들의 의식을 유지하기가 점점 더 어려워졌다.[36]

더욱이 처음 두 세대들의 황량한 주변 상황은 종교적 목적들을 추구하는 전형적인 특성을 발전시켰으니 곧 열심히 일하며, 열광적이며, 정직하며, 절약하는 것으로 반드시 세상적인 성공을 해야 하는 특성이었다. 시간이 경과함에 따라 제1세대의 혁명적인 열심은 하나의 청교도 전통이 되었고, 이 전통 가운데에서의 중요한 변화들이란 본질에 있어서의 변화들이 아니라 외관상의 변화들이었고 예배 의식이나 구조에서의 변화들이 아니라 형식존중주의의 변화들이었다. 그러나 그러할지라도 우리가 열거한 모든 원인들의 결과로 태도와 정신에 있어서 차이는 있었으나 곧 더 냉정하고 더 합리적이고 덜 내세적인 것이었다. 그리하여 우리는 청교도라기보다는 양키(Yankee)에 어울리는 사람을 보게 된다.

---

35 *Puritanism and the American Expeience, ed. Michael McGiffert* (Reading, Mass.: Addison-Wesley, 1969), 109. Boostin의 수필은 하나님의 인도하심이 자급자족이 되고 검약과 노동이 결합하여 상업적인 성공과 세속성을 낳음에 따라 원래의 청교도주의의 성공 자체가 그 파멸의 결과가 되었음을 증명한다.

36 *Puritanism in Old and New English* (Chicago: Chicago University Press, 1955), 34.

5. 옛 잉글랜드와 뉴잉글랜드에서의 청교도 예배의 비교

제1장에서 우리는 대서양을 가운데 둔 양측 청교도 예배의 중요한 차이들이 있었는지 살펴보면 흥미가 있을 것이라고 말한 바 있다. 실제로 그들에게는 몇 가지 차이들이 있었다.

첫째, 미국 청교도 예배에 있어 가장 두드러진 혁신과, 모든 원죄와 인간의 부패에 반하여 가시적 성도들의 교회를 유지하기 위해 필사적이며 이상주의적인 시도의 결과는 교회 언약을 승인하는 자격을 허락하기에 앞서 또한 중요한 성례, 곧 성찬에 참여하는 자격을 허락하기에 앞서 회심의 경험의 진술을 요구한 것이었다. 이 요구는 미국 청교도 교회들의 자랑이며 또한 고민이기도 했다. 에드문드 모건은 구원의 믿음에 대한 심사(이미 분리주의자 헨리 아인스워드에게서 입증된 바와 같이)가 처음에는 매사추세츠의 비분리주의적인 청교도들 중에서 엄격하게 적용되었다가, 그곳에서부터 플리머스, 코네티컷, 뉴헤븐 식민지들로 퍼졌다가 영국으로 되돌아갔다는 자신의 주장을 입증하려고 했던 것으로 보인다.[37] 이 요구는 1634년경에 시작되어 1677년에서 1720년대까지 격렬하게 논쟁되었고, 1748년에 솔로몬 스토다드의 손자와 노드앰프톤의 저명한 신학자며 복음전도자인 조나단 에드워즈에 의해 교회 회원이 되기를 지망하는 모든 사람을 위해 재정립되었다.

에드워즈는 또한 그의 저서 『가시적 기독교 교회에서의 완전한 신분과 온전한 성찬에 필요한 자격들에 관해 하나님의 말씀의 규칙들을 묻는 겸손한 질문』(A Humble Inquiry into the Rules of the Word of God, Concerning the

---

[37] *Visible Sanits: the History of a Puritan Idea* (New York: New York University Press, 1963; reprinted Ithaca, N.Y.: Cornell University Press, 1965), 66.

Qualifications Requisite to a Complete Standing and Full Communion in the Visible Christian Church, Boston, 1749)에서 이 요구를 변호했다. 이 책은 보수주의자의 설교 그리고 19세기와 20세기에 대중적인 미국 개신교회 발전의 특징을 이루었던 신앙 부흥운동에 주목할 만한 추진력을 주었다.

이러한 새로운 제도는 영국으로 수출되었으나 영국에서는 뉴잉글랜드에서 더 단명했고 덜 강력하게 적용되었던 것 같다. 영국에서는 거의 획일성이 없었고 또한 강요도 거의 없었다. 게다가 만일 더블린의 로저스(Rogers in Dublin)가 기록한 진술들이 대서양 저편 청교도의 전형적인 요구들이었다면 그 진술들은 뉴잉글랜드의 쉐퍼드가 기록한 진술들보다 더 큰 구원의 확신을 표현했다고 할 수 있다. 분명히 쉐퍼드가 기록한 진술들은 불안, 불확실성, 의심, 무결론, 위선에 대한 우려를 표현하고 있다.[38] 영국의 독립교회들의 교인들은 은혜의 역사의 결과인 교회의 집회들에서 그 은혜의 역사에 대한 자신들의 확신을 표현할 수 있었다. 이러한 알미니안주의자들에 의한 기회의 남용 이후 뉴잉글랜드에서 이 기회는 효과적으로 추방되었다. 그런데 페트리샤 칼드웰(Paricia Caldwell)에 의하면 이렇게 됨으로 인해 뉴잉글랜드의 회심 진술은 중요한 의미를 가지게 되었다.

> 특별하며 심지어 신비적이기까지 한 중요성을 지니게 되었다. 왜냐하면 뉴잉글랜드가 회심의 진술의 탄생지였을 뿐만 아니라 또한 회심의 진술이 하나의 특별한 순간, 곧 신자가 교회와 일치를 얻고자 할 때 제안되었기 때문이기도 하다.[39]

---

38 Patricia Caldwell, *The Puritan Conversion Narrative: The Beginnings of American Expression* (Cambridge, England: Cambridge University Press, 1983), 78, 122-23.

39 *Op. cit.*, 79.

둘째, 영국의 청교도와 미국의 청교도들 간에 또 다른 중요한 차이는 천년왕국설과 관련된 것이다. 17세기 중반에 양 지역은 모두 천년왕국설로 들떴었다. 그러나 영국에서는 그 희망이 곧 왕정복고와 잉글랜드 국교회의 회복된 지배에 의해 무너졌다. 반면에 뉴잉글랜드에서는 미합중국의 창건과 발전 가운데 수정된 형태로 한 세기 동안 더 생존했다.[40]

바다를 건너는 청교도들이 자신들을 죄의 애굽을 떠나 세례의 홍해를 건너 뉴잉글랜드라는 가나안의 광야를 여행하는 새 이스라엘이라고 생각했던 것처럼 천년왕국설은 광야를 향한 최초의 사명을 추진시킨 것이었다. 또 다른 의미에 있어 그들의 여행은 그들에게 독특한 의미를 갖고 있었다. 왜냐하면 그들은 하나님의 규례들에 대한 충성 가운데 새 생명을 얻기 위해 죄악된 땅을 떠나 믿음을 시험하며 폭풍치는 대서양을 건넘으로-가시적 성도들과 함께 영광스러운 천년의 지상 통치를 하며 살겠다는 소망 가운데-광야에서 가시적 성도로서의 생활을 유지하기 위해 분투하고 있었기 때문이다. 사크반 벌코비치(Sacvan Bercovitch)는 다음과 같이 생생하게 표현했다.

> 그들을 애굽으로부터 불러내심은 복음적인 소명이었고, 그들의 대서양 횡단은 회심에 상당하였으며, 그들의 국가를 세우는 수고는 사단의 시험들이었으며, 꽃피는 신세계의 정원은 구속된 영혼을 포함시킨 정원(hortus inclusus)을 만질 수 있게 해주었다.[41]

---

40 이 견해는 Mason I. Lowance, Jr.에 의해 The *Language of Canaan: Metaphor and Symbol in New England from the Puritans to the Transcendentalists* (Cambridge, Mass.: Havard University Press, 1980)에서 신중하게 전개된다.

41 *The American Puritan Imagination*: Essays in Revaluation, ed. Sacvan Bercovitch (New York: Cambridge University Press 1974), Introduction, 11.

창립자들은 "사명"(errand)이라는 이미지가 사용되지 않았을 때 "언덕 위의 성"을 말했다. 언덕 위의 성의 목적은 분명히 모범적인 것이었으니, 즉 세상이 뉴잉글랜드에서 종교개혁의 궁극적이며 절정적인 발전을 보고 모방하도록 한다는 것이었다.

영국이 따라오도록 모범이 되겠다는 최초의 야망이 실패하고 희미해짐에 따라 다음 세대들은 그들의 비탄의 설교(jeremiads)들에서 볼 수 있는 바와 같이 민족적 선택의식을 수정하지 않을 수 없었다. (조상들과 비교해서) 자신들의 실패를 고백할 때에도 그들이 하나님께 대한 자신들의 공동적인 칭송을 하고 있었다는 것은 역설이 아닐 수 없다. 이 천년왕국설은 조나단 에드워즈에 의해 주장된 만큼 강력하게 카튼 매더에 의해서도 주장되었다. 주지해야 할 점은 영국에는 이 비탄의 설교나 확대된 천년왕국설에 상당하는 것이 없었다는 것이다. 왜냐하면 영국의 청교도들은 1662년 이후부터 단순한 비국교도들(Nonconformists) 또는 국교반대자들(Dissenters)이라는 이류(second-clss)에 속하는 종교와 사회적 신분으로 기울어졌기(settled down) 때문이었다.

더욱이 사크반 벌코비치가 다음과 같이 지적한 바와 같이 비탄의 설교와 천년왕국설은 결부되었다.

> 광야를 향한 사명과 마찬가지로 구원의 유전학(the genetics)은 미국 청교도주의의 독특한 소산이다. 이 구원의 유전학은 이질적인 공동체 언약과 은혜를 혼합했고 창립자들의 견해를 포기하지 않으면서 새로운 상황들에 수사학을 적응시켰다.[42]

---

[42] *The American Jeremid* (Madison: University of Wisconsin Press, 1978), 65.

셋째, 미국 청교도의 세 번째 특성은 이미 암시된 바 있다. 그것은 뉴잉글랜드의 "국교회"(established church)로서의 청교도의 기능에 있어 잉글랜드국교회가 영국에서 하는 것과 똑같이 독립교회나 회중교회가 두 세기 이상 동안 국가의 종교 의식들을 지배했던 반면에 영국의 청교도들은 1662년부터 1688년까지 클래런던 법률(the Clarendon Code)하에서 박해를 받았고 그 후에 열등한 종교와 사회의 시민들로 묶인되었다는 것이다. 그 결과 미국 청교도의 예배당들은 종교와 사회 공동체 생활의 중심지로서 뉴잉글랜드의 도시와 시골들의 땅과 하늘의 풍경을 지배했다. 게다가 영국 청교도 목사들은 그들의 비국교주의로 인해 중요한 국가 기념일들의 경축할 자격을 박탈당했던 반면에 미국의 청교도 성직자들은 선거일이나 군사 기념일과 같은 국가 행사들에서 당당하게 설교했다. 그러한 날들에 성직자들은 국가의 정신과 운명의 해석자들이었다.

선거일은 총독과 그의 보조자들을 투표로 선발하기 위해 정한 봄 행사였다. 이 날에 각 식민지의 수도에서 가장 큰 예배당을 가득 채울 수 있을 정도로 모인 행정 관리들과 시민들 앞에서 선거 설교를 하는 것이 관례였다. 목사들의 전형적인 주제들에는 비탄의 설교, 통탄할 죄에 대한 비난 그리고 행정 관리들에게 필요한 자질들이 포함되었다.[43] 1682년 윌라드의 선거일 설교는 이 일이 얼마나 인기가 없었는지를 나타낸다. 왜냐하면 "배가 많이 아프면 아플수록 약이 더 씁쓸해지기 때문이었다.[44]

---

43 Samuel Eliot Morison, *The Puritan Pronaos: Studies in the Intellectual Life of New England in the Seventeenth Century* (New York: New York University Press, 1938), 170.

44 Samuel Willard의 "The Only Sure Way to present threatened Calamity," Printed in *The Child's Portion*(Boston, 1684, 163-64. 또한 Babette May Levy가 *Preaching in the First Half Century of New England History* (Hartford, Conn.: The American Society of Church History,

매년 군사 기념일 설교들이 "연례적인 점호와 장교들을 뽑는 약식 선거"에 모인 사람들에게 전달되었다. 사무엘 엘리오트 모리슨(Samuel Eliot Morison)에 따르면 전통적인 설교 주제들은 그리스도의 군병의 준비와 의무들에 대한 것이었다.[45]

넷째, 미국 청교도가 영국 청교도 예배에 끼친 거의 알려지지 않았으나 중요한 기여는 건축 양식이었다. 미국의 예배당은 영국의 예배당들의 구조와 양식 모두에 중대한 영향을 끼친 것으로 보인다. 미국인들이 자신들의 예배당들을 짓고 있을 때(1626년부터 1688년까지) 영국의 청교도들은 공화국과 섭정 정치 동안 잉글랜드국교회의 교회들을 접수하여 자기들의 용도에 맞게 개조했기 때문에 전혀 예배당을 지을 필요가 없었던 50년의 기간이 있었다. 그들은 윌리엄 왕과 메리 여왕이 신앙의 자유를 준 1688년 이후부터 비로소 자신들의 예배당들을 짓기 시작했다. 그때 독창적인 식민지의 예배당을 모방하는 것은 지극히 당연한 일이 아니었을까? 당시에 뉴잉글랜드에서보다 영국에서 목사들로서 더 나은 급료를 받고 더 많은 일자리를 얻었던 하버드대학 졸업자들이 가장 큰 자랑과 향수를 가지고 영국의 건축자들에게 미국 예배당들의 형태를 요구했을 것이다.

뉴잉글랜드 예배당들의 독특한 형태 설비는 긴 벽들 중 한쪽에(대개 북편에) 난간이 있고, 반대편 긴 벽에 주요 출입문이 있고, 삼면에는 발코니가 있어 그곳에 자리잡는 회중들이 네 번째 벽에 있는 강단에 서서 설교하는 목사를 쉽게 보고 들을 수 있게 만든 직사각형 건물들로 이루어졌다. 설교자의 뒤에는 종종 크고 상부가 둥근 팔라디오식 창문이 있

1945), 95 f에서 분석한 John Norton의 1661년 선거일 설교도 보라.

45 *Op. cit.*, 171. Morison은 그러한 설교들의 "평화주의적이며 전투 준비를 하는 궤변 형식"을 풍자적으로 언급하고 1672년에 Urian Oakes의 한 설교도 이 점을 예증한다.

었고 모든 창문들은 색유리가 아니라 투명 유리창이었다. 강단 밑에는 집사들의 좌석과 중앙 성찬대가 있어 집사들이 교인들에게 그곳에서 봉헌된 떡과 포도주를 날랐다. 최초의 교회들에는 등받이 없는 긴 의자들과 벤치들이 있었으나 교회들이 부유하게 성장함에 따라 안락한 신도석으로 대치되었고 결국은 칸막이와 커텐을 쳐 값을 치루는 사람들이 소유하게 되었다. 가족석은 초기에 남녀를 양편으로 가르던 관습이 폐지되었음을 나타내는 것이었다.

크리스토퍼 렌 경(Sir Christopher Wren)이 말한 바, "발코니들이 있는 청중교회"(auditory churches)가 미국과 영국의 청교도 교회 건물에 영향을 끼쳤다는 주장이 물론 가능하다. 그러나 청중 교회들은 대체적으로 훨씬 더 우아했고 뉴잉글랜드에서 훨씬 전에 탑과 뾰족탑들로 장식되었다. 더욱이 렌(Wren)의 교회들의 좌석낭하, 강단, 성찬대 또는 제단은 청교도의 구성과 상당히 달랐다. 건축 역사가 마리안 코드 도넬리(Marian Cord Donnelly)는 이 상황을 적절하게 다음과 같이 요약한다.

> 중세기 예배당들의 가장 극적인 영향이 금세기의 마지막 십년 동안에 지어진 영국의 비국교도 교회당들(chaples)에 나타났다. 노르위치(Norwich)와 입스위치(Ipswich)의 교회당들과 같이 이런 교회당들의…내부 설비들은 긴 벽에 강단이 있고 나머지 삼면에 강단을 향한 발코니가 있는 뉴잉글랜드 예배당의 내부 설비와 분명히 구별된다.[46]

---

46 *The New England Meetinghouses of the Seventeenth Centruy* (Middletown, Conn.: Wesleyan University Press, 1968), 104.

특별한 차이점은 뉴잉글랜드에서 독립교회 제도가 지배함으로 인하여 예배당들이 두 가지 목적으로, 즉 종교적인 목적과 세상적인 목적으로 사용되었다는 것이다.

동시에 영국의 청교도주의에 대해 공평하게 말하기 위해 언급하지 않으면 안될 사항이 있다. 그것은 이 동일 시기 동안 17세기 후반에 "십자가 아래에서" 박해받으며 살았던 사람들에게 마땅히 그 덕을 돌려야 하는 성례에 대한 묵상과 안내서들의 전성기가 있었다는 것이다. 또한 영국의 가장 위대한 찬송 작가 찰스 웨슬리와 비교될 수 있는 유일한 영국의 청교도 이삭 왓츠의 위대한 신학적 찬송가들 가운데에서 시편 찬송가에서 일반 작가들의 찬송가로의 전환이 훌륭하게 이루어졌다는 것이다.

6. 분석적 결론과 요약적 평가

영국의 청교도 예배와 뉴잉글랜드의 청교도 예배 간에 더 중요하게 나타나는 점은 차이들이 아니라 일치이다. "청교도"(puritan)라는 명예로운 지칭은 양 지역 모두에 마땅히 칭해질 만하였다. 왜냐하면 청교도의 항구적인 예배 목표는 교회의 전통적 인습들이나 인간적인 고안이나 환상의 고집으로 인해 결정되는 것이 아니라 하나님의 말씀에 의해 정당하다고 인정된 그리스도의 순수한(pure) 규례들 만을 유지하는 것이기 때문이었다. 미국과 영국 모두의 청교도 예배 핵심에는 하나님의 기록된 명령들을 최고의 우선 사항으로 순종하는 심원한 의식이 있었다. 주님의 성례는 오직 두 가지만 있고 준(準)성사들(sacramentalia)은 없었다.

또한 이 성례들이 자격없는 참여자들에 의해 오염되는 것을 방지하기 위해 매우 면밀하게 "울타리를 둘렀다."

설교는 가장 중요한 은혜의 수단으로 주장되었다. 왜냐하면 설교를 통하여 영혼들에게 하나님의 심판이 선고되고 하나님의 은혜로 영혼들이 회개하여 믿음으로 의롭다 하심을 얻고 성령을 받기 때문이다. 따라서 이 역사는 인쇄된 설교를 단순히 되풀이하는 것으로는 이루어질 수 없는 것이었다. 초기 청교도 이주자들에게 성경의 모든 장들은 단편적인 교훈들 이상의 하나님의 뜻을 선포하는 것이었다.

음악은 운율적 시편들로 제한되었다. 왜냐하면 운문으로의 번역이 가능할 수만 있다면 성경에 가까운 것이기 때문이었다. 신조(creeds)들은 교회 언약의 찬송이나 암송으로 대치되었다. 그렇게 함으로 마음으로부터 드려지는 하나님께 대한 충성의 확인이 되고 의지의 순종을 요구하게 되기 때문이며, 또한 그렇게 함으로 단지 믿음의 역사적인 선언으로 취급되지 않고 현재의 선언으로 취급될 수 있었기 때문이다.

청교도 목사들은 공허한 기도서 대신에 바울 사도가 모범으로 지시한 대로 하나님의 말씀을 깊이 묵상한 후 양떼에 대한 깊은 지식으로부터, 성경의 감동을 받은 친밀하고 자연스러운 어휘로 즉석기도를 드렸다.

> 이와 같이 성령도 우리 연약함을 도우시나니 우리가 마땅히 빌바를 알지 못하나 오직 성령이 말할 수 없는 탄식으로 우리를 위하여 친히 간구하시느니라 마음을 감찰하시는 이가 성령의 생각을 아시나니 이는 성령이 하나님의 뜻대로 성도를 위하여 간구하시느니라(롬 8:26-27).

비열하고 무가치한 교회 회원들의 파문과 믿음, 도덕, 구원의 은혜의 경험에 대한 심사 후에 교회 회원들의 가입을 허용하는 극도의 조심을 포함하는 이 모든 방법들로 영국과 미국의 청교도들은 자신들의 교회를 믿음의 순종을 통한 가시적 성도들의 언약 공동체로 만들어 유지하려는 높은 이상을 보존하기 위해 애썼다. 이 이상이 청교도 정신과 교회론의 강철같이 단단한 버팀목이었다.

순종과 신뢰의 믿음이 지배하는 한편, 사랑과 소망이라는 두 가지 다른 신학적 미덕들이 열심히 개발되었다. 목사가 자신의 간구와 중보 기도에 교인들이 불안이나 사별, 질병 또는 위험 가운데 있는 사람들을 위해 건네준 "메모들"을 포함시켰을 때 그 예배에 그리스도인의 사랑이 나타나는 것을 의심할 사람이 그 누구였겠는가? 또한 공적인 경건과 사적인 경건의 거룩한 훈련으로 충만하며, 또한 가시적 성도들이 하나님을 찬양하는 천국 생활의 예행 연습이라고 믿는 그 엄숙한 안식일들에서 영생의 소망의 중요성을 의심할 사람이 그 누구였겠는가?

대서양 양쪽의 고전적인 청교도 예배는 그 건축에서와 마찬가지로 때로 준엄하기까지 한 단순성에 의해서도 특징지워진다. 목사는 그 어두침침함이 오직 제네바식 폭 넓은 흰 넥타이에서만 돋보이는(relieve) 근엄한 검은 가운을 입고 모세가 시내산을 오르는 것과 같이 높은 강단으로 등단했다. 신도석 외에 유일한 시설은 성경 사본이 올려놓여진 높은 중앙 강단뿐이었다. 이 강단은 설교자 뒤에 있는 팔라디오식 창문으로부터 오는 밝은 조명을 받고 있었고, 강단 밑에는 중앙 성찬대가 있었다. 그곳에는 색유리창도 없었고, 성인들의 조각상도 없었고, 강단 후면에 슬퍼하는 동정녀 마리아와 사랑하는 제자 요한이 지켜보는 십자가에 달린 그리스도의 그림도 없었고, 현란하게 무늬를 낸 천정도 없었고, 기분을 전환시키는 오르간 음악이나 성인 남성 성가대들의 테너와 베이스, 화답되는 소년 성가대의 높은 소프라노도 없었다. 또한 행진이나 절이나 십자가를 그림 등의 몸짓도 없었고, 긴 기도 동안 주의를 환기시키는 응답들도 없었다. 간단하게 말해서 인간의 심리에 대한 어떤 양보나 눈이나 귀의 즐거움에 대한 어떤 양보가 거의 없었다.

그러나 청교도 예배는 심원한 영성을 일으켰으며 그들의 예배는 전문 수도자들을 위한 것이 아니라 이 세상을 살아가는 남녀들, 실제로 모든 신자들의 제사장직을 위한 것이었다. 이 예배는 편리한 또는 자만하는 신을 바라거나 양심의 가책이 가벼워지기를 바라는 사람들을 위한 것이 아니었다. 이 예배는 결심과 용기를 강화시켰다. 이 예배의 목적은 모든 칼빈주의 문화의 목적과 마찬가지로 성화, 즉 그리스도께 대한 헌신과 귀의를 증명하는 행동들이었다. 이 예배는 제3세계의 국민들 중에서와 마찬가지로 영어권 세계에서도 가장 강력한 영향력을 가졌던 고도로 정연하게 구성된 예배-자유교회 예배의 아버지-였으며, 그 영향력은 전혀 고갈되지 않고 있다.

물론 분명히 고전적인 청교도 예배에도 약점들이 있었다. 그중에 청교도 예배의 감탄할 만한 성경적 권위(authority)는 간혹 성경 숭배(bibliolaatry)가 되는 경향이 있었고, 그 영성은 종종 내성적이며 불안에 지배되었다. 우상숭배에 대한 우려는 시편 찬송이 아닌 다른 종류의 찬송을 사용하지 못하게 했고, 현악기와 오르간의 화음을 사용하지 못하게 함으로 예배를 둔하게 만들었다. 예배당으로서 갖고 있는 아름다움은 렘브란트의 동판화에서 느끼는 그런 아름다움이었다. 그러나 내부 장식에 17세기가 하나님의 영광을 선명한 홍색, 황색, 자주색, 녹색을 사용하여 나타냈던 엘 그레꼬와 루벤스의 시대였다는 암시가 없었다. 즉석기도들은 성경적 운율, 공명 리듬이 풍부했으나 종종 내용이 너무 많고 상투적인 반복으로 저하할 수 있었으므로 설교 전에 드리는 짧고 집중적인 기도와 대조되었다. 신령하게 되고자 하는 청교도주의의 열성은 인간들이 육체가 없는 영이 아니라 육체를 부여받은 영혼들로서 하나님과 사람들이 접근하는 통로인 모든 감각들을 필요로 한다는 사실을 종종 망각했다. 청교도주의는 인쇄되어 형식을 갖춘 예배서(liturgy)를 거부함으로써, 신심어린 체험의 조절과 균형을 잃어버렸다. 여러 세기의 영적 기법들을 시도해 보았고 결국 자신의 보다 짧은 전통인 한정된 해석을 억지로 받아들였다.

 그럼에도 불구하고 대체적으로 옛 잉글랜드와 뉴잉글랜드 양 지역 모두의 청교도 예배는 이상적으로 구성되어 성령의 저항운동(resistance movement of the Holy Spirit)을 교육하여 표현하고 믿음의 남녀들의 영웅적 덕행들을 증진시켰다.

The Worship of the American Puritans

1629-1730

사진 1.

위의 사진은 매사추세츠 힝햄의 "배 모양의 예배당(Ship church)" 또는 "오울드쉽교회"(Old Ship Church)이다. 이 원건물은 1681년에 세웠으며 이것은 유일하게 남아있는 청교도 예배당이다.

사진 2.

이것은 뒤집힌 배와 비슷해서 "옛 배"라는 이름이 붙여진 "배 모양의 예배당" 대들보의 자세한 모습이다.

사진 3.

중앙 통로에서 본 강단.

사진 4.

목사의 의자.

사진 5.

강단에서 본 신도석.

사진 6.

내려져 있는 성찬 테이블.

사진 7.

세워져 있는 성찬 테이블.

◈ 저자: **홀톤 데이비스(Horton Davies)**

홀톤 데이비스는 남아프리카의 로데스대학교, 옥스퍼드대학교, 프린스턴대학교에서 교수로서 후학들을 가르쳤으며 프린스턴대학교에서는 10년 동안 종교학과의 대학원장을 역임했다. 또한 그는 30권 이상의 책을 저술한 유명 저자이다.

◦ 저서

Worship and Theology in England (Eerdmans Pub Co, 1996)
The Vigilant God: The Doctrine of Providence (Peter Lang International Academic Publishers, 1992)

◈ 역자: **김상구**

한성대학교(경제학)와 총신대학교 신학대학원을 졸업한 후, 독일 뮌스터대학교 신학부 크리스티안 그레트라인(Ch. Grethlein) 교수 지도하에 'Die Predigt als Bestandteil des Gottesdienstes. Uberlegungen zur liturgischen Gestaltung des Gottesdienstes in Korea, angeregt durch P. Brunners und E. Langes Konzept'(Munster-Hambrug- London: LIT, 2000)으로 신학박사 학위(Dr. theol.)를 취득하였다. 현재 백석대학교 신학대학원과 기독교전문대학원 실천신학 교수로서 섬기고 있다.

◦저서

『일상생활과 축제로서의 예배』 (이레서원, 2008)
『복음주의 목회학』 (공저, CLC, 2009)
『21세기 실천신학 개론』 (공저, CLC, 2011)
『개혁주의 예배론』 (대서, 2012)
『한국 교회와 예배서』 (CLC, 2013)

◦역서

『실천신학개론』 (공역, CLC, 2004)
『예배학 개론』 (CLC, 2006)
『복음의 커뮤니케이션』 (CLC, 2008)
『개혁주의 예배신학』 (공역, CLC, 2009)
『개혁주의 세례신학』 (공역, CLC, 2012) 등 다수

미국 청교도 예배(1629-1730)
The Worship of the American Puritans

1994년 12월 30일   초판 발행
2014년 03월 05일   개정판 발행

지 은 이 | 홀톤 데이비스
옮 긴 이 | 김상구

편   집 | 박상민, 전희정
디 자 인 | 김복심, 이보람
펴 낸 곳 | 사)기독교문서선교회
등   록 | 제16-25호(1980. 1. 18)
주   소 | 서울시 서초구 방배로 68
전   화 | 02) 586-8761~3(본사) 031) 942-8761(영업부)
팩   스 | 02) 523-0131(본사) 031) 942-8763(영업부)
홈페이지 | www.clcbook.com
이 메 일 | clckor@gmail.com
온 라 인 | 기업은행 073-000308-04-020, 국민은행 043-01-0379-646
           예금주: 사)기독교문서선교회

ISBN 978-89-341-1357-7   (93230)

* 낙장 · 파본은 교환해 드립니다.

이 도서의 국립중앙도서관 출판시 도서목록(CIP)은 서지정보유통지원시스템 홈페이지(http://seoji.nl.go.kr)와 국가자료공동목록시스(http://www.nl.go.kr/kolisnet)에서 이용하실 수 있습니다.(CIP제어번호: CIP2014004169)